管理系统工程

余雪杰　主编

孙佩红　赵红梅　副主编

人民邮电出版社
北京

图书在版编目（CIP）数据

管理系统工程 / 余雪杰主编 . —北京：人民邮电出版社，
2009.9（2014.1 重印）
ISBN 978-7-115-21239-9

Ⅰ. 管… Ⅱ. 余… Ⅲ. 管理系统理论—高等学校—教材
Ⅳ. C93

中国版本图书馆 CIP 数据核字（2009）第 140408 号

内 容 提 要

　　管理系统工程是一门以企业管理系统为研究对象的组织管理技术课程，也是一门以系统科学、运筹学、计算机应用技术为主体的综合、交叉性课程。其基本思想是坚持整体观念、统筹兼顾，运用有关优化分析方法，实现管理系统整体功能的提高。本书在借鉴和吸收国内外系统与系统工程最新研究成果的基础上，结合文科财经类院校的教学实际，对管理系统工程的基本问题进行了概要性阐述。

　　本书可供高等院校作为经济、管理类本科生的教材，MBA 的参考教材，还可供教学和科研人员参考。

管理系统工程

◆ 主　　编　余雪杰
　　副 主 编　孙佩红　赵红梅
　　责任编辑　王飞龙
　　执行编辑　王楠楠

◆ 人民邮电出版社出版发行　　北京市丰台区成寿寺路 11 号
　　邮编　100164　　电子邮件　315@ptpress.com.cn
　　网址　http://www.ptpress.com.cn
　　北京隆昌伟业印刷有限公司印刷

◆ 开本：787×1092　1/16
　　印张：17.5　　　　　　　　　　　2009 年 9 月第 1 版
　　字数：305 千字　　　　　　　　　2014 年 1 月北京第 3 次印刷
　　　　　　　ISBN 978-7-115-21239-9

定　价：35.00 元
读者服务热线：(010) 81055656　印装质量热线：(010) 81055316
反盗版热线：(010) 81055315

《管理系统工程》编写组成员名单

主　编　余雪杰

副主编　孙佩红　赵红梅

成　员　郭　毅　赵云辉

　　　　刘　阳　邹晓春

　　　　刘　剑　徐天骄

前　言

本书是编者在为本科生讲授《管理系统工程》课程的基础上，吸收和借鉴了众多教材和相关文献的内容，结合编者多年来的实际授课经验编写而成的，全书在体系上改善了管理系统工程教材多以运筹学和计量经济学为主体的格局，在内容和编排上力求体现新意。

作为一本教材，本书在编写过程中力图体现下列特点。

1. 体系完整，突出管理系统工程的系统性和逻辑性

本教材首先引入了管理系统工程的理论基础——系统、系统工程、系统理论，接着讲解了系统分析方法，接下来进一步分析了管理系统工程的基本技术和系统评价的原理及方法，最后介绍了目前较前沿的复杂性管理和混沌分形管理理论，各章之间都有内在的逻辑联系。

2. 介绍了管理系统工程的最新发展

20 世纪 80 年代以来，管理系统工程研究有了突破性的进展，新的管理思想和方式不断出现。如复杂性管理、管理博弈、模糊管理、并行工程、最优生产技术、混沌与分形管理理论等，本书对上述内容均作了介绍。

3. 内容深入浅出，通俗易懂

本教材主要面向工商管理各专业本科生以及相关领域的从业人员，为了适应读者的需要，本教材尽量做到通俗易懂，特别是对文科背景的学生具有较好的适用性。

4. 教辅材料完整，方便教学

本教材各章节前有本章要点，章后配有复习思考题，有助于学生把握教学的重点与难点；便于案例教学，本教材还结合相应的内容提供一些案例用于教学与讨论。

全书共分为九章。余雪杰负责编写第一章和第二章；赵红梅负责编写第三章；刘阳负责编写第四章和第五章的第一、二、三、四节；郭毅负责编写第六章；赵云辉负责编写第五章的第五、六、七节和第七章；邹晓春负责编写第八章；刘剑和徐天骄负责编写第九章。全书大纲由余雪杰拟定，并由余雪杰和孙佩红统撰定稿。在编写过程中，王寅鹏和李继敏同学协助进行了资料收集与文字输入工作，在此表示感谢。

编写本教材，还得益于他人的研究成果，书末列出了主要的参考文献。在此特向国内外有关成果的著作者表示衷心的感谢。

由于本编写组成员学识水平有限，书中难免有不当之处，敬请读者批评指正。

目　　录

第1章
系统与系统理论概述

本章要点

- 系统的基本概念、特性与分类
- 系统科学方法论的发展、特征与组成
- 系统科学方法的指导思想——系统思想
- 系统理论的基本内容
- 系统结构与功能的关系
- 系统环境互塑共生原理
- 循环经济

1.1 系统概述

1.1.1 系统的定义

系统思想就其最基本的涵义来说，是关于事物的整体、相互联系和演化发展的观念。

系统这一概念来源于人类长期的社会实践和科学总结。人类自有生产活动以来，无不在同自然系统打交道。《管子·地员篇》、《诗经·七月》等古籍篇章，对农作物与种子、地形、土壤、水分、肥料、季节等诸因素的关系，都有辩证的论述，并提出了如何根据天时、地利和生产条件合理地安排农事活动；《黄帝内经》强调了人体各器官的有机联合、生理现象和心理现象的联系、身体健康与自然环境的联系；战国时期，秦国太守李冰设计建造了伟大的都江堰水利工程，包括"鱼嘴"岷江分水工程、"飞沙堰"分洪排沙工程、"宝瓶口"引水工程三大主体工程和120个附属渠堰工程，工程之间的联系处理得恰到好处，形成一个协调运转的工程总体；东汉时期，古代天文学家张衡提出了"浑天说"，揭示了天体运行和季节变化的联系，编制了历法和指导农业活动的二十四节气。这些古代农事、工程、医药、天文知识的成就，都在不同程度上反映了朴素的系统概念的自发应用。

朴素的系统概念，不仅表现在古代人类的实践中，在古代中国和古希腊的哲学思想中也得到了反映。古希腊的唯物主义哲学家德谟克利特就曾论述了"宇宙大系统"，他认为世界是由原子和虚空所组成，原子组成万物，形成不同的系统和有层次的世界；中国古代的系统思想在老子的《道德经》中得到了高度的概括和提炼，老子强调自然界的统一性，认为只有

1

按照"道"的原则，才能实现既定的目标，"天得一以清，地得一以宁，神得一以灵，谷得一以盈，万物得一以生，侯王得一以为天下正"，这里的"道"或"一"在某种意义上可以和系统划等号。

古代朴素唯物主义哲学思想虽然强调对自然界整体性、统一性的认识，却缺乏对这一整体的细节的认识能力，因此对整体性和统一性的认识也是不完全的。对自然这个统一体的细节的认识，是近代自然科学的任务。19世纪以来，自然科学取得了一系列伟大的成就，特别是能量守恒、细胞和进化论的发现，使人类对自然过程的相互联系的认识有了很大的提高。马克思、恩格斯的辩证唯物主义认为，物质世界是由无数相互联系、相互依赖、相互制约、相互作用的事物和过程所形成的统一整体。辩证唯物主义所体现的物质世界普遍联系及其整体性的思想，也就是系统思想。

20世纪中期现代科学技术的成就，为系统思想提供了定量分析方法和计算工具。现代科学技术对系统思想的研究来说，首要贡献在于使系统思想定量化，成为一套具有数学理论、能够定量处理系统各组成部分相互联系的科学方法；其次在于为定量化系统思想的实际应用提供了强有力的计算工具——电子计算机。

以上就是系统思想如何从经验到科学、从思辨到定性到定量的大致发展情况。

系统（System）一词在古希腊时期就已使用，从词源上讲，它来自于拉丁语Systema，由词头"共同"和词尾"位于"结合成，表示共同组成的"群"与"集合"的意思。系统是一个涉及面广、内涵丰富的概念，但关于它的定义尚没有统一的定论。

一般系统论的创始人贝塔朗菲（L. Von. Bertalanffy）认为"系统可以定义为相互关联的诸要素的集合体"。在《韦氏大词典》中，系统被定义为"有组织的或被组织化的整体，构成整体所形成的各种概念和原理的综合，以有规则的相互作用和相互依存的形式结合起来的诸要素的集合等等"。

我国学者钱学森等人对系统的定义是："系统是由相互作用和相互依赖的若干组成部分结合而成的、具有特定功能的有机整体"。

这些定义，尽管表述不同，但都指出了系统的三个基本特征：

第一，由元素所组成；

第二，元素间相互作用、相互影响、相互依赖；

第三，是由元素及元素间关系构成的整体，具有特定的功能。

环境处在系统的外部，是包围系统的单元集合体。或者说，一个系统之外的一切与它相关联的事物构成的集合，称为该系统的环境。

元素和子系统都是系统的组成部分，简称组分。组分及组分之间关联方式的组合叫做系统的结构。

系统的行为指系统相对于其环境表现出来的任何变化，或者说，系统可以从外部探知的一切变化。行为属于系统自身的变化，是系统自身特性的外部表现，但又同环境有关，反映环境对系统的作用或影响。

系统的功能是由系统行为引起的，有利于环境中某些事物乃至整个环境存续发展。凡系统必有结构，结构与功能关系密切。系统的结构和环境共同决定系统功能。

系统的性能指系统在内部相关和外部联系中表现出来的特性和能力，性能一般不是功能，功能是一种特定的性能。

1.1.2 系统的特性

从系统的定义可以引申出一般系统都具有的特性。

1.1.2.1 整体性

系统的整体性主要表现为系统的整体功能，系统的整体功能不是各组成要素功能的简单叠加，也不是各组成要素简单的拼凑，而是呈现出各组成要素所没有的新功能。概括地表述为"整体不等于部分和"。即：

整体大于部分和：$F_s > F_1 + F_2 + F_3 + \cdots + F_i$

整体等于部分和：$F_s = F_1 + F_2 + F_3 + \cdots + F_i$

整体小于部分和：$F_s < F_1 + F_2 + F_3 + \cdots + F_i$

其中：F_s：系统的整体功能

F_i：各要素的功能（$i = 1, 2, 3 \cdots n$）

整体不等于部分之和，可分为两种情形：第一种是整体大于部分之和，俗话说的"三个臭皮匠，赛过一个诸葛亮"，就是这种情形；第二种是整体小于部分之和，俗话说的"一个和尚挑水吃，两个和尚抬水吃，三个和尚没水吃"，就是这种情形。非系统群体的基本特性是加和性，整体等于部分之和。

整体性使系统整体具有部分或部分总和没有的性质，或者说，高层次具有低层次没有的性质，这是系统最重要的特性。所谓用系统的观点看问题，核心就是考察系统的整体性，即不能还原为部分去认识，只能从整体上加以把握的性质。

系统的整体性既包括定性方面，即系统质，又包括定量方面，即系统量。系统量是系统在整体上表现出来的量，它们在组分层次上是完全不能被理解的，甚至不可能被发现。例如，单个物质分子无温度、压强可言，然而一旦聚集成热力学系统，便产生了温度、压强等系统量，这些量可用以描述热力学系统的整体质，即宏观物理性质。系统的整体质只能用相关的系统量来描述。

系统整体性表明系统中的要素以及要素间的相互关系，是根据特定的统一性要求协调存在于系统整体之中的。系统不是零散要素的简单集合，否则它就不会具有作为整体的特定功能。整体性要求人们不能脱离系统整体去研究一个要素，以及要素间的相互联系和相互作用。脱离了整体，要素的功能和要素间的作用便失去了系统意义，也就无法得出有关系统整体的正确结论。

在一个系统整体中，即使每个要素并不都很完善，但它们也可以协调、综合成为具有良好功能的系统。相反，即使每个要素都是良好的，但作为整体却不具备这种良好的功能，也就不能称之为完善的系统。

1.1.2.2 相关性

同一系统的不同元素之间按照一定的方式相互联系、相互作用，不存在与其他元素无任何联系的孤立元。同一系统不可能被划分为若干彼此孤立的部分。所谓"一定方式的联系"，意在要求元素之间的联系有某种确定性，人们能够据以辨认该系统，并与其他系统区分开来。元素之间只有偶然联系的多元集不是系统，人们无法把握它们。具有统计性的偶然联系的多元集是系统，元素之间的联系具有统计不确定性，可用概率方法加以描述。

1.1.2.3 层次性

又称阶层性。一般系统都具有一定的层次结构。一个系统可以分解为若干子系统，而子系统还可以分解为亚子系统等等，以致最终可分解为要素，这样就形成了具有特定空间层次的结构。系统的层次结构表明了不同层次子系统或要素之间的从属关系或相互作用关系。例如，一个公司就是一个层次比较明显的系统，它由子公司、车间、工段、班组以及相应的职能部门构成。各层次的子系统相互联系，相互作用，以特有的功能为同一目标相互协调运行。不同的层次结构存在着不同的运动形式，构成了系统的整体运动特性，这为深入研究复杂系统的结构、功能并有效地进行控制与调节提供了条件。

1.1.2.4 目的性和功能性

目的是指人们在行动中所要表达的结果和意愿。系统的目的性是人们根据实践的需要而确定的，但不一定所有系统都有目的，例如太阳系或某些生物系统等自然系统。人造系统是有目的性的，而且通常不是单一的目的性。系统的目的性要求人们正确地确定系统的目标，并运用各种调节手段把系统导向预定的目标，以达到系统整体最优的目的。现代管理中的目标管理（Management By Objectives，MBO），就是在系统目的性原则的指导下，使企业适应市场变化，协调其实现经营目标的各项管理工作，完善经济责任制，体现现代企业管理的系统化、科学化、标准化和制度化。

功能性是系统的基本特性之一，它表明系统具有的作用和效能。系统的功能以系统的结构为基础，系统的特定结构决定系统的特定功能，系统不同，其功能也不同，这正是区别一个系统和另外一个系统的重要标志。

1.1.2.5 环境适应性

任何一个系统都存在于特定的物质环境之中，它必然与环境不断地进行物质、能量、信息的交换。外界环境的变化会引起系统特性的改变，相应地引起系统内各部分相互关系和功能的变化。系统时刻处于环境之中，环境是一种更高级、复杂的系统，在某些情况下它会限制系统功能的发挥。为了保持和恢复系统原有特性，系统必须具有对环境的适应能力，例如反馈系统、自适应系统和自学习系统等。有关系统与环境之间的相互关系，本书将在后面的内容中详细讲述。

1.1.3 系统的分类

自然界和人类社会中普遍存在着各种不同形态的系统。为方便系统性质的研究，有必要对系统存在的各种形态加以分类。

1.1.3.1 按系统构成分类

系统按其构成分类可分为自然系统、人造系统和复合系统。自然系统是由自然物天然形成的系统，如气象系统、天体系统、动植物系统、海洋系统、矿藏系统等。人造系统是人们为达到某一目的人工建造的系统，如法律系统、教育系统、管理系统等。复合系统是由人造系统和自然系统相互结合而成的系统，如企业系统、农业系统、地质勘查系统等。

1.1.3.2 按系统物态分类

系统按其物态分类可分为实体系统和概念系统。实体系统是由物质实体组成的系统，这些实体占有一定空间，如机械系统、桥梁系统、电力网络系统等。与实体系统相对应的是抽象概念系统，它是由概念、原理、假说、方法、计划、制度、程序等非物质实体组成的系统，如法律法规系统、教育系统、计划系统、管理系统等。近年来，概念系统逐渐被称为软科学系统，并且日益受到重视。

以上两类系统在实际中结合在一起，以实现一定的功能。实体系统是概念系统的基础，而概念系统又往往对实体系统提供指导和服务。例如，为实现某项工程实体需提供计划、设计方案和目标分解，对复杂系统还要用数学模型或其他模型进行仿真，以抽象出系统的主要因素，并进行多个方案分析，最终付诸实施。在这一过程中，计划、设计、仿真和方案分析等都属于概念系统。

1.1.3.3 按系统状态分类

系统按其状态分类可分为静态系统和动态系统。静态系统是指系统状态不随时间改变的系统，如没有运行的仪器设备等。严格地讲，绝对静态的系统是不存在的。动态系统是指系统状态随时间变化的系统，如生产系统、社会系统等。

1.1.3.4 按系统与环境的关系分类

系统按其与环境的关系分类可分为开放系统和封闭系统。开放系统是指系统与外界环境有信息、物质和能量交互作用的系统，如生产系统、人体系统、生态系统等。在环境发生变化时，开放系统通过系统中要素与环境的交互作用以及系统本身的调节作用，使系统达到某一稳定状态。因此，开放系统经常是自调整或自适应的系统。封闭系统是与外界无明显联系的系统，环境仅仅为系统提供了一个边界，不管外部环境有什么变化，封闭系统仍表现为内部稳定的均衡特性，如完全自给自足的乡村、完全封闭的容器等。世界上不存在严格意义上的封闭系统，任何系统都或多或少、或快或慢地同环境交换着物质和能量，但当一个系统的开放性微弱到相对于一定目的可以忽略不计的程度时，作为一种理论抽象，可以视为封闭系统。

这里定义的封闭系统，物理学称为孤立系统；只有能量交换的系统，物理学称为封闭系统；同时进行物质、能量交换的系统，物理学称为开放系统；物质、能量和信息全面开放的系统，物理学尚无专门定义。

1.1.3.5 按系统某些特性分类

系统按其某些特性分类可分为因果系统、控制系统和对象系统。因果系统是输出完全取决于输入的系统，如信号系统、测试系统等。控制系统是有控制功能和手段的系统，如自动化系统、人体系统等。对象系统是按系统对象区分的系统，如工业系统、水利系统等。

1.1.3.6 钱学森有关系统的分类

按照钱学森有关系统的分类，系统可以分为简单系统和巨系统。简单系统分大小，巨系统分简复，复杂巨系统又分一般和特殊。

1. 巨系统

20世纪60年代末出现了大系统概念和大系统理论。随着社会经济、生态环境等系统成为研究对象，人们发现还存在比大系统的规模大得多的系统。20世纪70年代末，钱学森在论述社会系统工程时第一次提出了巨系统概念。大体上说，由几个、十几个元素或子系统组成的是小系统；由上百个、上千个元素或子系统组成的是大系统；如果元素或子系统数量极大，成万上亿，上百亿，万亿，那就是巨系统。钱学森关于系统的分类如图1-1所示。

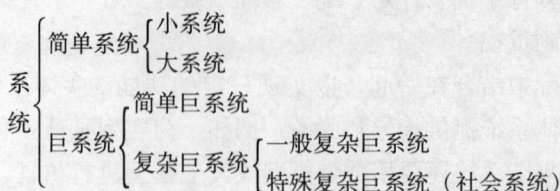

$$
系统
\begin{cases}
简单系统
\begin{cases}
小系统 \\
大系统
\end{cases} \\
\\
巨系统
\begin{cases}
简单巨系统 \\
\\
复杂巨系统
\begin{cases}
一般复杂巨系统 \\
特殊复杂巨系统（社会系统）
\end{cases}
\end{cases}
\end{cases}
$$

图1-1　系统的分类

组分数目多到巨型规模，就使系统的整体行为相对于简单系统来说可能涌现出显著不同的性质。量变可以引起质变，巨系统中会出现简单系统中没有的现象，如自组织现象。巨系统通常有宏观与微观的层次划分，系统在这两个层次上的行为特性有本质上的区别，这是不同于小系统和大系统的重要特点。巨系统是一个新的科学概念，一种新的系统观点。巨系统问题要求建立巨系统理论和方法。

2. 复杂系统

大脑作为一个巨系统，空间虽十分有限，但所包含的神经元约10^{11}数量级，若从其行为特性看，它属于典型的复杂系统。从系统结构看，一方面是系统组分和种类的多少，另一方面是系统组分之间关联关系的复杂程度和层次结构。在巨系统中，如果系统组分种类不多，只有几种、几十种，相互关系又比较简单，就应称为简单巨系统。对于简单巨系统，用统计方法进行研究取得了成功。这就是从微观到宏观的统计综合方法——哈肯和普利高津建立自组织理论所用的方法。

在巨系统中，如果组分种类繁多（几十、上百、上千或更多），并有层次结构，它们之间的关联方式又很复杂（如非线性、不确定性、模糊性、动态性、适应性等），这就是复杂巨系统。这类系统在结构、功能、行为和演化方面都非常复杂，在时间、空间和功能上都存在层次结构。如人脑系统，由于记忆、推理和思维功能以及意识作用，其输入/输出反应极其复杂。人脑可以利用过去的信息（记忆）和未知的信息（推理），以及当时的输入信息和环境作用，做出各种复杂反应。从时间角度看，这种反应可以是实时反应、滞后反应，甚至是超前反应。人脑系统研究吸引了众多科学家，人脑微观结构在细胞层次上正逐步被研究清楚，但在宏观层次上涌现出思维、意识等极为复杂的整体功能，其机制至今尚未探明。这个事实也说明，应把人脑作为复杂巨系统，将微观与宏观结合起来加以研究（脑科学）。

总之，不同类型的系统要用不同的方法来分析。大系统理论不能用来解决巨系统问题，简单巨系统理论不能用来解决复杂巨系统问题。

（1）开放的复杂巨系统

控制论等技术科学把开放性表达为系统的输入、输出和干扰，自组织理论把开放性表述为控制参量数对系统的影响和涨落的作用。在开放的复杂巨系统概念中，钱学森给"开放的"一词赋予了新的内涵，即"开放的"不仅意味着系统与环境进行物质、能量、信息的交换，接受环境的输入和干预、向环境提供输出，而且还具有主动适应和进化的含义。"开放的"还意味着在分析、设计或使用系统时，要重视系统行为对环境的影响，把系统运行与环境保护结合起来考虑。

在开放的复杂巨系统理论的形成过程中，"巨"、"复杂"、"开放的"三个限制词是逐步加上的。从一般的系统概念中区分出巨系统概念，把巨系统区分为简单的与复杂的两种，再强调系统的开放性，区分出开放的复杂巨系统（Open Complex Giant System），这代表了钱学森 20 年来系统思想的三次飞跃（如图 1-2 所示）。

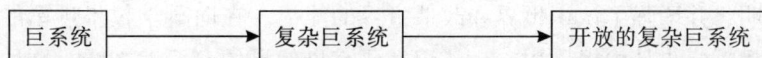

图 1-2　钱学森 20 年来系统思想的三次飞跃

（2）复杂系统的内在表现

- 开放性。考虑到了系统与其环境之间物质、能量或信息的交换，更能反映客观世界的真实性。
- 非线性。具有多解、多稳态，能够描述稳定性交换，更能追踪客观世界的多样性。
- 随机性。微涨落放大，更能体现系统从无序到有序或从有序到混沌的自发性。
- 突现性。通过整体与局部的关系研究系统整体的突现行为，更能体现系统结构与行为演化的目的性。

1.1.4 系统科学研究的主要内容

系统科学研究的主要内容是开放系统理论、非线性理论、随机系统理论及自组织理论等，其中，自组织是系统追求的目标，如社会自组织、经济自组织：可持续发展；生态自组织：生态平衡；军事自组织：协同作战。系统科学围绕整体性（自组织）这一主题，从多侧面（开放性、非线性、随机性三个方面），以多种形式（确定与不确定、联系与离散等形式），运用数学模型和各类突现行为，研究系统的结构演化和自组织可用图 1-3 描述。

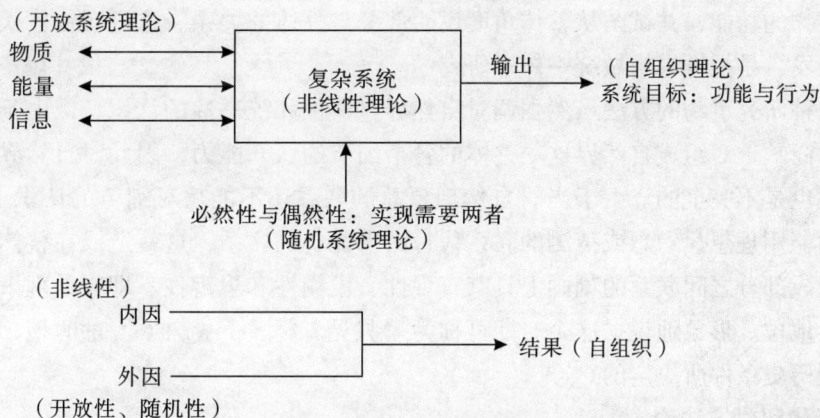

图 1-3　开放系统理论框架

7

不可把系统科学简单地看做交叉科学或边缘科学。系统现象并非只出现于某些学科或交叉地段，它普遍存在于一切学科领域。系统科学是研究这类现象共性的学问，是科学重新统一的历史需要。

1.2 系统科学方法论

人类在与自然界作斗争的过程中，靠自己的聪明才智逐步地认识、掌握自然界发展和变化的规律，并不断地向大自然索取所需要的衣、食、住、行等物品。然而人类在改造自然界的同时，也在改造自己。人们在失败的挫折中吸取教训，在成功的喜悦中总结经验，使自己的头脑更加聪明，并增强了认识世界和改造世界的能力。在向科学技术进军的征途中，人们经过长期的积累，逐步从中提炼出一套认识和研究自然界的一般性方法。这种方法在实践中不断得以深化、充实、丰富和提高，最终形成了科学方法论。科学方法论的出现对科学技术的发展起到了重要的作用。

1.2.1 系统科学方法论的发展

科技进步的过程反映了人类认识世界、改造世界的过程，也体现出了科学方法论的发展过程。从方法论角度研究，科学方法论的发展大体上经历了古代、近代、现代三个相互联系的时期。

1.2.1.1 古代方法论

人类自出现以来，就无时无刻不在同自然界打交道。在科学技术相当落后的古代，人们为了从自然界得到足够的生产和生活资料，在与自然界作斗争的过程中总结出一套把世界当做一个整体来研究的方法。这种研究方法在古希腊和古代中国的一些著作中都有阐述。如古希腊辩证法奠基人之一赫拉克利特在《论自然界》一书中说过："世界是包括一切的整体。"被马克思称为伟大思想家的亚里士多德在《工具篇》一书中曾指出，事物的生灭变化是由物料因、形式因、动力因、目的因引起的，并得出"整体大于其各部分总和"的论断，从而成为古代方法论的代表者。公元前六世纪至五世纪之间，我国春秋末期思想家老子强调自然界的统一性；南宋陈亮的"理一分殊"思想称"理一"为天地万物的整体，"分殊"为这一整体的每一事物的功能，并试图从整体角度说明部分与整体的关系。这说明古代人类从统一的物质本原出发，是把世界当做统一体来研究的。

古代这种研究事物的方法虽然强调对自然界整体性和统一性的认识，但由于当时科学技术不发达，尚缺乏对组成自然界这一整体的各个细节的认知能力，因此对自然界整体性和统一性的认识也是不完全的。由于当时自然现象总的联系还不能从对细节的认识上得到证实，所以往往只能用理想、幻想或猜测的联系代替尚未证实的联系，这就造成在整体这一概念上以及整体组成部分之间联系的刻画上具有直观性、模糊性和思辩性。即在处理事物时，逻辑方法占主导地位。形象地说，这个时期可称为"只见森林，不见树木"的时期，这也正是由当时的客观历史条件所决定的。

1.2.1.2 近代科学方法论

随着人类的进步和科学技术的发展，人们越来越感到古代对自然界的研究方法并不能进一步深刻地揭示出事物变化发展的规律，这是由于自然现象总的联系还没有在细节上得到证明的缘故。

15 世纪下半叶，近代科学开始兴起，力学、天文学、物理学、化学、生物学等从混为一体的哲学中分离出来，产生了自然科学。自然科学的诞生、发展和进一步分化，开辟了实验科学的新阶段，该时期科学研究的主要任务是通过实验、解剖和观察，收集资料、积累经验、进行资料的整理和加工，以弄清自然界的细节。这在当时的科学技术水平下，只有把事物分成若干独立部分，分门别类地进行分析才能办到，因此建立在实验、解剖和观察基础上的分析方法就成为这个时期的主导方法。培根的著作《新工具》、笛卡尔的著作《方法论》就很自然地成为近代科学方法论的经典著作，并指导着该时期的科学研究工作和生产实践。这两部著作对推动近代科学的发展起到了相当重要的作用。

近代科学方法论在促进自然科学知识的深化上、在材料的整理和加工上、在研究自然界的具体方法和手段上都优于古代方法论，这对当时自然科学的发展起到了很大的推动作用。但从方法论角度看，该时期的科学方法论尚存在不足之处，即在深入细致地考察自然界细节的同时，由于学科越分越细，忽略了对整体的研究，往往以对事物局部较深刻的认识取代了对事物整体的认识而产生片面性和局限性，从而造成"只见树木，不见森林"的状况。这正如恩格斯所说："就是这些障碍堵塞了自己从了解部分到了解整体、到洞察普遍联系的道路。"

19 世纪下半叶，自然科学已经取得了很大的成就。自然界的细节已能够得到较深刻的认识，尤其是能量守恒、细胞学和进化论的发现，更进一步地揭示出客观世界的普遍联系，这为人类重新、综合地研究客观世界这一整体奠定了基础。马克思和恩格斯在上述"三论"的基础上总结出一套认识世界的新方法——唯物辩证法，并提出了物质世界是由相互联系、相互依赖、相互制约、相互作用的事物和过程所形成的这一统一整体的、认识世界的一般方法。由于马克思和恩格斯是在充分揭示出物质世界内在普遍联系的基础上提出世界的整体性和统一性这一概念的，因此它区别并高于以逻辑方法和思辨为主导的古代方法。且由于它是以"自然科学本身所提供的事实，以近乎系统的形式描绘出自然界相互联系的清晰图画"的，故它又区别并高于 15 至 19 世纪上半叶的近代科学方法论。这样，马克思和恩格斯所创立的科学方法论就成为 20 世纪以来人们认识世界和改造世界的最先进的方法论。

1.2.1.3　现代系统科学方法论

20 世纪初，人们在马克思和恩格斯所揭示出的认识世界的一般方法的指引下，进一步明确了系统概念的内涵，尤其是系统论、控制论和信息论出现以后，系统的概念与现代科学技术有机地结合起来，使系统的概念由定性转化为定量、由经验上升为理论，从而形成了一套以马克思主义唯物辩证法为基础的、既有理论指导又有科学方法，并拥有先进计算手段的系统科学方法论。它是从整体上最优地解决各类系统问题的锐利武器，是连接马克思主义哲学和系统科学的桥梁，是对 20 世纪 30 年代以来的科学方法进行的系统、科学的概括和总结，是我们当前处理系统问题的基本方法论。

从方法论的发展可以看到，人类认识现实世界的过程，是一个不断深化的过程，是在真理的长河中逐步前进的过程。在古代，人们既缺乏理论依据，又缺乏观测和实验手段，所以对许多事物，往往只能观其外貌。随着科学和技术的进步，近代科学开始兴起，开创了实验科学的新阶段，人们对事物的构成部分（个体）有了深刻的了解。认识是不断深化的，在对部分有了更多规律性的了解之后，人们再回过头来利用所得到的信息，从关联入手探索出一套认识事物整体的方法，从而使其认识世界、改造世界的能力达到较高的水平，这是科学发展的必然结果。系统科学方法论所创立的认识世界、改造世界的新方法，必将使人类社会开始一个新的时代——系统时代。

1.2.2 系统科学方法论的特征和组成

1.2.2.1 系统科学方法论的待征

系统科学方法论是在系统论、控制论和信息论基础上创立的，是唯物辩证法的具体化，是架设在对客观事物和过程高度抽象的唯物辩证法与客观事物和过程具体运行实践之间的桥梁。作为 20 世纪以来认识世界、改造世界的基本方法论，它具有如下特征。

1. 整体性

整体性是系统科学方法论的基本出发点，它为人们从整体上研究客观事物提供了有效方法。该方法论要求人们始终把研究对象作为一个整体来看待，认为世界上任何事物和过程都不是其组成部分的杂乱无章的偶然堆积，而是一个合乎规律的、由各要素组成的有机体。这一整体的性质与规律只存在于各组成要素间的相互联系、相互依赖、相互制约和相互作用之中。而各组成部分孤立的特征的总和并不能反映整体的特征。

2. 综合性

综合是相对分析而言的。15 至 19 世纪上半叶的方法论主要是以分析为特征的。当时科学本身的发展在客观上需要把整体分解成部分加以精确地研究。然而，由于事物本身是其各组成部分相互联系的整体，科学发展本身又要求揭示不同物质运动形式的共同属性和规律，这就需要采用综合的方法。综合方法是把系统的各组成部分，各部分的结构和性能、各部分的联系、历史发展等因素联系起来加以考察，从中找出共同性和规律性的方法。因此，系统科学方法论的关键是综合。

3. 定量化和最优化

定量化是系统科学方法论与传统方法论的主要区别之一。人们在运用系统科学方法论处理系统问题时，总是尽量采用各种数学语言和数学工具使系统得到较精确的定量描述，以反映系统发展变化的规律。在定性分析指导下的定量化可克服单纯定性分析的缺点，为更进一步深刻地认识事物和过程提供捷径。最优化是定量化的方法之一，它可依据需要，确定系统最优目标而得到最大效益，是系统科学方法论中方法的核心。

4. 信息化

系统科学方法论以信息论为其基础理论之一。因此，它在处理系统问题时特别强调信息的重要作用，这一点区别于只着眼于物质、能量，而忽视信息的传统方法。该方法论在处理系统问题时撇开物质与能量的具体形态，而把系统当做一个信息的传输和加工的系统，并认为只有信息流才能使系统维持正常的、有目的的运动，强调信息流对系统的支配、调节和控制作用。

5. 人—机方式

系统科学方法论以利用电子计算机作为处理系统问题的基本方式。在处理系统问题的过程中，人始终处于主导地位。当前，系统越来越复杂，需要处理的信息量越来越大，仅靠人脑进行加工是不够的，必须借助于人脑的延伸物——电脑的帮助。因此，人—机方式就自然地成为系统科学方法论处理系统问题的基本方式。

1.2.2.2 系统科学方法论的组成

系统科学的方法论是系统方法、反馈方法、信息方法相互关联而构成的方法体系。

1. 系统方法

系统方法是指按照事物本身的系统性，把被研究对象作为系统，始终从整体与部分、整体与环境、部分与部分之间的相互联系、相互依赖、相互制约、相互作用的关系上精确、综合地考察和研究，以使系统处于最优运行状态的一种方法。其特点是整体性、综合性和最优化。系统分析方法、模型化方法、最优化方法和模拟实验方法等是其经常使用的工具。

2. 信息方法

信息方法是指运用信息的观点，把系统看做借助于信息的获取、传递、加工、处理而实现其有目的性的运动的一种研究方法。其特点是把信息的概念作为分析和处理问题的基础，完全撇开研究对象的具体运动形态，把系统的有目的的运动抽象为一个信息变换过程。该过程可由图 1-4 表示。

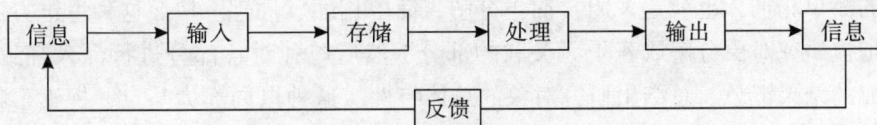

图 1-4　系统的信息处理过程

由图 1-4 可见，信息方法强调信息流的处理和加工过程，尤其是反馈信息流的存在能使系统实现预期的目标。

当前，由于经济管理体制等原因，我国在应用信息方法时存在很多不足之处，主要表现在以下几方面。

① 信息流流动速度过低。

② 信息失真。

③ 信息积累和存贮不足。

④ 信息通道不畅等。

为了有效地利用信息方法，我国必须将加快信息流的流动速度、提高信息的可靠性、疏通信息通道、注意积累资料等工作作为首要任务加以解决。当前 Internet 技术的发展使人们获得信息的方式与途径更加广阔，进一步建设与完善"信息高速公路"成为我国当务之急。

3. 反馈方法

反馈方法是指用系统活动成果的信息调整系统的活动使之实现系统目标的一种方法，也就是在系统控制的过程中收集行动效果的信息，并将其与系统目标相比较，从而提供控制信息的方法。其特点是在系统控制过程中始终运用反馈的概念。

反馈的概念包括以下三方面的内容：首先是向既定目标的行动；其次是对行动效果的了解；最后是行动效果与既定目标的比较。反馈方法不仅对工程控制系统有重要作用，在经营管理系统中的作用也是很大的。如现代化管理方法中的滚动计划法实质上就是一个个反馈的过程。

应用反馈方法的关键因素仍是信息的流动速度，保证信息处理过程的通畅是及时得到反馈信息的基础。因此，信息方法和反馈方法是紧密相连的。系统方法、信息方法和反馈方法是相辅相成的，在处理系统问题时它们总是交织在一起的，这也正是系统科学方法论的特点。

总的来说，系统方法是以系统论为基础的，信息方法是以信息论为基础的，反馈方法是以控制论为基础的，而三者的有机结合就构成了系统科学方法论。

1.2.3 系统科学方法论的指导思想——系统思想

系统科学方法论的指导思想是系统思想。系统思想就是系统思维方法，它是指唯物辩证法所体现的物质世界普遍联系及整体性的思想，是"以近乎系统的形式描绘出自然界相互联系的清晰图画"的思维方法。

系统思维方法与传统思维方法不同，传统思维方法是以 15 世纪至 19 世纪上半叶的方法论为基础的，它习惯上把被研究对象分成若干独立部分，并把复杂对象的行为定义为各独立部分特性的简单相加，也就是采用"简单分解，简单相加"原理。按照这种思维方法处理问题时，先把被研究对象分解成若干无关联的部分，然后单独对各部分进行深入细致的研究，最后把研究的结果汇总，总结出研究对象的总体特性。这种以局部为基点，探索事物发展变化规律性的方法是片面的，甚至是错误的。其原因在于它忽视了事物各组成部分之间的联系，忽视了部分与整体的差别，缺乏综合和辩证法。

系统思维方法是进行分析和综合的辩证思维工具。它把研究对象当做一个完整、统一的整体来研究，也就是说，整体具有部分所没有的一些特性，也正是因为这些特性的存在而区别于部分。"整体大于部分之和"的非加和原理是系统思想的基本点。以这种思维方法研究问题，总是把研究对象当做一个系统，从系统整体出发来研究系统内各组成部分、各部分之间的联系以及系统与环境的关系。为了最大限度地利用整体特性，系统思想要求从不同角度把系统的概念贯通、综合，使系统的局部目标服从整体目标，这就是系统思维方法的原则。在此原则下，系统思想的另一特点就是从各部分的关联中探讨系统的整体特性，从而正确地认识整体。利用分析和综合的方法是系统思想处理问题的基本方法。

两种思维方法在表面上看好像只是形式上的不同，但事实上却有本质的差别，用两种方法处理同一问题所得结果是不同的。两种思维方法的区别见表 1-1。

表 1-1　系统思维方法与传统思维方法的区别

	系统思维方法	传统思维方法
出发点	整体	部分
研究基点	各组成部分之间的关系	部分
研究顺序	从整体到局部或由上级到基层，再由局部向整体综合	从局部到整体，由基层到上级
局部目标和整体目标的关系	局部目标必须服从整体目标，整体目标是局部目标的综合	以局部利益为基础形成局部目标，将局部目标叠加，形成整体目标
考虑系统状态	动态地研究事物全过程	静态地研究事物的单一过程

随着科学技术的发展，人类社会活动不断大型化和复杂化，出现了许多庞大而复杂的系统，如社会经济系统、生态系统、管理系统等。这些系统有如下一些共同的特点。

- 规模越来越大，结构越来越复杂。
- 需要从时间、性能、费用、可靠性、可维修性等方面进行综合评价。
- 不确定因素越来越多和准确性要求越来越高的矛盾日益加深。
- 需要处理的信息量越来越大，信息的作用也越来越强。
- 解决问题需要各学科协同作战等。

因此，人们在实践中要求系统思想不仅能定性而且能定量，以便从整体出发，协调部分的活动并把各部分的活动综合成技术上先进、经济上合理，并能协调运转的系统，取得最大效益。

20 世纪中叶，现代科学技术的发展为系统思想的定量化提供了一套具有数学理论、能够定量处理系统各组成部分间相互联系的科学方法和强有力的计算工具——电子计算机，这就使系统思想由思维方法上升为理论——系统科学方法论。由此可见，系统科学方法论是以系统思想为指导，把系统思维方法和现代科学技术结合起来的产物，它既为我们提供思维方法，又为我们提供具体的理论和工具，因而是处理系统问题的基本方法论。

1.3 系统理论简介

在系统科学中，构成系统科学的几个基本理论是：一般系统理论、控制论、信息论、协同理论、突变理论和耗散结构理论等。

这里仅对组成系统科学的几个基本理论进行简要介绍。

1.3.1 一般系统理论

一般系统论的创始人是奥地利生物学家贝塔朗菲（L. Von. Bertalanffy）。他在 1937 年提出一般系统论时，曾明确地把马克思与恩格斯的辩证法列为一般系统论的思想来源之一。

该理论的主要目的是要建立适用于系统的一般原则。一般系统理论起源于有机体论，它是一种与机械论相对立的生物学理论。冯·贝塔朗菲指出机械论的三个基本错误是：

13

- 简单分解，简单相加的原理；
- 机械观点；
- 被动反应观点。

冯·贝塔朗菲针对"简单分解、简单相加原理"，提出了"非加和"原理和"整体大于部分之和"的概念。他认为，把有机体分解为各要素，并简单相加以说明机体的属性是错误的。把孤立的各组成部分的活动性质和活动方式简单相加，不能说明高一级水平的活动性质和活动方式。如果了解各组成部分之间存在的全部关系，则高一级水平的活动就能从各组成部分中推导出来。因此，要了解事物的整体特性，就要了解各组成部分，更要了解它们之间的关系。这与我们以前介绍的系统思想是一致的。

冯·贝塔朗菲针对机械论的错误观点，提出适用于系统的一般原则为以下三种观点。

1. 系统观点

指一切有机体都是一个整体（系统），这个整体是由部分结合而成的，其特性和功能不只是各部分特性和功能简单相加的总和。他认为系统就是"相互作用的诸要素的复合体"，系统的性质取决于复合体内部特定的关系。确定出系统的性质不仅要知道它的组成要素，而且还必须知道它们之间的相互关系。

2. 动态的观点

即一切有机体本身都处于积极的运动状态。冯·贝塔朗菲认为一切生命现象始终处于积极活动的状态，生物的基本特征是组织，有机体之所以能有组织地处于活动状态，并保持其活力进行生命运动，是由于系统与环境不断地进行物质与能量的交换，他把这种能与环境进行物质和能量交换的系统称为开放系统，生命系统本质上都是开放系统，任何一个开放系统都能在一定条件下保持其自身的动态稳定性。

3. 等级观点

即指各种有机体都按严格的等级组织起来。冯·贝塔朗菲认为生物系统层次分明、等级森严，通过各层次逐级地组合，形成越来越高级，越来越庞大的系统。处于不同层次上的要素具有不同功能，而处于同一层次上的事物，尽管形态各异，但都具有类似的结构和功能。系统就是由结构和功能组成的统一体。同一等级的结构具有同一等级的功能，而不同等级的结构则表现出不同等级的功能。系统的等级观点正是系统结构等级与功能等级统一的反映。

一般系统论有着十分广泛的含义，冯·贝塔朗菲在论述这门学科的性质和任务时指出：一般系统论是一门新学科，属于逻辑和数学的领域，它的任务是确立适用于各种系统的一般原则，既不能局限在"技术"范围内，也不能当做一种数学理论来对待，因为有许多系统问题不能用现代数学进行解答，而要从系统观点来认识和分析客观事物。一般系统理论用相互关联的综合性思维来取代分析事物的分散思维，突破了以往分析方法的局限性。它的任务是确定认识和分析各种系统的一般原则，为解决各种系统问题提供新的研究方法。运用一般系统理论，可以帮助我们摒弃那种用简单方法来解决复杂系统问题的习惯，如实地把对象作为一个有机整体来加以考察，从整体与部分相互依赖、相互制约的关系中揭示系统的特征和运动规律。

一般系统论的研究领域十分广阔，几乎包括一切与系统有关的学科和理论，如管理理论、运筹学、信息论、控制论、科学学、哲学、行为科学等等，它给各门学科带来新的动力和新的研究方法，建立了自然科学与社会科学、技术科学与人文科学之间的联系，促进了现代化科学技术发展的整体化趋势，使许多学科面目焕然一新。一般系统论为系统工程的发展，为人类走向系统时代奠定了理论基础。

1.3.2 控制论

控制论是 20 世纪 40 年代末期开始形成的一门新兴学科。第二次世界大战期间，自动化技术、导弹和电子计算机的发展，要求自然科学在理论上进行系统研究和科学总结。1948 年，美国数学家维纳总结了前人的经验，创立了控制论这门学科。

控制论的定义曾有过各种表达方式，但其基本概念则相差无几。维纳把控制定义为"关于在动物、机器和社会的控制与通信的科学"。钱学森教授将其定义为"控制论的对象是系统，为了实现系统自身的稳定和功能，系统需要取得、使用、保持和传递能量、材料和信息，也需要对系统的各个构成部分进行组织。控制论研究系统各个部分如何进行组织，以便实现系统的稳定和有目的的行为"。由此可见，控制论是研究系统的调节与控制的一般规律的科学，它是自动控制、无线电通信、神经生理学、生物学、心理学、电子学、数学、医学和数理逻辑等多种学科互相渗透的产物。

控制是一种系统现象。撇开具体内容来看，凡控制总要涉及施控者和受控者两种实体，控制是施控者影响和支配受控者的行为过程。

控制论的发展过程大致分为三个阶段：20 世纪 50 年代末期以前为第一阶段，称为经典控制论阶段；50 年代末期至 70 年代初期为第二阶段，称为现代控制论阶段；70 年代初期至现在为第三阶段，称为大系统理论阶段。经典控制论主要研究单输入和单输出的线性控制系统的一般规律，它建立了系统、信息、调节、控制、反馈、稳定性等控制论的基本概念和分析方法，为现代控制理论的发展奠定了基础。它研究的重点是反馈控制，核心装置是自动调节器，主要应用于单机自动化。现代控制论的研究对象是多输入和多输出系统的非线性控制系统，其重点研究的是最优控制、随机控制和自适应控制，主要应用于机组自动化和生物系统。而大系统理论的主要研究对象是众多因素复杂的控制系统（如宏观经济系统、资源分配系统、生态和环境系统、能源系统等），研究的重点是大系统的多级递阶控制、分解—协调原理、分散最优控制和大系统模型降阶理论等。

在实际应用中，有关控制理论的具体内容主要有以下几个方面。

1.3.2.1 最优控制理论

这是现代控制论的核心。在现代社会发展、科学技术日益进步的情况下，各种控制系统的复杂化与大型化已越来越明显。不仅系统技术、工具和手段更加科学化、现代化，而且各类控制系统的应用技术要求也越来越高。这促使控制论进入多输入和多输出系统控制的现代化阶段，由此而产生了最优控制理论。这一理论是通过数学方法，科学、有效地解决大系统的设计和控制问题，强调采用动态的控制方式和方法，以满足各种多输入和多输出系统的控制要求，实现系统最优化。最优控制理论主要是在工程控制系统、社会控制系统等领域得到广泛的应用和发展。

1.3.2.2 自适应、自学习和自组织系统理论

自适应控制系统是一种前馈控制的系统。所谓前馈控制，是指环境条件还没有影响到控制对象之前，就进行预测而去控制的一种方式。自适应控制系统能按照外界条件的变化，自动调整其自身的结构或行为参数，以保持系统原有的功能，如自寻最优点的极值控制系统、条件反馈性的简单波动自适应系统等。随着信息科学和现代计算技术的发展，自适应系统理论得到进一步完善和深化，并逐步形成一种专门的工程控制理论。自学习系统就是系统具有能够按照自己运行过程中的经验来改进控制算法的能力，它是自适应系统的一个延伸和发展。自学习系统理论也适用于工程控制的理论，它有"定式"和"非定式"两个方面。前者是根据已有的答案对机器工作状态作出判断，由此来改进机器的控制，使之不断趋近于理想的算法；后者是通过各种试探、统计决策和模式识别等工作对机器进行控制，使之趋近于理想的算法。自组织系统就是能根据环境变化和运行经验来改变自身结构和行为参数的系统。自组织系统理论的主要目标是通过仿真，模拟人的神经网络或感觉器官的功能，探索实现人工智能的途径。对自组织系统理论的研究在 20 世纪 60 年代就已经成为控制论的重要领域。按照控制论观点，系统不仅能被组织，而且能够自组织。对自组织系统新模型的探索和研究，将给组织系统的控制，人工组织系统、组织与有机体系统的控制，带来很大的影响和变革。

1.3.2.3 模糊理论

模糊理论是在模糊数学的基础上形成的一种新型的数理理论。它主要用来解决一些不确定性的问题。模糊数学包括模糊代数、模糊群体、模糊拓扑等。我们知道，在现实社会中，存在着大量不够明确的信息和含糊的概念，人们只能根据经验对事物进行估计、推理和判断。因此，在一个复杂系统中，往往就有一些不确定性的问题需要处理。对此，仅用一般的数学模型和计算机是难以完成的，这就必须根据模糊数学来求解问题。

1.3.2.4 大系统理论

大系统理论是现代控制论最近发展的一个新的重要领域。它是以规模庞大、结构复杂、目标多样、功能综合、因素繁多的各种工程或非工程的大系统自动化问题作为研究对象的。

大系统理论的研究和应用涉及到工程技术、社会经济、生物生态等许多领域，例如，城市交通系统、社会系统、生态环境保护系统、消费分配系统、大规模信息自动检索系统等，尤其在生产管理系统方面（如生产过程综合自动化管理控制系统、区域电网自动调节系统、综合自动化钢铁联合企业系统等）也有所涉及。大系统理论所要研究的问题，主要是大系统的最优化。

目前，控制论已经形成了以理论控制论为中心的四大分支，即工程控制论、生物控制论、社会控制论（包括管理控制论、经济控制论）和智能控制论。它横跨工程技术系统、生物系统、社会系统和思维领域，并不断地向各门学科渗透，促进了自然科学和社会科学的紧密结合。

1.3.3 信息论

信息论是一门研究信息传输和信息处理系统中一般规律的学科，起源于通信理论。最早对信息问题做系统的理论阐述的，是 1948 年美国科学家申农的奠基性著作《通信的数学理

论》，并由此开始了通信科学的发展历程。信息论可分为狭义信息论与广义信息论。狭义信息论是研究通信和控制系统中信息传递的共同规律以及如何提高信息传输系统的有效性和可靠性的。广义信息论是利用狭义信息论观点来研究一切问题的理论，它研究机器、生物和人类对于各种信息的获取、交换、传输、存贮、处理、利用和控制的一般规律，设计和制造各种智能信息处理和控制机器，以便部分模拟和代替人的功能，从而提高人类认识和改造客观世界的能力。

信息论的基本思想和特有方法完全撇开了物质与能量的具体运动形态，而把任何通信和控制系统看做是一个信息的传输和加工处理系统，把系统的有目的的运动抽象为一个信息变换过程，通过系统内部的信息交流才使系统维持正常的有目的性的运动。任何实践活动都可简化为多股流：人流、物流、财流、能流和信息流等，其中信息流起着支配作用，通过系统内部的信息流作用才能使系统维持正常的有目的性的运动，它调节着其他流的数量、方向、速度、目标，并控制人和物进行有目的、有规律的活动。因此，信息论可以说是控制论的基础。

人们通常把消息、资料、数据、情报、指令看做信息。如果从信息论严格的科学观点看，并非任何消息都是信息，那些事先不知道结果的消息才是信息。所以，信息论提出者申农把信息定义为："不确定程度的减小。"为此，他又提出了信息量的概念，信息量就是把某种不确定度趋向确定的一种量度，对信息进行数学定量化描述。

信息的系统意义在直观上是很明显的。统计物理学的奠基人波尔兹曼最早把熵与信息联系起来，认为熵的获得意味着信息的丢失，熵是对一个系统丢失的信息的度量。薛定锷提出了负熵概念。维纳接受并发展了这些思想，提出了信息量是一个可以看做几率的量的对数的负数，实质上就是负熵，是系统组织程度的度量等著名论断，深化了人们对信息的系统意义的理解。信息与系统应是整个系统科学部分的两个中心概念。

申农信息学的成功，促使人们把信息概念向更多的领域推广，提出各种广义信息概念。申农在创立信息学时就指出，从工程技术角度看，通信的基本问题是在通信的一端（信宿）精确或足够近似地复制另一端（信源）所挑选的消息或符号序列，信息的其他方面与工程问题无关，应当略去不计。维纳于 1948 年提出一个著名论断："信息就是信息，不是物质也不是能量。不承认这一点的唯物论，在今天就不能存在下去。"

目前，信息论已经超过通信领域而广泛渗透到其他学科范围，特别是进入对大系统和复杂系统领域的信息研究，需要从更为广泛的领域来探求一般特征、规律和原理，形成更为一般性的理论，这就导致了信息科学的产生。信息科学是以信息论为基础，与计算机和自动化科学技术、生物学、数学、物理学等科学相联系而发展起来的新兴学科，它所研究的领域要比信息论的范围更广。信息科学的出现将把信息论的研究和应用推向更高的阶段、更新的范畴，为进一步提高人类认识和改造世界的能力开拓新的途径。

1.3.4 耗散结构理论

耗散结构理论说是比利时物理学家普利高津于 1970 年创立的，它是一种非平衡系统理论。耗散结构的概念是相对于平衡结构的概念提出来的。长期以来，在物理学中人们只研究平衡系统的有序稳定结构，并认为倘若系统原先处于一种混乱无序的非平衡状态，是不能在非平衡状态下呈现出一种稳定有序结构的。普利高津从热力学第二定律出发，通过研究非平衡态热力学指出,非平衡可为有序之源,不可逆过程可导致称为耗散结构的新型物态,他回答了开放系统如何由无序走向有序的问题,并因此荣获了诺贝尔奖。

1.3.4.1 平衡、稳定和有序的概念

马克思认为"平衡是经常不断地消除经常的不协调";恩格斯认为"相对静止即平衡";毛泽东认为"平衡就是矛盾暂时的、相对的统一"。可见,平衡具有协调、按比例、静止、统一等含义,可定义为:系统各组成部分间保持相互协调、保持既定的某种比例而体现出的系统整体状态,称平衡态,简称平衡。一般而言,它是人们追求的目标。

在经济系统中,总供给等于总需求、收入等于支出,均可称为平衡,否则称为非平衡。稳定与平衡密切相关,按控制论的观点,如果系统处于平衡态,在一小的扰动下使其偏离平衡态,在既定的时间内系统靠自身的力量仍能保持其平衡,则该平衡态是稳定的,称为稳定的平衡态,否则是不稳定的平衡态。

有序是指系统各组成部分有严格的秩序和结构,而无序则是组成部分杂乱无章,没有一定的秩序和结构。系统有序与无序是相对的,一般用"熵"来度量系统的有序程度。熵越大系统无序程度越高,反之系统有序程度越高。

1.3.4.2 耗散结构

耗散结构的概念是对应于平衡结构而提出的,它的严格定义来自于物理学中的非平衡态热力学。平衡态热力学主要以平衡系统的稳定有序结构为研究对象,解决整个系统由稳定有序结构变成不稳定的相对无序的结构,或变成稳定的有序程度较低的结构的问题。关于非平衡态以及从无序到有序的变化机制只能由耗散结构学说来解释。

人们通常认为,系统若处于一种混乱无序的非平衡状态是不可能出现一种稳定有序结构的。但普利高津通过长期的研究后指出:远离平衡态的开放系统在外界条件变化达到某一阈值时,量变可能引起质变,系统通过与外界不断地交换能量和物质,自动产生一种自组织现象,组成系统的各子系统会形成一种互相协同的作用,可能使系统从原来的无序状态转变为一种稳定有序的结构,从而实现系统由无序向有序、由较低有序向较高有序的转化。这种非平衡态下的、稳定、有序的结构被称为耗散结构,它是一种动态的稳定有序结构。

1.3.4.3 耗散结构学说的基本观点

在这一理论中,普利高津着重阐述以下几个基本观点。

1. 开放系统是产生耗散结构的必要前提

以普利高津为首的布鲁塞尔学派认为,系统按其与外界环境的关系,可以区分为三大类:孤立系统、封闭系统和开放系统。

孤立系统是与外界环境没有任何物质、能量和信息交换关系的系统。严格地说,世界上不存在真正的孤立系统,只有近似的孤立系统。封闭系统只与外界有能量交换。开放系统是一种与外界自由地进行物质和能量、信息交换的系统。输入食物、燃料、建材和信息,输出各种产品和废料的城市,就是一个典型的开放系统。

孤立系统因不能与环境交换物质、能量和信息,所以只能按照热力学第二定律,自动地走向无序化。封闭系统只能在低温条件下形成"死"的有序结构,如晶体。在温度低时,其分子呈有序排列,当温度逐渐达到一定阈值以后,就会由有序结构变为无序结构。只有开放

系统才能从与外界物质、能量和信息的交换中不断获得负熵流，使系统向有序化发展。耗散结构是系统的客观表现，其产生条件如下：

①系统必须是与环境进行能量、物质和信息交换的开放系统，并不断地引入足够大的负熵流；

②系统必须是远离平衡态的非平衡系统；

③系统内各要素之间存在非线性的相互作用。

一个系统熵的变化 ds 由二项构成，一项是系统内的熵产生 $d_i s$，一项是系统与外界进行能量交换引起的熵流 $d_e s$，可表示为：

$$ds = d_i s + d_e s$$

当系统是孤立系统或封闭系统时，因与外界环境不存在能量、物质、信息的交换，故 $d_e s = 0$，此时，如系统处于非平衡态，按热力学第二定律，非平衡态总是使系统不可逆地、自发地趋于熵取最大值的平衡态，$d_i s$ 将逐渐增大，ds 随之增大。由于总熵不断增加，系统内由有序逐渐变为无序。

当系统开放且处于非平衡态时，在与环境进行能量、物质、信息的交换过程中产生熵流 $d_e s$，熵流可正，可负，可为零，只有 $d_e s < 0$，且其绝对值大于 $d_i s$ 时，才可能有 $ds < 0$，系统总熵才能减少，系统才能由无序走向有序。这种负熵流的引入离不开系统与环境的交流和远离平衡态两个条件，这两个条件就是系统由稳定的无序产生不稳定的有序，再到稳定有序的必要条件。

从数学的角度看，系统的某种特定状态对应于系统动力学方程的某个特解，系统由稳定无序向稳定有序转变过程中的行为所对应的特解应既可能有不稳定特解，又可能有稳定特解，此情况下的系统动力学方程必须是非线性的，所以耗散结构的形成又必须以系统内各要素间的非线性为充分条件。

用耗散结构理论研究经济系统，可以这样理解：当经济系统是开放的且处于非平衡态时，如果与外界交流较少，系统将因熵增大而逐渐走向平衡。但某些发展快的部门从外界获得足够的资金和技术时，便会迅速发展壮大，系统中的一部分可能消亡，另一部分则会在它们的带动和影响下逐渐发展，从而使整个系统生机勃勃，这是引入的负熵的绝对值大于熵产生使得 $ds < 0$ 的结果，是系统走向有序的表现。按经济学中边际效益递减规律，当投入的资金和技术达到一定限度之后，再投入资金将使这些部门的效益减少，致使投入减少，负熵增大，当负熵的绝对值等于熵产生时，$ds = 0$，此时，系统开始由有序向无序迈进；当负熵的绝对值小于熵产生时，$ds > 0$，系统就更加无序。如果熵达到最大值，则该经济系统就完全无序，走向死亡。但经济系统不会走向终结，因为在系统处于非平衡态时，只要是开放的，必定会产生新的投资热点，萌生出新的经济增长点，使系统向更高的有序前进。

开放系统不仅是耗散结构形成的前提，同时也是耗散结构得以维持和存在的基础。因为耗散结构实质上就是远离平衡态的非线性系统，通过与外界不断地交换物质、能量、信息来维持的一种动态有序结构。为了保持这种结构，这种交换一刻也不能停止，一旦把系统孤立起来，系统便失去了与外界进行交换的条件，这种结构很快就会瓦解。所以要使一个系统产生并保持耗散结构，必须首先为系统创造充分开放的条件，使其成为远离平衡态的开放系统。

2. 非平衡态是有序之源

普利高津认为，开放系统是耗散结构形成的必要条件但不是充分条件。他指出："一个开放系统并没有充分的条件保证出现这种结构"，耗散结构只有在系统保持"远离平衡"的条件下才有可能出现。"非平衡是有序之源"，这是普利高津研究问题的一个基本出发点。这里所说的非平衡态是指系统远离平衡态的状态，平衡态和近平衡态都被排除在外。因为在平衡态和近平衡态线性区，系统处于稳定状态或趋于稳定状态，系统总的倾向是趋于无序或趋于平衡。

这里，应当强调指出的是，耗散结构与平衡结构是有着本质差别的两种结构。平衡结构是一种"死"的结构，或者说是一种静态的稳定结构，它的存在不依赖于外界。这种结构形成后，只有将系统孤立起来，设法使它与外界隔绝，才能保持不变。例如，冰块只有被放入保温桶内，才不致融化。而耗散结构是一种"活"的结构，或者说是一种动态的稳定结构，它是一种远离平衡态的稳定态。这种结构只有在开放和非平衡条件下才能形成，只有在系统与外界保持连续不断的物质、能量和信息交换的过程中才能维持，它的存在强烈地依赖于外部条件。所以，耗散结构是系统的一种非平衡态。正是这种非平衡，才使系统产生和具备了与外界进行物质、能量和信息交换的势能和要求。为此，欲使系统形成耗散结构，必须设法驱动开放系统越出平衡态区和近平衡态线性区，到达远离平衡态的非线性区域。

3. 涨落导致有序

普利高津非常重视随机涨落在耗散结构形成过程中的作用，提出了"涨落导致有序"的观点。所谓涨落，是指系统的某个变量或某种行为对平均值的偏离。涨落是偶然的、随机的、杂乱无章的，在不同状态下有不同的作用。在平衡态和近平衡态，涨落是一种破坏稳定性的干扰，起消极作用。在远离平衡态，它是系统由不稳定状态形成新的稳定有序状态的杠杆，起着积极的建设性作用。当系统处于远离平衡态时，随机的小涨落可以通过非线性的相干作用和连锁效应被迅速放大，形成系统整体上的"巨涨落"，从而导致系统发生突变，形成一种新的稳定有序状态。此时，涨落对耗散结构的形成起了一个触发和激化的作用，即偶然的随机涨落为耗散结构的形成提供了良好的条件。

普利高津用一个循环图式来描述系统的结构、功能和涨落之间的关系，如图1-5所示。

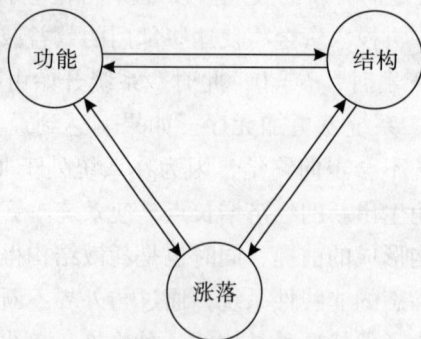

图1-5 结构、功能和涨落之间的关系

结构、功能、涨落三者既相互联系又相互作用，导致"来自涨落的有序"，即由于涨落被放大而破坏旧序的稳定性，并且通过与外界交换物质、能量和信息，使新序获得最终的稳定。普利高津认为涨落可能引起功能的局部改变，如果缺乏适宜的调节机制，这种局部改变会引起整个系统结构的改变，反过来，这又决定未来涨落的范围。因此，结构通过涨落规定和主导着功能，而功能通过涨落又影响和改变着结构。在系统物质世界的发展过程中，结构和功能通过涨落形成结构决定功能、功能改变结构的无限动态序列。

普利高津在研究涨落与进化的过程时，还引入非线性微分方程的分支数学理论对耗散结构演化过程进行定量描述。这种演化过程可用图1-6所示的多级分支图表示。

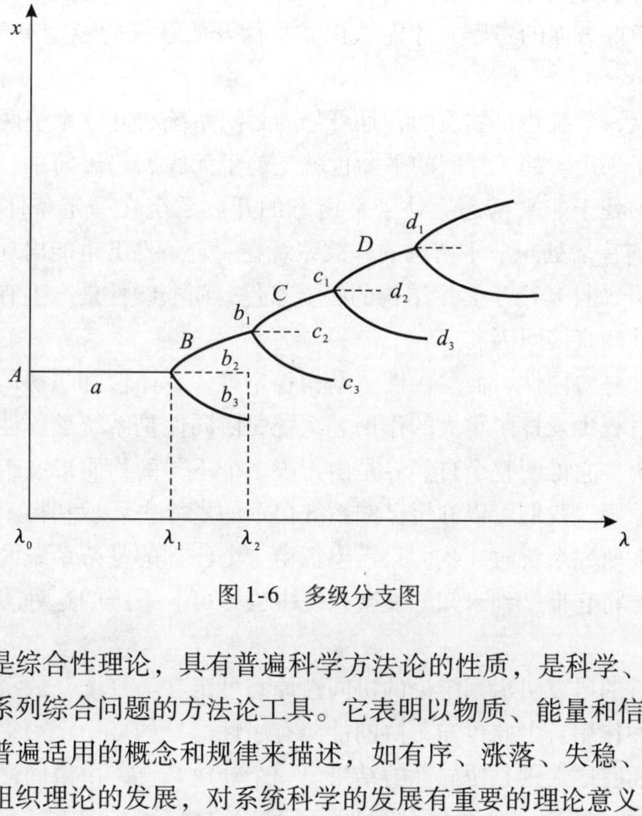

图1-6　多级分支图

耗散结构理论是综合性理论，具有普遍科学方法论的性质，是科学、技术、经济、管理等领域用以解决一系列综合问题的方法论工具。它表明以物质、能量和信息为基本要素的复杂系统可以用一种普遍适用的概念和规律来描述，如有序、涨落、失稳、分支等。耗散结构理论推进了系统自组织理论的发展，对系统科学的发展有重要的理论意义。

1.3.5 协同理论

协同学，又称协合学，它是德国物理学家赫尔曼·哈肯（Harmann Haken）在20世纪70年代后期建立起来的一种非平衡系统论，是以研究不同学科间存在着的共同特征为目的的一门横断学科，也是由许多学科形成的一门边缘学科。它借助耗散结构理论的一些研究成果，成功地解释了系统的局部与整体以及系统由简单到复杂，从低级到高级，由无序到有序稳定发展过程中最本质的东西，即协同作用。与耗散结构理论一样，协同学也是一门研究远离平衡态的开放系统在保证外流的条件下，如何能够自发地产生一定的系统有序结构或动能行为的新兴学科。它以现代科学理论中最新成果（信息论、控制论、突变理论）作为基础，汲取了耗散结构理论的论点，采用统计力学的考察方法来研究开放系统的行为。

协同或称协作，即协同作用之意。协同学理论强调协同效应。协同效应是指在复杂大系统内，各个系统的协同行为产生出的超越各要素自身的单独作用，从而形成整个系统的统一作用和联合作用。协同作用是任何复杂系统本身所固有的自组织能力，是形成系统有序结构的内部作用力。"协同导致有序"是这一理论的高度概括。各种复杂系统都是分别由大量的诸如电子、原子、分子、细胞、动物、植物、人以及各种社会成分等子系统组成的。任何一个包括大量子系统的复杂系统，在与外界环境有物质、能量、信息交换的开放条件下，通过各子系统之间的非线性的相干作用，就能产生各子系统相互合作的协同现象，这使得系统能够自动地在宏观上产生空间、时间或功能的有序结构，出现新的稳定状态。哈肯认为，必须从具体地分析各种可能形成非平衡有序结构的系统行为入手，建立共同的数学模型，并对其进行动力学和统计学两方面的考察，才能认识非平衡开放系统的稳定有序结构形成的条件、特征及其规律。

按协同学的观点，系统均是物质的，且可分为封闭系统和开放系统两类。非平衡的封闭系统只能自发地趋于平衡。趋于封闭的平衡也就是趋于无序、趋于简单。一个开放的系统既可处于平衡态，也可处于非平衡态。处于平衡态的开放系统在一定条件下可呈现出有序结构，称为"静"的有序。处于非平衡态的开放系统在一定条件下也能出现宏观有序结构，称为"动"的有序。开放性是产生有序结构的必要条件，而非线性是产生有序的基础，只有协同性才是产生有序性的直接原因。

系统的主要特征是协同性，而层次性、结构稳定性、有序性都与协同性有关。因此，协同学在系统论创新过程中发挥了重大的作用。系统的协同性是系统整体性的理论依据，可以拓展到各种复杂系统，它说明整个自然界是由无限多个不同的物质形态组成的相互联系的统一体。根据统一性原则，我们可以利用已知系统揭示的规律去认识和揭示未知的各种复杂系统的规律。因此，在研究系统时，我们只需模拟由一个已知的复杂系统的特征所得到的基本理论、规律和方法并将它推广到未知的复杂系统中去即可。系统的这种属性，被称为系统的规范性。

此外，由协同学的研究引出系统论的协同性原则可定义为一个开放系统内部各子系统之间协调同步的非线性作用。由此可知，协同性与有序性恰好构成一个因果关系，也即协同性是有序性的原因，而有序性则是协同性的结果。一个开放系统，由协同性所导致的有序性是一种"活"的有序性，或称"动"的有序性。正是这种动态性，才使系统得以发展。

总之，系统论的很多特性与原则，都是从协同性的研究中获得解释的。因此，系统论的协同性、规范性、自组织性（即系统能够由自身矛盾运动自发走向有序结构，它是系统通过信息的反馈作用在与环境交换物质和能量的过程中，不断地调整自身行为和活动的结果）等都是从近代科学研究新成果中引出的。这不但丰富了系统论的研究内容，而且为我们发展和创新系统论打开了思路，提供了新的方法。

协同学主要是从物理学角度出发，运用现代科学技术的最新成果和现代数学理论，提出了多维相空间的理论，研究了系统的组织状态，指出系统必定走向有序结构，该结构即系统的客观目标。不管从空间的哪一点开始，系统终归要走到这个代表有序结构的点。系统只有在此目标上才是稳定的，否则就不稳定。该理论解决了复杂系统如何由无序走向有序的问题，且证明了不仅开放系统如此，封闭系统也如此；不仅平衡系统如此，非平衡态也如此。可见，哈肯的系统论比普利高津提出的耗散结构更进了一步。

1.3.6 突变理论

1972 年，法国著名数学家托姆发表了一个重要的研究成果，题为《结构稳定性和形态形成学》，该成果的问世，标志着突变理论（Catastrophe Theory）的诞生。突变理论是从量的角度研究各种事物不连续的变化，并企图用统一的数学模型来描述它们。

人们已知道自然界存在着两种基本的变化方式，一种是连续变化，另一种是不连续的飞跃。对于前者，人们早已掌握了描述其变化过程的数学工具，即微分方程。对于后者，人们则可用概率论和离散数学来进行解析。使科学家们感到最为棘手的是那些介于连续变化和飞跃之间的变化，它们既不能用微分方程来处理，又不能被当做完全离散的过程来研究，而在物理学、化学、生物学、心理学乃至社会科学中这类变化却又是十分常见的。例如，影响物相变化的一些因素，如温度、压强都是连续变化的，但是当这些连续变化的量一旦达到某些关节点（沸点、熔点）时，却可以引起物相不连续的变化。像这一类的问题，困难并不在于处理那些纯粹连续变化或纯粹不连续的过程本身，而在于摸清连续变化和不连续变化的关系。长期以来，由于缺乏描述这种过程的数学理论，人们一直不理解自然界那些连续变化会引起突然性变化的一般机制。

突变理论以结构稳定性理论为基础，通过对系统稳定性的研究，说明了稳定态与非稳定态，渐变与突变的特征及其相互关系，广义地回答了为什么在客观事物的发展过程中，有的是渐变，有的则是突变，从而揭示了突变现象的规律和特点。托姆认为，自然界或人类社会中任何一种运动状态都有稳定态与非稳定态之分。在微小的偶然扰动因素作用下，仍然能够保持原来状态的是稳定态。一旦受到微扰就迅速离开原先状态的则是非稳定态。非稳定态不能固定保持，因为实际上偶然的微扰就是不可避免的，所以它总是不断地变动着，直至达到某一稳定态才告结束。因此，从非稳定态向稳定态变化，是客观世界运动变化的一种普通趋势。突变理论指出，事物的各种状态，包括稳定态与非稳定态，是相互交错的，在外部控制因素的影响下，事物既可以处于稳定态，也可以处于非稳定态。状态随控制因素变动的函数图形可以分为单值区域和多值区域。在单值区域，一定的控制因素对应于唯一确定的稳定态；在多值区域，一定的控制因素对应于若干个状态，其中既有稳定态，也有非稳定态。状态变化的函数图形，又可分为稳定区域、非稳定区域和两者的分界线（临界曲线）。如果状态开始处于稳定区域，在控制因素连续变动时，状态也随之连续变化，当控制因素变动到一定阈值时，状态就会达到稳定区域与非稳定区域的临界曲线。这时控制因素虽然不再变动，但由于微扰不可避免，状态自然会迅速离开临界曲线，跳跃式地变化到某一新的稳定态，这就是突变。

突变论中的结构稳定性是一个拓扑学的概念，为了简要说明突变论的基本内容，人们往往从水的气态和液态相互转化的例子谈起。水的液态和气态的区别，实质上是由水的密度的变化而产生的。由于温度和压力变化到一定程度，水的密度便一下子改变，这就是一种突变现象。为了考察水的液态和气态之间的变化过程，可以把水的密度作为温度和压力的函数。测量在不同温度、不同压力下密度的数值，然后把结果用一个三维坐标系表示出来，这个坐标系的 X 轴表示压力；Y 轴表示温度；Z 轴表示密度。为便于说明，坐标系的原点选在比较靠近密度发生突变的地方，这样可得一个几何图形，如图 1-7 所示。

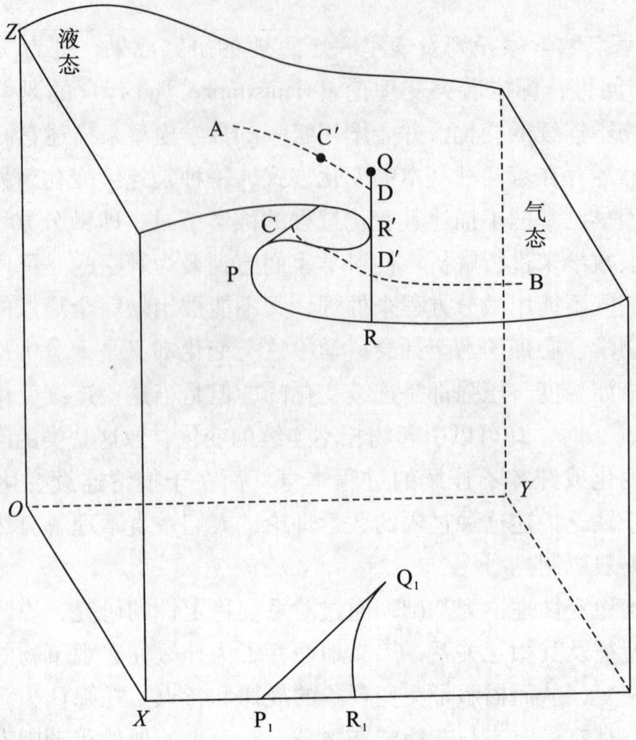

图 1-7　尖角型突变模型

图中，底平面 XOY 称为"控制面"，X 和 Y 分别为控制变量，它们的变化控制着水的密度（状态变量）的变化，曲面 $Z = F(X、Y)$，称"反应面"，Z 是反应变量，它表示由 X 和 Y 所决定的具体反应状态。反应面上有一个光滑的折叠区，由转折处的曲线 PQ 和 RQ（称折叠线）分为顶页、中页和底页三部分，PQ 和 RQ 汇合于一点 Q（称"奇点"）。PQR 在控制面上的投影 $P_1Q_1R_1$ 称作它的"投影簇"。有了这些基本概念后，就可说明水在液态和气态间的相互转化。人们发现，水从液态到气态恰好对应于反应面上的折叠区所表示的状态。当液态区上 A 点向气态区运动时，它先在反应面顶页沿 AD 一直走到折叠线 RQ 的 D 点，然后突然跳到气态区上的 D′点处，再继续走到 B 点。反过来，当气态区上 B 点向液态区运动时，它也是先在反应面底页沿 BD′一直走到折叠线 PQ 的 C 点，然后突然跳到液态区上的 C′点处，再向 A 前进，来回的路径都不经过折叠区中页 PQR。由 D 到 D′表示水的沸腾，由 C 到 C′表示水的冷凝，两者都是突然发生的，所以相应的反应曲线是不连续的。对于这种不连续现象，传统的微积分理论已经无能为力，而突变理论正好描述这种不连续现象。

托姆着重研究表示突变的各种折叠区的结构，并分析控制变量和状态变量的关系，经过严格的数学推导，找到它们的标准形式，证明了一个重要的数学定理：当状态变量不多于 2，控制变量不多于 4 时，自然界形形色色的突变过程都可以用七种最基本的数学模型来描述，即折叠型、尖角型、燕尾型、蝴蝶型、双曲型、椭圆型和抛物型。如表 1-2 所示。

表 1-2　突变过程的数学模型

突变类型	状态变量个数	控制变量个数	能量函数
折叠型	1	1	$x^3 + ux$
尖角型	1	2	$x^4 + ux^2 + vx$
燕尾型	1	3	$x^3 + ux^3 + vx^2 + wx$
蝴蝶型	1	4	$x^6 + tx^3 + ux^3 + vx^2 + wx$
双曲型	2	3	$x^3 + y^3 + ux + vy + wxy$
椭圆型	2	3	$x^3 - xy^2 + ux + vy + w\,(x^2 + y^2)$
抛物型	2	4	$x^2 y + y^4 + ux + uy + wx^2 + ty^2$

表中的能量函数也称势函数，简称势，它是状态变量 x、y 与控制变量 u、v 等的函数。在这七种类型模型中，尖角型模型是比较简单的一种突变模型，最为常用。图 1-7 即为尖角型突变模型的实例。

突变理论出现以后迅速被应用到自然科学（热力学、生物学、心理学）各个领域中去。目前突变理论在社会科学中的应用才刚刚开始，但人们已经发现它是一种在方法论上有着重要意义的数学分析工具，并尝试用它来说明经济危机、市场行情变动及预测股市动向等。随着人们对其不断地完善和发展，突变理论在各个领域的应用会更加广泛和深入，人们对于系统结构演化的方式和规律也将有进一步的认识。

1.4　系统的结构与功能

系统的结构与功能是系统科学的基本范畴，是一切系统不可分割的两个方面。系统的结构是系统保持整体性及具有一定功能的内在依据。系统科学就是从系统结构与功能的观点出发去研究整个客观世界。探讨系统结构与功能是理解系统基本特性和应用系统方法的一个重要环节。

1.4.1　系统的结构

1.4.1.1　基本概念

所谓结构，是指系统内部各组成要素之间相互联系、相互作用的方式或秩序，即各要素之间在时间或空间上排列组合的具体形式。结构是系统的普遍属性。没有无结构的系统，也没有离开系统的结构。无论是宏观世界还是微观世界，一切物质系统都无一例外地以一定结构形式存在着、运动着和变化着。目前"结构"一词已被广泛地应用到自然、社会和人的思维各领域中，如自然界领域中的宇宙结构、生态环境结构、人体结构等，社会领域中的经济结构、产业结构、区域结构、企业结构、组织结构、人才结构等，思维领域中的逻辑结构、概念结构等。

1.4.1.2 基本特点

结构所揭示的是系统要素内在的有机联系形式，而系统结构在整体上又有以下特点。

1. 稳定性

稳定性是系统存在的一个基本特点。系统之所以能够保持它的有序性，在于系统各要素之间有着稳定的联系。稳定是指系统整体状态能持续出现，既可以静态稳定存在，也可以动态稳定存在。系统受到外界环境的干扰，有可能使系统偏离某一状态而产生不稳定，但一旦干扰消除，系统又可恢复原来状态，继续出现稳定。系统结构的稳定性，就是指系统总是趋向于保持某一状态。系统各要素之间只有在稳定联系的情况下，才构成系统的结构。系统中各要素稳定联系又可分为平衡结构和非平衡结构。

各构成要素之间联系排列方式保持相对不变的结构称为平衡结构。例如晶体结构，这类系统结构各个要素有固定位置，它的结构稳定性非常明显，一旦晶体结构形成，其系统内部分子和原子的相互作用就不会随时间而改变。

凡是系统各组成要素对环境保持着一定的活动性，系统必须与环境不断进行物质、能量、信息交换才能保持其有序性的系统结构，称为非平衡结构。这种结构与平衡结构明显不同，不仅各要素之间的相位可以改变，而且组成要素总是处于活动状态中。这类结构存在两种表现：一种是针对有机程度高、结构严密的系统而言的，该系统中各要素的结合虽然不能随便变动，但保持着与环境经常进行物质和能量的交换，这就是结构的动态稳定。结构的动态稳定是非平衡系统能够自我保持并对环境发挥作用的一个必要条件。例如生物体就属于这类非平衡结构；另一种是针对那些非严密结构系统而言的，非严密的非平衡结构系统，其组成要素及其位置总是处于变动中，例如，管理系统中的销售系统，在一定时期内由于销售对象不断地变换，销售活动出现很大的随机性。为了保持要素之间的有机联系，可以通过数理统计方法从整体上求出随机现象所呈现的偶然规律。这种联系方式也是属于系统结构稳定性的一种表现。一般认为，社会系统、经济系统、企业系统、交通运输系统等人造系统，都是属于动态稳定型的非平衡结构系统。

2. 层次性

系统结构的层次性包括等级性和多侧面性两重含义。等级性是指任何一个复杂系统，都可以从纵向上分为若干等级，即存在着不同等级的系统层次关系。其中，低一级系统结构是高一级系统结构的有机组成部分。如社会系统中等级层次极为普遍，在国家体制上，从全国到省、市、县、区、乡；在企业组织上，从公司到厂、车间、工段、班组、岗位等。多侧面性则是指任何同一级的复杂系统又可以从横向上分为若干互相联系而又各自独立的平行部分。如公司经营活动的组织形式又可分为工业公司、商业公司、建筑业公司、运输业公司、农工商公司、投资公司等。

研究和理解系统结构的层次性，有助于人们根据各类系统结构层次的特殊规律去进行科学预测和决策，以便进行合理调整和系统管理。

3. 开放性

系统世界中，任何类型的系统结构，都不会是绝对封闭和绝对静态的。任何系统总存在于环境之中，总要与外界进行能量、物质、信息的变换，在这种交换过程中系统的结构总是由量变到质变，这就是系统结构的开放性。任何系统的结构在本质上都是开放的，总处于不断变化的过程中，这是系统与变化着的外部环境相互作用的必然趋势，只有坚持系统结构开放性的观点，才是分析事物的科学态度。

4. 相对性

系统结构的层次性，决定了系统结构和要素之间的相对性，客观世界是无限的，系统的结构形式也是无限的。在系统结构的无限层次中，高一级系统内部结构的要素，又包含着低一级系统的结构，复杂大系统内部结构中的要素，又是一个简单的结构系统。结构与要素是相对于系统的等级和层次而言的。所以，系统结构的层次性，决定了系统结构与要素的相对性。树立这个观点使人们在认识事物时可以减少简单化和绝对化，既注意到把一个子系统看做大系统结构中的一个要素来对待，以求得统一和协调，又注意到一个子系统不仅是大系统中的一个要素，它本身又包含着复杂的结构，应予以区别对待。一般来说，高一级的结构层次对低一级结构层次有着较大的制约性，而低一级结构又是高一级结构的基础，它也反作用于高一级的结构层次，两者之间具有辩证的关系。

1.4.2 系统的功能

1.4.2.1 基本概念

系统功能体现了一个系统与外部环境之间的物质、能量和信息的输入与输出的转换关系。以生产系统为例，在给系统输入一定的物质、能量和信息后，经过生产过程的转换，生产出质量高、品种全、数量多的产品，我们就说这个生产系统的功能好。

系统结构所说明的是系统内部状态和内部作用，而系统功能所说明的是系统的外部状态和外部作用。贝塔朗菲曾解释：结构是"部分的秩序"，"内部描述本质上是'结构'描述"；功能是"过程的秩序"，"外部描述是'功能'描述"。功能是系统内部固有能力的外部表现，归根到底是由系统的内部结构所决定的。系统功能的发挥，既有受环境变化制约的一面，又有受系统内部结构制约和决定的一面，这就体现了功能对于结构相对独立性和绝对依赖性的双重关系。

1.4.2.2 基本特点

1. 整体性

在系统功能的概念中，要着重强调对其整体性的理解，这里研究的整体是指一个企业的管理系统，它是一个集各种功能、要素于一体的整体。所谓优化，是指在一定资源约束条件下，管理者采取有效的方式和手段，求得最佳管理效果。在功能管理中，优化就是管理者在人力、物力和资金的约束下，通过有效的计划、组织、指挥、控制和决策等，使管理取得最理想的经济效益。而从宏观经济管理结构来讲，企业又是一个细胞，是个体（局部），因此，企业功能管理又必须确保有利于整个国民经济系统功能的提高。

2. 易变性

系统功能与系统结构相比是更为活跃的因素。一个系统在一定外部条件下发挥功能总要遵循一定的规律，表现为一定的秩序。随着环境条件的变化，系统功能将发生相应的变化。一个系统的结构在一定阈值内总是稳定的，但功能则不同，当环境的物质、信息、能量交换有所变动时，系统与环境相互作用的过程、状态、效果也会随之变化。所以系统在发挥功能的过程中，会随着环境条件的变换而相应地调整其程序、内容和方式，不断地促进系统结构的变革，以使系统不断地获得新的功能。

3. 相对性

系统功能与系统结构一样也存在着相对性。一个大系统内部要素之间的相互作用本来是属于系统结构关系的，但如果把每个要素或子系统作为一个系统整体来考察，则子系统之间的相互作用又转化为独立子系统之间的功能关系。例如，企业可划分为计划职能子系统、生产职能子系统、财务职能子系统、销售职能子系统等等，在分析它们的管理活动时，往往又赋予它们以相对独立的性质，这样企业内部各种职能子系统之间，彼此又构成内部环境，其互相作用关系则成为功能关系。所以，不能认为功能关系就是绝对的功能关系，结构关系就是绝对的结构关系，它们之间在一定条件下可以互相转化。

4. 控制性

在功能管理的活动中，要有进行监督和控制的管理机构。管理机构的主要任务是对管理对象进行调查（或测定），求出该对象所表示的状态和输出的管理特征值，并与管理目标相互比较。通过比较找出差距并进行判断，必要时可采取适当的行动。企业管理系统是一个多级、多目标的大系统。组织和控制企业管理系统，要运用大系统理论分解与协调的基本原则。首先，将大系统分解为适当的分系统，寻求分解以后各个系统的最优化；其次，通过各分系统相互间的联系进行适当的协调，减少各分系统间的矛盾，全面统筹，使整个系统接近满意的目标。

1.4.3 系统结构与功能的关系

结构是功能的内在根据，功能是要素与结构的外在表现。一定的结构总是表现出一定的功能，一定的功能总是由一定的结构系统产生的。因此，没有结构的功能和没有功能的结构都是不存在的。

系统的结构决定系统的功能，结构的变化制约着系统整体的发展变化。结构的改变必然引起功能的改变。例如，石墨和金刚石都是由碳原子组成的，但由于碳原子的空间排列不同，其功能完全不同。在企业管理中，劳动者、劳动手段和劳动对象是相同的，但由于企业组织形式不同，劳动生产率大不相同。结构对功能之所以起主要决定作用，原因如下。

第一，结构使系统形成了不同于其诸要素的新物质。系统是由其诸要素组成的，但它的质不能归结为孤立状态下各要素的质的总和。系统的各个要素在相互联系、相互作用中，交流和交换着物质、能量和信息，这一方面使系统整体表现出了其要素所没有的新质，另一方面又丧失了其要素的某些质。在新质的基础上，系统整体获得了新的功能，整体的功能主要取决于要素之间的结构。

第二，组成要素的行为在一定约束条件和协同作用下决定系统的功能，"约束"和"协同"是由系统结构所赋予的。

结构和功能的关系不是一一对应的，功能具有相对的独立性。例如，电子计算机和人脑两者的结构是极不相同的，它们在许多方面具有相同的对信息进行加工的逻辑功能。因而后者可以在一定程度上用前者来代替。由此可知，功能并非机械地依赖于结构，而是有它的独立性。但这种独立性是相对的，计算机与人脑只是在某些方面和某种程度上才具有相同的功能。例如，人有思想感情，计算机则没有，在这方面二者不具备相同功能。计算机在处理信息时有高速、准确的性能，而人脑在处理信息时却表现为低速、不够精确的特点，在这方面二者只有一定程度的相似功能。

功能对结构不仅具有相对独立性，而且对结构有巨大的反作用。功能在与环境的相互作用中，会出现与结构不相适应的异常状态，当这种状态坚持一定时间时，就会刺激、迫使结构发生变化，以适应环境的需要。例如，由于经济环境的变化，企业结构由生产型结构转变为经营开拓型结构。功能对结构的反作用有两种：一种是促使系统结构进化；另一种是环境的变化引起系统原有功能减退、停滞，最终出现结构的衰退。

总之，结构决定功能，功能对结构有反作用，它们互相作用而又互相转化。

根据结构决定功能的原理，通过系统结构的变化分析系统功能的方法称为结构功能方法。对结构和功能的分析有以下四种。

• 同构异功，即同一结构的系统可以发挥多种功能。例如，企业系统可以发挥计划、组织、指挥、控制等多种职能。

• 同功异构，即一种功能可由多种结构来实现。以人类历史上的计时工具为例，从古代的日晷到机械手表、石英电子手表，结构虽然不同，但同样都有计时的功能。系统工程为了实现最优化设计，往往设计多种模型来模拟同一系统的功能，并从中选择出系统的最优结构。

• 同构同功，即相同的结构表现为相同的功能。例如，天然尿素具有促进农作物生长和发育的功能，而人工合成尿素与天然尿素具有相同结构，因而能发挥与天然尿素同样的功能。

• 异构异功，即结构不同，表现的功能也不同。例如，在材料科学中，对一种金属材料运用不同的热处理方法，可以改变为多种组织结构，从而改变金属材料的性能。

1.5 系统的环境

1.5.1 系统的环境

每个具体的系统都是从普遍联系的客观事物之网中相对地划分出来的，与外部事物有千丝万缕的联系，有元素或子系统与外部的直接联系，更有系统作为整体与外部的联系。这种联系对于形成系统特有的规律性是必要且重要的，这是系统的外部规定性。外部的变化或多或少会影响到系统，改变系统与外部事物的联系方式，往往还会改变系统内部组分的联系方式，甚至会改变组分本身，包括增加或除掉某些组分，如市场变化导致企业调整结构经营方式改变，人员构成调整。

广义地讲，一个系统之外的一切事物或系统的总和，称为该系统的环境。狭义的环境是指与系统有不可忽略的联系的事物的总和。如果把一句话作为系统，上下文就是它的环境，或称语境。一架正在飞行的航空器，周围的空气、山水、其他飞行器等是它的环境。社会系统的环境包括两个方面，即自然系统和社会环境。环境具有客观普遍性，一切系统都在一定的环境中形成、运行、演变。

环境意识或环境观念是系统思想的重要内容，环境分析是系统分析不可或缺的一环。系统的完整规定性由内部规定性和外部规定性共同构成。比如，句子的语义与其语境有关，同一句话因不同的上下文而含义不同。把握一个系统，必须了解它处于什么环境，环境对它有何影响，它如何回应这种影响。

环境具有系统性，常被称为环境超系统。环境分析必须运用系统观点，了解环境的组分，组分之间的关系，环境超系统的整体特性和行为。一般来说，环境中事物的相互联系要弱于系统内部的联系。环境具有某种程度上的非系统性，为系统趋利避害、保护和发展自身提供了可能性。

环境既有定常性，又有变动性。有些系统的环境在很长时期内基本不变，但完全不变的环境是不存在的。有些系统的环境处于显著变化中，但仍有相对不变的一面。环境的定常性与变动性、确定性与不确定性，对系统的存续运行都既是有利因素，又是不利因素。

把系统和环境分开来的某种界限，叫做系统的边界。从空间结构看，边界是把系统与环境分开来的所有点的集合。从逻辑上看，边界是系统构成关系从起作用到不起作用的界限，系统质从存在到消失的界限。边界肯定了系统质在其内部的存在，同时否定了系统质在其外部的存在。边界的存在是客观的，凡系统均有边界，但有些系统的边界并无明确的形态，难以辨认。有些系统的边界有模糊性，系统质从有到无是逐渐过渡的，复杂系统的边界还可能有分形特性，一个系统与其他系统在边界地段相互渗透，你中有我，我中有你，无法通过有限的步骤完全区分开来。

系统与环境相互作用、相互联系是通过交换物质、能量、信息实现的。系统能够与环境进行交换的特性，称为开放性。系统自身抵制与环境交换的特性，称为封闭性。系统性是封闭性与开放性的对立统一。一般来说，一个系统（特别是生命、社会、思维系统）只有对环境开放，与环境相互作用，才能生存和发展。系统开放得愈充分有效，其自身的运行发展也愈有效，开放不够，其自身的生存发展将受影响，严重时甚至会导致解体。但并非任何开放都对系统有利，人吃山珍海味太多会坏胃口，误食有毒物质会生病。封闭系统绝非单纯消极因素，而是系统生存发展的必要保障条件。从环境中输入的东西不免泥沙俱下，苛求输入纯而又纯无异于不要开放。国家要对外开放，消极腐朽的东西也会混进来。这就要求发挥封闭性的积极作用。在开放条件下，系统必须对输入输出加以管理，认真检验、鉴别、过滤。简言之，系统性是开放性与封闭性的统一。

按照系统与环境的关系，可划分出开放系统和封闭系统。同环境无任何交换的系统是封闭系统。现实系统或多或少都有开放性，只是开放程度的差异较大。有些系统与外界的交换极其微弱，允许忽略不计，可以看做封闭系统。封闭系统是系统开放性弱到极限时的一种理想情形，由于封闭系统便于研究，常被经典科学用来作为某类对象的理论模型。

1.5.2 系统环境互塑共生原理

环境对系统有两种相反的作用或输入，给系统提供生存发展所需要的空间、资源、激励或其他条件。其中，积极的作用、有利的输入，统称为资源。给系统施加约束、扰动、压力甚至危害系统的生存发展的，是消极的作用、不利的输入，统称为压力。这两种作用都会在系统的形态、特性、行为等方面打上环境的烙印。不同的环境造就不同的系统，所谓"一方水土养一方人"，"近朱者赤，近墨者黑"等成语，说的就是这种情形。这是环境对系统的塑造。

系统对环境也有两种相反的作用或输出。其中，给环境提供功能服务的，是积极的作用、有利的输出，统称为功能。系统自身的行为，与其他系统为争夺资源而展开的竞争，有破坏环境的作用的，即不利的输出，称为对环境的污染。这是系统对环境的塑造作用。

关于环境对系统的塑造作用，现有系统理论作了充分的讨论。关于系统对环境的塑造作用，现有系统理论几乎未曾涉及。但一系列全球性危机的出现表明，这种局面必须改变，论述系统对环境的塑造作用应成为系统理论新的基本课题之一。这种讨论主要是针对所谓活系统进行的。活系统的基本行为之一，是不断地向环境排泄自身的废物。如果这种排泄物能够纳入环境超系统的大循环之中，成为其他系统的资源，被环境吸收消化，则是一种有益于环境的行为。如果排泄物不能被环境消化吸收，积累到一定程度，就将成为对环境的污染，导致环境品质变坏，威胁到系统自己的生存发展。

消耗环境资源也是活系统的一种基本行为。环境资源的基本特征是有限性、多样性、可变质性。不合理的资源消耗将导致环境资源匮乏，减少环境组分的多样性，最终危及系统的生存发展。环境资源可能因污染而变质，不再适应系统需要，甚至危及其生存发展。目前人类社会已经面临这种危险，人类赖以生存的一切资源，如空气、水、阳光、动植物以至精神食粮，都可能或事实上处于被污染的危险中。这些都是系统行为对环境的负面塑造作用。

环境向系统提供资源的能力，称为源动力。环境吸纳、同化系统排泄物的能力，称为汇动力。源动力和汇动力共同构成环境对系统的支撑能力。系统的行为不当，会导致对这些能力的破坏；行为合理，能起到保护甚至发展环境支撑能力的作用。

把生态概念推广到系统理论，可以一般地讨论系统的环境生态问题。在同一环境中产生发展起来的不同系统，总体上是互补共生的。或因相互直接提供功能服务而共生，或同处于环境大循环过程、通过中介环节而共生。相互竞争的系统因相互提供竞争对手而互补共生。即使存在捕食与被捕食关系的不同系统也可以通过相互制约而共生，如果被捕食者系统消亡，捕食者系统也会随之消亡。多种多样的环境组分，通过多种多样的相互作用形成环境超系统的复杂生态网络，达到组分系统"一荣俱荣，一损俱损"的生态平衡。每个组分系统的变化都影响环境超系统，环境生态平衡的破坏将危及每个组分系统的生存。

总之，环境塑造着环境中的每个系统，环境又是由组成它的所有系统共同塑造的。为了生存发展，系统必须有效地开发利用环境、适应环境、改造环境，同时又要限制对环境的开发、利用、改造，把保护和优化环境作为系统自身的重要功能目标，以此规范自身行为，维护环境生态平衡，人类社会作为系统尤其应当如此。当工业文明高度发展，人类社会的排泄物远远超过自然环境的自化能力时，这个系统必须改变自身的行为方式，创造新的技术手段把这些排泄物纳入人工大循环中，把人类社会的自化与自然界的自化结合起来，把社会发展与环境保护协调起来。这个课题得到真正解决之时，便是新的人类文明——信息—生态文明形成之时。

1.5.3 循环经济

从系统工程的角度来看，环境是指存在于系统以外的事物的总和。系统与环境是相互依存的，环境的变化影响和制约着系统功能的发挥。同时，系统功能和结构的完善对于环境也有一定的能动作用。对于人类社会发展系统而言，大自然的丰厚资源就是人类赖以生存的最佳环境。但是遗憾的是，在人类的发展历史中，由于认识的局限，人们对于社会发展系统与自然环境的关系曾经存在许多的错误看法。在早期的传统经济发展模式中，人类就像贪心的寄生虫，一味地向自然界索取资源而不加以保护，形成一种"资源→产品→污染排放"的单向线性开放式经济。随着这种生产方式弊端的逐步暴露，环境问题日益严重。于是生产过程末端治理的模式应运而生。这种方式注意到环境问题，采取"先生产后治理"的方式。但是，这是一种技术难度大，收效不理想的方式，无法从根本上遏制环境的进一步恶化。21世纪的管理系统面临着全新的社会和经济环境。环境问题已经严重影响到人类福利的进一步提高和社会的可持续发展，很多国家都将循环经济作为未来的经济模式加以推广。

1.5.3.1 循环经济的内涵

循环经济的思想最早萌芽于环境保护运动，20世纪60年代，美国经济学家肯尼思·E.博尔丁提出了用"宇宙飞船经济理论"（即"航天员经济"）取代"牛仔经济"（"牧童经济"），这意味着人类社会的经济活动应该从服从以线性为特征的机械论规律，转向遵循以反馈为特征的生态学规律。

所谓循环经济（Circular Economy 或 Recycle Economy），就是对物质闭环流动型（Closing Material Cycle）经济的简称，即模仿自然生态系统，按照自然生态系统物质循环和能量流动规律重构经济系统，使得经济系统和谐地融入自然生态系统的物质循环过程中，实现环境与经济协调发展的一种新的经济形态。循环经济是以物质、能量的梯次和闭路循环使用为特征的，在环境方面表现为污染低排放，甚至污染零排放。循环经济把清洁生产、资源综合利用、生态设计和可持续消费等融为一体，运用生态学规律来倡导人类社会的经济活动，因此其本质上是一种生态经济。

从物质流动的形式看，工业化运动以来的经济本质上是一种线性经济。在线性经济中，资源输入经济系统，变成产品，经消费后又输出，变成废弃物，导致环境问题的出现。这一过程是单通道的，因此表现为线性。在线性经济中，经济系统越做越大，GDP总量变大的时候，外面的生态系统则越变越小。这种经济模式可用公式表示如下。

$$I = P \times A \times T_1$$

公式中，I 表示经济对环境的影响；P 表示人口；A 表示消费水平，可以用 GDP 表示；T_1 表示线性经济的技术，即靠大量资源投入取得 GDP 的粗放式增长。大体上说，传统工业革命的技术经济特征是开采性的、线性的（开采—加工—废料）、化石燃料驱动的、注意力放在劳动生产率上的（每个工人生产更多的产品）、被滥用和浪费的。这样一种经济显然是破坏性的、贪婪的、消耗性的、不可持续的。循环经济考虑的则是如何在既定资源存量条件下提高经济发展的质量而不是经济增长的数量。21世纪经济增长的主要方式由不断提高劳动生产率（单位劳动力带来的经济增长）变为需要大幅提高自然资源生产率（单位自然资本带来的经济增长）。这种经济方式可用公式表示如下。

$$I = (P \times A) / T_2$$

公式中，T_2 表示循环经济的技术。在此经济模式中，经济系统追求自然环境可承受的规模，在提高人类生存价值的同时使得对环境的影响变小。可以说当代生态革命的技术经济特征是可再生的，而不是开采性的；是循环的而不是线性的；是太阳能驱动的，而不是化石燃料驱动的；将注意力放在资源生产率上，而不是劳动生产率上；对生物圈的影响是良性的，而不是恶性的。

上述两种经济系统模式的不同可以从图1-8的对比中显示出来。

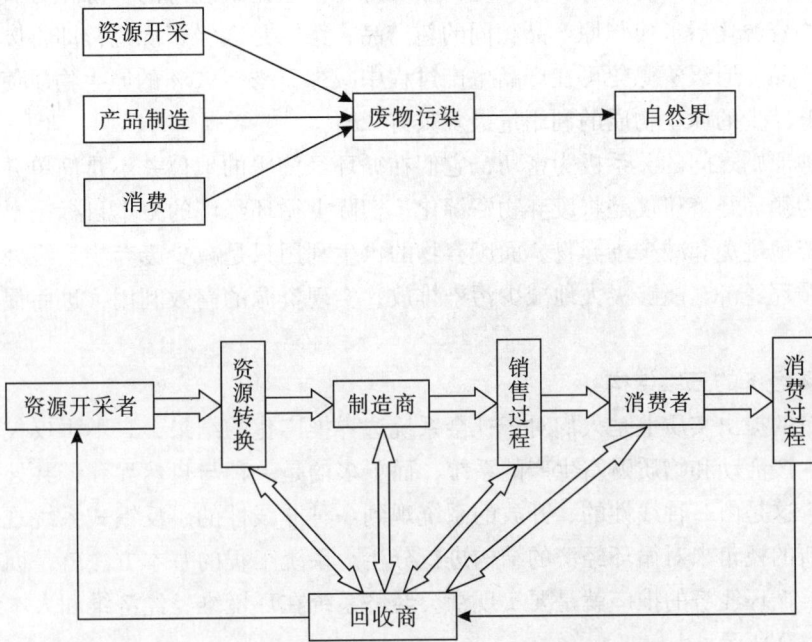

图 1-8　传统经济与循环经济系统模式图

1.5.3.2 循环经济的原则

循环经济是一种完全不同于传统经济的崭新的经济形态。它有几个要求：一是不可再生资源投入最小化，即尽量少用不可再生资源，最好使用再生的或可再生的资源；二是污染物排出最小化，即企业生产加工尽量少排放或不排放污染物，符合条件的要回收利用；三是资源能源的使用效率最大化，不能盲目地使用现有的各种自然资源；四是自然环境的改变尽可能少，能够恢复的应该恢复。

循环经济是一种"物尽其用"的经济，循环经济的提出是经济发展理论的重大突破，循环经济一般以"减量化、再利用、资源化"为行为准则，简称3R原则。

1. Reduce——减量化原则

又称减少物质化原则，要求用较少的原料和能源投入来达到既定生产目的或消费目的，在经济活动的源头就注意节约资源和减少污染。在生产中，减量化原则常常表现为要求产品体积小型化和产品重量轻型化，此外，要求产品包装追求简单朴实而不是豪华铺张，从而达到减少废弃物排放的目的。

2. Reuse——再利用原则

要求尽量延长产品的使用期以及服务的时间强度。产品和包装容器能够以初始的形式被多次和反复使用。通过再次利用，防止物品过早地成为垃圾，抵制一次性用品的泛滥。

3. Recycle——资源化原则

目的是尽可能多地重复利用资源。它要求产品完成其使用功能后能重新变成可以利用的资源。目前的资源化方式有两种：第一是原级资源化，这是最理想的资源化方式，即将消费者遗弃的废物资源化后形成与原产品相同的新产品；第二是次级资源化，即将废弃物变成不同类型的新产品。原级资源化可在产品生产过程中减少 20% ~90% 的原生物质使用量，而次级资源化能够减少的原生物质的利用量最多只有 25%。

上述三项原则之间的关系极为密切，它们在循环经济中的地位并不是简单并列的。过去人们常常认为循环经济仅仅是将废弃物资源化，实际上循环经济的根本目标是要求在经济发展过程中系统地避免和减少废弃物，而废弃物的再生利用只是减少废弃物最终处理量的方式之一。发展循环经济，能够极大地减少污染排放，实现资源的高效利用，进而促进经济的健康发展。

1.5.3.3 循环经济的三维结构

循环经济的提出实质上是人们对于社会系统边界推广化的结果，它不再仅仅将社会系统看做是人们生产活动和物质财富生产的系统，而更多的是一种与自然界和谐共处和可持续发展的子系统。这是由一种线性的、开放的系统观到一种非线性的、反馈式系统观的进化。所以，需要从新的视角来对循环经济的结构进行分析。系统工程的基本方法就是面向全局、实现整体最优。循环经济的推广就是要实现社会经济系统在环境维、经济维和人本维上的三维全赢，如图 1-9 所示。

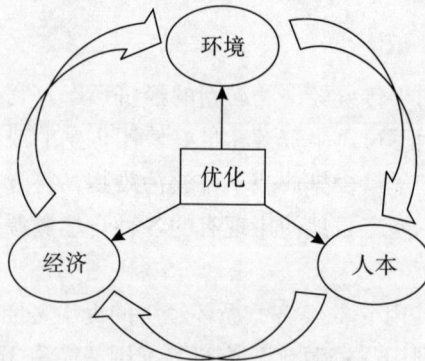

图 1-9 循环经济的三维结构

评价中国 21 世纪经济发展的合理性，需要考虑可持续发展的三个角度——实现经济角度、社会人本角度与环境角度的三维整合。可持续发展的模式在经济上要创造更多价值，这被认为是资源的有效配置问题（价格可以作为主要的政策手段）；在环境上要减少负面影响，这被认为是生态的最佳规模问题（稳态可以作为主要的政策手段）；在社会人本上要解决人口就业，这被认为是收入的公平分配问题（税收可以作为主要的政策手段）。传统经济增长和传统环境保护是传统工业化运动"一枚硬币"的两个方面，它们在解决经济、社会、环境问题时是分裂的而不是整合的。就惟 GDP 是求的传统经济增长模式而言，一方面，它通过消耗和耗散自然资本来获得增长，导致经济与环境的矛盾；另一方面，它通过提高自动化水平减少了工作岗位，导致经济与社会的矛盾。就末端治理的传统环境保护模式而言，我们也看到了污染治理与经济增长、社会就业之间的尖锐冲突。循环经济则是可持续发展的"三赢"经济，它把经济发展、环境保护、社会人本统一起来，要求从三维分裂的发展走向三维整合的发展。

1. 循环经济的环境维度——从开环的末端性治理到闭环的全过程控制

从环境角度看，循环经济要求从资源开采、生产、运输、消费和再利用的全过程控制环境问题，而不仅仅是在经济过程的末端进行污染控制。循环经济在环境上的根本目标，是要求在经济流程中系统地节约资源和避免、减少废物。作为一种新的环保理念，循环经济首先要求减少经济源头的污染产生量，因此工业界在生产阶段和消费者在使用阶段就要尽量避免各种废物的排放；其次是对于源头不能削减的污染物和经过消费者使用的包装废物、旧货等要加以回收利用，使它们回到经济循环中去。只有当避免产生和回收利用都不能实现时，才允许将最终废物进行环境无害化的处置。这种预防为主的方式在循环经济中有一个分层次的目标，以固体废弃物为例就是要做到以下几点：通过预防减少废弃物的产生；尽可能多次使用各种物品；尽可能做到将废弃物资源化和堆肥；对于无法减少、再使用、再循环或者堆肥的废弃物则予以焚烧或处理；在满足前面四个目标之后将剩下的废弃物在设备先进的填埋场予以填埋。

2. 循环经济的经济维度——从数量型的物质增长到质量型的服务增长

（1）从关注产品的数量到关注物品的功能

循环经济的经济意义，表现在它要求改变目前靠大量生产低价格、一次性、低质量产品增加 GDP 的生产方式，转向生产高价格、耐用型与高质量的产品来创造 GDP 的生产方式。传统线性经济是通过大批量的生产、产品的低质量和低价格获得数量型的经济增长；而循环经济则是要通过低数量、高质量、高价格获得经济增长。传统的环境学者常常盲目反对 GDP 的增长，循环经济则指出 GDP 的增长包含两个部分：物质性的数量增长与价值性的质量增长。循环经济需要发展价值性的质量增长。按照循环经济的观点，经济增长并非简单地意味着生产和消费更多的产品（正是此类增长给环境造成了额外的负担），而是必须提高用于消费的商品和服务的质量和价值。随着产品使用寿命的延长、耐用性的提高和产品质量的改善，虽然从件数上看减少了需求量，但需求的价值量不会减少。

（2）实现从生产优先到服务优先的转变

传统线性经济除了资源输入的高开采和污染排放的高输出之外，经济上的重要特征是一切为了生产和销售新的产品，以及与不断生产和销售必然相关的产品使用的短效性（即低使用）。由于循环经济在经济上的特征是优化物品的耐用性和功能性，而不是最大限度地生产、最大规模地销售以及推销寿命很短的产品，因此，可以把中心概念建立在交换价值之上的线性经济叫做生产经济，而把中心概念建立在使用价值之上的循环经济叫做职能经济。生产者不再是推销产品而是推销服务，使用者无须购买和拥有物品，只需在一个为满足其需求而组织起来的体系中支付服务费用就可以了。因此，循环经济有可能使服务质量达到最优，从而实现从生产优先社会向服务优先社会或真正意义上的后工业社会即服务社会的转变。

走向服务优先社会，有两个战略：其一是持久使用，即通过延长产品的使用寿命来降低资源流动的速度。如果人们将产品的使用寿命延长一倍，那么就是相应地减少了一半的废料。实现持久使用战略有四个基本途径：要求部件的标准化和与其他机器的兼容性，例如标准尺寸设计可以使计算机、电视机和其他电子装置中的电路非常容易进行更换和升级而不必更换整台机器；通过维护保养延长产品的使用寿命；针对要求相对较低的用途使用一些已经使用过的物品（梯次使用）；向需要的部门转卖企业和个人已经不再需要的东西。

其二是集约使用，即使产品的利用达到某种规模效应，从而减少分散使用导致的资源浪费。达到集约使用的途径有提倡合伙使用或共享使用，例如，偶尔使用的汽车应该供多个驾驶员使用；办公室等基础设施也可以安排让偶尔有需要的职员共享；对于婴儿用品等短暂性用品可以发展租赁业加强周转。努力设计出多用途而不是单用途的产品，例如，一种机器可以集传真、复印、扫描等功能于一身，且每一种功能的性能不低于传统的单功能机器的性能。

3. 循环经济的人本维度——从就业减少型社会到就业增加型社会

人本理念是当今中国社会发展的重要指导思想，它要求在社会经济发展的同时理解人、关心人和信任人。强调人本，首先强调人民群众充分就业、工作安定、生活富裕。循环经济在人本的角度就是从单纯发展经济到发展经济与扩大就业统筹兼顾。

（1）循环经济可以创造大量劳动岗位

与传统线性经济缩短经济的链条不同，循环经济是通过延长经济的链条而增加就业机会的。例如，生产中，用多样化和灵活性的人员取代机器；销售中，需要熟练人员为消费者提供咨询服务；使用中，用于保养和维修的劳务费用的分额越来越大；报废时，对产品进行拆卸和再利用等工作有很大的就业空间；处理时，可以通过对废弃物的循环利用创造就业机会。

（2）循环经济在就业方面的特点

与循环经济导致服务性社会的发展相一致，循环经济使得就业的重点从生产转向维护。瑞士学者埃尔克曼在《产业生态学》（1999）一书中指出："生产部门的用工量下降了，但由与维护、保养、修理相关的新用工量所全部补偿。应该说是从生产岗位转移到了维护保养修理活动范畴，这样的就业机会更为稳定，因为它不怎么受市场需求的影响。"

总之，循环经济在就业方面的特点有：
- 在产业类型上，线性经济强调制造就业（第二产业），而循环经济扩展服务就业（第三产业以及第二产业中的第三产业）；
- 在市场变化上，线性经济依赖市场变化，而循环经济具有稳定的特点；
- 在就业空间上，线性经济是异地就业（与全球化相联系），而循环经济是当地就业（与本地化相联系）。

1.5.3.4 推广循环经济的措施

环境的变化会引起系统中各个组分的行为变化，导致系统结构和功能的改变。同时，系统对环境也具有一定的能动性作用，通过系统内部的合理调整，能够优化系统功能，更好地实现与外界环境物质和信息的交换。循环经济是集经济、技术、社会于一体的系统工程，其启动和推广不仅需要政府、企业、科学界和公众等社会各界的不懈努力和共同参与，而且需要资金、技术以及法规、制度等软硬环境的强力支撑。这种经济增长模式的转变是需要社会各方面共同努力的系统工程。

1. 政府立法，加强宏观调控指导

政府是循环经济发展的责任主体。为解决市场缺陷，政府应充分运用行政、法律、经济、财政等手段规范循环经济，保障可持续发展。

第一，科学制订区域循环经济发展计划，推动生态企业、生态工业园以及生态城市的建设，将循环经济理念贯穿到各类经济计划、国土计划、城市规划以及城乡建设的各个层面。

第二，改革现行的经济核算体系，从国家到企业都建立一套"绿色经济核算制度"，研究发展过程中的环境损失和环境效益。

第三，完善政策支撑体系，健全激励机制。认真落实国家有关清洁生产的产业政策、技术开发和推广政策，制定详细的财政、税收、价格、金融方面的鼓励措施，使循环经济型企业得到更多实惠。

第四，健全循环经济发展制度。建立资源环境有偿使用制度、财政信贷鼓励制度、排污权交易制度、环境标志制度、佣金制度等，在从生产到消费的各个领域，倡导新的行为规范和行为准则。健全相应的领导干部目标责任制，将循环经济发展目标纳入各级干部政绩考核指标体系。

第五，完善法律法规体系。日本是循环经济立法最全面的国家，目前已经颁布了《促进建立循环社会基本法》、《促进资源有效利用法》、《家用电器回收法》、《食品回收法》、《绿色采购法》、《建筑及材料回收法》《促进容器与包装分类回收法》等多项法律。我们要借鉴先进国家的经验，尽快制定完善循环经济发展的法规文件。在立法过程中，要使经济过程的四个环节——生产、分配、流通、消费统一规划、立法，明确决策者、生产者、设计者、销售者、使用者、处理者等的相应责任，提高可操作性。《中华人民共和国清洁生产促进法》已经颁布并已于 2003 年 1 月 1 日起实施，这是我国循环经济发展的里程碑。各地区应尽快制定相应实施细则，强化该法规的执行力度，同时，修改或完善与循环经济发展不适宜的法律法规。

第六，加大资金投入。积极探索成立循环经济发展基金，滚动发展，专款专用。改变政府作为污染防治主体的地位，实施"谁污染、谁治理"政策。推动企业自觉进行污染防治的技术改造。创造公平竞争的市场秩序，建立股票债券融资、招商引资、金融信贷、民间资本等多元化筹融资体系，为循环经济型企业发展提供良好的投资软环境。充分利用加入 WTO 的机遇，加强国际和区域间的合作，积极争取联合国开发计划署（UNDP）、联合国环境规划署（UNEP）等国际机构的资金和技术援助。

2. 科技支撑，应用最新科学技术

充分发挥科技作为第一生产力的作用，开发、建立"绿色技术支撑体系"，包括清洁生产技术、信息技术，能源综合利用技术、回收和再循环技术、资源重复利用和替代技术、环境监测技术以及网络运输技术等等。加快产业结构调整，以大力降低原材料和能源消耗，尽可能把污染物的排放消除在生产过程中，实现少投入、高产出、低污染。应用最新科学技术加强循环经济的推广，这主要表现在循环经济的无害化三大处理技术上。

（1）污染治理技术

即传统意义上的环境工程技术，这是用来消除污染物质的技术，通过建设废弃物净化装置来实现有毒、有害废弃物的净化处理。其特点是不改变既有生产系统和工艺程序，只是在生产过程的末端通过净化废弃物实现污染控制。例如，汽车尾气控制、煤烟脱硫等大气污染防治技术、水污染防治技术、填埋和焚烧等固体废弃物处理技术、噪声污染防治技术、环境污染综合防治技术等。

（2）废物利用技术

它是用来进行废弃物再利用的技术。通过这些技术实现产业废弃物和生活废弃物的资源化处理。按照循环经济理念，垃圾只不过是放错了地方的资源，所有的废弃物都可以找到有效用途，因此废弃物利用技术是循环经济的重要技术载体。目前，比较重要的废弃物利用技术有废纸加工再生技术、废玻璃加工再生技术、废塑料转化为汽油和柴油技术、有机垃圾制成复合肥料技术、废电池等有害废弃物回收利用技术等。

（3）清洁生产技术

它是进行无废弃物和少废弃物生产的技术。通过这些技术实现生产过程的零排放和制造产品的绿色化。清洁生产技术包括清洁的生产和清洁的产品两方面内容，即不仅要实现生产过程的无污染和少污染，而且生产出来的产品在使用和最终报废处理过程中也不会对环境造成伤害。清洁生产的观念，不但含有技术上的可行性，还包括经济上的可盈利性，充分体现了循环经济在环境与发展问题上的双重意义。

3. 企业负起责任，改变经营行为

循环经济作为一种全新的经济发展理念，其成功与否直接关系到可持续发展能否顺利实现。企业作为市场经济的主体，是发展循环经济的主体，企业需要调整其行为以适应循环经济的发展。

首先，实现循环经济需要做许多具体的工作，如防治污染、减少废弃物排放、开发对环境无害的产品等，都要依靠新技术。企业是技术开发的主力军，技术在由企业开发出之后可以立刻应用到生产经营中，产生经济效益和社会效益；其次，企业是环境污染的主要责任者，企业有责任减少环境污染，提高环境效益。企业主产过程中排出的"三废"，即废水、废气、固体废物是造成环境污染的主要物质。因此，发展循环经济，必须明确企业的责任，切实改变企业的经营行为。

（1）企业要转变经营目标与经营思想

随着人们对环保的日益重视，市场对企业的环保行为也提出了要求。那些符合环保趋势的企业能在市场中树立起较好的企业形象，良好的环境管理也成为企业赢得竞争优势的一个关键因素。因此，在循环经济发展模式下，企业的目标不再是单纯地追求经济效益，而应是追求经济效益和生态效益的双丰收，这是循环经济发展模式的内在要求。在循环经济发展模式下，经济效益和生态效益可以协调发展。传统上一直作为企业负担的生态保护问题已发生质的变化，生态目标的实现越来越有利于经济目标的实现。许多企业通过加强环保事业，不但污染物降低了，企业在市场上的形象也有了很大改善，从而极大地提高了竞争力。通过环保投资，企业还减少了原材料、能源的消耗，减少了浪费，进而减少了用于废弃物、有毒物质的回收处理费用，可谓"一举多得"。企业将资源环境价值纳入生产核算体系中，在生产经营过程中就必须对经济效益与环境效益进行综合考虑，努力争取实现两者的协调发展，以这种方法核算出来的企业经营效益就包括了环境效益，当企业经济效益上升时，环境效益也取得了进步。

（2）企业要转向清洁生产方式

传统的企业污染防治模式主要是一种末端控制即末端治理模式。末端治理的主要目标是污染废弃物的达标排放，这种传统的末端治理方式有很多的弊端。首先，不重视环境总的排污容纳能力，环境质量仍趋恶化；其次，忽视了其他生产环节的污染控制问题。而清洁生产方式是一种全新的污染防治模式。首先，不以污染的达标排放为唯一的目标，强调加强治理和技术进步，尽可能减少污染物的排放，追求污染物的"零排放"；其次，清洁生产注重的是生产的全程控制，即生产的各个环节都注意资源、能源的充分利用，注意减少有毒材料的使用，尽量少产生废弃物；最后，清洁生产也重视产品生命周期的全过程控制。在产品的设计、原材料选用、生产、使用、处置等各个环节，都考虑到对环境的影响，这样就将企业的环境污染防治从企业的内部延伸到了企业外部，改变了企业只对自身内部的污染进行控制的模式。

（3）企业要创新环境管理体系

生态管理体系是企业生态管理行为的系统表达方式，在一定程度上反映了企业对环境认识程度和实施循环经济的能力，同时也成为企业对自身环境行为的表达方式。新的企业环境管理体系应适应循环经济的需要，应在企业的各个部门、各个生产环节中都实施环境管理，以使企业在产品设计、原材料获得和使用及整个生产过程中都主动地考虑和最大限度地保护资源与环境。因此，循环经济下的企业环境管理体系不再单纯以企业环境保护部门为主，而是将企业的各个部门、各级人员，从企业的高层领导到一线生产人员都纳入其中，使企业内部经过整合，形成完整的环境管理制度。

加强循环经济的应用，除了强调政府主体、科技支撑和企业责任以外，还要强化公众意识。循环经济要求每个消费者将产生的废弃物及时清理、分类，以满足下一阶段生产活动对原料的需求，消费者只有负责任地清理、分类，生产者才会生产出高质量的产品。

案例

天冠集团：清洁生产，绿色管理

河南天冠企业集团有限公司是在原南阳酒精总厂基础上改制组建的国有大型骨干企业。集团下属有 15 个子公司和一个工业发酵设计研究所，主要的产品有酒精、黄原胶、白酒、啤酒、冰醋酸和工业气体六大类。年总产量达 20 万吨以上，拥有全国最大的 10 万吨酒精生产线和年产 2000 吨的黄原胶生产线及年产 1200 万立方米的沼气工程。

进入 20 世纪 90 年代以来，全国的酒精行业出现了前所未有的困境：产品供大于求，原材料大幅度涨价，成本居高不下，行业亏损加剧。天冠集团 1991—1993 年间经济效益连续大幅度下滑，企业在微利甚至亏损的困境中奋争。随着国家环境保护和可持续发展基本国策的逐步实施，国家对环境保护的要求越来越高，而天冠集团在酒精生产过程中有大量伴生的废糟液、废水和废气成分分别被排入长江中游和汉水支流白河及大气中，造成了对环境的严重污染和对资源的很大浪费。为了摆脱困境，更为了企业的未来发展，天冠集团毅然决然地实行了以清洁生产为主线的可持续发展战略。

以清洁生产为主线的可持续发展战略管理以生态经营、循环经济和可持续发展的理论为基础，以可持续发展为管理理念，以清洁生产为主要手段，通过改革落后的生产工艺和实现科学管理，将生产进程中产生的废弃物减量化、资源化、无害化，实现资源的综合利用开发与生态环境系统的良性循环，使企业发展目标与社会发展、环境改善协调同步，实现可持续发展。

为此，天冠集团实行了三个层次的战略管理。最高层次是企业的经营理念，即"求清洁、可持续"；第二个层次是"以清洁生产为主线的可持续发展战略"，这是公司的总体战略；第三个层次是围绕着企业经营理念和企业的总体战略展开的分战略，如"以酒精深加工为主的竞争策略"、"绿色产品战略"等。在具体的实施过程中，天冠集团组织科技人员按照清洁生产的要求，通过反复的实验研究，终于设计出了采用新技术、新工艺的酒精清洁生产闭环循环工艺流程，实现了节约能源、治理污染、物尽其用、变废为宝的目的，该项目被选为《中国 21 世纪议程》的第一批优秀项目。为了保证项目的顺利实施，他们还不断地进行管理创新，实行哑铃型的组织结构调整，即一头抓科研，一头抓市场，用生产环节连接的"两头大、中间精"的管理组织体系。目前天冠集团已成为百事可乐、可口可乐、百威啤酒等国际著名企业原料的供应基地。

在全国同行业中，天冠集团已经率先成功实现了酒精的清洁生产，不仅解决了污染对企业发展的制约，同时取得了良好的社会效益和环保效益，树立了良好的企业形象。天冠集团已经成为全国酒精行业综合开发利用示范企业并受到国际上的关注，联合国开发计划署四次组团前来考察。同时，企业在激烈的市场竞争中形成了良好的成长机制，初步实现了可持续发展的战略目标。企业的发展速度和经济效益连续在全国同行业中名列第一。

该公司荣获第七届国家级企业管理创新成果奖。

日本循环经济 3R 原则的实践

自从 20 世纪 90 年代实施可持续发展战略以来，日本正在把发展循环经济、建立循环型社会看做实施可持续发展战略的重要途径和方式。2000 年 5 月，日本众参两院表决通过了《促进建立循环社会基本法》，从此拉开了日本建设循环经济和循环型社会体系的序幕。

一、构建循环经济发展的法律体系

日本促进循环经济发展的法律法规体系比较健全，可以分成三个层面：第一层面为基础层，其法律有《促进建立循环社会基本法》；第二层面是综合性法律，包括《固体废弃物管理和公共清洁法》和《促进资源有效利用法》；第三层面是根据各种产品的性质制定的法律法规，包括《促进容器与包装分类回收法》、《家用电器回收法》、《建筑及材料回收法》、《食品回收法》及《绿色采购法》。

二、完善循环经济发展的政策机构

2001 年 1 月，日本环境厅在机构改革中升格为环境省，将原来多部门执掌的废弃物管理职能统一划归环境省，由大臣官房下属的废弃物、回收利用对策部统一管理。日本政府为了加强对环保设备的投入，制定了一系列的贷款优惠政策、如利用非营利性的金融机构为企业提供中长期的优惠利率贷款等。为了促进循环经济的发展，制定了一系列资金投入政策。在融资制度上采取的主要对策是：从事 3R 研究开发、设备投资、工艺改进等活动的各类民间企业，可根据不同情况享受政策贷款利率。在税收优惠政策方面，对再资源化设备的引进与投入采取特别折旧、固定资产税、公司所得税等优惠政策。使用再商品化设备可享受设备价值 1/4 的特别折旧；制造利用再生资源产品的设备的特别折旧率为原价值的 14%；制造利用特定再生资源产品设备的特别折旧率为 1/4。在退税政策方面，对于废塑料制品类再生处理设备，在使用年度内，除了普通退税外，还按取得价格的 14% 进行特别退税。

三、构建循环经济的三维产业体系

第一，企业内部的循环体系。大力发展生态工业，以清洁生产为中心，根据"循环型社会构想"设计生产过程，促进原料和能源的循环利用，实现经济增长与环境保护双重效益。第二，不同企业生产活动间的循环体系。通过企业间的"工业代谢"和"共生关系"形成生态工业园区，使得这家工厂的废气、废热、废水、废物成为另一家工厂的原料和能源。第三，在社会整体循环的维度上，大力发展绿色消费市场和资源回收利用产业。在绿色消费中，贴有政府认可的环境标志的商品方可出售，表明该产品从生产到使用和回收的全过程符合环境保护的要求。

四、大力发展分解产业

在日本，人们将把废弃物转换为再生资源的企业形象地称为"静脉产业"，因为这些企业能使生活和工业垃圾变废为宝、循环利用，其作用如同将含有较多二氧化碳的血液送回心脏的静脉。

五、使用"绿色"能源

注重风能、太阳能、地热资源等可再生资源的开发利用，实现从"能源耗竭型"经济向"能源再生型"经济的转型。

六、构建"循环经济"的技术体系

循环模式以对环境无害的技术作为操作平台。这些技术包括：污染治理技术、废物利用技术和清洁生产技术。为建立一个"最佳生产、最佳消费、最少废弃"的循环经济社会。日本已基本建成了包括资源开发、原材料生产、产品制造、加工生产、流通消费、循环利用全过程的循环型技术体系。

思考题

1. 联系实际说明对系统概念的理解。

2. 为什么说系统是一切事物的存在方式之一？如何理解非系统概念？

3. 系统有哪些基本特性？举例加以说明。

4. 简述系统理论的基本内容。

5. 说明系统一般属性的含义，并据此归纳出若干系统思想或观点。

6. 管理系统有何特点？为什么说现代管理系统是典型的（大规模）复杂系统？

7. 结合实际说明系统科学方法论的重要意义。

8. 联系实际，举例说明系统功能与结构之间的辩证关系。

9. 结合实例说明系统环境互塑共生原理。

10. 什么是循环经济？循环经济与传统经济的区别在哪里？

11. 循环经济的三大原则是什么？试评述循环经济的三维结构。

第 2 章

管理系统工程

本章要点

- 系统工程的含义及特点
- 系统工程的发展及应用
- 系统工程的基本理论
- 系统工程方法论的特点
- 系统工程的基本逻辑过程
- 霍尔的三维结构
- 切克兰德的"调查学习"模式
- 综合集成工程方法

2.1 管理系统工程概述

2.1.1 系统工程的含义及特点

2.1.1.1 系统工程的含义

现代科学技术为系统思想定量化提供了数学理论和强有力的计算工具——电子计算机，并推动了系统科学的发展。到 20 世纪 60 年代，系统思想的定量化已发展成既有理论指导，又有科学方法和实践内容的新工程技术学科——系统工程。

系统工程作为一门学科问世以来，仅仅 50 多年的时间，就在各行各业、各个领域都得到了广泛的应用，收到了良好的效果。同时，系统工程的实践也促进了本学科的继续发展与完善，毋庸置疑，系统工程已成为当前最有前途的学科之一。但是，系统工程毕竟是一门非常年轻的学科，其理论和方法尚需在实践中进一步发展与完善。系统工程在系统科学结构体系中，属于工程技术类，它是一门新兴的学科。到目前为止，关于系统工程的定义和研究内容，国内外学者仍纷说不一，原因在于：第一，系统工程的理论和方法是在自然科学、社会科学和数学科学向纵深发展时产生一些需要协同解决的问题的情况下产生的，从事不同专业的人，出于专业兴趣，对系统工程有不同的理解；第二，由于系统工程是现代科学技术的产物，它综合地运用各学科的先进成果去解决面临的问题，因此很难划清系统工程的学科界限。鉴于以上原因，从事不同专业的人为系统工程所作的定义也各不相同。

1967 年日本工业标准 JIS 规定："系统工程是为了更好地达到系统目标，而对系统的构成要素、组织结构、信息流动和控制机构等进行分析与设计的技术。"

1967 年美国学者切斯纳指出："系统工程认为虽然每个系统都是由许多不同的特殊功能部分所组成，这些功能部分之间又存在着相互联系，但是每个系统都是完整的整体，有着一定数量的目标。系统工程则是按照各个目标进行权衡，全面求得最优解的方法，并使各组成部分能够最大限度地相互适应。"

1977 年日本学者三浦武雄指出："系统工程与其他工程学不同之处在于它是跨越许多学科的科学，而且是一种填补这些学科边界空白的边缘学科。因为系统工程的目的是研制系统，而系统不仅涉及到工程学领域，还涉及到社会、经济和政治领域，为了适当解决这些领域的问题，除了需要某些纵向技术以外，还要有一种技术纵横的方法把它们组织起来，这种横向技术就是系统工程，也就是研制系统所需的思想、技术、方法和理论等体系的总称。"

1978 年我国著名学者钱学森教授指出："系统工程是组织管理系统的规划、研究、设计、制造、实验和使用的科学方法，是一种对所有系统都具有普遍意义的科学方法。"钱学森教授在"系统思想与系统工程"一文中说过："20 世纪 40 年代以来，国外对定量化系统方法的实际应用相继取了许多不同的名称：运筹学（Operations Research）、管理科学（Management Science）、系统工程（Systems Engineering）、系统分析（Systems Analysis）、系统研究（Systems Research），还有费用效果分析（Cost Effctiveness Analysis）等，其中，所谓运筹学，指目的在于增加现有系统效率的分析工作；所谓管理科学，指大企业的经营管理技术；所谓系统工程，指设计新系统的科学方法；所谓系统分析，指对若干可供选择的执行特定任务的系统方案进行选择比较；如果上述选择比较着重在成本费用方面，即所谓费用效果分析；所谓系统研究，指拟制新系统的实现程序。现在看来，由于历史原因形成的这些不同名称，混淆了工程技术与其理论基础即技术科学的区别，用词不够妥当，认识也不够深刻。国外曾有人试图精确区分这些名词的涵义，但未见成功。用定量化的系统方法处理大型复杂系统问题，无论是系统的组织建立，还是系统的经营管理，都可以统一地看成是工程实践。工程这个词 18 世纪在欧洲出现的时候，本来专指作战兵器的制造和执行服务于军事目的的工作。从后一涵义引伸出一种更普遍的看法：把服务于特定目的的各项工作的总体称为工程，如水利工程，机械工程……，如果这个特定的目的是系统的组织建立或者是系统的经营管理，就可以看成是系统工程。国外所谓运筹学、管理科学、系统分析、系统研究以及费用效果分析的工程实践内容，均可以用系统的概念统一归入系统工程；国外所称运筹学、管理科学、系统分析、系统研究以及费用效果分析的数学理论和算法，可以统一地看成是运筹学。"

综上所述，系统工程是以研究大系统为对象的一门跨学科的边缘科学。它把自然科学和社会科学中的某些思想、理论、方法、策略和手段等根据总体协调的需要，有机地联系起来，把人们的生产、科研或经济活动有效地组织起来，应用数学方法和计算机等工具，对系统的构成要素、组织结构、信息交换和反馈控制等功能进行分析、设计、制造和服务，从而达到最优设计、最优控制和最优管理的目标，以便最充分地发挥人力、物力的潜力，通过各种组织管理技术，使局部和整体之间的关系协调配合，以实现系统的综合最优化。

2.1.1.2 系统工程的特点

对系统的分析、综合、模拟、最优化等称为狭义的系统工程。为了合理进行系统的研制、设计、运用等项工作所采用的思想、程序、组织、方法等内容是广义的系统工程。系统工程是一门工程学，用以改造客观世界并取得实际成果，这与一般工程技术问题有共同之处。但系统工程又是包括了许多类工程技术的一大工程技术门类，与一般工程比较，系统工程有三个特点。

1. 研究对象广泛

各门工程学都以其特定的工程物质为对象，而系统工程的对象则不限定于某个领域，任何一种物质系统都能成为它的研究对象，而且其研究对象还不只限于物质系统，可以包括自然系统、社会经济系统、经营管理系统、军事指挥系统等。由于它处理的对象是信息，国外有些学者认为系统工程是一种"软科学"。系统工程在整个工程学体系中占据着非常重要的地位。在实际运用各门工程学于各种系统的研究、设计、制造、运用时，系统工程是一门必需的基本工程技术和组织管理技术。

2. 系统工程是一门跨学科的边缘学科

系统工程不仅要用到数、理、化、生物等自然科学，还要用到社会学、心理学、经济学、医学等与人的思想、行为、能力等有关的学科，是自然科学和社会科学的交叉。因此，系统工程形成了一套处理复杂问题的理论、方法与手段，使人们在处理问题时，有系统、整体的观点。

3. 在处理复杂的大系统时，常采用定性分析和定量计算相结合的方法

因为系统工程所研究的对象往往涉及到人，涉及到人的价值观、行为学、心理学、主观判断和推理，因而系统工程所研究的大系统比一般工程系统复杂得多，处理系统工程问题不仅要有科学性，而且要有艺术性。

系统工程作为一门独立的学科，具有其独特的思想方法、理论基础、程序体系和方法论。但是，当前系统工程还处于发展中，尚未形成完善的理论体系和方法论。系统工程思考方法通常叫做系统方法，它是在对系统的概念、系统的基本构成及其各种形态作了深入研究的基础上，把对象作为整体系统来考虑、掌握、分析、设计、制造和使用的基本思想方法。系统工程也具有自己独特的工作程序体系，虽然在实际运用时，由于对象不同，运用的人各异，所采用的具体程序步骤会各不相同，但其程序体系的一般原则具有普遍意义。

系统工程是具有自己特点的方法论，其方法体系的基础就是运用各种数学方法、计算机技术和控制理论来实现系统的模型化和最优化，进行系统分析和系统设计。从逻辑学的方法体系来讲，需要在理解上述各门学科的基础上掌握系统工程的方法论。从实践论的观点出发，则需要通过大量的社会实践，去总结供实际使用的各种方法和技术，系统工程的实践性非常突出。

2.1.2 系统工程的发展及应用

2.1.2.1 系统工程的发展过程

系统工程产生于 20 世纪 40 年代，在 60 年代形成了体系。但系统工程与整个科学技术的发展一样源远流长，系统和系统工程的思想可以追溯到我国古代，如战国时期由李冰父子组

织建造的四川都江堰水利工程；明朝永乐年间的大铜钟浇铸工程，以及脍炙人口的齐王赛马的故事等。我国古代这些成功的工程技术和运筹帷幄的思维方法，都充分体现了全局观念和整体优化观念，蕴涵着朴素的系统工程思想。

朴素的系统观念在我国古代的军事理论和军事活动方面也有充分的体现。春秋时期军事家孙武所著《孙子兵法》就是从系统整体观念出发，对不同层次及系统与环境进行了全面分析，是我国古代深刻军事思想的最好体现。时至今日，《孙子兵法》仍是中国乃至世界许多热衷系统思想的学者、军事家、管理专家研究的对象。

20世纪40年代，美国贝尔电话公司的工作人员首次提出了"系统工程"一词。他们在发展通信网络时，为缩短科学技术从发明到投入使用的时间，认识到不能只注意电话机和交换台站等设备，还要从通信网络的总体上进行研究。他们把研制工作分为规划、研究、开发、应用和通用工程5个阶段，以后又提出了排队论原理，并将其应用到电话通信网络系统中，推动了电话事业的发展。

第二次世界大战期间，一些科学工作者以大规模军事行动为对象，提出了解决战争问题的一些决策的方法和工程手段，出现了运筹学。运筹学的广泛应用是系统工程产生和发展的重要因素。1940—1945年，美国在研制原子弹的"曼哈顿"计划的实践中，由于应用了系统工程方法进行协调，在短时间内取得了成功，这对推动系统工程的发展起到了一定的作用。

20世纪40年代到70年代出现的很多横向联系的学科分支，如信息论、控制论等（见表2-1），为系统工程的发展奠定了理论基础。而计算机的出现和应用，则为系统工程提供了强有力的运算工具和信息处理手段，并且促进了运筹学和大系统理论的广泛应用，成为实施系统工程的重要物质基础。

表2-1　20世纪40年代至70年代出现的部分横向联系的学科分支

创始人	分支学科名称	出现时间（年）
冯·诺依曼	对策论	1944
冯·贝塔朗菲	一般系统论	1945
C. E. 香农	信息论	1948
N. 维纳	控制论	1948
冯·贝塔朗菲	开放系统理论	1949
钱学森	工程控制论	1954
A. H. 哥德	系统工程	1957
R. 别尔曼	动态规划论	1957
M. D. 曼萨诺维	一般系统的数学理论	1961
W. R. 阿什布	自组织系统原理	1962
R. 罗森	自复制自动机	1962

（续表）

创始人	分支学科名称	出现时间（年）
I. 扎德	模糊集与系统	1965
I. 普里果金	耗散结构理论	1969
艾根	超循环理论	1970
J. G. 米勒	生命系统理论	1970
汤姆	突变理论	1972
P. 齐格勒	建模与仿真理论	1972
H. 哈肯	协同学	1977

1957 年，美国密执安大学的哥德（A. H. Goode）和麦科尔（R. E. Machal）两位教授合作出版了第一部以"系统工程"命名的书。1958 年，美国海军特种计划局在研制"北极星"导弹的实践中，提出并采用了"计划评审技术（PERT）"，使研制工作提前两年完成，从而把系统工程引进到管理领域。1965 年，麦科尔又编写了《系统工程手册》一书，比较完整地阐述了系统工程理论、系统方法、系统技术、系统数学、系统环境等内容。至此，系统工程初步形成了一个较为完整的理论体系。

1969 年，"阿波罗"登月计划的实现，是系统工程的光辉成就，它标志着人类在组织管理技术上迎来了一个新时代。"阿波罗"飞船和"土星五号"运载火箭，有 860 多万个零部件，有众多的子系统。各子系统之间纵横交错、相互联系、相互制约。由于使用了系统工程的理论和方法，结果提前两年将 3 名宇航员送上月球。

20 世纪 70 年代以后，系统工程发展到解决大系统的最优化阶段，其应用范围已超出了传统工程的概念，进入到解决各种复杂的社会—技术系统和社会—经济系统的最优控制、最优管理阶段。从社会科学到自然科学，从经济基础到上层建筑，从城市规划到生态环境，从生物科学到军事科学，无不涉及到系统工程，无不需要系统工程。至此，系统工程经历了产生、发展和初步形成阶段。以跨国的北欧电网为例，电网内部可调容量达 4500 万千瓦左右，电网中有水电、火电和核电等各种能源形式。这种现代复杂的电力系统与电厂的设计需要上百种专业的配合，需要综合考虑国家的自然地理、工业布局、能源条件、环境保护以及人口状态和分布等复杂因素，然后做出最合理的规划和设计布局。这样庞大的系统，如果仅仅从一个专业技术角度去实现最优化，则不一定能使电力系统总体的技术经济效果达到合理和最优。因此如何协调大系统的最优化，就是当代系统工程的任务。系统工程作为一门新兴的综合性的边缘科学，在理论上、方法上、体系上都处于发展过程中，它必将随着生产技术、基础理论、计算工具的发展而不断进步。

近年来，系统工程的研究范围已由传统的工程领域扩大到工农业、交通运输、能源等部门的规划、布局、技术政策制订等以及城市建设、水资源利用、环境生态系统、国民经济发展规划等社会经济领域。

系统工程在我国的应用始于 20 世纪 60 年代初期。当时，在著名科学家钱学森教授的倡导和支持下，系统工程方法在国防尖端技术方面的应用取得了显著成效。20 世纪 70 年代后期以来，系统工程在我国的研究和应用进入了一个前所未有的新时期：系统工程作为重点学科列入了全国科学技术发展规划；中国系统工程学会于 1980 年成立，之后它与国际系统工程界进行了广泛的学术交流。从此，系统工程在我国的研究工作便由初期的传播系统工程的理论、方法研究转到独立开展系统工程的理论、方法研究，在系统工程的应用方面，注重结合我国实际情况，进行系统工程的应用研究，已在能源系统工程、军事系统工程、社会系统工程、人口系统工程、农业系统工程和大型工程系统工程等方面取得了一定的成效。

2.1.2.2 系统工程的应用

近年来，系统工程的应用领域日益广泛，系统工程的应用从工程系统日渐向社会经济系统扩展。系统工程的应用几乎遍及工程技术和社会经济的各个方面。

1. 社会系统工程

社会系统工程的研究对象是整个社会，是一个开放的复杂巨系统。它具有多层次、多区域、多阶段的特点。近年来，人们正在探讨一种从定性到定量、综合运用多种学科处理复杂巨系统的方法论。

2. 经济系统工程

运用系统工程的原理和方法研究宏观经济系统的问题，如国家的经济发展战略、综合发展计划、经济指标体系、投入产出分析、积累与消费分析、产业结构分析、消费结构分析、价格系统分析、投资决策分析、资源合理配置、经济政策分析、综合国力分析、世界经济模型等。

3. 区域规划系统工程

运用系统工程的原理和方法研究区域发展战略、区域综合发展规划、区域投入产出分析、区域城镇布局、区域资源合理配置、城市水资源规划、城市公共交通规划与管理等。

4. 环境生态系统工程

运用系统工程的原理和方法研究大气生态系统、大地生态系统、流域生态系统、森林与生物生态系统、城市生态系统等系统分析、规划、建设、防治等方面的问题，以及环境检测系统、环境计量预测模型等问题。

5. 能源系统工程

运用系统工程的原理和方法研究能源合理结构、能源需求预测、能源开发规模预测、能源生产优化模型、能源合理利用模型、电力系统规划、节能规划、能源数据库等问题。

6. 水资源系统工程

运用系统工程的原理和方法研究河流综合利用规划、流域发展战略规划、农田灌溉系统规划与设计、城市供水系统优化模型、水能利用规划、防汛指挥调度、水污染控制等问题。

7. 交通运输系统工程

运用系统工程的原理和方法研究铁路、公路、航运、航空综合运输规划及其发展战略、铁路调度系统、公路运输调度系统、航运调度系统、空运调度系统、综合运输优化模型、综合运输效益分析等。

8. 农业系统工程

运用系统工程的原理和方法研究农业发展战略、大农业及立体农业的战略规划、农业结构分析、农业综合规划、农业区域规划、农业政策分析、农业投资规划、农产品需求预测、农业产品发展速度预测、农业投入产出分析、农作物合理布局、农作物栽培技术规划、农业系统多层次开发模型等。

9. 企业系统工程

运用系统工程的原理和方法研究市场预测，新产品开发，CIMS 及并行工程，计算机辅助设计、制造、生产管理系统，计划管理系统，库存、全面质量管理、成本核算系统、成本—效益分析、财务分析、组织理论等。

10. 工程项目管理

运用系统工程的原理和方法研究项目的总体设计、可行性、国民经济评价、工程进度管理、工程质量管理、风险投资分析、可靠性分析、工程成本—效益分析等。

11. 科技管理

运用系统工程的原理和方法研究科学技术发展战略、科学技术预测、优先发展领域分析、科学技术评价、科技人才规划与科学管理系统等。

12. 教育系统工程

运用系统工程的原理和方法研究人才需求预测、人才与教育规划、人才结构分析、教育政策分析等。

13. 人口系统工程

运用系统工程的原理和方法研究人口总目标、人口参量、人口指标体系、人口系统数学模型、人口系统动态特性分析、人口政策分析、人口区域规划、人口系统稳定性等。

14. 军事系统工程

运用系统工程的原理和方法研究国防战略、作战模拟、情报、通信与指挥自动化系统、系统武器装备发展规划、后勤保障系统、国防经济学、军事运筹学等。

2.1.3 系统工程的理论基础

系统工程属工程技术，主要是组织管理的技术。但系统工程不是单一的工程技术，而是横跨各个学科的一大工程技术门类。所以，其理论基础也是十分广泛的。目前比较一致的观点认为系统工程的理论基础有一般系统理论、大系统理论、信息论、控制论、运筹学等。

2.1.3.1 大系统理论

在工程技术、社会经济、生态环境等领域，存在着许多复杂的大系统。所谓大系统，一般是指规模庞大、结构复杂、层次较多、其相互间的关系错综复杂、影响因素众多，并常带有随机性质的系统。如经济计划管理系统、超大型企业集团系统、区域经济综合开发系统等。大系统的基本特征是规模庞大、结构复杂、功能综合、因素众多。研究大系统的结构方案、稳定性、最优化、模型的建立与求解等问题的理论，称为大系统理论。

1. 大系统结构方案

由于大系统的结构非常复杂，为使系统有效运行并达到预想的功能，对大系统的控制就尤为重要。通常分为递阶控制和分散控制两种。

递阶控制是在层次结构的系统中，将控制单元分成若干等级。最上层的叫做协调层，以下各级称为各层次的决策单元，最下一层称为第一级决策单元，它们直接控制着基层的各个子系统。递阶控制的特点是下级决策单元只接受上一级别决策单元的指令，不允许越级。最上层的协调层负责协调控制整个大系统。整个递阶系统有一个总目标，各决策单元和谐地工作，以实现目标的优化。在递阶控制中可采取两种控制方式：一种是多层控制。根据控制任务分解进行分层。多层控制常用于工业或其他组织中的生产安排和管理；另一种是多级控制。多级控制是把总目标分解成分目标，然后利用各级局部决策单元进行控制和协调。多级控制常用于经济管理组织机构。

分散控制是通过只有局部信息的各子系统局部控制器对系统的局部（子系统）进行控制。分散控制常用于彼此联系不太紧密的相对独立的系统，如工程项目系统。这种控制可以减少信息传输方面的困难，但不易获得最优解。

2. 大系统的优化

所谓大系统优化就是使大系统达到最好的目标。由于大系统规模庞大，结构复杂，影响因素众多，因此大系统优化工作比较困难。目前比较一致的观点为：分解与协调的方法是大系统优化的基本方法。这里所说的分解与协调方法，是把可分的大系统分解成许多互不相关的子系统，用总目标衡量后，再下达给各个子系统。大系统优化可分为静态优化和动态优化。

3. 大系统的模型化

由于大系统具有复杂性、不确定性和模糊性等特点，其往往难以用传统的数学模型描述，既使建立了数学模型，往往也是十分复杂的，很难求解，所以这就需要简化模型。然而模型结构简化，虽仍可保留原系统的主要模式，并使计算减少，但模型的精确性却有所降低。

2.1.3.2 信息论

信息的概念由来已久。随着科学技术的发展，人们对信息的获取、加工、存储、传输的要求越来越高，尤其是 20 世纪 40 年代通信技术和计算机的兴起，对信息论的形成和发展起了极大的作用。信息论是运用信息的观点，把系统看做是借助于信息的获取、传送、加工、存储而实现其有目的行动的研究方法。由于系统工程处理的对象主要是信息，在对系统进行分析、研究、规划、设计和管理等环节中，必须运用信息论的理论和方法。

2.1.3.3 控制论

为了使系统按照最佳的方案实施和运行，达到预期目标，必须对系统进行有效的控制，这就必须运用控制论的理论和方法。所以，控制论也是系统工程的一个重要理论基础。20 世纪 40 年代，控制论是一门独立的学科，它是自动控制电子技术、信息技术、电子计算机技术、心理学、生理学、统计学、数理逻辑等多种学科相互渗透而形成的学科，是研究控制系统的状态、功能、行为方式及其变动趋势，使系统按预定目标运行的技术科学。系统控制是指有目的地向系统或子系统施加作用，使系统的状态与功能相适应，保证系统达到预期的目的。一般情况下，系统控制都采用反馈控制。反馈控制是利用系统输出信息或状态信息反馈到系统的输入，并与系统的参考输入一起组成一定的控制作用来控制系统的输出。反馈控制一般会产生两种不同的效果：如果反馈到输入端的信息增加了系统输出偏离目标的差距，就会使系统趋向于不稳定状态，乃至破坏了稳定状态，这种反馈称为正反馈；如果反馈到输入端的信息反抗或减少了系统输出偏离目标的差距，就会使系统趋于稳定状态，这种反馈称为负反馈。在控制系统中，一般是用负反馈来调节和控制系统。

2.1.3.4 运筹学

运筹学是 20 世纪 40 年代发展起来的一门科学，它是管理系统的人为了获得系统运行的最优解而使用的一种科学方法。这里所说的运筹学，沿用了第二次世界大战时出现的名词——运筹学。当时的运筹学包含了一些我们今天所说的军事系统工程的内容，故又称军事运筹学。现在的运筹学属技术科学，它不包括军事系统工程的内容，只包括系统工程特有的数学理论，如线性规划、非线性规划、博弈论、排队论、库存论、动态规划等内容。

目前，有些人把运筹学和系统工程混淆起来，甚至有人认为二者是一个内容，这是错误的。造成这一认识的原因是对"运筹学"概念的理解有偏差。运筹学这一概念，国外与国内有不同的解释。国外的运筹学与国内系统工程有些相似的内容，因此，被称为"狭义系统工程"，而国内运筹学是按钱学森教授的说法，将其定义为数学方法与理论。由系统科学体系可见，运筹学和系统工程是既有联系，又有区别的两类不同层次的科学。我们可以这样来理解这两类学科的联系、区别和涵义。

- 运筹学是从系统工程中提炼出来的基础理论，属于技术科学。系统工程是运筹学的实践内容，属于工程技术。
- 运筹学在国外被称为狭义系统工程，与国内的运筹学内涵不同，它解决的是具体的"战术问题"；系统工程侧重于研究战略性的"全局问题"。
- 运筹学只对已有系统进行优化。系统工程从系统规划设计开始就运用优化的思想。
- 运筹学是系统工程的数学理论，是实现系统工程实践的计算手段，是为系统工程服务的；系统工程是方法论，着重于概念、原则、方法的研究，只把运筹学作为手段和工具使用。

常用的运筹学方法包括以下几种。

1. 数学规划

数学规划是在某一组约束条件下，寻求某一函数（目标函数）极值问题的一种方法。如果约束条件用一组线性等式或不等式表示，目标函数是线性函数时，就是线性规划。线性规划是求解这类问题的理论和方法，它在企业经营管理、生产计划安排、人员物资分配，交通运输计划编制等方面有广泛的应用，是目前理论上比较成熟、实践中应用较广的一种运筹学方法。

如果在所考虑的数学规划问题中，约束条件或目标函数不完全是线性的，则称为非线性规划。在实践工作中所遇到的大量问题一般都是非线性问题，用线性规划是难以解决的，这也正是线性规划的局限性。非线性规划是解这类问题的理论和方法。这种方法在理论上不如线性规划成熟，但随着科学的发展和电子计算机的普及，非线性规划将越来越重要，并能比线性规划更准确、更严密地解决问题。

2. 动态规划

这种方法是在动态条件下，解决多阶段决策过程最优化的一种数学方法，它可使多维或多级问题变成一串每级只有一个变量的单级问题，适用于解决多阶段的生产规划、运输及经营决策等问题。

目前，动态规划还没有一套一般算法，只有一些特殊的解法。

3. 库存论

物资管理是经营管理的主要内容之一。该理论主要研究在什么时间、以多少数量组织进货使得存储费用和补充采购的总费用最少。库存问题包括静态库存模型和概率型库存模型。其中，静态库存模型实质上是无约束非线性规划模型的一种。

4. 排队论

排队论是研究服务系统工作过程的一种数学理论和方法，是研究随机聚散的理论。它通过个别随机服务现象的统计研究，找出反映这些现象的平均特性，从而改进服务系统的工作状况。

5. 网络分析和网络计划

研究网络图中点和线关系的一般规律的理论，叫网络分析。它是应用图论的基本知识解决生产、管理等方面问题的一种方法。

网络计划是用网络图的形式解决生产计划的安排、控制问题的一种管理方法。常用的网络计划方法有关键线路法（CPM）、计划评审技术（PERT）、决策关键线路法（DCPM）以及图解评审技术（GERT）等。

6. 决策论

决策论应用于经营决策。它是根据系统的状态、可选取的策略以及选取这些策略对系统所产生的后果等对系统进行综合的研究，以便选取最优决策的一种方法。

7. 对策论

对策论又称博弈论，是研究竞争现象的数学理论与方法。它最早产生于第二次世界大战期间，用于军事对抗，后来扩展到各种竞争性活动。在竞争活动中，由于竞争各方有各自不同的目标和利益，因而它们必须研究对手可能采取的各种行动方案，并力争制定和选择对自己最有利的行动方案。对策论就是研究竞争中是否存在最有利方案及如何寻找该方案的数学理论与方法。

2.1.3.5 计算科学

计算科学是 20 世纪 40 年代以来伴随着电子计算机的发展而出现的一门新兴科学。它主要研究为各种模型提供精确或近似解法的理论，其应用称为计算技术。计算科学为系统思想的定量化开辟了广阔的前景，成为系统工程不可缺少的一门基础理论。

在现代数学中，任何一个一般性的计算方法和计算程序等均可称为算法。一切可设想的数学问题其算法均分为两大类：一是无算法；一是有算法。在有算法的问题中又分为有效算法和无效算法两类。无效算法是指计算时间随问题规模的增大呈指数曲线增长，有效算法是指计算时间随问题规模的增大呈多项式函数曲线增长。

计算科学为系统工程探索各类数学模型的算法和有效算法。系统工程在实践过程中也提出了一些算法课题来充实和丰富计算科学的内容。

系统工程这些基础理论在实践中是各有侧重的。运筹学主要处理静态问题，控制论主要解决动态问题，二者相辅相成，在计算科学的协助下成为系统工程不可缺少的理论基础，指导着系统工程的实践。

2.1.4 系统工程的得力工具——计算机

仅有理论和方法，没有得力的工具，系统工程的实践是不可能完成的。计算机科学的发展为系统工程的实践提供了得力的工具，使复杂的计算成为可能。

计算机的发明是人类历史上一次大的技术革命。以前的技术革命主要是减轻体力劳动，把人类从繁重的体力劳动中解放出来，计算机的出现则是把人类从繁重的脑力劳动中解放出来，因此意义更加深远。

在进行系统的规划设计、试验研究、制造使用和经营管理过程中，计算、数据处理、逻辑判断和模拟的工作量相当大，没有计算机是不可能进行的。系统工程发展到目前水平和电子计算机的发展是分不开的，同时，系统工程的发展也推动了计算机科学的发展。

当前计算机正向两个方向——超大型化和微型化方向发展。尤其是计算机的微型化，使其进入各行各业，成为我们日常工作中的必备工具，这将进一步推动系统工程的实践。

在现代化企业的管理中，计算机已成为不可缺少的工具，它是信息处理和控制的中心，因此也可以说系统工程是计算机在企业管理中推广和应用的科学。

为了更好地了解计算机在系统工程中的作用，现研究人是怎样利用计算机获取和处理信息，并在处理系统工程中发挥作用的。

一般在系统中计算机有如下功能：数据的采集；数据的处理；信息的存储；信息的检索；信息的显示；信息的传输；系统的模拟和实验；系统的控制等。

随着计算机科学的发展，以计算机网络为基础的管理信息系统将成为系统工程的重要领域之一。Internet／Intranet 和可视化技术的发展又为系统工程的应用带来了广阔的前景。

人类在与自然界的斗争中已取得了丰硕成果并积累了丰富的经验。自然科学作为人类与大自然斗争的经验总结已取得了相当程度的胜利，把自然科学的成果应用到社会科学中去同样也会取得胜利，系统工程就是这样一门科学。它除了把运筹学、控制论和计算科学作为自身的基础理论之外，每个专业的系统工程还有自己特殊的专业基础理论，如工程系统工程的专业基础是工程设计与施工，企业系统工程的基础理论是管理经济学、管理学等。

2.1.5 系统工程方法论的特点

2.1.5.1 整体性观点

所谓整体性观点即全局性观点或系统性观点，也就是在处理问题时，采用以整体为出发点，以整体为归宿的观点。

这种观点的要点如下。

● 处理问题时需遵循从整体到部分进行分析，再从部分到整体进行综合的途径。首先要确定整体目标，并从整体目标出发，协调各组成部分的活动。

● 组成系统的各部分处于最优状态，系统未必处于最优状态。

● 整体处于最优状态，可能要牺牲某些部分的局部利益和目标。

● 不完善的子系统，经过合理的整合，可能形成性能完善的系统。

系统是由很多子系统相互关联而成的，而研究系统的目的是为了达成系统的整体目标。以简单分解、简单相加的方法，从部分着手研究问题，必定会影响全局，使我们离开辩证法，陷入形而上学。

这里还必须强调的是：系统的整体性包含时间的整体性和空间的整体性两个方面，这是系统的时空观。20 世纪 70 年代提出的"边设计、边施工、边生产"这一貌似正确、实则错误的方法，就是形而上学时空观的具体体现。

2.1.5.2 综合性的观点

所谓综合性的观点就是在处理系统问题时，把对象的各部分、各因素联系起来加以考查，从关联中找出事物规律性和共同性的研究方法。这种方法可以避免片面性和主观性。

阿波罗登月计划总指挥韦伯曾指出，当前科学技术的发展有两种趋势，一是向纵深发展，学科日益分化；一是向整体方向发展，搞横的综合。阿波罗计划中没有一项新发明的自然科学理论和技术，都是现成科学的运用，关键在于综合，综合是最大的科学。系统工程就是指导综合研究的理论和方法。韦伯的这段话说明了综合性的观点是系统工程处理问题时的基本观点。

要做到综合地处理问题，要从以下几方面着手。

1. 应用多学科知识解决问题，避免片面性

在处理系统问题时，必须组成由多方人士参加的"专家组"，由一种"T"字形人才——系统工程师去组织。

2. 应用综合性指标来评价系统

系统综合评价指标体系见图 2-1。

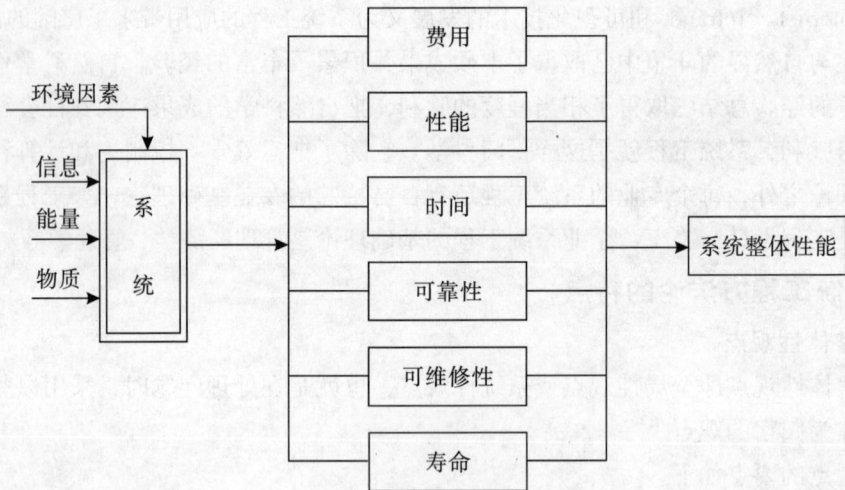

图 2-1　系统综合评价图

3. 不被表面现象迷惑，注意研究潜在因素对系统的影响

如某地区在 200 年前，森林、农田、牧场构成一个协调的生态系统，在此系统中，林

丰、草旺、田肥，各种生产经营活动各得其所。为了发展农业，人们毁林、毁牧开荒，仅仅100 多年的时间，这片肥沃的土地就变成了沙丘累累的荒芜地带。这就是对系统的开发缺乏综合性的后果。

4. 科学性的观点

所谓科学性的观点就是要准确、严密、有充足科学依据地去论证一个系统发展和变化的规律性。不仅要定性，而且必须定量地描述一个系统，使系统处于最优运行状态。

马克思曾明确指出，一种科学，只有在成功地应用了数学时，才能达到完善的地步。数学方法已成为解决系统工程问题的主要方法。在强调采用定量方法的同时，以下两个问题必须引起我们的注意。

（1）必须在定性分析的基础上进行定量分析，定量分析必须以定性分析为前提

过去我们善于应用定性的分析方法。只进行定性分析，不能准确地说明一个系统，只有进行了定量分析之后，对系统的认识才能达到一定的深度，结论才能令人信服。然而，没有定性分析作指导，定量分析就失去了依据，就会成为"数学游戏"。因此，我们强调要摆正定性分析和定量分析的辩证关系。在处理问题时，一定要在定性分析的基础上应用数学方法建立模型，进行优化，从而达到系统最优化的目的。

例如，我们在安排生产计划时，可在各种资源的限制下制订一个使利润达到最大值的生产计划。这就需要在约束组成、确定评价目标等方面进行定性分析，然后在定性分析的基础上应用数学规划等工具建立模型，完成该项任务。

（2）合理处理最优和满意的关系

在处理系统问题时，使系统达到最优比较困难。在个别情况下，"最优"有时不被人理解和不愿意接受，因此有时利用满意的概念会使问题得到圆满的解决。从数学上的最优，过渡到情意上的满意是西蒙的一大发现。我们在处理问题时，要处理好满意和最优的关系。这一原则并不违背科学性的观点，因为寻求满意解也是科学。

（3）关联性的观点

所谓关联性的观点是指从系统各组成部分的关联中探索系统规律性的观点。我们曾指出，一个系统是由很多因素相互关联而成的，正是这些关联决定了系统的整体特性。因此，在处理系统时，我们必须努力找出系统各组成部分之间的关系，并设法用明确的方式描述这些关系的性质，揭示和推断系统的整体特征，也只有抓住这些联系，用数学、物理、经济学的各种工具建立关系模型才能定量和定性地解决系统问题。不然，对一些复杂的问题会感到无从下手。

例如，经济学家列昂节夫在研究国民经济系统时，就是抓住各物质生产部门之间的联系并使其定量化，从而以投入产出模型揭示国民经济总体发展变化规律的。揭示系统各组成部分之间的关联是靠分析和观察实现的，切忌凭空臆造和估计。

又如，达尔文曾发现英国有一种三叶草与村子中猫的数量有关，通过观察发现，三叶草靠土蜂传粉，田鼠以土蜂为生，猫又是鼠的天敌，因此构成了一串称为食物链的联系：三叶草—土蜂—田鼠—猫。猫多、鼠少，则蜂多、三叶草就茂盛；反之，猫少、鼠多，土蜂就少，三叶草必然少。把该关系定量化，即可得出猫与三叶草的关系，就可通过控制猫的数

量，实现对三叶草的控制。这一简单的生态系统就是从关联入手解决的。可见，关联性的观点在解决系统问题中有着重要作用。

（4）实践性的观点

实践性的观点就是要勇于实践，勇于探索，要在实践中丰富和完善以及发展系统工程学理论。

系统工程是来源于实践并指导实践的理论和方法，只有在实践中、在改造自然界的斗争中，系统工程才会大有作为并得到迅速的发展。采用"问题导向"，摒弃"方法导向"是系统工程实践的主要方法。

为了推广系统工程的方法，实践性是很重要的，只有系统工程得以广泛实践，才能使人们认识和了解系统工程的作用，才能促进系统工程的应用和发展。坚持实践性的观点，促进系统工程的发展，可使这门新兴的学科在我国的建设中发挥更大的作用。

2.2 系统工程的基本逻辑过程和方法

2.2.1 系统工程的基本逻辑过程

2.2.1.1 目标要求的确立

目标要求的确立简单地讲就是明确问题。把它作为系统工程的第一步是很自然的，因为系统工程适于解决的问题有两类，一类是构造一个全新的系统；另一类是对现有系统的现状存在一种不满而期望进入更好的状态。这两类问题都有一个共同的特点，就是对象和问题本身不明确，所以研究任何课题时首先要把对象和问题弄清楚，即必须明确要解决的问题，要达到的目标、工作的内容、范围和具体的要求。

由于系统是完成一定目的具有一定功能的整体，故系统工程明确问题的过程不同于一般的设计和开发工作。后者的对象一般比较单纯，问题大部分是明确的，因此注重的是确定开发的方向和研究具体的对策。与此相反，系统工程的对象是复杂的，因而必须把握住宏观的问题，这就要求了解系统的结构因素是什么、它们是怎样组合起来的、将会带来什么样的效果，再根据对宏观问题的把握去思考理想系统形式的开发方向和具体的对策，这样可避免脱离整体的危险。因此，系统工程非常重视明确问题这一环节，甚至有人说："明确了问题的焦点，就等于解决了问题的一半。"

2.2.1.2 系统分析

系统分析是系统工程最核心的内容，它包括系统的结构分析、建模、最优化分析等，从一定意义说，系统分析可以看成是系统工程的同义词。当然，系统工程技术比系统分析技术包括的范围更广一些。

系统分析的目的是为了设计满足一定目的的最合理的系统，它的主要内容是研究、探讨满足要求的各种条件，搜集设计系统的必要信息。

系统分析主要采取定量分析的方法，它的前提是建立数学模型，然后利用模型研究系统的特性，研究系统结构间的关系。构造模型本是数理科学的方法，现在这一方法已被运用到社会科学和其他科学领域，成为一种重要的研究方法。任何现实问题的本来形态总是复杂而多歧义的。系统工程为了有效地研究问题，使其能够在理论上进行处理，首先将待解决的问题构成简明而切题的模型，然后通过模型研究主要因素之间的关系。

模型是一种对真实系统的简化表达方式，它与原来的实体是同态关系。对同一实体根据不同的要求可建立不同的模型，对不同实体也可建立同样的模型。系统工程的方法实际上是针对模型提出来的。在实际中应用的模型可有多种表示方式，像解析模型、图标模型和计算机程序模型等，但通常都是用数学表达式建立的数学模型。它包含 3 种基础要素：变量和产量；约束或限制条件；目标函数。

建立模型的方法构成系统分析的重要内容。本书以后各章将针对各类系统问题，分别介绍其模型构成、求解和调整的方法。

系统的最优化是指在一定条件下，如何使系统的特性变为最优的求解过程。它是通过应用最优化理论和方法对模型进行计算来实现的。最优解一般可用解析的方法求出，也可用数字解法求解。当模型比较复杂时，还需要用计算机进行模拟计算。优化的方法经常借助运筹学，像线性规划、非线性规划、动态规划、整数规划、对策论、排队论等，有时也需应用现代控制理论。除了以上取自运筹学和控制论的方法外，系统工程在优化方法中还有一些独特的方法，像多目标排序优化方法，大规模系统逐级人机对话式特有的优化方法、多级递阶控制系统的分析方法、大规模系统的简化解算方法等。这些系统工程特有的优化方法主要是用来处理大系统问题的，这里所说的大不是指体积大，而是指系统的结构有层次，每层因素又较多的情况。对于这种大系统，一般的优化方法不适用了，需要采用以分解为特征的优化方法。

2.2.1.3 系统设计

系统设计是充分利用系统分析的各种结果，进行决策并设计出满足要求的系统规范。因此，系统设计也称系统的综合。系统的综合是比较困难的一步，一般遵循的原则如下：

- 在目标分级的基础上考虑替代方案，即从上一级目标来考虑下一级替代方案；
- 要构造目标、需要、制约等因素的结构模型来综合考虑。

一般的系统综合是凭借人的创造力和直觉来进行的，现在已大量使用计算机进行辅助设计，计算机能进行综合结果的模拟和综合所需情报的检索。因为这部分内容和具体应用关系紧密，属于实际应用范畴，需结合实际工作来进行分析，所以本书不作过多的讨论。

2.2.1.4 系统评价

系统评价的目的，是对设计出的供选择的系统方案，用技术的和经济的观点综合地评价和审查，研究系统的合理性以及成功的可能性。综合评价基本是按照性能、费用和时间这 3 个因素来进行的。通常是把时间也换算成费用来考虑（延长时间会带来间接费用增加和机会损失），一边考虑性能和费用的相互关系，一边进行权衡。在进行系统评价时，要十分重视系统的效率，它是由系统一系列性能特征来体现的，主要有系统的可靠性、稳定性、适应性和扩展性等。

2.2.2 系统工程的方法

在系统工程的研究和应用中，人们逐渐地探索、积累和总结出多种模式的科学工作方法和程序。具有一定代表性的主要有美国的霍尔（A. D. Hall）在 1969 年提出的"三维结构模式"、英国切克兰德的"调查学习模式"、中国李怀祖教授的"系统工程方法论框架"。

2.2.2.1 霍尔的三维结构

霍尔提出的系统工程的三维结构，是把系统工程的活动分为相互联系的 3 个方面，即按时间进程把活动分为 7 个阶段；按处理问题的逻辑关系把活动分为 7 个方法步骤；按各阶段和步骤所需要的各种专业知识设置的科学技术体系，并将活动的 3 个方面用空间指数坐标系统形象地表示出来，这就为解决大规模复杂系统提供了比较科学的思想方法。如图 2-2 所示。

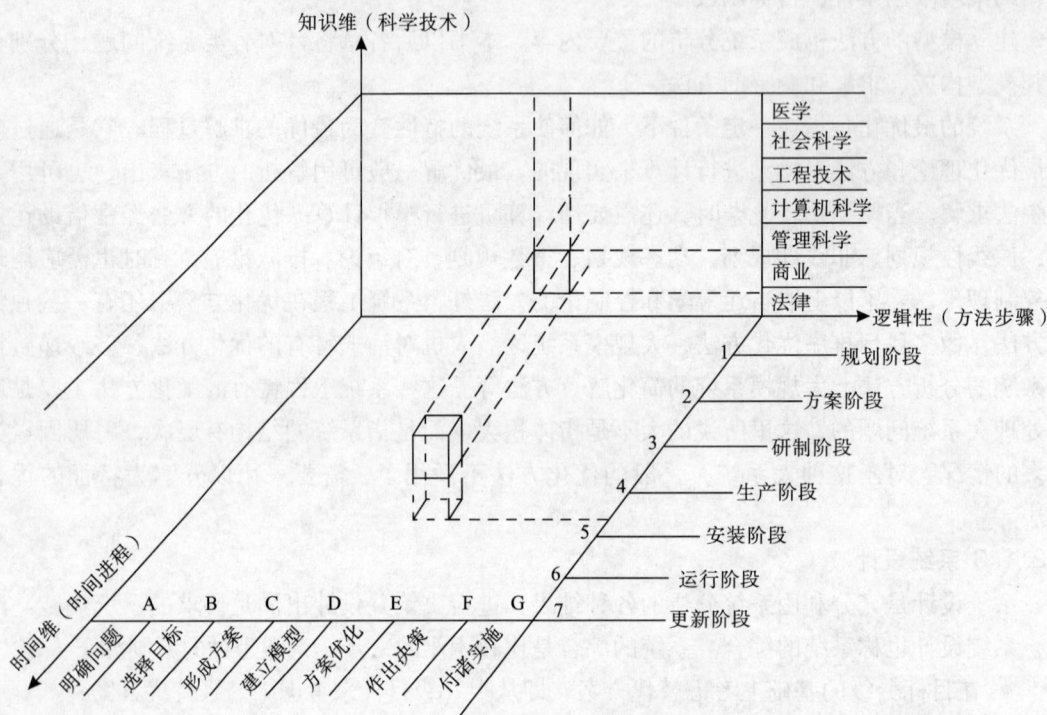

图 2-2 霍尔的三维结构图

1. 时间维指系统工程从规划到更新的时间顺序，可分为 7 个阶段：

① 规划阶段：拟定系统工程活动的方向、政策和规划；

② 拟定方案：提出具体的计划方案；

③ 研制阶段：实现系统的研制方案，并做出生产计划；

④ 生产阶段：生产出系统的零部件及整个系统，并做出整个生产计划；

⑤ 安装阶段：把系统安装好，并完成系统的运行计划；

⑥ 运行阶段：系统按预定目标服务；

⑦ 更新阶段：改进或充实旧系统或取消旧系统采用新系统，使系统更有效地工作。

2. 逻辑维是指在系统工程的每个阶段所要完成的工作步骤，通常分 7 个步骤，这是运用系统工程方法进行思考、分析和处理系统问题时应遵循的一般程序。

① 明确问题：全面收集有关资料和数据，并了解有关问题的历史、现状和未来发展趋势，弄清问题的实质和边界；

②　选择目标：弄清并提出为解决问题所要达到的目标，并指定衡量目标达成度的标准以及评价方法；

③　形成方案：按问题的性质和目标形成一些可行的系统方案；

④　建立模型（系统分析）：对各种可行方案进行比较分析，通过形成一定模型，把这些方案与系统的评价目标联系起来；

⑤　方案优化：即在一定限制条件下，寻求最优的系统方案，而这个过程往往是一个多次反复的过程；

⑥　作出决策：决策者在考虑全面因素基础上，最后就一个或极少几个方案做出决定；

⑦　付诸实施：即实施计划或实际研制。

3. 知识维是指为完成上述各阶段、各步骤的工作所需要的各种专业知识和技术素养。霍尔把这些知识分成工程、医学、建筑、商业、法律、管理、社会科学和艺术等。实际上，从事系统工程活动，其所需要的知识和技艺远不止霍尔所列的这些。

时间维和逻辑维交叉构成系统工程的活动矩阵。从活动矩阵中可以看出，其中的各项活动都是相互影响、紧密联系的。将时间维、逻辑维和知识维结合起来便形成了一个三维矩阵，它由一些小箱组成。

运用系统工程知识，把 6 个时间阶段和 7 个逻辑步骤结合起来，便形成了所谓的霍尔管理矩阵（见表 2-2）。矩阵中时间维的每一阶段与逻辑维的每一步骤所对应的点代表着一项具体的管理活动。矩阵中各项活动相互影响、紧密相关。要从整体上达到最优效果，必须使各阶段步骤的活动反复进行。反复性是霍尔管理矩阵的一个重要特点，它反映了从规划到更新的过程需要控制、调节和决策。因此，系统工程充分体现了计划、组织和控制的职能。

表 2-2　霍尔管理矩阵

时间维（阶段）＼逻辑维（步骤）	1 明确问题	2 选择目标	3 形成方案	4 建立模型	5 方案优化	6 作出决策	7 付诸实施
1. 规划阶段	a_{11}	a_{12}	a_{13}	a_{14}	a_{15}	a_{16}	a_{17}
2. 方案阶段	a_{21}	a_{22}	a_{23}	a_{24}	a_{25}	a_{26}	a_{27}
3. 研制阶段	a_{31}	a_{32}	a_{33}	a_{34}	a_{35}	a_{36}	a_{37}
4. 生产阶段	a_{41}	a_{42}	a_{43}	a_{44}	a_{45}	a_{46}	a_{47}
5. 安装阶段	a_{51}	a_{52}	a_{53}	a_{54}	a_{55}	a_{56}	a_{57}
6. 运行阶段	a_{61}	a_{62}	a_{63}	a_{64}	a_{65}	a_{66}	a_{67}
7. 更新阶段	a_{71}	a_{72}	a_{73}	a_{74}	a_{75}	a_{76}	a_{77}

管理矩阵中不同的管理活动对知识的需求和侧重也不同。在逻辑维的 7 个步骤中，体现了系统工程解决问题的研究方法，定性与定量相结合，理论与实践相结合，具体问题具体分

析。在时间维的7个阶段中，规划和方案阶段一般以技术管理为主，辅之行政、经济管理方法。所谓技术管理就是侧重于科学技术知识，依据科学和技术自身规律进行管理，在管理上充分发扬学术民主，组织具有不同学术思想的专家进行讨论，为计划和实施提供科学依据。研制、生产阶段一般应采用以行政管理为主，侧重于现代管理技术的运用，辅以技术、经济管理方法。行政管理就是依靠组织领导的权威和合同制等经济、法律手段，保证系统活动的顺利进行。运行和更新阶段则应主要采用经济管理方式，按照经济规律，运用经济杠杆来进行管理。

2.2.2.2 切克兰德的"调查学习"模式

近年来，在系统工程中常常把所研究的系统分为良结构系统与不良结构系统两类。所谓良结构系统是指偏重工程、机理明显的物理型硬系统，它可用较明确的数学模型描述，可用现成的定量方法计算出系统的行为和最佳结果。解决这类系统所用的方法，通常称为"硬方法"。霍尔的三维结构主要适用于解决良结构系统。所谓不良结构系统是指偏重社会、机理尚不清楚的生物型软系统，它很难用数学模型描述，往往只能用半定量、半定性的方法来处理。解决这类系统所用的方法，通常称为"软方法"。

"软"的主要原因是它吸取了人的判断和直觉，因此，一般来说，用软方法解决问题不像用硬方法可以求出最佳的、定量的结果，而是求出重复的、可行的满意解，并且有些结果因人而异，因人而定。到目前为止，解决不良结构的系统方法已被提出一些，如专家调查法（特尔斐法，Delphi）、集思陈述法、想定法（情景分析法）、解析结构模型（ISM）、层次分析法（AHP）、冲突分析法（Conflict analysis）等。但从系统工程方法论角度看，切克兰德的"调查学习"方法具有更高的概括性。切克兰德的另一贡献是提出了软系统方法论（SSM）。

硬系统方法：问题（Problem）→数学模型→最优解。切克兰德的"调查学习"方法是一种软系统方法，其核心思想不是寻求"最优化"，而是"调查、比较"或者说是"学习"，从模型和现状的比较中学习改善现存系统的途径，即议题（Issue）→学习过程→满意解。它包括：

① 不良结构系统现状说明：通过调查分析，对现存的不良结构系统的现状进行说明；

② 弄清关联因素：初步弄清与改善现状有关的各种因素及相互关系；

③ 建立概念模型：在不能建立数学模型的情况下，用结构模型或语言模型来描述系统的现状；

④ 建立概念模型：随着分析的不断深入和"学习"的加深，进一步用更合适的模型或方法改进上述概念模型；

⑤ 比较：将概念模型与现状进行比较，找出符合决策者意图且可行的改革途径或方案；

⑥ 实施：实施提出的改革方案。

2.2.2.3 李怀祖的系统工程方法论框架

西安交通大学李怀祖教授根据多年的研究和实践，提出了概括程度高、可操作性强且具有特色的李氏系统工程方法论框架。该"框架"对解决"硬系统"和"软系统"都具有很好的适用性。他把系统工程活动分为"3个阶段，5个环节"，并给出系统分析活动的逻辑结构图，如图2-3所示。

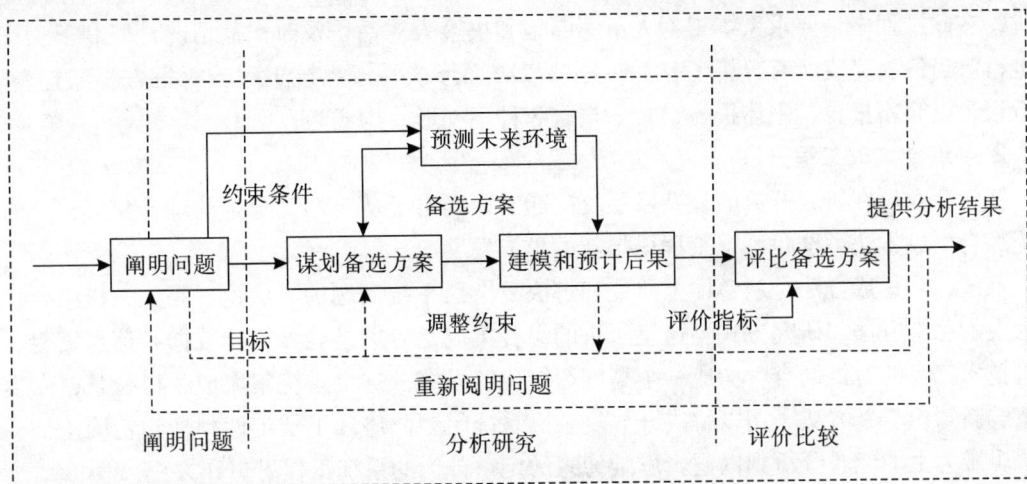

图 2-3 系统分析过程的逻辑结构

李氏系统工程方法论框架是由 3 个阶段 5 个环节组成的，现分述如下。

1. 阐明问题阶段

阐明问题既是一个阶段，也是一个环节，它的主要任务是对某项具体问题和具体解决问题的活动作出详细说明，规定问题的边界和约束，划分系统和环境，阐明解决问题的对策和资源，并解释问题内容和解决问题两部分活动之间相互匹配的关系。该阶段的工作结果是提出目标，确定评价指标和约束条件。

2. 分析研究阶段

分析研究阶段包括提出备选方案（包括环境预测），建立模型和预计后果 3 个环节。谋划备选方案应尽可能考虑各种方案，避免出现方案的唯一性。在谋划备选方案时，一般以定性判断为主，使备选方案具备适应性、可靠性和现实性。有了备选方案，便可着手建立一个或多个模型，建模是反映系统分析特色的主体内容。通常建模技术主要有分析、仿真、博弈、判断。有了模型，即可用来对系统方案实施的结果进行预测。方案的结果通过社会、经济、技术等方面指示来衡量。系统工程实施每种备选方案都和将来付诸实践时的环境有关，离开未来的实施环境去谈论方案结果是没有实际意义的。所以，要对环境现状研究清楚，进而判断未来可能出现的情况，并弄清楚从现状到未来环境的转移过程。对未来环境的预测，通常采用情景分析法和其他有关模型。情景分析法是系统分析中一种常用的描述集体判断结果的方式，它设想未来行动所处的环境和状态，并预测相应的技术、经济和社会后果。情景可以通过仿真或博弈得出，但大多数是靠直觉判断。

3. 评比备选方案

各种备选方案在不同环境下的结果估计出来后，便可着手方案评比。评比工作的关键是选取评比指标和评比方法，指标太多，评价结果难以统一，而指标单一又往往将方案的特色抹煞，适当的做法是设置能足以有效地反映方案后果的几项评比指标。最后，列出方案的优先名次，以供选择。

大多数情况下，这 5 个环节不可能一次完成，需要多次反复迭代调整加以完善和深化。

同时，在此过程中，要求系统工程人员不断地和决策人对话，及时沟通情况，以利于工作顺利进行。当最后完成所有分析工作后，还要以书面形式写成系统工程分析报告。经验表明，分析报告以简略报告、主体报告、技术报告3种不同形式构成为宜。

2.2.2.4 综合集成工程方法

钱学森教授在研究开放的复杂巨系统问题时，提出了从定性到定量的综合集成法，简称系统综合集成方法，这是系统工程思想新的重大发展。

系统综合集成方法是从整体上研究和解决复杂巨系统问题的方法论，是人—机结合、以人为主的思维方法和研究方式。这里所讲的综合集成是专家经验、统计数据和信息资料、计算机技术三者的有机结合，构成一个高度智能化的系统。这个系统集大成、得智慧，产生新思想、新知识、新方法，用以解决开放复杂巨系统问题，体现了从定性判断到精确论证、以形象思维为主的经验分析到以逻辑思维为主的定量分析的系统工程思想和方法。

系统综合集成可以分为方法论层次上的和工程技术层次上的两种。方法论层次上的综合集成就是把经验与理论、定性与定量、微观与宏观辩证地统一起来，用科学理论、经验知识、专家判断相结合的半理论、半经验的方法去处理复杂系统问题。工程技术层次上的综合集成就是根据研究问题涉及到的学科和专业范围，组成一个知识结构合理的专家体系。通过信息体系、模型体系、指标体系、评价体系、方法体系以及支持这些体系的软件工具的集成，实现系统的建模、仿真、分析与优化。从定性到定量的综合集成工作程序，如图2-4所示。

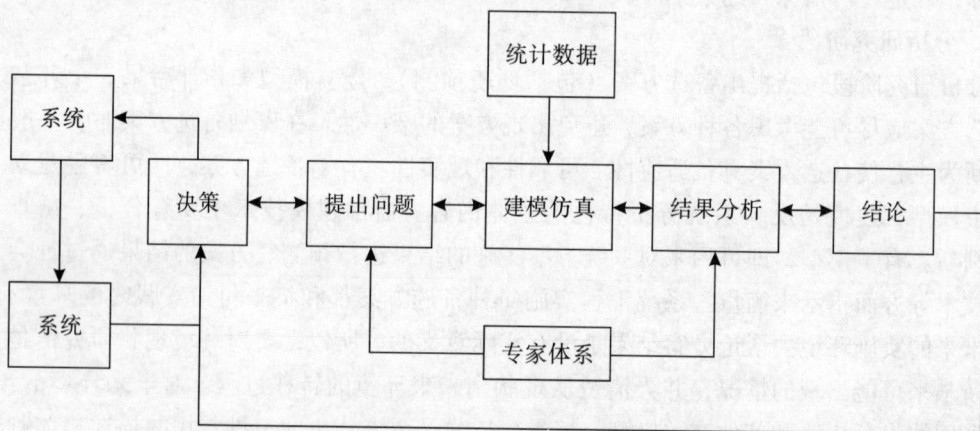

图2-4 从定性到定量的综合集成工作程序

20世纪90年代以来，在计算机系统集成和信息集成研究的基础上，系统综合集成方法研究取得了一些成果，如美国的"阿斯彭"系统原型研究初步建立了虚拟显示动态经济模型。从发展态势看，系统综合集成将从计算机系统集成、信息集成发展到"从定性到定量"的方法集成，将系统科学、系统工程与人工智能进行交叉，把开放的复杂巨系统概念引入人工智能领域，研究探索信息工程中的复杂性、多维信息的集成和融合、集成型模式识别和智能控制等，在社会、经济、军事等方面应用前景广泛。

案例

现代系统工程的应用①

阿波罗登月计划

阿波罗登月计划是美国继曼哈顿计划、北极星计划之后，在大型项目研制上运用系统工程取得成功的一个实例。阿波罗计划的全部任务分别由地面、空间和登月三部分组成，是一个复杂、庞大的工程计划。它不仅涉及到火箭技术、电子技术、冶金、化工等多种技术，还需要了解宇宙空间的物理环境以及月球本身的构造和形状。完成这个计划，除了要考虑每一部分间的配合与协调外，还要估算各种未知因素可能带来的种种影响。这项计划涉及到四十多万人，研制的零件有几百万件，耗资三百亿美元，历时十一年之久。这个计划的成功，关键在于整个组织管理过程采用了系统工程的方法和步骤，其实施过程如下。

一、建立组织管理机构，明确职责分工

为了完成登月活动，首先确定所需的组织形式和管理原则。国家宇航局设立了阿波罗计划办公室主管全部工作，在该局附属的三个研究中心分别设立了阿波罗项目办公室，受该局设计办公室的领导，负责分管的任务。

计划和项目办公室的职能有：① 项目的计划和控制；② 系统工程；③ 可靠性和质量保证；④ 试验；⑤ 操作实施，并分别设立主管部门。

为适合研究和研制工作的情况，整个管理工作分成五个方面：确定计划的基本要求；量测性能；分析和评价；控制和指导变化；动作和反馈。在整个管理过程中和五个职能部门内，经常考虑和处理的变量是工程进度、成本费用和技术性能。

二、制订和选择方案

计划办公室成立后，首先为实现登月选择飞行方案，有三个备选方案：① 直接飞行，使用新型运载火箭；② 地球轨道交汇，使用土星运载火箭分别发射载人航天飞行器和液氧贮箱；③ 地球轨道交汇，使土星运载火箭一次发射载人航天飞行器和登月舱。对三个方案分别在技术因素、工作进度、成本费用和研制难易度等方面权衡利弊。结果认为第三个方案能确保在最短期间内最经济地完成阿波罗的全部目标。

三、组织管理过程

飞行方案确定之后就开始其他的计划和管理工作。

① 确定该计划的基本要求。阿波罗计划采用了"工作细分结构"的系统分析方法，把整个计划由上而下逐级分成项目、系统、分系统、任务、分任务等层次。这样做的优点是：可确定计划的所有分支细目及其相互关系，明确哪个部门负责什么工作；可作为绘制计划评审网络图的基础，保证所有分支细目都包括在工作进度内；可作为编制预算的基础，把预算要求、实际成本费用与具体工作成果三者联系起来。总之，它为管理人员把整个计划的进度、财务和技术三方面的要求联成一个整体奠定了共同的基础。

为了明确工程进度的要求，阿波罗计划采用了计划评审技术，以形成各主承包商与政府

---

① 本部分应用例摘自《全国管理科学研究班教材》（内部发行）

之间的进度管理系统。

② 性能监测。即按照阿波罗计划的基本要求，审查整个计划的进展情况。为了及时掌握整个计划的情况，要经常取得各职能部门质量管理和进度的信息，在各职能部门制定了报告的具体要求，建立了"管理信息与控制系统"和一系列"设计审查及产品检查"制度。"管理信息与控制系统"将所需要的各种性能的信息绘成100张左右的图表，经过整理分析后，每月上报计划负责人，使他能洞察全局，集中力量抓薄弱环节。在阿波罗计划的全部过程中，各种审查和检查连续进行，如初步设计审查、关键设计审查、设计检定审查、首次产品结构检查、飞行合格检定等。

③ 分析评价。主要工作是对性能数据进行评价并归纳出必须及时采取行动的问题，向计划负责人报告。阿波罗计划中应用了成本相关分析法等，以便保持各个工作部门相互平衡和保证完成主要目标。成本相关分析法就是分析工作进度与成本费用之间的关系，看花的钱是否得到预期工作量，绘出今后费用增长率变化的曲线，以估计完成计划所需的总费用，它可用来比较几个主要承包商完成的工作量，找出哪些环节上费用未能产生预期的工作效果。

④ 对系统的控制。研究计划往往会发生变化，因此必须进行系统地控制，以保证全部计划的实现。凡是影响最终产品的形式、装配、功能等的变化，都必须由规定的某一级决策机构批准。如在结构上的改变由办公室的结构控制委员会批准。为了控制成本，每个季度审查各个部分的实际成本，划出超支动向，查出薄弱环节，必要时调整财务计划。阿波罗计划由于财务管理和成本估计做得较好，财务支出始终保持相对稳定，平均每年实际成本比预计成本增长不到1%。

⑤ 保证整个管理结构在日常活动中履行各种指令、规程、程序，并为下一轮性能测量提供反馈数据资料，目的是让各级负责人明确自己的职责范围，做到事事有人负责，把实干的人选安排到合适的岗位上，并赋予其权力。在日常活动中召开计划审查会，以促进管理行动的有效执行。

总之，阿波罗计划成功的原因不仅是采用了管理系统和管理工具——计算机，更主要的是采取了从整体出发并面向整个系统的综合管理方式。

思考题

1. 联系实际说明对系统工程概念的理解。
2. 简述系统工程的特点和基本理论。
3. 简述系统工程方法论的特点。
4. 简述系统工程的基本逻辑过程。
5. 简述霍尔三维结构的内容及其适用范围。
6. 简述切克兰德"调查学习"模式的内容及其适用范围。
7. 综合集成工程方法有哪些特点？其逻辑程序主要包括哪几个部分？

第 3 章
管理系统分析

本章要点
- 管理系统分析的含义
- 管理系统分析的特点
- 管理系统分析的工作原则
- 管理系统分析的应用
- 系统分析的主要构成要素
- 系统分析的要点与步骤
- 系统分析的主要方法

3.1 系统分析概述

系统分析（System Analysis，SA）是美国兰德（RAND）公司于 20 世纪 40 年代末期提出的一套解决复杂性问题的技术和方法。系统分析在早期主要是一种定量分析方法，应用于武器系统的成本和效益分析。20 世纪 60 年代以后，人们开始将系统分析方法应用于其他系统的分析，并逐步认识到了仅使用定量分析的局限性，因此将其与定性分析相结合，发展和完善了系统分析方法。随着系统分析方法的发展与完善，以及应用领域的不断扩大，系统分析方法在经济管理领域的应用也取得了显著成果，并成为研究经济管理问题的一种重要手段和方法。

3.1.1 系统分析的定义与特点

由于系统分析方法在不同领域和不同问题的应用中所采取的技术和模型并不一定相同，因此，系统分析至今仍没有一个完整和严密的科学定义。

一般认为，系统分析是一种有目的、有步骤探索和分析的过程。即一种对一个系统内的基本问题，用系统观点思维推理，在确定和不确定的条件下，探索可能采取的方案，通过分析对比，选出可以达到预期目标的最优方案的辅助决策方法。也可以说，系统分析就是为决策者选择一个行动的方向，通过对情况的全面分析，对可能采取的方案进行选优，为决策者提供可靠的依据。但是，系统分析人员应当尽量避免自己成为决策者，也不应代替决策者进行决策。

系统分析作为一种系统方法和手段的应用，与系统工程有着密切的联系。目前较为普遍的两种观点：一是认为系统分析是系统工程的同义语，系统分析就是系统工程；二是认为系统分析只是系统工程的一个环节，但又是系统工程解决问题过程中一个必需的逻辑步骤。系统分析与系统工程的关系如图3-1所示。

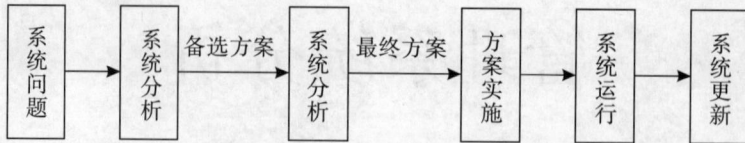

```
┌────┐    ┌────┐ 备选方案 ┌────┐ 最终方案 ┌────┐    ┌────┐    ┌────┐
│系统│ →  │系统│ ──────→ │系统│ ──────→ │方案│ →  │系统│ →  │系统│
│问题│    │分析│          │分析│          │实施│    │运行│    │更新│
└────┘    └────┘          └────┘          └────┘    └────┘    └────┘
```

图 3-1 系统分析与系统工程的关系

其实，不论是哪种观点，都说明了系统分析的重要性。在实际应用当中，只要正确理解系统分析的本质，明确系统分析的特点，就可以正确地运用系统分析方法来解决各种复杂问题。系统分析的主要特点有以下五个方面。

第一，系统分析是一种管理决策技术。

系统分析以特定问题为研究对象，针对问题中的各种确定和不确定因素，通过比较和判断各种可行方案的可能效果，寻求解决问题的最优方案，为决策者的最终决策提供可靠的信息和资料。

第二，系统分析把研究对象视为一个系统，并以系统最优化观点来分析。

系统分析运用科学的推理方法，深入挖掘影响系统的内部和外部因素以及各因素之间的相互关系，并根据系统整体效益最大化的原则寻求解决问题的最佳途径。

第三，系统分析通常借助于各种模型。

系统分析应用数学的基础知识和优化原理，在分析影响复杂问题各项因素的基础上，对问题进行模型化，利用定量方法提供相对可靠和可用的数据，借以制定各种可行方案，并比较各种可行方案的差异。同时，对那些难以定量化的影响因素，则运用经验判断等定性分析方法来考虑和测量，再结合定量分析的结果，综合评价可行方案的优劣。

第四，系统分析主要使用电子计算机作为分析工具。

由于复杂问题的影响因素众多，而且彼此间关系也很复杂，因此，在系统分析中就产生了大量的信息。对这些信息的收集、处理、分析、汇总、传递和存储等，都必须依赖于电子计算机。同时，在系统分析中运用最优化技术，如规划论（包括线性规划、非线性规划、整数规划、目标规划和动态规划等）、网络分析和排队论等也都需要电子计算机的帮助。

第五，系统分析不同于一般技术经济分析。

系统分析从系统整体目标出发，寻求的是整体最优，不仅分析有关技术经济方面的问题，也分析有关政策制定、组织体制和物流管理等各个方面的问题。通过系统分析，待解决问题将在一定条件下得到最优的解决方案。

3.1.2 系统分析的原则

复杂问题的组成要素很多，而且各要素之间的相互联系和相互作用也多种多样，同时，作为一个系统，随着时间或空间的变化，组成系统的各要素以及各要素之间的联系或作用都会发生相应的变化，使得系统处于一个不断发展变化的动态过程中。因此，在运用系统分析方法进行分析时，要想把握系统的实质，必须考虑到系统的动态性和复杂性，并遵循以下几项原则。

3.1.2.1 整体优化原则

长期以来，人们都习惯于用培根的还原论方法来解决实际工作中的问题，即将一个完整的事物进行分解，逐步化大为小、化整为零，然后对各个部分进行深入考察，寻找相应的解决对策，在此基础上形成对事物全貌的认识。从本质上说，这是一种面向问题、注重个体的科学研究哲学。

还原论对于一般性问题的研究是有效的。但随着人们社会实践的日益丰富，所面临的问题也越来越复杂，事物内部各要素的相互关联性更加紧密，整体性特征越发明显。正如著名物理学家普朗克曾说的，科学是内在的整体，它被分解为单独的整体不是取决于事物本身，而是取决于人类认识能力的局限性。

整体优化一般是指复杂系统静态地或在特定程度上（如在最低限度上，在大多数时候、大多数场合等）满足某些整体功能要求，或其某些整体功能动态地向较优方向运动、发展，它是复杂系统控制的主要原则。其核心是从全局出发，对所要解决的问题进行系统全面的考虑，从整体上把握事物的本质，并寻求解决问题的策略。这是一种面向全局的方法，同还原论的根本差别在于，它是在系统总体的指导下进行分解，最后得到的是整体的部分，而非部分的整体。

随着竞争的国际化和网络的迅猛发展，管理实践的内容和性质都变得日趋复杂，达到前所未有的程度。每一项管理工作都与其他问题有着千丝万缕的联系，幻想在整个管理工作中找到一个突破口，其他问题就会迎刃而解，组织整体绩效就自然达到改善是很不现实的。在管理系统日趋复杂、管理要素无形化且交织紧密的新形势下，仍然沿用面向问题的思考方法，无异于"头痛医头，脚痛医脚"，有可能陷入"按下葫芦浮起瓢"、顾此失彼的怪圈之中。只有树立面向全局的思想，从整体上考虑和分析问题，才能实现系统的整体优化，保证管理活动的效率。

强调整体优化，绝不排斥抓重点、攻难点，问题是不可把整体优化丢在一旁去抓重点、难点，更不可将其与"单项冒尖"等同起来。没有系统优化、整体提高，即使某一难点被攻克了，系统依然是一盘散沙，很难形成整体作战能力。所以，我们应当在整体优化的基础上去抓重点、攻难点，通过重点、难点的解决带动整体优化。

在局部和整体的关系上，应注意整体工作不是局部工作的简单相加，而是整体大于各个孤立局部之和。整体优化的原则就要求根据已确定的目标，在整体效益最优的前提下，处理好整体与局部、眼前与长远的关系。

整体优化原则要求我们在设计管理系统基本架构的时候，要有整体观念，正确处理好局部和全体的关系。在认识、研究和解决重点问题时，要有整体观念，避免只见树木，不见森林。在处理问题时，要考虑整体效应，整体效应要大于个体作用的简单相加，即所谓的"$1+1>2$"。同时，要重视在特定的情况下，局部问题可能会对整体产生巨大的影响。著名混沌学者 E. N. 洛伦兹提出的经典命题：巴西的一只蝴蝶拍打翅膀，通过多重叠加效应，会在美国德克萨斯州引发一场飓风，讲的就是这个道理。

3.1.2.2 协调有序原则

协调有序指的是管理系统架构中的各种管理要素、对象、手段乃至管理主体之间的结合关系和方式都处于最佳状态，元素之间不仅互补匹配，而且相互融合，系统有序度达到最大，基本架构的整体管理力和管理功能得到充分发挥。

凡是系统都是有序的。系统的有序性是系统有机联系的反映。系统的任何联系都是按照一定等级和层次进行的，都是井然有序、有条不紊的。在系统层次上表现出来的整体特性是由要素或分系统层次间的相互关联、相互制约所形成的。由同类型要素或分系统组成的系统，由于内部组织管理方式不同，即结构方式、有序程度不同，系统的整体功能表现出极大的差异性。各要素（分系统）之间的相互关系越有序，系统的整体功能就越强。因此，为获得预期的整体功能，从方法论上应把注意力集中于系统内部要素之间，以及各分系统之间的相互关联上，抓好系统内部的组织管理工作。

大系统的总目标和总模型被分解为子目标和子模型之后，必须根据子目标和子模型的相互作用以及外部环境与约束条件的变化来反复协调各子目标和子模型的关系，以调整大系统的总目标和总模型。

企业管理系统是一个极其复杂的、开放的巨系统。它既是一个随机系统，又是一个有着自组织功能的耗散结构系统。由于非线性相互关系的存在，其内部各要素既按照一定规则组成一定的结构，又按照一定规律时刻处于变化之中，永远不会处于完全确定的状态。管理耗散结构必须使企业具备以下四个前提条件：

① 企业系统必须是远离平衡态的开放系统；

② 企业系统内部各要素之间存在着非线性的相互作用；

③ 系统外部条件变化有一定的阈值；

④ 系统同环境进行物质、能量和信息交换，使系统总熵为负，强化系统有序。

在远离平衡状态的非线性区内，系统处于一种动态平衡中，系统内一个微小、随机的小扰动就会通过相关作用放大，然后跃迁到一个新的稳定的有序状态，通过这种开放及自我调整形成和维持充满活力的企业管理系统。

3.1.2.3 动态平衡原则

系统论认为，系统结构的可变性是绝对的，但系统结构的稳定性、系统结构和要素之间的关系则是相对的。任何一个客观系统都有一个产生、发展到转化的过程。系统结构一旦形成，到其转化为其他系统之前，总存在一个结构的稳定期，这就是一种相对的、暂时的稳定性（或平衡态）。系统结构本质上都是动态的、开放的，但从一定程度去认识它们时，就存在着暂时的静态和暂时的封闭状态。这种暂时的、稳定的、平衡的系统结构特性，都是有条件的、相对的。

科学管理把对象视为系统，管理的目的是使系统实现最佳效益，但任何系统的正常运转，不仅受着系统内各个因素的制约，同时还受到有关外部系统的约束，随着时间、环境以及人们主观能动性的变化而发生变化。管理创新应随着对象系统的发展而不时修正控制方案，这就是所谓的动态相关特征。在知识经济社会里，社会系统之间信息、能量、物质方面的交换和联系日益密切，技术的飞速发展，市场的瞬息万变，需求的多样化，使经济环境处于一个动态的环境之中，管理创新必须遵循动态性原则。

随着管理要素的增多以及管理领域的拓展，管理环境的动态变化趋势日渐明显。如全球经济一体化使得各种资源要素的流动更加频繁。信息技术的迅速发展则使企业面对的信息量急剧膨胀。整个外界环境正处于一种瞬息万变、动态开放的格局之中，管理系统处于快速变化的外界环境之中，其自身的运行架构也需呈动态开放的态势才能顺应潮流。

动态性要求企业在管理过程中必须时刻关注系统内外环境要素的变化，并及时调整相关的管理参量，以保证管理系统的运行适应外界的变化要求。管理系统的运行态势是全方位开放的，可以随时与外界发生能量、物质、信息、知识的交换，外界各种负熵流才能流入，从而使整个系统能够有效地运转。

传统的企业管理理论与管理思维认为，寻求平衡管理是企业经营者的主要任务。在 21 世纪，企业家则更需要不断打破平衡，以非平衡管理实现持续的制度创新与技术创新。近年来，美国福特、杜邦等一批传统企业提出打破平衡的管理新思维，改革企业机制，使得福特、杜邦公司雄踞全球 500 强企业的前列。

全球已进入知识经济时代，世界经济与市场"变"是主流，因而企业管理平衡是相对的，打破平衡的、创新的非平衡管理则显得十分迫切。事实上，任何一个企业在经过一段改革后，一旦进入"平衡"阶段就会出现效率低下、内部活力下降等问题，因此，企业要不断追求企业有序的非平衡结构。

3.1.2.4 与时俱进原则

人类已步入 21 世纪，这将是变动更加剧烈复杂的时代。企业的生存环境会更加恶劣，消费需求及替代品的变动将更加难以预测，企业间的竞争也将异常激烈，企业要求得一席之地，惟有不断创新。

21 世纪，知识经济将逐步占据国际经济的主导地位。知识经济的发展，不仅改变着世界经济结构，也改变着传统观念。在知识经济时代，企业生产经营者进入网络化、信息化和国际化，信息传播交流速度加快，这使得技术扩散更加迅速，企业因创新带来的受益期缩短、收益量减少、比较优势丧失。同时，新技术不断涌现，技术生命周期不断缩短，这在客观上要求企业不断进行创新。

市场在不断变化，企业生产要素的供给在不断变化，顾客的需求在不断变化，员工的状况在不断变化，社会的要求在不断变化，企业面临的根本问题是创新危机。企业要完成自身的使命，在这个充满创新精神的时代中求生存、谋发展，必须适应和驾驭这些变化，唯一的途径就是不断创新。德鲁克说，创新对经济发展极为重要，是企业的基本职能之一。哈罗德·孔茨和海因茨·韦里克说，创新不仅与高技术企业相关，而且对老资格和传统的公司也至关重要，因为这样的公司如果不进行创新就可能难以生存下去。

与时俱进同样也决定着企业的前途命运。坚持与时俱进原则，在进行管理系统分析中，就是始终坚持"以改革开放、现代化建设和我们正在做的事情为中心，着眼于马克思主义的运用，着眼于对现实问题的理论思考，着眼于新的实践和发展，切实解决本地区、本部门存在的实际问题"。要把核心市场、核心顾客、核心产品和核心人才放到企业管理的核心位置，突出培育核心竞争力。在企业经营管理中，要一切围绕顾客进行决策、创新和服务，突出核心科技创新与人才开发，培育企业核心人才，通过股份激励、任用激励和各种有效的手段提高核心科技创新能力，开发核心产品，占据核心市场，从而不断增强企业核心竞争力。

3.1.3 系统分析在管理中的应用范围

由系统分析的特点可以知道，系统分析目的是实现系统整体效益的最优化。一般来讲，正确地运用系统分析可以达到以下效果：首先，决策者能够充分地考虑所面临的各种不同选择；其次，决策者能够更有效地利用人力、物力、财力等资源；再次，决策者能够更好、更节约地达到目标；最后，决策者能够在资源配置、政策制定、目标设定，以及解决涉及社会、政治、经济、文化等方面的复杂问题时增强决策能力，避免失误。

系统分析在各个领域中的应用越来越广。同时，随着应用数学理论的发展和深化，以及电子计算机及其网络技术的快速发展，系统分析的应用也越来越效率化。在经济管理系统中，系统分析已经成为管理决策部门的主要决策工具之一，应用于整个经济管理系统的发展规划，既包括技术经济方面的分析，也包括政策制定、组织实施、物流及信息管理等方面的分析，主要应用范围有以下几个方面。

①制定管理系统规划方案。依据各种资源条件、统计资料和目标要求，运用规划论的分析方法寻求优化方案。

②重大工程项目的组织和管理。运用网络技术分析进行全面的计划协调和安排，以保证工程项目中各个环节密切配合，按期完成。

③选定厂址和确定工厂规模。在考虑原材料的来源、能源、运输以及市场等客观条件与环境因素的基础上，进行技术论证，集思广益，制定出适合我国国情、技术上先进、生产上可行、经济上合理的最佳方案。

④新产品设计。对新产品的使用目的、结构、功能、用料以及价格等进行系统分析，结合分析结果重新调整和确定新产品的最佳设计性能、结构、用料选择和市场能接受的价格水平。

⑤厂内的生产布局和工艺路线组织。运用系统分析使人员、物资和设备等所需空间得到最妥善的分配和安排，并使其相互间能有效地组合和安全地运行，从而使工厂获得较高的生产效率和较好的经济效果。

⑥编制生产作业计划。运用投入产出法，使零部件投入产出与生产能力平衡，确定出最合理的生产周期、批量标准和在制品的储备周期。同时，运用调度管理安排好加工顺序和装配线平衡，实现均衡生产。

⑦库存管理。应用经济批量模型制定最佳储备点和进料点，压缩原材料与在制品的资金并降低成本。

⑧资金成本管理。对生产活动采取的技术改造和革新措施进行成本的盈亏分析，然后确定采取哪一种措施或方案更为经济合理。

⑨质量管理。运用工程能力指数、排列图、因果图和管理图等方法进行质量分析，提高工程质量的可靠性，控制产品质量，预防废品产生。

3.2 系统分析的内容与流程

3.2.1 系统分析的主要构成要素

组成一个系统的要素有很多，在进行系统分析时，要充分地考虑各种可能的影响因素。人们经过长期的实践总结，逐渐把系统分析的主要构成要素概括为以下六个基本要素：目标、可行方案、模型、费用、效果和评价标准。

3.2.1.1 目标

对某一系统进行分析时，首先必须明确所要分析问题的目标。确定目标是系统分析的前提，是系统分析的首要步骤。目标是系统所希望达到的结果或完成的任务，是由所要研究的问题决定的。因此，确定目标必须进行问题分析，而问题分析的关键是界定问题（所谓界定问题，就是把问题的实质和范围准确地加以说明）。

在界定问题以后，通常采用"目标—手段系统图"进行目标的结构分析（如图 3-2 所示，下文将进行详细介绍），以使目标具体化和明确化。确定目标的过程如图 3-3 所示。

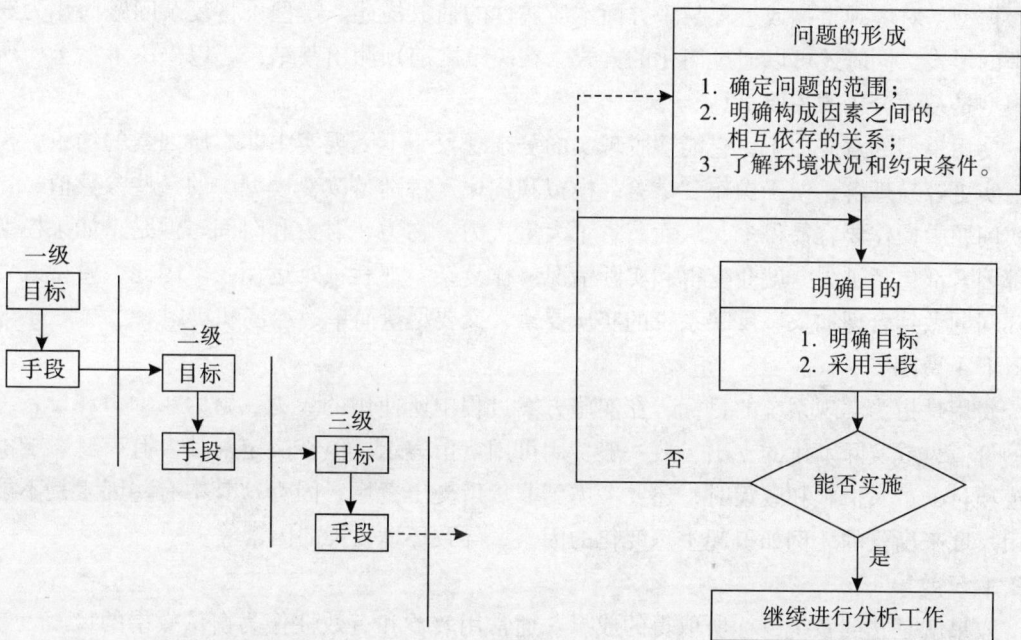

图 3-2　目标手段图

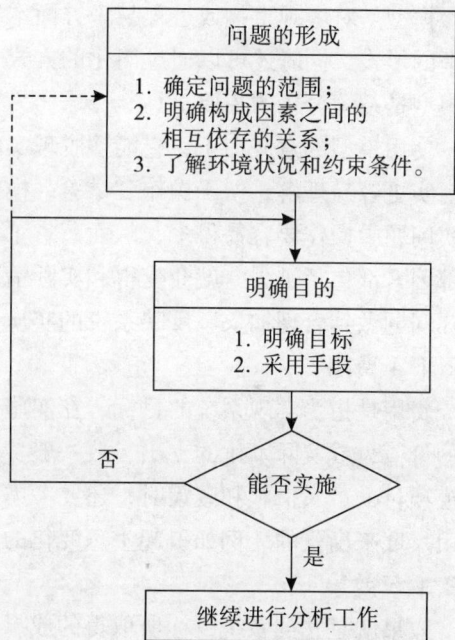

图 3-3　目标确定过程

3.2.1.2 可行方案

一般情况下，实现系统的目标，可采取多种手段和措施，这些手段和措施在系统分析中称为可行方案，或称为备选方案。拟定供选择用的各种可行方案，可以说是系统分析的关键。只有拟定出一定数量和质量的可行方案，进行对比选择，系统分析才能做到合理。如果只拟定一个方案，就无法对比，也就难以辨别其优劣，故没有选择的余地。所以说，在系统分析中通常都需要拟定多个可行方案作为备选方案。可行方案的设计，一般分为以下两个步骤。

1. 轮廓设想

轮廓设想即从不同的角度和途径，设想出各种各样的可行方案，以便为系统分析人员提供尽可能多的选择。这一步骤的关键问题在于打破框框，大胆创新。这要求拟定备选方案的人员不仅要有扎实的知识基础，更要具有敢于冲破习惯势力与环境压力的创新精神。

2. 精心设计

精心设计主要包括两项工作：一是确定方案的细节；二是估计方案的实施结果。一方面，由于轮廓设想并没有过多地考虑细节问题，只提供了一个比较粗糙的大体方案框架，所以，只有通过确定方案的细节，方案才能付诸实施；另一方面，如不估计方案的实施结果，就无法识别方案的优劣，择优也就无法进行。方案的细节应该包括哪些方面不是一成不变的，是随分析问题性质不同而异的。对方案实施结果的估计一般都经过预测得出，预测是否准确，则取决于经验和资料是否丰富，以及所采用的预测技术是否恰当。目前，预测已形成一门学科，它与系统分析有着密切的关系。

3.2.1.3 模型

模型是对客观事物或过程某个方面本质属性的抽象描述。模型可将复杂问题简化为易于处理的形式，同时还可以通过简化的方式，在决策之前预测出其结果，以供决策参考，所以说模型是系统分析的主要工具。

使用模型的意义在于，它能摆脱现实的复杂现象，不受现实中非本质因素的约束，模型比现实更容易理解，便于操作、试验、模拟和优化，特别是改变模型中的一些参数值，比在现实问题中操作要容易得多，从而节省了大量人力、物力、财力和时间。但是，如果模型把全部因素都包括进去，就会变得和实际情况一样复杂，那就很难运用了。因此，模型既要对实际问题做到合理抽象，反映系统的实质要素，又要尽量简单、经济和实用。

3.2.1.4 费用

费用是指为实现系统的目标，在实施方案过程中所使用的人力、财力、物力和设备等资源的价值，或实际发生的支出，故一般费用可用货币表示。但在决定对社会有广泛影响的大规模项目、重大措施和政策时，还要考虑到非货币支出费用，因为这其中有些因素是不能用货币尺度来衡量的，例如引起生态变化的因素、导致环境污染的因素等。

3.2.1.5 效果

效果就是达到系统目标所取得的成果。通常用效益和有效性作为衡量效果的尺度。效益是用货币尺度来评价的达到目标的效果；有效性是用非货币尺度来评价的达到目标的效果。效益又分为直接效益和间接效益两种。直接效益包括使用者所付的报酬，或因提供某种服务而得到的收入。间接效益则指直接效益以外的，能增加社会生产潜力的效益。当然，这类效益是比较难以衡量的，但也应尽可能考虑到。

3.2.1.6 评价标准

评价标准是指用来衡量可行方案效果优劣的尺度，即通过评价标准对各个可行方案的功能、费用和效果等方面进行综合评价，确定出各方案的优劣顺序。评价标准应具有明确性、数量性和敏感性的特点。对大型复杂系统的评价往往涉及多个方面，通常要使用一个评价指标体系。评价指标体系一般包括：政策性指标、技术性指标、社会性指标、时间性指标和资料性指标等，每一类指标还可以包括一些更具体的指标。对于具体的评价问题，可选择适当的指标构成评价指标体系。当评价指标较多时，可以通过设置权重区别众多指标在重要程度上的差别。

以上管理系统分析的六要素，可组成管理系统分析要素的结构图，如图 3-4 所示。

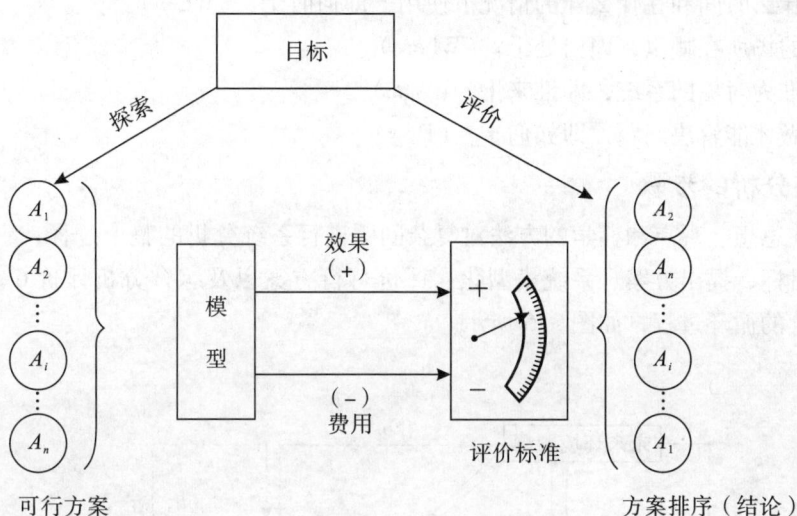

图 3-4　管理系统分析要素的结构图

从这个要素结构图可以看出，系统分析是在明确系统目标的前提下进行的，经过分析研究，设计出能够实现该系统目标的各种可行方案，然后通过对方案的模型化以及模型的效用费用分析，依据评价准则对各可行方案进行综合评价，并结合明确的系统目标，最终确定各方案的优劣关系，以供决策者参考。该结构图基本反映了系统分析的主要内容和构成。

3.2.2 系统分析的要点

系统分析通常运用逻辑思维推理的方法对问题进行分析，在分析时往往通过追问一系列的"为什么"来获得问题的答案。其要点可借用表 3-1 来理解。

表 3-1　系统分析的要点

项目	为什么	应该如何	对策
目的	为什么提出这个问题	应该提出什么	删除工作不必要的部分
对象	为什么从此入手	应找哪个	
地点	为什么在这里做	该在何处做	合并重复的工作内容，要考虑到重复组合
时间	为什么在这时做	应何时做	
人	为什么由此人做	应由谁做	
方法	为什么这样做	如何去做	使工作简化

有人把上述内容归纳成解决问题的"5W1H",即"What"、"Why"、"When"、"Who"、"Where"、"How"。例如,假设接受了某个系统的开发项目,那么接下来就必须设定问题,如果拟出下列疑问句自问自答,就容易抓住问题的关键。

① 项目的对象是什么,即要干什么?(What)

② 这个项目何以需要,即为什么这样干?(Why)

③ 它在什么时间和在什么样的情况下使用,即何时干?(When)

④ 使用的场所在哪里,即何处干?(Where)

⑤ 是以谁为对象的系统,即谁来干?(Who)

⑥ 怎样做才能解决问题,即如何干?(How)

3.2.3 系统分析的步骤

应用系统思想、观点和科学的方法对复杂问题进行系统分析的整个过程,主要包括界定问题、确定目标、提出方案、系统模型化、评价可行方案以及综合分析评价 6 个典型环节,这是一个连续的循环过程,如图 3-5 所示。

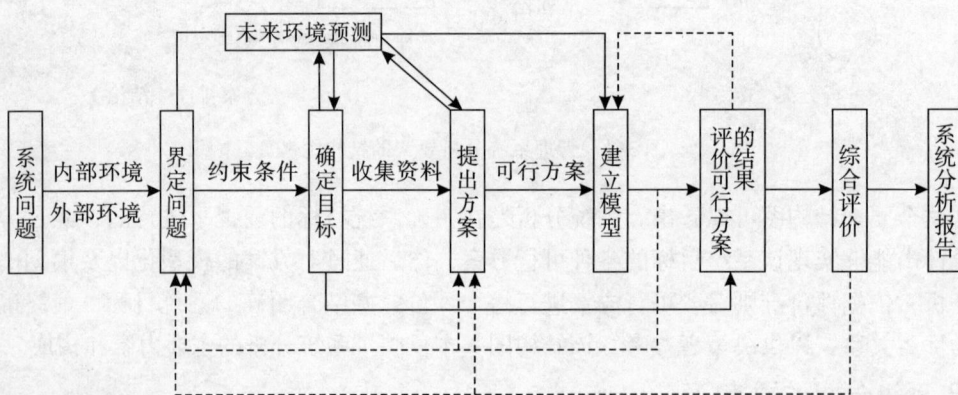

图 3-5　系统分析过程的描述

3.2.3.1 界定问题

进行系统分析,首先要摆明问题性质,划定问题范围。其工作的主要内容是对某项问题和解决问题的活动作出详尽的说明,明确目标,界定问题的范围,划定系统与环境的边界,弄清约束条件,阐明解决问题的基本对策和所需要的基本条件等。例如,在分析一个长期亏损的企业时,其原因可能涉及产品的品种和质量、销售价格、市场环境、国家及上级主管部门的管理政策、技术力量、工人素质等多方面的问题,那么究竟哪些因素属于这个问题的范围?对其问题的界定如图 3-6 所示。

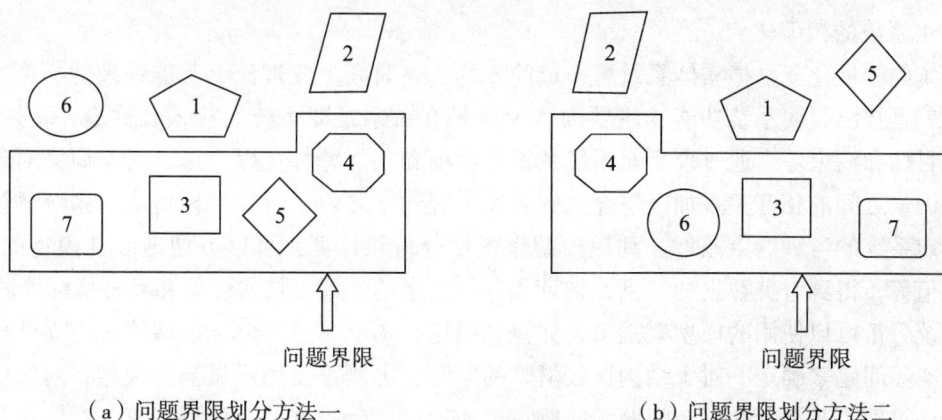

（a）问题界限划分方法一　　　　　　　　（b）问题界限划分方法二

图 3-6　问题界定

图中 1、2、3、4、5、6 和 7 分别代表产品品种、产品质量、销售价格、市场环境、国家及上级主管部门的管理政策、技术力量、工人素质。

界定问题阶段通常是以定性分析和直观判断为主，对系统分析以后的工作起着基础作用并有着非常重要的影响。因此，该阶段通常占整个系统分析过程时间的 25% 左右。

3.2.3.2 确定目标

为了解决问题，必须确定出具体的目标，它们可以通过某些指标来表达。标准是衡量目标达到的尺度。系统分析是根据所提出的具体目标展开的，由于系统功能的实现是靠多方面因素来保证的，因此系统目标也必然有若干个，如经营管理系统的目标就包括：产品品种、产量、质量、成本、利润等。而一项目标本身又可能由更小的目标集组成，如利润就是一个综合性指标。要增加利润，就要扩大赢利产品的销售量和降低单位产品的成本，而要增加销售量又必须做好广告宣传、采取正确的销售渠道等。在多目标的情况下，要保证各目标之间互相协调，防止发生抵触或顾此失彼，在明确目标的过程中，还要注意目标的整体性、可行性和经济性。

3.2.3.3 收集资料，提出方案

资料是系统分析的基础和依据，要根据所明确的总目标和分目标，收集必要的资料和数据，为分析做好准备。收集资料通常多借助调查、实验、观察、记录以及引用外国资料等方式。有时说明一个问题的资料很多，但不是都有用，因此，选择和鉴别资料是收集资料中所必须注意的问题。收集资料必须注意资料的可靠性，说明重要目标的资料必须经过反复核对和推敲。资料必须是说明系统目标的，对照目标整理资料，找出影响目标的诸因素，而后提出能达到目标条件的各种替代方案。

方案的提出有多种方式。系统分析人员、问题提出者和有关人员等都可以提出方案，也可以采用召开座谈会、讨论会或专家调查等方式获得方案，此外，项目招标也是很好的方式。方案的提出要敢于突破旧框框，大胆探索创新；应考虑各种可能的方案，不应忽视那些看似离奇的构想；做到保持系统原状，不采取任何措施也可以作为一种方案，因为它更具有现实性，同时也是各种方案对比的基准。

3.2.3.4 系统的模型化

系统的模型化就是把实体系统置换成简要的、在时间上或理论上都能处理的模型。具体来说，就是找出说明系统功能的主要因素及其相互关系，即系统的输入、输出、转换类型、系统的目标和约束等。通过模型对系统的重要事项和功能特性加以考虑，对与研究对象有关的重要因素之间的相互关系加以描述。在真实系统建立之前，可凭借模型求得系统的设计参数并确定系统的各种约束条件。利用模型作各种分析和计算，可以方便地改变模型的参数、变量取值等，得到有关数据和信息，估计和评价方案的效果、技术性能和经济指标等。

系统分析可以使用的模型有很多，如概念模型、图形模型、数学模型等。建立何种模型要根据实际问题来确定。对于结构比较清晰的问题，可侧重使用定量描述模型；对于结构不太清晰、机理不甚清楚的复杂问题，应侧重于使用定量化程度低的模型。有时对同一问题可建立多种模型，以便相互印证。建模的根本目的是要有助于对问题的认识和解决。

3.2.3.5 分析可行方案的效果

利用已建立的各种模型对可行方案可能产生的结果进行计算测定，考察各种指标完成的程度。譬如费用指标，则应考虑投入的劳动力、设备、资金等。不同方案的输入、输出不同，其结果就不同，得到的指标也不同。当分析模型比较复杂，计算工作量较大时，可借助于计算机求解。

3.2.3.6 综合分析和评价

在上述分析的基础上，考虑各种定性因素，用标准来衡量系统目标达到的程度，就是综合分析和评价。评价结果应能最后选择出一个或几个可行方案，供决策者参考。

上述系统分析步骤直观、形象、概括地描述了系统分析方法的研究策略。对系统分析步骤的讨论，有利于我们了解和熟识分析问题的基本思路，掌握系统分析方法的框架和研究策略，增强应用系统方法认识问题和解决问题的能力。但是，这里应当指出以下两个方面。

第一，上述对系统分析步骤的划分，仅是一般的方法框架，并不是所有实际的系统分析过程都必须按这些环节进行。在实际应用中，所采取的步骤可以有所不同，应根据问题的性质和特点设置相应的环节。

第二，系统分析的各环节之间存在着反馈。这表明对问题的分析不可能一次性地顺利完成，而是一个反复修正、循环的过程。通过分析得到的暂时性结论，要通过验证加以考察，必要时各种假定和问题的范围都要重新修订。

3.3 系统分析的主要方法

系统分析并没有一套特定的普遍适用的技术方法，随着分析对象和分析问题的不同，所使用的具体方法可能大不相同。一般来说，系统分析的各种方法可分为定性和定量两大类。定量方法适用于系统结构清晰，收集到的信息准确，可建立数学模型等情况。如果要解决的问题所涉及的系统结构不清，收集到的信息不太准确，或者由于评价者偏好不一，对于所提方案评价不一，难以形成常规的数学模型时，可以采用定性的系统分析方法。

3.3.1 目标—手段分析法

目标—手段系统图就是把要达到的目标和所需要的手段（措施）按照系统层层展开，一级手段等于二级目标，二级手段等于三级目标，依此类推。这样层层分解下去，便产生了层次分明、相互联系又逐渐具体化的分层目标系统，以逐步明确问题的重点，并找出实现目标的手段和措施。在分解过程中，要注意使分解的分目标与总目标保持一致，分目标的集合一定要保证总目标的实现。目标分解需反复地进行，直到认为满意为止。

在系统分析时，常常会遇到随着工作的进展，出现与原来目标相偏离的情况，这就要分析产生问题的原因，既要进行横向分析，也要进行纵向分析。横向分析，是指要从许多错综复杂的因素中找出主要因素。往往在复杂的情况下，一种现象的产生可能同时与多种因素有关，但其中必有一些是主要的因素。纵向分析，是指从表面的原因入手，通过各层次找出根本原因，然后纠正偏差，确保预定目标的顺利实现。此外，在实际分析中要考虑到时间、人力和费用的约束，并确定这些约束条件。

目标—手段分析法的实质是运用效能原理不断进行分析的过程。图 3-7 是发展能源的目标—手段分析图。要发展能源，其手段主要有发展现有能源、开发研究新能源和节约能源，而节约能源的主要手段是综合利用能源和开发节能设备。

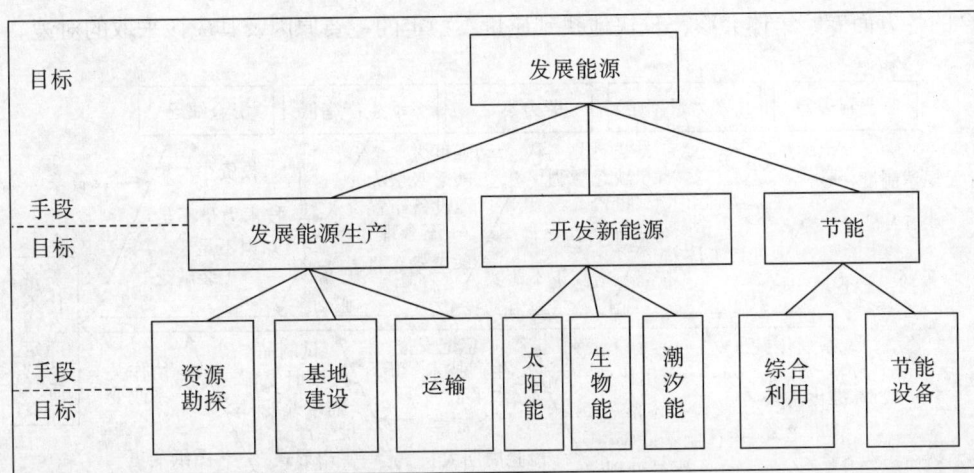

图 3-7　发展能源的目标—手段分析图

3.3.2　因果分析法

因果分析法是利用因果分析图来分析影响系统的因素，并从中找出产生某种结果的主要因素的一种定性分析方法。

系统某一行为（结果）的发生，绝非是由一种或两种原因所造成的，往往是由多种复杂因素所致。为了分析影响系统的重要因素，找出产生某种结果的主要原因，系统分析人员广泛使用了一种简便而有效的定性分析方法——因果分析法。这种方法是在图上用箭头表示原因与结果之间的关系（如图 3-8 所示），把人们头脑中所想问题的结果与其产生的原因结构图形化、条理化。形象简单，一目了然，特别是在分析的问题越复杂时越能发挥其长处。在许多人集体讨论一个问题时，这种方法便于把各种不同意见加以综合，从而使大家对问题的看法逐渐趋于一致。

图 3-8　因果分析图

图 3-9 是某工厂在分析产品质量不稳定的原因时曾经用过的一张因果分析图，供参加质量分析会的各方面专家集体会诊，较快地找到质量不稳定的主要原因及其应该采取的对策。

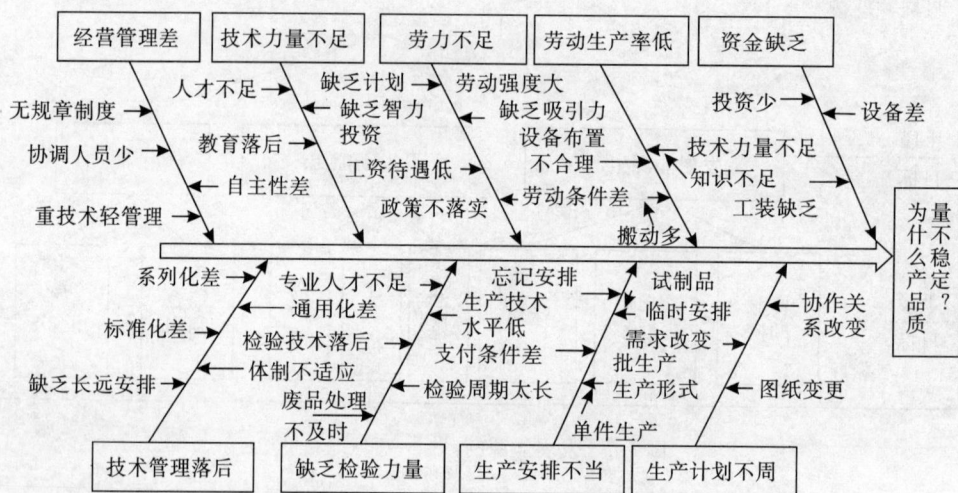

图 3-9　某工厂用于分析产品质量不稳定的因素分析图

3.3.3 KJ 法

KJ 法是一种直观的定性分析方法，是由日本东京工业大学的川喜田二郎（Kauakida Jir）教授开发的。

KJ 法是从很多具体信息中归纳出问题整体含义的一种分析方法。它的基本原理是：把一个个信息做成卡片，将这些卡片摊在桌子上观察其全部，把有"亲近性"的卡片集中起来合成为子问题，依次做下去，最后求得问题整体的构成。这种方法把人们对图形的思考功能与直觉的综合能力很好地结合起来，不需要特别的手段和知识，个人或者团体都能简便地实行。因此，KJ 法是分析复杂问题的一种有效的方法。

KJ 法的实施步骤如下。

第一，尽量广泛地收集与问题可能相关的信息，并用关键的语句简洁地表达出来。

第二，一个信息做一张卡片，卡片上的标题记载要简明易懂。如果是团体实施，则要在记载前充分协商好内容，以防误解。

第三，把卡片摊在桌子上通观全局，充分调动人的直觉能力，把有"亲近性"的卡片集中到一起作为一个小组。

第四，给小组取个新名称，其注意事项同步骤一。这个小组是由小项目（卡片）综合起来的，应把它作为子系统来登记。这个步骤不仅要凭直觉，而且还要运用综合分析能力发现小组的意义所在。

第五，重复步骤三和步骤四，分别形成小组、中组和大组，但对难以编组的卡片不要勉强编组，可把它们单独放在一边。

第六，把小组（卡片）放在桌子上进行移动，根据小组间的类似关系、对应关系、从属关系和因果关系等进行排列。

第七，将排列结果画成图表，即将小组按大小用粗细线框起来，将一个个有关系的框用"有向枝"（带箭头的线段）连接起来，便构成一目了然的整体结构图。

第八，观察结构图，分析它的含义，取得对整个问题的明确认识。

3.3.4 系统分析的重要方法——模型化

系统是由许多单元相互联系所组成的整体，系统的特性可由这些单元之间的联系推导出来。为了掌握系统发展变化的规律性，必须根据系统的目的，抓住系统各单元之间的联系，进行系统的考察与研究，其中最容易、最方便的方法就是模型化。因此模型化的方法成为系统分析最重要的方法之一。

3.3.4.1 模型

模型有各种各样的定义，其中较为普遍的定义为：模型是为了了解系统的结构和行为，通过抽象、归纳、演绎、类比等方法，用适当的表现形式描述出来的仿制品。

我们日常生活和工作中经常使用模型，如建筑模型、汽车模型等实体系统的仿制品（放大或缩小的模型），可帮助我们了解建筑造型、汽车式样等；教学中使用的原子模型，可帮助学生形象地理解原子的结构；经济分析中所使用的文字、符号、图表、曲线等可为分析者提供经济活动运行状况及特征等信息。它们虽然描述形式各异，但都具有共同的特点：

- 它们都是被研究对象的模仿和抽象；
- 它们都是由与研究目的有关的、反映被研究对象某些特征的主要因素构成的；
- 它们都反映被研究对象各部分之间的关联，体现系统的整体特征。

由模型定义及特点可见，模型首先必须与所研究系统"相似"，也就是"像"，这种相似不是指形状上的"相似"，而是指本质上的"相似"；其次，模型必须有一定的描述形式，描述形式可以是形状的放大或缩小，但更普遍的是文字、符号、图表等；再次，模型必须采用一套有科学依据的方法来描述。采用什么样的方法、怎样描述才能得到与所研究系统相似的模型是系统模型化的内容。

3.3.4.2 模型化

系统的模型化就是建立系统模型。它是把系统各单元之间相互关联的信息，用数学、物理及其他方法进行抽象，使其与系统有相似的结构或行为，并体现出系统统一整体的科学方法。

模型化之所以成为系统工程的重要方法，其原因在于以下几个方面。

第一，系统工程的研究对象是工程技术、社会、经济和生命等诸因素交织在一起的人、设备和过程的统一体，其中很多因素是难以定量的，因此需要应用计算机进行模拟分析，要实现计算机的模拟就必须建立模型。

第二，经济性是评价系统的重要指标之一，应用模型化的方法可达到少花钱、多办事的目的，从而实现经济上的节约。模型化的方法还可在各种不同的系统参数中选择最优的参数，在各种不同的方案中选择最优方案而不必对实际系统进行各种实验和调整，从而达到以较少的费用可靠地实现系统最优化的目的。

第三，安全可靠。某些系统的实验和运行蕴藏着危险性，这使系统的实际实验和研究难度加大。用模型化的方法可避免各种危险，提供可靠的数据，为决策提供依据。

第四，可对不能进行实际实验的系统进行研究。某些系统，如生态系统、国民经济系统、社会系统是不允许实验的，为了探索这类系统的运行规律，只能靠模型化的方法。

模型化的过程中，对现实系统进行分析和观察，通过概念化获取信息，是对系统的认识过程；对获取的信息经加工、处理，进一步深化认识后抽象出模型并用确定的形式进行描述，是提高认识的过程。由于对系统的认识是逐步提高的，因此模型化的过程是认识—提高—再认识—再提高的过程。通过上述模型化的过程就可建立一个既反映现实系统的结构或行为，又能指导系统运行的模型，所以模型是源于现实系统又高于现实系统的人类思维的外在表现形式。

3.3.4.3 系统模型的分类

系统是多种多样的，对相同的系统可用不同的方法从不同的侧面按不同的研究目的建立不同形式的模型，因此必须对系统模型进行分类。系统模型分类方法很多，现介绍以下几种常用的系统模型分类方法。

1. 按形态可分为实体模型和抽象模型

（1）实体模型

实体模型即把实体系统的功能和结构，以原型作为要素进行描述，使其成为与系统原型基本相似的模型。它是系统原型几何尺寸的放大或缩小，从而体现了系统的某些特性，如教学用的原子模型、汽车模型、地形的沙盘模型等。但不是所有系统都可得到实体模型的，只有一些具有实物实体的系统才能建立实物模型。这类模型有直观、形象的特点，故又称形象模型。

（2）抽象模型

抽象模型即用概念、原理、方法等非物质形态对系统进行描述得到的模型，如用数学方法描述的模型、用逻辑关系描述的框图、用类比方法描述的类比模型等。这类模型的特点是从模型表面上已看不出系统原型的形象，模型只反映系统的本质特征，只是与系统在本质上相似。它是经人类的思维活动在对系统原型认识—提高—再认识—再提高的基础上高度抽象的产物，是系统工程中经常使用的模型。这种模型又可分成以下几类：

① 数学模型：数学模型是用数学方法描述的系统模型。它是以字母、数字和各种数学符号对系统结构、特性以及内在联系进行数学抽象而建立的模型。它的主要特点是可通过模型的求解，即通过数学运算而得出系统运行的规律、特点及结构等，是系统工程中最常用的模型。如国民经济综合平衡模型、随机服务系统模型、可靠性模型、最优化模型等。

② 逻辑模型：逻辑模型是用图描述的，体现系统运行逻辑关系或系统组成部分间逻辑关系的模型。它是系统组成部分间逻辑关系的抽象。其主要特点是显示系统各部分之间的联系，既可用于定性分析，又可用于定量计算或指示系统运行程序。如网络计划法中的 CPM 网络图、某种算法的计算机程序框图、计算机结构原理图、结构模型图等。

③ 模拟模型：模拟模型是用物理属性描述的系统模型，它是用一个容易实现控制或求解的系统，代替或近似描述一个不容易实现控制或求解的系统模型。因此，这类模型既可用实体形式抽象，又可用数学形式抽象。前者如力—电压相似系统，后者如系统动力模型等。用数学方法抽象体现系统物理属性变化的模型又叫做数学模拟模型。

④ 分析模型。分析模型是指用曲线、图、表描述系统结构和特点的模型。它可以鲜明地表示系统的结构、变化趋势等，一般用于系统状况分析中，如直方图、变动曲线、雷达图等。

2. 其他分类方法

① 按对象划分，系统模型可分为经济模型、社会模型、生态模型、工程模型等。

② 按研究问题的出发点划分，系统模型可分为宏观模型、微观模型等。

③ 按用途划分，系统模型可分为预测模型、结构模型、过程模型、决策模型、性能模型、组织模型、行为模型、最优化模型等。

总之，系统模型可按不同标准进行分类，但无论按什么标准，在模型的实际应用中都必须符合系统的目的，都必须依据研究目的选择一种或几种模型。

3.3.4.4 数学模型的特点及分类

由于数学模型是系统工程中应用最多的模型，因此对数学模型的特点进一步阐述如下：

① 具有高度的抽象性，因此是较高层次的模型，它是其他一些模型的基础；

② 具有明确性，它可明确地描述各因素、各变量之间的关系；

③ 可通过求解得出直观认识无法解决的问题；

④ 可处理多变量、关系复杂的问题；

⑤ 具有较高的精度；

⑥ 适应性强；

⑦ 调整性能好，可根据需要随时修改参数和变量之间的关系；

⑧ 分析速度快，可用计算机实现自动化计算；

⑨ 便于交流、便于信息的存贮和加工。

数学模型的缺点是缺乏直观性，对一些无法定量或难以准确定量的问题描述困难，缺乏形象性和实时感，一些模型的建立和求解需较深的理论知识等。虽然如此，数学模型却已成为人们解决问题的不可缺少的重要工具。

3.3.4.5 系统模型化的基本理论

系统模型化的基本理论有"黑箱"理论、"白箱"理论、"灰箱"理论和数理统计与分析理论四种。

1. "黑箱"理论

对内部结构和行为不清楚的系统，依据可控因素输入所引起的可观测因素变化的各种实验数据来确定系统运行规律，从而建立系统模型的理论和方法称为"黑箱"理论。

"黑箱"理论即是将系统当做未知的"黑箱"，通过实验的方法得出系统的运行规律。它通常用输出输入方程（传递函数）来描述系统。

2. "白箱"理论

对内部结构和行为清楚的系统，应用各种已知的科学知识进行描述从而建立系统模型的理论和方法称为"白箱"理论。

"白箱"理论即将系统当做一个已知的"白箱"，通过系统输入引起系统状态的变化，进而使系统输出发生变化的规律来描述系统。它通常用状态方程描述一个系统。

3. "灰箱"理论

对内部结构和行为的主要部分清楚，其他部分不清楚的系统，采用已知的科学知识建立模型，然后通过实验对所建的模型进行补充和修正，从而建立系统模型的理论和方法称为"灰箱"理论。

"灰箱"理论是将"白箱"理论和"黑箱"理论相结合而建立模型的一种方法，该方法有较大的实用价值。

由"黑箱"到"灰箱"再到"白箱"，是人们认识系统的客观规律。一切系统都是由未知到了解一部分再到完全了解。至目前为止，一无所知的"黑箱"是很少的，然而完全清楚的系统也是极少的，绝大部分系统都是介于"黑箱"和"白箱"之间的"灰箱"。因此，近些年来科学家们都致力于研究"灰箱"建模理论，其中以邓聚龙教授所开发的灰色系统理论最为突出。他提出的五步建模思想与方法是灰色系统建立模型的重要方法论。该方法体现出建立系统模型时由定性到定量、由粗到细、由灰到白的全过程。关于灰色系统的建模理论和方法请参阅有关专著。

4. 数理统计和分析的理论

对属于"黑箱"但又不能进行实验的系统，采用数理统计和分析的方法，应用统计规律建立系统模型的理论和方法称为数理统计和分析的理论。应用数理统计和分析的理论和方法建立系统模型是系统工程中最常用的方法之一，常见于系统预测模型的建立。

3.3.4.6 建立模型的原则

无论采用哪种理论建立系统模型，都必须符合以下原则。

1. 系统模型是现实系统的代表而不是系统的本身

建立模型时，要抓住系统的本质行为、各部分之间的普遍联系，建立一个比系统简洁又能反映系统基本特征而不是全部特征的模型。

2. 系统模型要符合一定的假设条件

任何模型都要有假设条件，关键在于假设条件要尽量符合实际。假设条件依系统的研究目的而定，一般情况下，满足一定环境、为了特定目的的模型与系统的全部特征并不吻合。因此，合理的假设是处理系统的重要前提，也是模型适用范围的界限。

3. 模型的规模、难度要适当

所谓模型规模即指模型的大小，一般以阶次来反映，"大"的系统可建较大规模的模型，"小"的系统可建较小规模的模型。建立模型的目的是研究系统的特性，因此模型的规模应根据研究目的而定，只要能达到研究目的，应尽可能建立小规模的模型，这样可减少处理模型的工作量。

所谓模型的难度是指求解模型所应用的理论的深浅程度。所需理论较深，处理难度较大，反之则较小。因此应依据系统的研究目的，尽可能建立难度小的模型。

建立模型要注意"防止掉入过于简单的陷阱，又要防止陷入过于复杂的泥潭"。

4. 模型要有代表性，要有指导意义

为建模型而建模型是模型化的最大禁忌之一，模型化的目的是处理系统，因此所建模型必须具有普遍特性，要应用由特殊到一般的原理建立适用面广、有指导意义的模型。

5. 模型要保证足够的精度

因模型是系统的代表，故在建立模型时要把反映系统本质的因素包含在模型之中，把非本质因素排除在模型之外，且使其不影响系统的特征或影响甚小。这就要求模型所反映的本质与系统的本质特征误差很小，即保证足够的精度。

6. 尽量采用标准化的模型和借鉴已有成功经验的模型

建立模型是一件复杂的创造性劳动，标准化的模型和有成功经验的模型中凝集了前人和同行的心血和劳动，采用标准化模型或借鉴并发展有成功经验的模型既可节约劳动，又可丰富模型化的理论和方法。

3.3.4.7 模型化的程序

由模型化的定义可知，系统的模型化就是建立系统模型的过程，该过程也是一个系统。实现该系统的程序可用图 3-10 表示。

第一步，根据系统的目的，提出建立模型的目的。建立模型必须目的明确，应明确回答"为什么建立模型？"这一类的问题。如建立统计核算自动化系统中的统计报表子模型，其目的就是实现统计报表自动化。

第二步，根据建立模型的目的，提出要解决的具体问题。这一步骤应明确回答"解决哪些问题？"之类的提问，也就是将建模目的具体化。提出问题实质上是对系统中影响建模目的的各种要素进行详细分析的过程。如要实现统计报表自动化，就必须详细分析报表种类、核算过程、核算方法、数据来源等，从而提出需解决的问题。

第三步，根据所提出的问题，构思要建立的模型类型、各类模型之间的关系等，即构思所要建立的模型系统。

为了达到建模目的，解决所提出的问题，一般要建立几个模型（个别情况可建一个模型），因此该阶段需回答"建一些什么样的模型？"、"它们之间的关系是什么？"等问题。如

建立模型目的

提出问题

构思模型系统

收集资料

设置变量参数

模型方案具体化

检验模型正确性

模型标准化

编制电子计算机程序

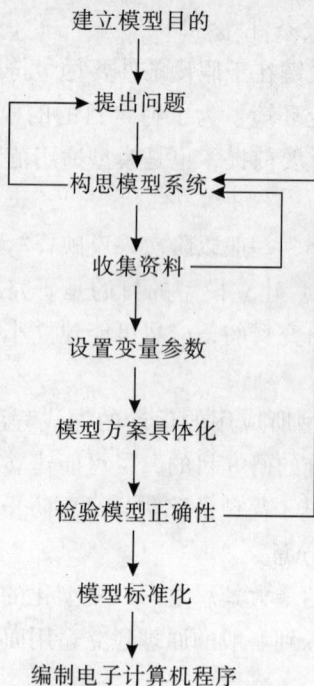

图 3-10　系统模型化程序

统计报表自动化模型中需建总产值统计模型和劳动生产率核算模型等，其关系是只有计算总产值之后，才能计算劳动生产率等。

这一步骤与问题提出阶段是一个反复修正的过程，问题的提出是构思模型系统的基础，而构思的模型系统又可补充问题的提出，这样多次反馈，则使问题的提出更全面、模型结构更合理。

第四步，根据所构思的模型体系，收集有关资料。为了实现所构思的模型，必须根据模型的要求收集有关资料，这一步骤主要应回答"模型需要哪些资料？"等问题。如总产值核算模型需要价格、产品数量和种类，劳动生产率模型需要职工数等。

这一步骤与构思的模型体系也有反馈关系，有时构思的模型所需资料很难收集，这就需要重新修改模型，进而可能影响到问题的提出等。这样经过几次反馈即可收集到建模所需要的资料。

第五步，设置变量和参数。变量和参数是构思模型时提出的，参数是在资料的收集、加工、整理后得出的，这一步骤只是给出定义，一般要用一组符号表示，并整理成数据表和参数表的形式。这一步骤需回答"需要哪些变量和参数？"这类问题。

第六步，模型具体化。模型具体化就是将变量和参数按变量之间的关系和模型之间的关系连接起来，用规定的形式进行描述。它应回答"模型的形式是什么？"之类的问题。如总产值模型的形式是：

$$\Pi = \sum_{i=1}^{n} P_i Q_i$$

式中：$\prod$ —— 总产值；

　　　P_i —— i 类商品产品的价格；

　　　Q_i —— i 类商品产品的产量；

　　　n —— 商品产品的种类。

第七步，检验模型的正确性。模型正确与否将直接影响建模目的。这一步骤应回答"模型正确吗？"一类问题。检验模型的正确性应先从各模型之间的关系开始，研究所构成的模型体系能否实现建模目的，而后研究每个模型能否正确地反映所提出的问题。一般检验方法是试算，如果试算不正确，则应重新审查所构思的模型系统，从中找出问题，因此它与构思模型又构成反馈。

第八步，将模型标准化。模型标准化是很重要的，一般情况下模型要对同类问题有指导意义，因此需具有通用性。这一步骤需回答"该模型通用性如何？"等问题。如统计报表自动化系统模型应在一个行业、部门内通用才有实用价值。

第九步，根据标准化的模型编制计算机程序，使模型运行。这一步骤需回答"计算时间短吗？"、"占用内存少吗？"等问题。

完成上述步骤，系统模型化才结束。

系统模型化是对系统整体而言的。由上述程序可见，系统模型化最终落实到针对提出的具体问题建立模型上，常见的建立模型的方法有很多，比如，直接法是按系统的性质和范围，通过直接分析的方法，应用已知的科学知识建立模型，它是应用"白箱"理论建立模型的方法。数理统计分析法是用数理统计学理论，根据对所占有资料的分析与计算，最后得出模型，常用方法有线性回归、非线性回归、数量化理论等。模拟分析法是用一个容易实现、试验和计算的系统代替与其有相似特性的、进行数量描述与试验有困难的系统的方法。

思考题

1. 何谓系统分析？有何特点？

2. 系统分析包括哪些要素？请用简图说明这些要素之间的关系。

3. 联系实际，说明管理系统分析应遵循哪些原则？

4. 在系统分析中，如何确定系统的目标？

5. 试用目标—手段法、因果分析法、KJ 法做某一具体问题的系统分析。

6. 结合实际问题，试用定量分析与定性分析相结合的方法对实际复杂问题进行系统分析。

第 4 章
管理系统的预测分析

本章要点

- 系统预测的概念与分类
- 系统预测的基本原理、原则和步骤
- 预测误差与失误的原因
- 特尔斐方法
- 回归分析
- 时间序列预测

4.1 系统预测概述

4.1.1 系统预测的概念

"凡事预则立,不预则废","人无远虑,必有近忧",自有历史记载以来,甚至更早一些,人们就试图预测未来。例如,对于出现的各种节气、日食或月食这类纯粹的物理现象,人们在很早以前就能凭借经验对他们作出足够精确的预测;三国时期,诸葛亮"未出茅庐已定三分天下",是他根据当时的社会形势对社会发展规律的认识,是在分析天时、地利、人和的基础上对社会发展的一种推测,这虽算预测但不能叫科学预测。

然而,处理当今错综复杂、迅速发展变化的系统对象,需要人们作出的决策远比我们出门时根据天气情况作出是否带雨具的决策要困难得多。因此,预测未来不是靠想入非非或个人的冥思苦想,更不是靠算命先生的"未卜先知",我们所说的预测是科学预测,是一门既有理论指导,又有科学方法的认识世界的工具,是一门广泛应用于社会、经济、科学、技术等方面的新科学。它是随科学技术的发展而产生,随科学技术的进步而发展的。

预测,即预测与推测,包含预测活动和预测科学两种活动,是人类认识、适应和改造未来生存与发展环境的自觉或不自觉、科学或不科学的行为活动过程。它又是人们根据事物之已知推测其未知,根据事物的过去和现在预测其将来的理论和方法。

预测分析即在调查研究的基础上对事物的未来进行科学的分析,研究其发展变化的规律性。预测分析中所采用的方法和手段,称为预测技术,其中,前者是预测理论,后者是预测方法,总称为预测的理论和方法。把预测理论和预测方法作为一个整体来研究的科学叫预测科学，简称为预测。

用预测的理论和方法研究技术经济问题的发展变化规律、预见未来，称为技术经济预测；同理，用预测的理论和方法研究经济、社会、技术等的发展变化规律，则分别叫做经济预测、社会预测、技术预测等。

把系统作为预测对象，了解系统发展变化的规律性，预测系统的未来则称为系统预测。系统预测的实质就是充分分析、理解系统发展变化的规律，根据系统的过去和现在估计未来，根据已知预测未知，从而减少对未来事物认识的不确定性，以指导我们的决策行动，减少决策的盲目性。系统预测是系统工程的重要内容，是系统规划设计、经营管理和系统决策的基础。

4.1.2 预测方法分类

由于预测对象、时间、范围、性质等的不同，现有预测方法可以形成不同的预测分类，在实际预测中，经常使用且有效的方法，有 30 种左右，为便于应用需要分类，分类方法归纳起来，有以下几种。

4.1.2.1 根据预测的超前期分类

超前期的长短，取决于预测对象的性质、内容和要求，并视决策计划的需要和各国的习惯而定。以经济为对象的预测可分为如下几 类。

- 短期经济预测：一年以内的预测，未来数周，通常其时间长度为一产品需求的连续变动期（没有跳跃或升降）。

- 中期预测：未来 3 个月至 2 年，适用于年度计划以及对生产、技术发展等预测，时间的长度通常为完成一个新产品对一个旧产品替换所需时间。

- 长期预测：未来若干年，比如 5 年计划等，其时间长度通常为新建一个工厂所需时间。

- 超长期预测：10 年以上，适用于远景规划、远景展望等。

4.1.2.2 根据方法本身的性质特点分类

第一类称为定性预测方法。即在缺乏定量数据时，凭借预测者的直觉、经验，根据预测对象的性质、特点、过去和现在的延续状况及最新的信息等，对预测对象未来的发展趋势作出预测，并估计其可能达到的程度。所谓定性，定的是预测目标未来的发展性质，有时定出性质的程度，如根据市场调查、专家打分、主观评价等作出预测。该类方法主要包括特尔菲（Delphi）法、主观概率法、领先指标法等。

定性预测常用于为定量预测作准备，对定量分析的结果进行评价。两者结合起来应用，可以提高预测精度。

第二类为时间序列分析预测方法。这类方法主要是根据系统对象随时间变化的历史资料（如统计数据、实验数据和变化趋势等），只考虑系统变量对时间的发展变化规律，对其未来做出预测，主要包括移动平均法、指数平滑法、趋势外推以及博克斯—詹金斯（Box - Jenkins）方法等。

第三类称为因果关系预测方法。系统变量之间存在着某种前因后果关系。找出影响某种结果的一个或者几个因素，建立起它们之间的数学模型，然后可以根据自变量的变化预测结果变量的变化。因果关系中的因变量和自变量在时间上是同步的，即因变量的预测值要由并进的自变量的值来确定。因果关系预测方法主要有线性回归分析法、马尔可夫法、状态空间预测法、计量经济预测法及系统动力学方法等。

其中，第二、第三类方法都是定量预测方法。定量预测是一种依据统计数据建立数学模型，并用数学模型计算出预测目标未来值的近代预测方法，近几十年来受到普遍重视，得到广泛应用。所谓定量，定的是预测目标与影响因素的量。

4.1.2.3 根据预测模型分类

预测模型是预测的核心，建立预测模型是预测技术的核心。预测模型按变量之间的关系可分为因果关系模型、时间关系模型和结构关系模型等；按变量形式可分为线性预测模型和非线性模型；按变量的数量可分为一元模型和多元模型等；按变量的性质可分为定量因子模型、含定性因子模型和定性因子模型。

此外，根据预测对象，预测技术可分为科学预测、社会预测、经济预测、市场预测等；根据预测方式，预测技术可分为直观性预测、探索性预测、目标预测、反馈预测等。

4.1.3 预测的原理与原则

预测是在调查研究的基础上对事物未来发展变化的规律进行研究的理论和方法的总称，预测的基本原理和原则如下。

* 整体性原理：事物是由若干部分相互关联而成的有机整体，事物发展变化的过程也是一个有机整体，因此以整体性为特征的系统理论是预测的基本理论。
* 可知性原理：由于事物发展过程具有统一性，即事物发展的过去、现在和将来是一个统一的整体，所以人类不但可以认识预测对象的过去和现在，而且也可以通过过去和现在的发展规律推测将来的发展变化，其可靠性取决于预测者对事物发展变化的把握程度。
* 可能性原理：事物发展的未来具有多种而非一种可能，预测在本质上是预测事物未来发展的可能性大小或在一定可能性大小的前提下预测其发展程度。如果认为预测是必然结果，就失去了预测的意义。
* 连续性原理：预测对象的存在形式在时间上是连续的，它有过去、现在和将来的统一属性，即过去和现在中包含未来的信息。
* 系统性原理：预测对象在空间上是有机的、相互联系的，因而我们在预测事物未来发展状况时，必须考虑内部要素和外部环境间的相互影响，否则将顾此失彼。
* 相似性原理：在预测活动中，我们可以根据预测对象与类似的已知事物的发展状况作对比，从而预测事物的未来发展状况。
* 反馈原理：预测未来的目的是为了更好地指导当前，因此只有应用反馈原理不断地修正预测，得到的结果才会更好地指导当前工作，为决策提供依据。
* 惯性原则：惯性即过去和现在对未来影响的强弱程度。惯性原则即在预测中遵循连续性原理，并且加以应用。影响惯性的因素有：对象本身的规模和范围，通常规模大、范围广的系统惯性大，难以改变；对象的成熟程度即系统的年龄，系统越老惯性越大。
* 类推原则：即将相似性原理运用于实际工作的预测原则。应用条件为所类比的事物之间必须具有相似性。

- 相关原则：即对象与对象之间，对象与环境之间互助、共生或互斥。应用条件为参与预测的两个事物之间存在相关关系，且为单向、较显著的关系。
- 概率推断原则：当预测结果以较大概率出现时，应该予以接受。

4.1.4 系统预测产生误差与失误的原因

由于预测对象的复杂多变、受多种因素的综合影响，特别是受人、天灾、方针政策、国际环境等各种随机因素的影响，事物的发展有很大的不确定性，而人们对未来的认识又受各种条件的限制，预测误差和预测失误不可能完全避免。我们的任务是减少预测误差，尽量避免预测失误，这就要求我们必须研究产生预测误差和失误的原因，有针对性地采取措施加以改进，提高预测精度。产生预测误差的原因很多，主要影响因素有以下几个方面。

① 预测超前期的长短：预测未来的时间越长，预测误差就会越大。

② 影响因素的复杂性：影响因素是多方面的，有确定性的因素，也有不可测定的偶然因素，即使是同一因素，其影响作用的大小也会有变化。

③ 资料的限制：如果掌握的资料不完整、不系统或不准确，就会造成很大的误差或失误。

④ 考虑影响因素的多少：由于影响因素的计量不可能完全准确，因此，考虑的影响因素过多会造成误差的链式积累，产生的预测误差也就越大。所以，在选择影响因素时要尽可能地选择那些对预测目标影响大的主要因素，舍去次要因素。

⑤ 成熟程度：预测对象的成熟程度越低，预测误差就会越大。

⑥ 选择的预测方法：每种预测方法都有一定的适用范围，对同一预测对象、同一资料，采用不同的预测方法，会得到不同的预测结果，一旦选错了方法，也会造成很大的预测误差甚至失误。

4.1.5 预测的步骤

科学的预测是在广泛调查研究的基础上进行的，涉及方法的选择、资料的收集、数据的整理、预测模型的建立、利用模型预测和对预测结果进行分析等一系列工作。

总的来说，预测的步骤如下。

第一步，确定目标。

该阶段的内容为确定预测对象、提出预测目的和目标、明确预测要求等。

第二步，选择预测方法。

预测方法很多，到目前为止，各类预测方法不下几百种。因此，我们应根据预测的目的和要求，考虑预测工作的组织情况，合理地选择效果较好的、既经济又方便的一种或几种预测方法。

第三步，收集和分析数据。

该阶段根据预测目标和所选择预测方法的要求去收集所需的原始数据。原始数据是进行预测的重要依据，所收集原始数据的质量和可靠性将直接影响预测的结果。对原始数据的要求是数据量足、质量高，只有这样，才能贴切地反映事物的规律。因此，收集足够数量的、可靠性高的数据是这一阶段的任务。

数据的分析和整理是发现系统发展变化的规律性和系统各组成部分内在联系的关键，是建立预测模型的根据，因此要选择合适的数据处理方法。

第四步，建立预测模型。

建立预测模型是预测的关键工作，它取决于所选择的预测方法和所收集到的数据。建立模型的过程分为建立模型和模型的检验分析两个阶段。有些人建立预测模型时，只建模型，不进行检验，这样的预测是不能令人信服的。只有通过检验的模型才能用于预测。

第五步，进行模型的分析。

模型的分析是指对系统内部、外部的因素进行评定，找出使系统转变的内部因素和客观环境对系统的影响，以分析预测对象的整体规律性。

第六步，利用模型预测。

所建立的模型是在一定假设条件下得到的，因此也只适用于一定条件下和一定预测期限内。如果将其推广到更大范围，就要利用分析、类比、推理等方法来确定模型的适用性。只有在确认模型符合预测要求时，才可利用模型进行预测。

第七步，分析预测结果。

利用预测模型所得的预测结果并不一定与实际情况符合，因为在建立模型时，往往由于有些因素考虑不周，或资料缺乏以及在处理系统问题时存在片面性等，使得预测结果与实际情况偏离较大，故需从两个方面进行分析：一方面，用多种预测方法预测同一事物，将预测结果进行对比分析、综合研究之后加以修正和改进；另一方面，应用反馈原理，及时用实际数据修正模型，使预测模型更完善。

从上面列出的预测步骤，也从预测实际工作来看，完全达到目标不可能仅靠上述步骤，有时会需要很多次的反复和迭代，经过多次样本修改、信息补充、模型修正等，才能完成系统预测任务。

在组织预测的过程中，还需注意以下几点：要有正确的哲学和经济理论作为经济预测的理论基础；加强预测工作的领导，依靠集体的力量，协调预测人员的认识；注意积累资料，要有全面、系统、准确的数据资料；要有现代化的数据加工处理和存储设备，采用计算机等先进的计算技术和工具；要建立专职的预测机构。

4.2 定性预测方法

定性预测是以人的逻辑判断为主，并根据由各种途径得到的意见、信息和有关资料，综合分析当前的政治、经济、科技等形势以及预测对象的内在联系，以判断事件发展的前景，并尽量把这种判断转化为可估计的预测。定性预测法一般适用于缺乏历史统计数据的系统对象，尽管定性预测方法比较简单，但是却是一种没有办法时的好办法，是在缺乏科学根据时尽量科学化，使主观经验有据可查，使主观估计有量可计，从直观的素材和分散的主观经验中找出规律性，用于预测的方法。

实践中，有时即使有充足的数量资料，也采用定性预测技术，其原因是把定性预测的结论与定量预测的结果相比较以提高预测的准确性，同时在定性预测的指导下进行定量预测可起到定量预测起不到的作用。必须指出，现代定性预测方法较之古典定性预测方法有了质的飞跃，它们之间具有截然不同的特点。其中最突出的有：首先，现代定性预测方法已经形成了一套科学的预测方法；其次，现代定性预测方法不是依靠个人或者少数人，而是依靠一个智慧的群体；最后，古典定性预测方法，其结果无法定量，因而缺乏严谨和科学性，现代定性预测的结果一般具有数理统计特性。

定性预测方法有很多，下面简要介绍专家个人判断、专家会议、特尔斐法、主观概率法和交叉概率法。

4.2.1 专家个人判断

征求专家个人意见的主要优点是，不受外界影响，没有心理压力，可以最大限度地发挥个人的创造才能。但是仅仅依靠个人的判断，容易受专家的知识面、知识深度和占有的资料以及对预测问题是否感兴趣所左右，难免带有片面性。

4.2.2 专家会议法（会议调查法）

专家会议法又称会议调查法，是指预测人员采用开调查会的方式，向与会专家获取预测信息，经判断和推算，预测系统发展前景的一种直观预测方法。

4.2.2.1 专家会议法的优点

现代的专家会议法较之过去有了很大的不同。

- 现代的专家会议法已经形成了一套如何组织专家，充分利用专家的创造性思维进行评估的基本理论和科学方法。
- 现代的专家会议法不是依靠一个或少数专家，而是依靠许多专家或专家集体，广泛邀请相关领域专家参加预测，充分发挥专家的集体智慧。
- 古典的方法主要是停留在定性分析上，其结果无法定量表示，因而缺乏严谨和科学性。现代的评估方法是在定性分析的基础上，以打分等方式做出定量评估，预测结果具有数理统计特性。

专家评估法的最大优点是，在缺乏足够统计数据和原始资料的情况下，可以做出定量估计和得到报刊上还未反映的信息。

4.2.2.2 专家会议法的缺点

专家会议法容易受以下几个方面的影响。

- 感情影响：上级、权威、老前辈、老同事之间的不同见解，不易当面展开讨论。
- 个人影响：有人善辩，根据不多理由不少；有人寡言，根据不少讲话不多；有人谦虚，有人"跟风"等。
- 时间影响：会议时间再长也有限，会前准备再充分也很难完全切题，即使发言再慎重，也有考虑不周之处等等。
- 得失影响：个人、工作等方面的利害关系，往往会左右人们的观点。

4.2.3 特尔斐法

特尔斐法最先由美国"兰德"公司于 1964 年应用于技术预测。特尔斐是古希腊传说中的神谕之地，城中的阿波罗神殿可以预卜未来，因而借用其名，意为神机妙算，准确无误。

特尔斐法是专家会议调查法的一种发展。它以匿名方式通过几轮函询，征求专家意见。

预测领导小组对每一轮的意见都进行汇总整理，作为参考资料再发给每个专家，专家进行分析判断，提出新的论证，如此多次反复，直至专家意见逐渐趋于一致或多数专家不再修改自己的意见时为止，最后由预测小组汇总、处理专家们的最后一轮意见，作为最后预测结果。它适用于资料很少、未知因素很多的预测主题，特别适用于中长期和远景规划。

采用特尔斐法的好处有：可以消除召开专家讨论会所出现的随声附和、崇拜专家、固持己见和有所顾虑等弊病；可使意见迅速集中。这种方法是在假设预测项目的各因素之间无交互作用的前提下进行的，因此有一定的局限性，在使用该方法时，必须注意这一点。

特尔斐法曾在20世纪七八十年代成为主要的预测方法，得到了广泛的应用。经过人们不断地改进完善，它已成为社会预测和技术预测方面的常用方法并享有很高声望。下面将从特尔斐法的特点、专家的选择、预测问题、预测过程、应遵循的原则以及结果的处理和表达方式等方面来进行介绍。

4.2.3.1 特尔斐法的特点

特尔斐法有如下三个特点。

1. 匿名性

为了克服专家会议易受心理因素影响的缺点，特尔斐法采用匿名形式。应邀参加预测的专家互不见面，完全消除了心理因素的影响。专家可以参考前一轮的预测结果，改变自己的意见而无须做出公开说明，无损自己的威望。

2. 轮间反馈信息

特尔斐法不同于民意测验，一般要经过四轮。在匿名情况下，为了使参加预测的专家掌握每一轮预测的汇总结果和其他专家提出的论证意见，预测领导小组对每一轮的预测结果作出统计，并将其作为反馈材料发给每一个专家，供他们下一轮预测时参考。

3. 预测结果的统计特性

做定量处理是特尔斐法的一个重要特点。为了定量评价预测结果，特尔斐法采用统计方法对结果进行处理。

4.2.3.2 专家的选择

特尔斐法预测需要成立一个预测领导小组。它负责拟定预测主题，编制预测事件一览表，对结果进行分析处理，更重要的是负责专家的选择。

物色专家是特尔斐法的一个关键步骤，因为它本身就是一种对于意见和价值进行判断的作业。因此，在选择专家的过程中不仅要注意选择精通专业技术、有学科代表性的专家，同时还需要选择边缘学科、交叉学科的专家。是否选择承担技术领导职务的专家，要看他们是否有足够的时间来认真填写调查表。

视预测问题规模，专家组一般以 10～50 人为宜，人数太少，限制学科代表性，缺乏权威，同时影响预测精度；人数太多，难以组织，对结果处理也比较复杂。对于一些重大问题，专家人数也可扩大到 100 人以上。在确定专家人数时，需注意的是，即使有时专家愿意参加预测，因种种原因也不见得每轮都到，有时甚至中途退出，因而预选人数要多于规定人数。

专家规定后还可根据具体预测问题划分从事基础研究预测和应用研究预测的小组，也可按其他形式分组。

4.2.3.3 确定预测主题，设计预测事件调查表

1. 确定预测主题，归纳预测事件

预测主题就是所要研究和解决的问题，一个主题可以包括若干个事件。事件是用以说明主题的重要指标。经典的特尔斐法是从一张白纸开始的，即第一轮仅向专家提供预测主题，而具体预测事件由专家提出。

预测小组在汇总专家提出的预测事件时，要尽量做到指标体系完整、系统。

2. 制定目标——手段调查表

预测领导小组与专家一起对自己掌握的数据进行分析，确定预测对象的总目标和子目标，以及达到目标的手段。

例如，在预测计算机技术趋势时，总目标是："当人类所有活动领域内都采用计算机有效地解决问题时，计算机的技术发展趋势是什么？"其子目标可以划分为：A. 解决人机联系问题；B. 提高计算机智能；C. 提高单台计算机效率；D. 提高全国总装机效率等。达到目标的手段为：A. 改善单元技术；B. 改善外围设备和通信技术；C. 发展信息处理方法（数学模型）；D. 改善变成手段；E. 改善计算机结构；F. 改善使用计算机的组织工作；G. 改善计算机的设计方法等。

3. 设计专家应答问题调查表

这是特尔斐预测的重要工具，是信息的主要来源。它的质量可能直接影响预测结果。例如，事件完成时间调查表形式如表 4-1 所示。

表 4-1　事件完成时间调查表

	事件完成时间		
	10% 概率	50% 概率	90% 概率
解决某一科学技术问题	A_{1i}	B_{1i}	M_{1i}
设计一种机器	A_{2i}	B_{2i}	M_{2i}
开发一种具有一定技术功能的装置	A_{3i}	B_{3i}	M_{3i}

注：i——第 i 个专家

4.2.3.4 预测过程

经典的特尔斐预测要经过四轮调查。一般来说，经过四轮调查，专家意见可以相当协调或者一致。有些派生或改造的特尔菲预测方法，考虑到整个过程进行的时间和复杂程度，以及专家意见的集中程度，可以由领导小组确定预测事件，或者部分地取消匿名和轮间反馈，适当简化预测过程。

4.2.3.5 特尔斐法的几个原则

人们从经验中总结了如下几个主要的、在特尔斐预测中应遵守的原则。

① 对特尔斐法作出充分说明。在发出调查表的同时，应向专家说明特尔斐预测的目的和任务，专家回答的作用，以及特尔斐法的原理和依据。

② 问题要集中。提出的问题要具有针对性。不要过分分散，以便使各个事件构成一个有机整体。问题要按等级排队，先简单后复杂，先综合后局部，这样易于引起专家回答问题的兴趣。

③ 避免组合事件。如果一个事件包括两个方面，一方面是专家同意的，另一方面是不同意的。这样，专家就难以做出回答。例如对于题为"以从海水中提炼的氘（重氢）为原料的核电站到哪一年可以建成？"的预测事件，有的专家就难以做出回答。因为他虽然可以对核电站建成日期作出评价，然而他认为原料应该是氚而不是氘。这时他如果提出预测，似乎他同意采用氘作为原料，如果他拒绝回答，似乎他对能否建成核电站持怀疑态度。因而，应避免提出这类组合事件问题。

④ 用词要确切。例如，"私人家庭到哪一年将普遍使用大屏幕彩电？"的预测事件中，"普遍"二字比较含糊，另外，"大"字也含糊。如果改为"私人家庭到哪一年将有80%使用64cm以上彩电？"则是确切的。

⑤ 领导小组意见不应强加在调查表中。要防止出现诱导现象，避免专家的评价向领导小组靠拢，以致得出迎合领导小组观点的预测结果。否则，其预测结果的可靠性是值得怀疑的。

⑥ 对于预测事件最好给出多重数据。

⑦ 调查表要简化，问题数量适当限制。一般认为限制在25个以内为宜，超过50个问题则要相当慎重。

4.2.3.6 结果的处理与表示

对专家的回答进行分析和处理是特尔斐法的最后阶段，也是最重要阶段。处理方法和表达方式，取决于预测问题的类型和对预测的要求。

在介绍结果处理之前，首先介绍专家意见的概率分布问题，只有掌握了作为随机变量的专家意见的概率分布，才能对专家意见的数字特征作出估计。专家的意见分布是接近或符合正态分布的，是我们对数据进行处理的数学基础。

例如，对事件完成时间预测结果的处理方法如下。

在对这类预测进行统计处理时，用中位数代表专家们预测的协调结果，用上下四分点代表专家们意见的分散程度。中位数是位居序列中间，将序列二等分的数。所谓上下四分点，就是将专家意见全距四等分，先于中位数的四分位点称为下四分点，即有25%的专家预测完成或发生的时间在该点年份之前；后于中位数的四分点，称为上四分点，即有25%的专家预测完成或发生的时间在该点之后。显然介于上、下四分点之间有50%的专家预测的完成或发生时间在此时间区间内。事件上下四分位间距越小，说明专家的意见越集中，用中位数代表预测结果的可信度越高。

例如，1997年有13位专家参加的对"数控机床和小型计算机控制机床的产值，到哪一年将达到机床总产值的50%？"的预测，其预测结果在水平轴上的排列如图4-1所示。这一预测结果的中位数为1986年，下四分点为1984年，上四分点为1990年。

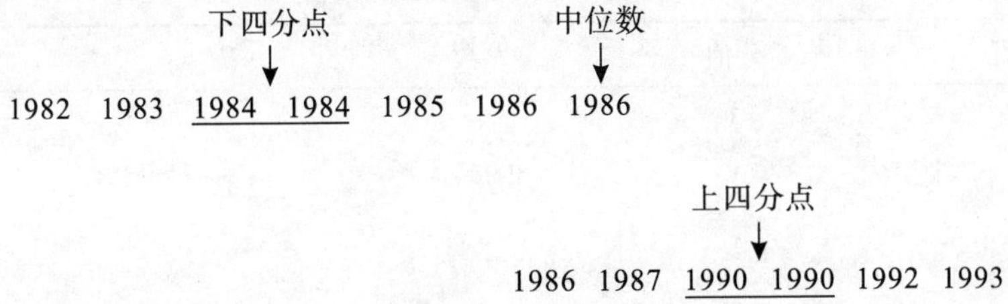

下四分点　　　　　　　中位数

1982　1983　<u>1984　1984</u>　1985　1986　1986

上四分点

1986　1987　<u>1990　1990</u>　1992　1993

图 4-1　预测结果

预测学家 E. Jantsch 根据大量的数理统计，得出一个根据中位数推算上下四分位点的经验公式。即如果中位数年份距组织预测的年份为 x 年，则下四分点距组织预测年份为 $2/3x$ 年，上四分点为 $5/3x$。例如，1964 年进行了一项预测，预测的中位数为 2000 年，则 $x = 2000 - 1964 = 36$ 年，下四分点为 $1964 + 2/3x = 1988$ 年，上四分点为 $1964 + 5/3x = 2024$ 年。

有的预测结果只标明中位数。如"1998 年美国将有 50% 的新产品采用计算机设计"，其中的 1988 年就是中位数。有的预测结果同时标明上下四分位点。如"1985 年（1984—1987 年）美国自动线销售额将为 1978 年的两倍"，其中 1985 年为中位数，括号中的 1984 年和 1987 年分别为下上四分点。

事件完成时间的预测结果通常用截角楔形图表示。图 4-2 表示上述数控机床的预测结果的分布，顶点为中位数，两端点是上下四分点。

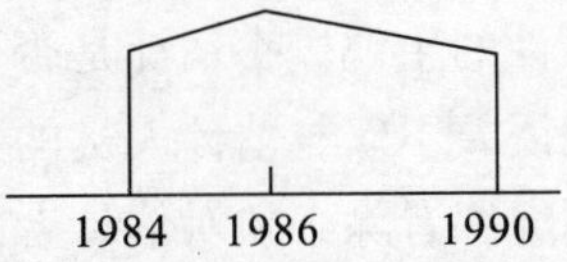

1984　1986　1990

图 4-2　数控机床预测结果的分布

采用特尔斐法整理专家所提供的资料，有时需将定性资料转化为定量数据，由定性资料转化为定量数据的方法是对预测中的每个因素给定一个分值 c_j，对应投票的专家数为 B_j，则均值和方差分别为：

$$E = \frac{\sum c_j B_j}{\sum B_j}; \quad D = \frac{\sum_j (c_j - E_j)^2 B_j}{\sum B_j}$$

如某家具厂对某种新家具的销售状况采用特尔菲法进行预测，第一轮预测资料整理结果见表 4-2。由计算可知，第一轮的预测结果为新产品基本畅销。

表 4-2　家具的销售预测

销售状况	分值	人数	E	D
十分畅销	3	9		
基本畅销	2	28	2.05	0.4164
一般	1	5		
较差	0	1		

4.2.4 主观概率法

主观概率即某人对某事件发生可能性的主观估计值。对同一事物来说，不同的人因知识、阅历、看问题的角度不同对问题的估计值也不同，这就是主观因素在起作用。主观概率法就是在调查专家主观概率的基础上，寻求最佳主观估计的科学方法。

如果要预测某一事件发生的可能性，先调查一组专家的主观概率，然后加权平均即得某事件发生的概率，即：

$$P = \frac{\sum_j P_j B_j}{\sum_j B_j}$$

式中：P —— 事件发生概率的预测值；

P_j —— 第 j 种概率分级；

B_j —— 选第 j 种概率分级为主观概率的专家数。

应用主观概率法的关键是，事件的主观概率估计是否可靠。由于主观概率是凭个人直觉和经验进行的主观估计，因此预测误差不仅与估计人员的经验和主观判断能力有关，而且同估计者的思想作风紧密相连。预测组织者除必须对估计者的集体情况作全面了解之外，还要采取一定的方法，对估计值进行检验或适当的修正。

4.2.5 交叉概率法

前面介绍的方法都是把专家经验予以量化的预测方法，虽有很多优点，但均不能充分考虑事件间的内在联系，这里我们把事件间的内在联系称为相互影响或交叉影响，交叉概率法是对在相互（交叉）影响因素作用下的事物进行预测的一种预测技术。

很多事物的发生或发展对其他事物将产生各种各样的影响，根据各事物之间的相互影响研究事物发生的概率，并用以修正专家的主观概率，从而对事物的发展作出较客观的评价是该方法的基本思想。

该方法的步骤如下：

第一，确定各事物之间的影响关系；

第二，确定各事物之间的影响程度；

第三，计算某事物发生时对其他事物发生概率的影响；

第四，分析其他事件对该事件的影响；

第五，确定修正后的主观概率。

下面举例说明该预测方法。

现以美国能源政策评价预测分析来说明交叉概率法的使用。经简化，影响美国能源政策的因素有：

E_1——用煤炭代替石油，其概率 $P_1 = 0.3$；

E_2——降低其国内石油价格，其概率 $P_2 = 0.4$；

E_3——控制空气、水源的质量标准，其概率 $P_3 = 0.3$。

这些因素之间的关系见表 4-3：

表 4-3　相互影响矩阵表

事件	事件发生概率	对其他诸事件的影响		
		E_1	E_2	E_3
E_1	0.3	—	↑	↑
E_2	0.4	↓	—	—
E_3	0.3	↓	↓	—

表中向上的箭头表示正方向的交叉影响，它表明该事件的发生将增大另一事件发生的概率。而箭头向下，则表明负的影响，说明该事件发生将抑制或消除另一事件发生的概率。"—"号表示两事件无明显关系或相互间没有影响。

根据上表列出的矩阵，可求出其中各因素相互影响程度的数值，用以修正发生概率，作出预测。某事件 E_i 发生而导致事件 E_j 发生的概率 P'_j，称为 E_j 发生的初始概率的修正概率。

E_i 事件发生后，其余事件 E_j 发生的概率可按下式调整：

$$P'_j = P_j + KS(1 - P_j)$$

其中：P_j——E_i 事件发生前，t 时间 E_j 事件的初始概率；

P'_j——E_i 事件发生后，t 时间 E_j 事件的修正概率；

K——E_i 发生对 E_j 的影响方向。若 E_i 对 E_j 的影响为正，则取 $K = 1$，若 E_i 对 E_j 影响为负，则取 $K = -1$；若无影响取 $K = 0$；

S——E_i 发生对 E_j 的影响程度。$0 < S < 1$，随影响程度由小到大，S 取值由 0 到 1 逐渐加大。

事件 E_i 发生后，E_j 发生概率的调整如图 4-3 所示。

事件 E_i 发生后对其余事件 E_j 的影响程度一般可用专家会议或专家调查法加以确定。计算 P'_j 一般用计算机模拟技术。

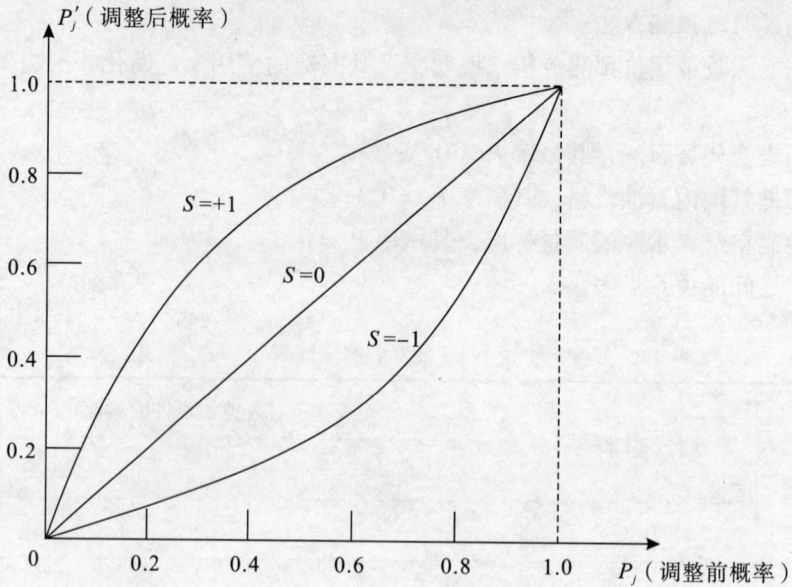

图 4-3　$P'_j = f(P_j)$ 的图形

4.3 定量预测方法

　　我们所研究的系统是复杂的，只靠经验对其进行定性预测是不够的，还必须从数量上研究系统的变化，因此还需研究定量预测技术。

4.3.1 回归分析

　　回归预测是经常使用的一种定量预测方法，是研究变量之间相关关系的数理统计分析方法。工作中经常使用的经验公式，大多是用某种回归分析方法得到的。

4.3.1.1 一元线性回归模型

　　回归预测模型的一般形式是：

$$Y = f(X)$$

　　如果 $f(X)$ 为一元线性函数形式，模型变为：

$$Y = a + bx$$

　　当参数 a、b 已知时，给定 x 的值即可确定 Y 的值。在直角坐标系中，该式可用一条斜率为 b、截距为 a 的直线表示，因此这种形式的回归分析又称一元线性回归。

　　进行预测是用已占有的数据，分析系统发展变化的规律性。根据所占有的若干组数据 (x_i, y_i)　$(i = 1, 2, \cdots, n)$，计算出系数 $\hat{a}$ 和 $\hat{b}$，就得出该事物发展变化的规律性 $\hat{Y} = \hat{a} + \hat{b}X$，这就是所要确定的预测模型。

　　一元线性回归模型在经济管理中的应用有两类，一类是反映因果关系的模型，另一类是反映时间序列的模型，虽然方法相同，但所适用的问题不同，预测时应用的原理也不同，前者是因果对应，后者是趋势外推。

下面以某公司 1988—2001 年产品产量的数据（见表 4-4），说明建立一元线性预测模型的方法。

表4-4 某公司 1988—2001 年产品产量数据表

单位：万吨

年　份	1988	1989	1990	1991	1992	1993	1994
t	0	1	2	3	4	5	6
产量（y）	10.59	17.67	17.07	17.21	18.24	18.84	17.62
年　份	95	96	97	98	99	2000	2001
t	7	8	9	10	11	12	13
产量（y）	19.21	18.44	20.85	25.22	29.24	32.99	35.11

对于回归方程 $\hat{Y} = \hat{a} + \hat{b}X$，将所占有的数据 x_j（$j = 1, 2, \cdots, n$）代入后得：

$$\hat{Y}_i = \hat{a} + \hat{b}X_i$$

令 $Y_i - \hat{Y}_i = e_i$

其中，e_i 是所占有数据 Y_i 与预测值 $\hat{Y}_i$ 的误差。

为了防止误差正、负抵消，采用误差平方和最小作为确定参数 $\hat{a}$、$\hat{b}$ 的准则，这种确定参数 $\hat{a}$、$\hat{b}$ 的方法叫最小二乘法。用最小二乘法原理估计参数得：

$$\hat{a} = Y - \hat{b}\,\overline{X}$$

$$\hat{b} = \frac{\sum\limits_{i=1}^{n} X_i Y_i - \overline{X} \sum\limits_{i=1}^{n} Y_i}{\sum\limits_{i=1}^{n} X_i^2 - \overline{X} \sum\limits_{i=1}^{n} X_i}$$

参数 $\hat{b}$ 还可写成如下形式：

$$\hat{b} = \frac{n \sum\limits_{i=1}^{n} X_i Y_i - \sum\limits_{i=1}^{n} X_i \sum\limits_{i=1}^{n} Y_i}{n \sum\limits_{i=1}^{n} X_i^2 - \left(\sum\limits_{i=1}^{n} X_i \right)^2} \quad 或 \quad \hat{b} = \frac{\sum\limits_{i=1}^{n} X_i Y_i - n\,\overline{X}\,\overline{Y}}{\sum\limits_{i=1}^{n} X_i^2 - n\overline{X}^2}$$

式中，$\overline{X} = \dfrac{1}{n} \sum\limits_{i=1}^{n} X_i$；$\overline{Y} = \dfrac{1}{n} \sum\limits_{i=1}^{n} Y_i$。

为了计算方便，可用列表的方法进行计算，上例的计算如表 4-5 所示。

表4-5　计算表

序号	X_i	Y_i	X_i^2	Y_i^2	X_iY_i
1	0	10.59	0	112.1481	0.00
2	1	14.97	1	224.1009	14.97
3	2	17.07	4	291.3849	34.14
4	3	17.21	9	296.1841	51.63
5	4	18.24	16	332.6976	72.96
6	5	18.84	25	354.9456	94.20
7	6	17.62	36	310.4644	105.72
8	7	19.21	49	369.0241	134.47
9	8	18.44	64	340.0336	147.52
10	9	20.85	81	434.7225	187.65
11	10	25.22	100	636.0483	252.20
12	11	29.24	121	854.9776	321.64
13	12	32.99	144	1088.3400	395.88
14	13	35.11	169	1232.7120	456.43
合计	91	295.60	819	6877.7840	2269.41

用最小二乘法计算的参数 $\hat{a}$、$\hat{b}$ 为：$\hat{a}=11.10$，$\hat{b}=1.537$

故预测模型为：$\overline{Y}=11.10+1.537\overline{X}$

需要指出的是，用一元线性回归的方法建立预测模型只适用于散点图近似呈直线分布的情况，也就是当 X、Y 两个变量有大致的线性关系时才能应用，否则预测误差较大，是不适用的。

4.3.1.2 线性回归预测模型检验过程及预测精度

由上述的讨论可知，一元线性回归方程在某种程度上揭示了两个变量间的线性相关关系。但在应用线性回归的计算公式时会发现，我们并不需要预先假设两个变量之间一定具有线性相关关系，也就是说，对任意给定的 N 组数据都可根据公式确定一条直线而得出预测方程。这样一来，需解决这条直线能否反映出所研究系统的变化规律问题，准确地说，需研究这条直线是否有实际使用价值。

之前文中曾指出，只有当两个变量之间有大致的线性关系时，用该方法所得到的预测模型才是适用的。能否用一个数量指标来评价两变量大致呈线性关系的程度，以判断用回归分析所得到的数学模型与研究系统的规律是否相符呢？又怎样确定预测模型的预测精度呢？这就是线性回归检验和精度分析需要解决的问题。

1. 相关系数

我们把评价 X、Y 两个变量之间线性关系密切程度的数量指标称为相关系数，并用 r 表示，其计算公式为：

$$r = \frac{L_{XY}}{\sqrt{L_{XX}L_{YY}}}$$

L_{XX} 称为 X 的离差平方和，它是反映自变量 X 波动的一个指标，L_{XX} 越大，X 的波动越大，反之越小；L_{YY} 称为 Y 的离差平方和，它是反映变量 Y 波动的一个指标，L_{YY} 越大，Y 的波动越大，反之越小；L_{XY} 称为 X、Y 的离差乘积和。

r 的取值范围为 $-1 \leq r \leq 1$。r 反映两个变量之间线性关系的密切程度，当 $r = 0$ 时，$b = 0$，则回归直线是一条与 X 轴平等的直线，说明 X 的变化与 Y 无关，其几何表示见图 4-4。

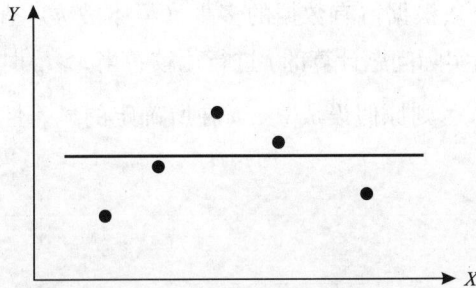

图 4-4　X 的变化与 Y 无关

当 $r = 1$ 时，$Q = 0$，即所有点 (x_i, y_i) 均在回归直线上，称完全正相关；当 $r = -1$ 时，称完全负相关。其几何意义如图 4-5、图 4-6 所示。

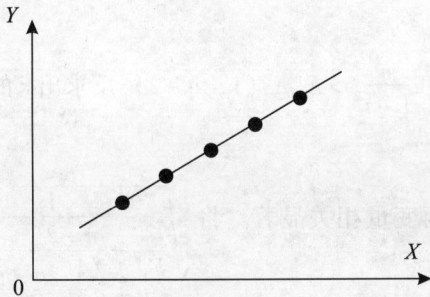

图 4-5　完全正相关

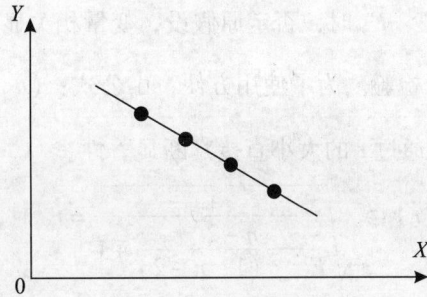

图 4-6　完全负相关

当 $-1 < r < 1$ 时，X 与 Y 之间存在着一定的线性相关关系。当 $r > 0$ 时，$\hat{b} > 0$，Y 随 X 的增大而呈增加趋势，此时称正相关；当 $r < 0$ 时，$\hat{b} < 0$，Y 随 X 的增大呈减小趋势，此时称负相关；r 的绝对值越大时，散点越集中在回归直线附近，反之散点离回归直线越远越分散。

2. 显著性检验

由上述分析可见，指标 r 可衡量两变量的线性相关程度，但 r 只为我们提供了相对比较的评价依据，若进行绝对评价，则显得依据不足。因此，为进行绝对评价，我们必须进行显著性检验。

进行显著性检验，实际上相当于规定一个合理的、认为能满足使用要求的指标界限，并用该指标界限对系统预测模型的适用性进行绝对评价。

r 值的大小取决于 X_i、Y_i 和数据数量 n。因此，为任何系统都规定一个统一的标准值是不能反映不同情况的差异的，也是不合理的。显著性检验就是依据所占有的数据量及其分布情况、变量个数等条件，确定一个合理的标准作为评价指标。

常用的显著性检验有三种：t 检验、F 检验、r 检验。

① t 检验。t 检验的意义是检验回归方程中参数 b 的估计值 $\hat{b}$，在某一显著性水平下（通常选为 0.05）是否为零。该检验是在假设 $\hat{b}=0$ 的情况下进行的。如果 $\hat{b}$ 为零，则说明 Y 与 X 的变化无关。因此，该方法根据占有数据的多少（样本数 n）查 $t_{1-\frac{\alpha}{2}}(n-2)$ 的分布表，确定 t 的临界值 t_α，与根据实际问题计算的 t 进行比较，当 $t > t_\alpha$ 时，原假设不成立，相关显著，回归方程有实用价值。否则原假设成立，$\hat{b}$ 在所确定的显著性水平下为零，即 $b=0$，这时，回归方程无实用价值。

计算公式为：$t = \dfrac{\hat{b}}{s} \sqrt{L_{XX}}$

式中，S 为 Y 的均方差，$S = \sqrt{\dfrac{\sum (Y_i - \bar{Y})^2}{n-2}} = \sqrt{\dfrac{L_{XX} L_{YY} - L_{XY}^2}{(n-2) L_{XX}}}$

② F 检验。F 检验的意义与 t 检验相同。查表确定 F 的临界值 F_α。

F 的计算公式为：$F = (n-2) \dfrac{r^2}{1-r^2}$

当 $F > F_\alpha$ 时，否定原假设，变量相关显著。

③ r 检验。为了使用方便，由公式：$(n-2) \dfrac{r^2}{1-r^2} > F_{1-\alpha}(1, n-2)$ 反求出 r 的临界值 r_α，即可通过 r 的大小直接判断显著性。

当 $|r| \geqslant \sqrt{\dfrac{1}{\dfrac{n-2}{F_{1-\alpha}(1, n-2)}+1}} = r_\alpha$ 时，两变量相关显著。将 $\sqrt{\dfrac{1}{\dfrac{n-2}{F_{1-\alpha}(1, n-2)}+1}}$ 编成表，即是检验相关系数的临界值 r_α 表。

上例中，相关系数 $r = 0.9162$

应用 t 检验法：$t_{0.975} = 2.179$，$t = 7.863$，$t > t_{0.975}$，故回归效果显著。

应用 F 检验法：$F_{0.95}(1, 14-2) = 4.75$，$F = 62.73$，$F > F_{0.95}(1, 12)$，故回归效果显著。

应用 r 检验法：$r = 0.9162$，$r_\alpha = 0.5760$，$r > r_\alpha$，故回归效果显著。

3. 方差分析

为了估计预测精度，我们需对预测模型作方差分析。

应用预测模型 $\hat{Y} = \hat{a} + \hat{b}X$，当 $X = X_0$ 时，求出的预测值 $\hat{Y}_0$ 只是实际 Y_0 的期望值，且该估计是无偏估计。由数理统计知：

其方差为：$D(\hat{Y} - Y) = \sigma^2 \left[1 + \dfrac{1}{n} + \dfrac{(X - \overline{X})^2}{\sum\limits_i (X_i - \overline{X})^2} \right]$

因为 $\hat{\sigma}$ 是 σ 的无偏估计，所以可用 $\hat{\sigma}$ 代替 σ，由于 $\hat{\sigma}^2 = \dfrac{1}{n-2} \sum\limits_i (\hat{Y}_i - \hat{a} - \hat{b}X_i)^2$ 且 Y 落在 $(\hat{Y} - \delta, \hat{Y} + \delta)$ 内的概率为 $1 - \alpha$，即

$$P\ (\hat{Y} - \delta,\ \hat{Y} + \delta)\ = 1 - \alpha$$

所以 $\delta^2 = F_{1-\alpha}(1, n-2) \cdot \hat{\sigma}^2 \left[1 + \dfrac{1}{n} + \dfrac{(X - \overline{X})^2}{\sum\limits_i (X_i - \overline{X})^2} \right]$

或 $\delta^2 = t_{1-\frac{\alpha}{2}}(n-2) \cdot \hat{\sigma}^2 \left[1 + \dfrac{1}{n} + \dfrac{(X - \overline{X})^2}{\sum\limits_i (X_i - \overline{X})^2} \right]$

由 δ 的计算公式可知，δ 的大小取决于数据组数（样本数）n 和 X 的大小。当 n 大时，δ 值小，预测精度高，反之则低；在数据组数一定且 $X = \overline{X}$ 时，δ 最小；X 越远离 $\overline{X}$，δ 越大，则预测误差越大。由此可得出提高线性回归预测精度的方法为：

- 增加数据组数；
- 使预测期限尽量接近 $\overline{X}$。

在实际工作中增加占有的数据量，需增加预测费用和时间，因此要以系统思想确定合理的预测精度和期限，达到以最少的预测费用取得最好的预测效果的目的。

4.3.1.3 线性回归的方法和步骤

第一步，整理占有的数据 (X_i, Y_i) $(i = 1, 2, \cdots, n)$；

第二步，运用 $\hat{Y} = \hat{a} + \hat{b}\overline{X}$ 和 $\hat{b}^2 = \dfrac{L_{XY}}{L_{XX}}$ 求出 $\hat{a}$ 和 $\hat{b}$，得到预测方程：$\hat{Y} = \hat{a} + \hat{b}X$。

第三步，进行检验：

- 求出相关系数 r；
- 选择 t 检验、F 检验或 r 检验法对预测模型的显著性进行检验。

第四步，利用模型进行预测，并用

$$\delta^2 = F_{1-\alpha}(1, n-2) \cdot \hat{\sigma}^2 \left[1 + \frac{1}{n} + \frac{(X - \overline{X})^2}{\sum\limits_i (X_i - \overline{X})^2} \right] \text{或} \delta^2 = t_{1-\frac{\alpha}{2}}(n-2) \cdot \hat{\sigma}^2 \left[1 + \frac{1}{n} + \frac{(X - \overline{X})^2}{\sum\limits_i (X_i - \overline{X})^2} \right]$$

确定置信区间。

目前实际工作中很多人只进行到第三步的第一项便停止了，这是不够的，因为在未完成以后各步计算时，相关系数只是一个相对的评价指标。我们只有完成上述全部过程，才基本上可以对预测对象的变化规律有一个明确认识，才能真正做好预测工作。

上边讨论的回归预测方法，只涉及两个变量，但在实际问题中，影响因变量的因素往往不止一个，此时必须探索在各种因素综合作用下系统变化的规律性，以预测系统的变化，为系统决策提供依据。解决这类问题的方法之一就是多元线性回归分析。多元线性回归分析的原理与一元线性回归分析基本相同，不同点只是计算复杂、分析方法的理论较深。

4.3.2 时间序列预测

回归分析是一种用于变量之间呈相关关系时建立预测模型的方法。如果原始数据是一组随时间变化的数列，即时间序列，采用回归分析法时自变量为时间 t，所建立模型形式为：$y = f(t)$。采用趋势外推原理则可对未来进行预测。但回归分析只是时间序列分析的一种方法，由时间序列本身特性所决定，它还有其特定的分析方法。

4.3.2.1 时间序列的内容

1. 时间序列的构成

时间序列是由以下四种情况合成的结果：

长期趋势的变化 X_t，序列随时间呈现的倾向性变化；

季节性周期变化 S_t，序列在一年中随季节呈现有规律性的周期性变化；

循环变化 C_t，序列以不固定的周期呈现出的波动性变化；

随机变化 ε_t，各种不确定因素作用下的无规则变化。

2. 时间序列模型

时间序列模型分为加法模型和比例模型两类：

加法模型：加法模型理论认为时间序列是长期趋势 X_t、季节性变化 S_t、循环变化 C_t 以及随机变化 ε_t 四种变化的叠加，故模型形式为：

$$y_t = X_t + S_t + C_t + \varepsilon_t$$

比例模型：比例模型理论认为，时间序列的形成是以趋势变化 X_t 为主干，其他变化均是对趋势变化的修正，故模型形式为：

$$y_t = X_t \cdot S_t \cdot C_t \cdot \varepsilon_t$$

3. 时间序列分析的内容

时间序列分析的内容见表4-6。

表4-6　时间序列分析的内容

内容	方法类别	方法
趋势分析	移动平均法	简易移动平均法 加权平均法 趋势修正移动性系数法 二次移动平均数法
	指数平滑法	指数平滑法 二次指数平滑法 三次指数平滑法
季节性变化分析	季节性分析法	简易季节性分析法 周期图分析法
随机变化分析 （周期分析、随机分析）	平衡随机序列分析法	自回归分析（AR） 移动平均分析（MA） 自回归移动平均分析（ARMA）

4.3.2.2 趋势预测

1. 移动平均数法

对于时间序列 x_1，x_2，$\cdots$，x_t，$\cdots$，有

$$\bar{x}_t = \frac{x_t + x_{t-1} + \cdots + x_{t-N+1}}{N}, \; t \geqslant N$$

N 为移动平均的期数，$\bar{x}_t$ 为时间序列的移动平均数序列，记为 $\{\bar{x}, t \geqslant N\}$。

移动平均数序列与原时间序列相比，前者比后者平滑，它是滤除了原序列的某些干扰后的结果，因此更能体现出原序列的趋势变化。

按趋势递推原理，以 $\bar{x}_t$ 作为 $t+1$ 期的预测值，即 $y_{t+1} = x_t$，

可得预测模型：$y_{t+1} = x_t = \dfrac{x_t + x_{t+1} + \cdots + x_{t-N+1}}{N}$

2. 加权移动平均数法

用移动平均数进行预测是将各期数据的重要性等同对待，如果考虑各期数据的重要性，对每个序列值乘以加权因子，则时间序列的加权平均值序列为：

$$\bar{x}_t = \frac{a_0 x_t + a_1 x_{t-1} + \cdots + a_{N-1} x_{t-N+1}}{N} = \omega_0 x_t + \omega_1 x_{t-1} + \cdots + \omega_{N-1} x_{t-N+1}$$

式中 ω_i 为加权因子，应满足 $\displaystyle\sum_{i=0}^{N-1} \omega_i = 1$。

以 $\bar{x}_t$ 作为下一期预测值，即 $y_{t+1} = \hat{x}_t$

则预测模型为：$y_{t+1} = \omega_0 x_t + \omega_1 x_{t-1} + \cdots + \omega_{N-1} x_{t-N+1}$

该模型既可体现对原始数据的平滑，又考虑了原序列各期值的重要性程度，预测结果一般比只考虑趋势的移动平均数法更接近实际。

由上述模型可见，预测值 y_{t+1} 是由 N 期数据按一定比例组成的，一般情况下，近期数据对预测值的影响大，ω 应选较大的值，历史上远期数据对预测值的影响小，ω 应选较小的值。

3. 指数平滑法

对时间序列 x_t，若预测值按 $y_t = \alpha x_t + (1 - \alpha) y_{t-1}$ 或 $y_t = y_{t-1} + \alpha (x_{t-1} - y_{t-1})$ 计算，则该预测法叫指数平滑法，其中 α 为平滑系数，且 $0 \leqslant \alpha \leqslant 1$。

由上式可见，当期预测值是由当期实际值和上期预测值按比例构成的，或是由上期预测值与上期预测误差的修正值构成的。

把上式展开，将有助于对该方法的深刻理解：

$$
\begin{aligned}
y_t &= \alpha x_t + (1 - \alpha) y_{t-1} = \alpha x_t + (1 - \alpha) \left[\alpha x_{t-1} + (1 - \alpha) y_{t-2} \right] \\
&= \alpha x_t + \alpha (1 - \alpha) x_{t-1} + (1 - \alpha)^2 y_{t-2} \\
&= \alpha x_t + \alpha (1 - \alpha) x_{t-1} + (1 - \alpha)^2 \left[\alpha x_{t-2} + (1 - \alpha) y_{t-3} \right] \\
&= \alpha x_t + \alpha (1 - \alpha) x_{t-1} + \alpha (1 - \alpha)^2 x_{t-2} + (1 - \alpha)^3 y_{t-3} \\
&= \cdots\cdots = \alpha x_t + \alpha (1 - \alpha) x_{t-1} + \alpha (1 - \alpha)^2 x_{t-2} + \alpha (1 - \alpha)^3 x_{t-3} + \cdots\cdots
\end{aligned}
$$

由展开式可见：

① 如 $\alpha = 1$，预测值取当期实际值，如 $\alpha = 0$，预测值取时间序列的初始值；

② 预测值是由时间序列值按一定比例构成的。因 $0 \leq \alpha \leq 1$，故近期数据占的比重大，距预测期远的数据占的比重小。当数据量很大时，初始数据对预测值的影响甚微。α 取值大，近期数据占的比重越大，α 取值小，近期数据占的比重越小；

③ α 值的大小，影响预测值。α 大，预测值更贴近原序列，但滞后小；α 小，预测值更平滑，滞后大。

④ 预测值实质是历史数据的加权平均数，且权数按指数变化，因此该方法叫做指数平滑法，是一种特殊的加权移动平均数法。

4.3.3 灰色预测

时间序列预测是采用趋势预测原理进行的，然而时间序列预测存在以下问题：

● 时间序列变化趋势不明显时，很难建立起较精确的预测模型；

● 时间序列预测是在系统按原趋势发展变化的假设下进行预测的，因而未考虑对未来变化产生影响的各种不确定因素。

为克服上述缺点，邓聚龙教授引入了灰色因子的概念，采用"累加"和"累减"的方法创立了灰色预测理论。

灰色预测是对含有不确定信息的系统进行预测，就是对在一定范围内变化的、与时间有关的灰色过程进行预测。尽管灰色过程中所显示的现象是随机的，但毕竟是有序的，因此这一数据集合具备潜在的规律。灰色预测通过鉴别系统因素之间发展趋势的相异程度，对原始数据的生成处理来寻找系统变动的规律，从而建立预测模型来预测事物未来的发展趋势。

当一时间序列无明显趋势时，采用累加的方法可生成一趋势明显的时间序列。如时间序列 $X^{(0)} = \{32, 38, 36, 35, 40, 42\}$ 的趋势并不明显，但将其元素进行"累加"所生成的时间序列 $X^{(1)} = \{32, 70, 106, 141, 181, 223\}$，则是一趋势明显的数列，按该数列的增长趋势，我们可建立预测模型并考虑灰色因子的影响进行预测，然后采用"累减"的方法进行逆运算，恢复原时间序列，得到预测结果，这就是灰色预测的基本原理。

灰色预测是基于灰色预测模型 GM（1，1）的预测，按其应用对象可分为四种类型：

● 数列预测：这类预测是针对系统行为特征值的发展变化所进行的预测；

● 突变预测：这类预测是针对系统行为的特征值超过某个阈值的异常值将在何时出现所进行的预测；

● 季节突变预测：若系统行为的特征有异常值出现或某种事件的发生是在一年中的某个特定的时区，则该预测为季节性突变预测；

● 拓扑预测：这类预测是对一段时间内系统行为特征数据波形的预测。

思考题

1. 什么是系统预测？定性预测和定量预测的特点是什么？

2. 系统预测的基本原理和原则有哪些？

3. 预测产生误差与失误的原因是什么?

4. 特尔斐法的规则和特点是什么?

5. 若用特尔斐法预测 2015 年家用电脑的普及率,你准备:

(1) 如何挑选专家? 挑选多少专家?

(2) 设计咨询表应包括哪些内容?

(3) 怎样处理专家意见?

(4) 为了提高专家意见的回收率,你准备采用什么办法?

6. 什么是主观概率? 什么问题适合采用主观概率法进行预测?

7. 某超市顾客的付款时间与所购商品价值之间的关系数据如下表所示:

表 4-7　某超市顾客付款时间与所购商品价值

付款时间 (分钟)	3.6	4.1	0.8	5.7	3.4	1.8	4.3	0.2	2.6	1.3
商品价值 (元)	306	305	24	422	218	62	401	20	155	65

试问:

(1) 付款时间与所购商品价值之间是否存在显著的相关关系?

(2) 计算回归模型,并作相关统计检验。

(3) 试构造当付款时间为 3 分钟时,所购商品价值的置信度为 99% 的置信区间。

8. 什么叫灰色预测? 灰色预测分为哪几种类型?

第 5 章
管理系统的决策分析

本章要点

- 决策的概念和过程
- 决策的分类、步骤和方法
- 确定性决策分析
- 风险性决策分析
- 不确定性决策分析
- 多目标决策分析
- 动态序贯决策分析
- 对策分析

5.1 系统决策概论

5.1.1 决策和决策过程

什么是决策，其含义是什么？目前对这个问题众说纷纭，有的说：决策就是作决定，就是领导拍板；有的说：决策就是管理，管理就是决策；也有的说：决策就是选择。这些都是从不同角度来说明决策的含义和概念的，都有一定的道理，但有些说法不一定全面，如决策就是拍板，这种说法只是从决策过程的最后阶段来说的，它忽视了决策前最重要的论证分析过程，这样容易给人们造成一种错觉，即认为决策只是凭经验拍脑袋。全面地讲，决策是对未来的行动方向、目标、方案、原则和方法所作的决定，它是论证、分析、抉择的全过程。具体来说，决策就是针对具有明确目标的决策问题，经过调查研究，根据实际与可能，制定多个可行方案，然后根据决策标准，选定最佳或满意方案的全过程。决策分析的过程既涉及到决策的指导思想、指导原则、评价标准，又涉及到决策分析的理论、方法和技术。决策是行动的基础，正确的行动来源于正确的决策。决策是人们在各项工作中的一种重要的选择行为，无论是行动方案的确定，还是重大发展战略的制定；是领导干部的选拔，还是一种产品的研制生产；是一个企业的生产管理，还是一个国家地区的产业政策，都是由一系列的决策活动来完成的。决策是工作中经常面临、不可回避的重要组成内容。一个人所在职位越高，其所作决策的作用就显得越重要，影响面也越广，所以决策的正确与否是关系到事业成败和利益得失的大事。决策正确带来的是"一本万利",而决策失误也是"最大的失误"。当前在各种复杂的情况下,企业经营管理人员的重要任务是:作为一个企业领导,在社会主义市场经济规律和国家政策的指导下,根据市场需求,应用决策科学集中各方面意见,对企业重大问题及时作出科学决策;作为企业的一般管理人员,熟悉和运用决策科学的理论与方法,在问题明确的条件下协助收集有关资料和数据,拟订可行的备选方案,辅助领导作出正确的决策。

在系统工程的工作过程中,由系统开发得到的若干解决问题的方案,经过系统建模、系统分析以及系统评价等步骤后,最终必须从备选方案中选择出决策者认为最佳的开发方案。这一程序是系统工程工作中最后一个,也是最重要的一个,就是系统决策。

H. A. 西蒙把决策过程同现代的管理科学、计算机科学和自动化技术结合起来,将其划分为四个主要阶段:找出制定决策的理由;找出可能的行动方案;在诸行动方案中进行抉择;对已进行的抉择方案进行评价。尽管不同决策者在不同决策场合对上述四个阶段的看法可能不一样,但这四个部分加在一起却构成了决策者所要做的主要工作。

以上四个阶段交织在一起,就形成了系统决策的过程,见图5-1。

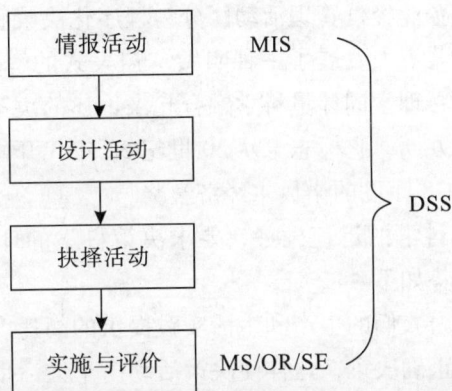

图 5-1　四阶段模型

第一阶段是调查环境,寻找决策的条件与依据,即"情报活动";

第二阶段是创造、制定和分析可能采取的行动方案,即"设计活动";

第三阶段是从可资利用的备选方案中选出一个特别行动方案,即"抉择活动";

第四阶段是决策的实施与评价,西蒙称其为"审查活动",其实质是对过去的抉择进行评价。

现代计算机技术、管理科学的发展,给决策制定的过程赋予了新的内容和涵义。情报和设计阶段活动的实施,主要依赖于可靠、准确、及时的基本信息,因此管理信息系统(MIS)就成为当代决策的重要技术基础;而在抉择和评价阶段用到的主要技术措施就是模型技术,主要是管理科学、运筹学、系统工程的模型方法(MS/OR/SE)。将上述两部分技术集成在一起,利用先进的计算机软硬件技术,实现上述决策过程,开发成界面友好的人机系统,这就是决策支持系统(DSS)。

5.1.2 决策理论的形成与发展

决策科学是随着近代工业和社会的发展而出现的一门新的综合性学科。人们的决策活动尽管古已有之，但还是在 20 世纪 40 年代才真正成为一门独立的学科体系并发展起来的。当时，一方面出现了如控制论、信息论、系统论、预测学、未来学等一大批横向科学与综合科学以及电子计算机这个现代化高速运算的工具，为人类决策活动提供了新的方法论和现代化手段，给科学决策的数量分析创造了条件；另一方面心理学、社会学在研究人类决策活动的心理因素和社会因素方面也取得了重大成就，给研究决策过程、创新思维、参与决策等课题提供了新的思路。上述两个方面的发展，使人类对决策有了比较全面的认识，为人类对复杂问题进行定性、定量分析积累了多种方法和手段，从而促进了决策科学的逐步完善和发展。

决策科学也是管理科学的重要组成部分。管理科学的发展经历了 19 世纪末到 20 世纪初以泰勒为首的古典管理理论的出现，20 世纪 20 年代"人际关系—行为科学"理论的出现以及 20 世纪 40 年代第二次世界大战以后，以西蒙为首的决策理论学派的出现。决策理论学派是吸收了行为科学、系统理论、运筹学和计算科学等学科的内容而发展起来的。西蒙等人认为，决策贯穿管理的全过程，"管理就是决策"。西蒙在决策理论中的重要贡献，就是对决策程序进行了开创性研究，把企业经营管理活动区分为程序化决策和非程序化决策，以满意的准则代替了最优化准则。西蒙等人发展了一种叫做"启发式的解决问题方法"，即把行为科学—社会学、心理学和社会心理学同计量科学融合起来论述的决策理论。西蒙决策理论说明了现代管理科学的一个重要方面，它标志着从 20 世纪 50 年代开始的西方管理工作的一个新阶段，西蒙也因此获得了 1978 年度的诺贝尔经济学奖。

当前，技术科学与管理科学的迅速发展，要求决策科学的理论与方法进一步发展与深化。今后决策科学的发展趋势如下。

首先，现代科学和技术为人们的生产和生活实践提供的高速度，要求人们在高速变化的环境中能及时、迅速地做出正确决策，这样使决策活动由个人活动向集团活动、由自身功能向人—机联合功能、由手动向自动方向发展。

其次，电子计算机与近代应用数学的发展及其在决策科学中的应用，为决策和管理的科学化奠定了基础，从而促进了决策科学由定性分析向定性与定量分析结合方向发展，把决策科学推向更高的发展阶段，

最后，在传统决策活动中，大量的决策是同决策者直接利益相关联的单目标决策，随着人们对自然规律和社会规律认识的深化，多目标综合决策将成为决策者的自觉行动。现代决策活动目标不再是仅以经济效益为核心的多目标综合，而是还考虑到了更加广阔的、社会的、非经济领域的多目标综合。

5.1.3 决策问题及其分类

由于决策问题、决策主体、决策目标、决策手段、决策条件等存在着广泛的差别，管理决策是形形色色、各有特点的。为了便于理解，我们进行如下的分类并逐类归纳其特点。

5.1.3.1 个人决策和集体决策

根据参与决策的管理者数量及合作的关系分为个人决策和集体决策。

1. 个人决策

个人决策是一种突出个人在组织中地位的决策方式，这种决策完全由组织中的最高负责人独立作出，尽管其间也有其他下属提供资料，提出和分析可行性研究方案等参与或参谋活动。

2. 集体决策

集体决策是一种强调全体成员形成共同认识、直接参与的决策方式。在这种方式下，决策是由有关人员直接参与全部过程，并以一致同意或多数赞成的原则来作出的。国外有人认为，这种方式比个人决策更能作出创造性的决定，并且能够得到更好的贯彻。

其实，个人决策和集体决策都是符合组织管理原则的。无论在强调个人主义的组织中，还是在集体主义气氛浓厚的企业中，个人决策和集体决策都是适用的。从决策方式的本质内容来说，个人决策和集体决策无所谓优劣差别。美国的一些学者们在进行了日美管理的比较研究后认为，个人决策所用的时间较短，但执行起来很缓慢；集体决策所用时间长，但执行起来快。以个人决策行为为特色的美国人，"签合同、作决定都很快，可是让他们履行合同呢——他们需要无限长的时间！"而在以集体决策为特色的日本企业里，"作个决定需要无限长的时间"，但一旦作出决定，每个有关的人都会给予支持，这样不仅会补充决策本身的缺陷，而且执行起来相对地快。

5.1.3.2 高层决策、中层决策和基层决策

从决策主体在管理层次中的高低来看，管理决策分为高层决策、中层决策和基层决策。

1. 高层管理决策

高层管理决策是由企业的最高层管理者作出的决策。由于最高层管理者是站在企业整体立场上，对企业进行全面综合管理，负责对企业生产经营管理活动进行全局性策划和组织指挥的，因此，他们的决策一般是战略性的、非程序化的和不确定性更大的（因此需要更大的决策职权）决策。高层管理决策主要包括以下一些问题：经营目标、经营方针、发展规划、组织变革、产品开发和产品组合、市场开拓、企业联合等。

2. 中层管理决策

中层管理决策是由处于企业中间管理层次的职能管理者和专业管理者作出的决策。中层管理者拥有双重作用，即执行高层管理者的决策和就本职能和专业范围内的问题作出相应的决策以指导下一层管理者的职能活动。因此，中层管理决策一般是承上启下的，承上是要执行、分解高层管理决策，启下就是根据本层次、本部门的工作实际作出相应的决定，并与高层决策部门分解决策一同下达给基层管理者。中层管理者决策解决的问题多属于某个职能领域的共同的、重要的不足、主要矛盾或部门发展规划，而这些问题恰恰是基层管理者无法解决的，如库存结构不合理、部门人员工作效率低、部门费用超支等。

3. 基层管理决策

基层管理决策显然是为处理现场作业过程中出现的种种问题和贯彻落实高中层决策而作出的种种决定。由于该层决策者直接面对的是一线作业人员，因此，基层决策必须具体和完全可操作。同时，基层决策必须及时，拖延不得，如解决设备故障问题，必须及时作出是暂停小修、停产大修，还是购置新设备的决定。

根据管理职责的层次性，把管理决策划分为高、中、基层决策是极为有意义的。它有利于明确决策职权；有利于相互配合，把各个层次的决策落到实处，得以全面执行；还可以避免决策中的互相交叉、事无巨细、越级侵权等不良现象的出现。但是，企业的各种活动是相互交错的，决策的问题完全可能是上下各种因素和左右各个方面相互交织在一起的矛盾体。因此，有些问题出在高层与中层、中层与基层的界面上，难以明确判断应由哪一个层次来作决策。所以，在严格遵守职权一致和等级原则的同时，还要强调从上至下的决策授权和从下至上的经常信息反馈。

5.1.3.3 战略决策和战术决策

按管理决策的重要性来划分，有战略决策和战术决策。

1. 战略决策

战略决策是关于企业长期的、全局的、方向性的重大问题的决策。这一类的决策多是处理企业与外部环境关系的决策，如企业的生产经营方向、经营方针、经营目标等决策。它虽然不等同于高层决策，但一般是由高层管理者作出的。比较而言，战略决策要求决策权力高度集中。这样，它便可以处理那些情况不明了，甚至是全新的、风险不定的、内部结构无序的重大战略问题。

2. 战术决策

战术决策是带有局部性，并为实现战略决策服务的问题的决策。它还带有实战技术性。如企业市场营销策略、产品组合、定价组合、渠道策略、促销方式等的决策。战术决策还包括具体的作业决策，作业决策更应有它的技术性。战术决策由于是为战略决策服务的，因此主要处理企业内部各部门、各种资源怎样有效地组合，以形成较强的战斗力的问题。它一般由中基层管理者来承担。相对来说，战术决策的权利可能比较分散，因为它处理的问题有一定的重复性，不确定性较小，信息量较多，风险可以估计，表现出一定的有序结构。

5.1.3.4 程序化决策和非程序化决策

从决策问题出现的重复程度和解决问题的可用技术来看，有程序化决策和非程序化决策。这是决策学派的代表人物——美国的西蒙教授提出的。

1. 程序化决策

程序化决策是指决策的问题经常出现，以至于决策过程的每一个步骤都有了规范的固定程序，这些程序可以重复地使用以解决同类的问题，而且这一类决策几乎都可以由电子计算机去完成。西蒙教授归纳了程序化决策的技术。

程序化决策的技术有：①组织成员的习惯。习惯是制定程序化决策的全部技术中最为普通和最为盛行的技术。值得注意的是，这种习惯性技能部分由组织的气氛、要求来予以培养。②标准操作规程，即以书面形式记录下来的规范化的程序。它可以教育组织新成员去适应组织的氛围，同时提醒旧有成员不断重复那些尚未成为他们习惯的程序。③组织结构，即合理的分工。组织结构实际上规定出了一套目标和责任结构，同时也在组织内设立了情报责任单位，能够将需要注意的事件通知给适当的决策点。④数学工具，如微积分、线性代数、概率论等。⑤运筹学，用系统论的观点和数学模型解决管理中提出的问题，如线性和非线性规划、动态规划、排队论、对策论等。⑥计算机。前三种技术是传统的技术，后三种则是西蒙认为的新技术。

为什么能运用上述六种技术去进行程序化问题的决策呢? 西蒙认为, 决策可以程序化到呈现重复和例行状态, 可以程序化到制定出一套处理这些决策的固定程序, 以致每当它出现时, 不需再重复处理。而为什么程序化决策趋向重复性和反复性呢? 其道理很明显: 假若某特定问题反复出现多次, 那么人们就会制定出一套例行程序来解决它。你在组织中会遇到大量的程序化决策的例子, 比如为普通顾客的订货单标价、为患病雇员核定工资、记录办公室用品的供应情况等等。

2. 非程序化决策

非程序化决策是指对那些没有固定程序和常规办法处理的一次性新问题的决策。这些问题难以定量化、难有数学模式、不能使用计算机, 而要靠决策者的知识、经验、信念、才干才能作出决定。

西蒙教授归纳非程序化决策的特点认为: 决策可非程序化到使它们表现为新颖、无结构、具有不寻常影响的程度。处理这类问题没有灵丹妙药, 因为这类问题在过去尚未发生过, 或其确切的性质和结构尚捉摸不定或很复杂; 或其十分重要而需要用现裁现做的方式加以处理。某家公司决定在以前没有经营过的国家里开展营业的决策, 是非程序化决策的一个突出例证。

进行非程序化决策的技术有: ①判断, 即根据经验、洞察力和直觉来决定; ②形式估计, 即概测法; ③选用崭露头角的新人、专业训练以及有计划的实践体验等。

西蒙利用表 5-1 来概括两种决策的特点和决策技术的区别。

表 5-1　程序化决策与非程序化决策比较

决策类型	决策制定技术	
	传统式	现代式
程序化的: 常规性、反复性决策, 组织为处理上述决策而研制的特定过程	1. 习惯 2. 事务性常规工作, 标准操作规程 3. 组织结构: 　普通可能性; 次目标系统; 　明确规定的信息通道	1. 运筹学; 　数学分析; 　模型; 　计算机模拟。 2. 电子数据处理
非程序化的: 结构不良、新的政策性决策; 通过问题解决过程处理的	1. 判断、直觉和创造 2. 概测法 3. 经理的遴选和培训	探索式问题解决技术适用于: (a) 培训人员决策制定者 (b) 编制探索式计算机程序

最后应该指出的是, 这两种决策在实际生活中并非其表现出的那样纯净。许多问题的决策是这两种决策不同程度的结合。

5.1.3.5　确定型决策、不确定型决策和风险型决策

按决策问题所处的条件不同可划分为确定型决策、不确定型决策和风险型决策。这种划

分是建立在决策者对不同行动的方案可能出现或面临的情况的了解程度基础上的。

1. 确定型决策

确定型决策是指决策者确知每个方案将会面临某种情况,而且这种情况的出现是肯定的。在这种肯定的条件下,每个方案的损益结果必是可知的。这样,从几个方案中选择一个方案无疑是有把握的事。如是买企业债券还是买国库券的决策。企业一年期债券年息为11.5%,一年期国库券的年息为9.8%,那么可以有把握地决定,买企业债券好。

2. 风险型决策

当决策能否达到预期效果,取决于某种程度的机会时,我们就称这样的决策为风险型决策。也就是说,决策者对不同行动方案可能出现或面临的情况有些了解,但不完全肯定。如企业要开发一种新产品投放市场,决策者们不能肯定该种新产品将会有哪一种市场状况(假如有高需求量、中需求量和低需求量三种可能的市场状况),但可以估计每种可能的市场状况出现的可能性。如高需求量出现的可能为0.2(即两成的把握),中需求出现的可能为0.65(即六五成的把握),低需求出现的可能性为0.15(即一成五的把握)。此时开发新产品的决策就是风险型决策。如果肯定高需求状况将出现,那么就转化成确定型决策了。

3. 不确定型决策

不确定型决策就是决策者对不同行动方案可能出现或面临的状况毫无把握,或者根本不知道将出现什么情况。

5.1.3.6 定量决策和定性决策

按决策问题的各种必要要素可否数量化来分,有定量决策和定性决策。

1. 定量决策

定量决策指决策问题的要素可以数量化,并可以建立数量模型的决策。如企业内部的库存控制决策、成本计划、生产安排、销售计划等。

2. 定性决策

定性决策指决策问题要素的性质难以数量化,或要素太多,太复杂,难以进行数量处理的问题决策。这类决策只能依靠决策者的分析判断。如组织机构设置的优化决策、人事决策、选择目标市场等都属于此类。

在实际决策活动中,还存在相当多的两种决策的结合形式,即定量中有定性,定性中有定量。

5.1.3.7 单目标决策和多目标决策

根据决策目标的数量,可以把管理决策分为单目标决策和多目标决策。

1. 单目标决策

顾名思义,单目标决策是指决策要达到的目标只有一个。

2. 多目标决策

多目标决策是指决策要达到的目标有两个或以上。多目标决策更复杂,需要采用多种不同的方法,甚至还要把不同的结果转换成可以比较的同一尺度或单位(如效用方法),但其更贴近实际情况,因而受到了更多的重视。如新建一个工厂,决策目标就可能有:预期投资利润率、投资回收期、建成后发挥效益的时间、销售额(产值)、环境保护等。

5.1.3.8 单阶段决策和多阶段决策

根据决策的整体构成阶段来分，有单阶段决策和多阶段决策。

1. 单阶段决策

单阶段决策指某个时段的某一问题的决策。因而，这个阶段的结果最佳就是整个决策问题的结果最佳。如企业产品年产量的决策，其决策结果只有一个。

2. 多阶段决策

多阶段决策也称动态序贯决策，它的特点是：

● 一个决策问题是由多个不同的前后阶段的小问题组成的；

● 前一阶段的决策结论直接影响下一阶段的决策，是下一阶段决策的出发点；

● 必须分别作出各个阶段的决策，但各阶段决策结果的最优之和并不能构成整体决策结果的最优。多阶段决策必须追求整体的最优。

除了以上八个角度的分类外，决策还可以从企业的业务职能的角度分为生产决策、市场营销决策和投资决策等。

5.1.4 系统决策基本步骤

前面我们论述了科学决策的基本过程。针对某一具体的决策问题，一项完整的决策过程应该包括以下几个基本步骤。

第一，明确目标。

确定目标是决策的前提。决策目标要制定得具体、明确，避免抽象、含糊。因此，决策目标最好是可度量的指标，如收益、损失等。此外，决策目标要考虑全面，将整体与局部、长远和近期、实际和可能的利益结合起来。

第二，拟定多个行动方案。

根据确定的目标，拟定多个行动方案，这是科学决策的关键。

需要注意的是，提出的行动方案必须是可行的，这样从中选择方案才有意义。对于比较大的决策问题，还要进行可行性论证。

第三，探讨并预测未来可能的自然状态。

所谓自然状态，是指那些对实施行动方案有影响而决策者又无法控制和改变的因素所处的状况。这些因素包括的范围很广泛，如气候、物价、市场需求、竞争对手的行动、成本、原材料等都可以成为影响因素。尽管影响决策问题的客观因素可能很多，但通常只选择对行动结果有重大影响的因素，以这个因素或这些因素的状况或组合状况作为该决策问题的自然状态。

例如，某企业的决策者面临的是"生产产品 A"还是"不生产产品 A"的决策问题，如果影响这两种行动方案的不可控因素为"市场需求量"，而它可能出现的状况有"市场需求大"和"市场需求小"两种，那么行动方案实施后将遇到的自然状态就是二者之一。如果"竞争厂家是否生产类似产品"是本决策问题的另一个不可忽略的影响因素，它的可能状况有"无竞争"和"有竞争"两种，那么，两种影响因素的可能组合状况有四种："需求小，但无竞争"、"需求小，且有竞争"、"需求大，且无竞争"和"需求大，但有竞争"，这也就是本决策问题的四种可能自然状态。

此外，影响因素的状态需要事前作出明确的定义。例如，"市场需求量大"的定义是什么？指需要达到 1000 台以上，还是 2000 台以上呢？显然不同的问题将有不同的回答，应根据具体问题作出相应的说明和定义。

第四，估计各自然状态出现的概率。

这是统计决策（风险型决策）问题必须进行的工作，是构成该类决策问题的条件之一。由于确切真实的自然状态出现情况在决策之后才能确定，为了进行统计决策，我们必须对各自然状态出现的概率作出估计。一般可以采用主观概率估计或者根据历史统计资料直接估计。

第五，估计各个行动方案在不同自然状态下的损益值。

这也是构成决策问题的条件之一。

第六，决策分析，选择出满意的行动方案。

这一步是系统决策全过程的主体，应用各种决策技术进行决策分析，应用一定的决策准则，最终为决策者选择出满意方案。这也是本章将要讨论的内容。

5.1.5 管理决策的方法

5.1.5.1 管理决策的数量方法

数量方法在管理决策方法体系中占有很重要的地位。就像西蒙教授所批判的那样，虽然许多数学决策方法仍然没有废弃全面最优化的假定，但不能否认的是，许多运用到决策中来的数学方法在贴近决策问题和简化计算方面比过去前进了许多。

数学方法，是运用数学所提供的概念、处理问题的方式及技巧，对所研究的对象进行量的描述、计算、分析和推导，从而找出能以数学形式表达事物内在联系的一种方法。

数量方法的重要特点就是抽象性。这种抽象是对实际问题深入研究、深刻理解的提高。对于一个了解甚少的问题，决策者只有在广泛地收集了有关数据，掌握并深刻领会了这些数据的本质含义后，才能沿着从具体到抽象的方向，逐步拟出表达问题特征的数学模型。

这个抽象过程看似简单，实质上是极其复杂的质的转变。在开始阶段，决策者对问题的了解是建立在对问题诊断的基础上的，相距建立数学模型还是较远的。随着决策过程的进行，不断进行数据补充是十分重要的，数据的增加会使决策者对问题的了解更清晰、更精确。有时还需要试验或模拟。

建立某种数学模型，只是求解问题的第一步，因为：第一，它必须经过未来实践行动的检验，还要被不断地修正；第二，它必须配合决策者个人或集体的定性分析。

在运用数量方法解决问题时，决策者要对问题有深刻的理解，任何照搬套用都是不可取的；要求数学模型实用和准确；还要有准确、可靠的数据。

决策中可用的数学方法很多，有些是基础性的方法、有些是偏重应用的方法，决策者应根据解决问题的实际需要选择采用。这里需要说明的是，采用数量方法有助于科学管理，但决策者也并非完全依此结果裁决，很大程度上要依靠自己的经验或主观判断。例如对一个决策问题、目标和衡量指标的选择、数据模型的建立与选用、数值的取舍等都有很大的主观随意性。即使解决同一个问题，不同的选择也会有不同的结果。对于某些数量指标较差的方案，也可能被不同的决策者选择作为较优方案。而且有些因素是难以定量的，决策者只能用定性分析方法。

5.1.5.2 管理决策的创造性方法

决策是一种创造性活动。要想获得合理的决策结果。决策者也好，个人也好，集体也好，均必须充分发挥创造性。创造性思维是人人潜在的思维。强调决策的创造性，不仅仅是要帮助决策者怎样发展创造性思维能力，更重要的是采用一定的组织方法，使参与决策的人员能够充分发挥潜在的创造性思维能力。本节主要探讨一些使创造性得以有效发挥的组织方法。

1. 头脑风暴法

头脑风暴方法（Brainstorming）是美国学者亚历克斯·奥斯本（Alex. F. Osborn）为了帮助一家广告社产生创造性建议而创造的。由于它所设计的规则能激发大量的新主意，这种方法被广泛应用到许多其他需要用大量的新方案来回答问题的场合。

头脑风暴法是一种运用集体的经验和集体的知识来选择和论证管理决策的方法。

头脑风暴法的规则：采用头脑风暴法必须事前对参与会议的每位成员进行教育，要求与会者理解并遵守以下四项规则。

第一，拒绝裁判性的思想或评论，对思想和主意的评判要在会后进行。

第二，欢迎随心所欲的思考（Freewheeling）。想法越不受现实的束缚越好，哪怕是不着边际（Wild）或极端（Radical）的。

第三，追求想法的数量。主意越多，寻找到最佳方案的可能性也就越大。

第四，寻求联合和改进。与会者应该能够把一些主意转化成更好的建议，或把多个主意合并为一个主意。

头脑风暴会议的成员：对于究竟应该有多少人、什么样的人参与头脑风暴会议，人们的看法逐步趋向一致，如人数一般不超过 12 人，根据问题性质选择人员等。美国芝加哥大学的《集体头脑风暴教程》对此作了下述规定。

第一，每小组都应该由一名组长、一名设想秘书和十名左右的成员组成。

第二，如果邀请一些人参加，这些人应该来自社会（企业）的各个部门，这样才有利于创造性思维。

第三，问题的种类决定了应该邀请的人员类型。

第四，在每个组内安排两三位女性是很实用的。对于解决女性问题来说，至少应该有一半以上的与会者为女性。

第五，鉴于那些过去没有出席过这样会议的人，可能不太适应这种会议的方式，我们应该对其给予指导，最好用半个小时的时间对提出设想的基本原则和头脑风暴法的问题作一番解释。

美国学者惠廷对实施头脑风暴法提出了下列建议。

第一，会议时间。40 分钟到 1 小时。若无充分时间，10～15 分钟的会议也能解决问题。

第二，会前不公布问题。如果需要对总的领域先有所了解的话，应采用与选题有关的资料表或建议参考材料。

第三，问题必须明确地给以说明且不要太宽泛。

第四，使用小的会议桌，便于人们互相交换意见。

第五，如果讨论的是一种产品，可以提供样品作为参考。

2. 戈登法

这是威廉·戈登（William. J. Gordon）为了满足阿瑟·利特尔公司的需要而拟定的一种方法。与头脑风暴法相比，它的优点主要是先把问题抽象化，然后再提出解决的方案，这样能够避免决策者受现有事物的约束而不能冲破思维框框。

戈登法的规则如下。

第一，只有小组领导人知道所讨论的问题，其他与会者并不知道要解决什么问题。

第二，把问题抽象化。向与会者提出抽象化后的问题，与会者就此提出自己的建议。

第三，自由联想，无所拘束。

第四，问题抽象要慎重。不能离原问题太远，否则，与会者提出的建议将对解决原问题无多大帮助。

惠廷认为，为了更好地发挥戈登法的作用，一般要注意。

第一，会议时间一般要 2～3 个小时，以便就抽象化后的题目进行充分的讨论。

第二，会议小组领导人必须有不平凡的才能且受过运用该方法的充分训练。

第三，会议小组由具有各种经历的人组成。尽量使非常活跃的成员和非常稳静的成员保持平衡。

第四，通常，最好不让公司内部级别悬殊的人员在一个组讨论问题。

3. 名义团队法

当与会者怀有的目的差别较大或意见明显相左时，采取开放式的头脑风暴法和戈登法是极费时间的。而名义团队法在这种情况下则有其优势。名义团队法要遵守下列原则。

第一，7～10 人的成员，依次围坐在桌子旁边。

第二，对宣布的问题参与者进行独立思考并把自己的回答写在纸上。

第三，由主持人朗读各条意见，不许做任何批评或讨论。

第四，把各条主意写在一张大纸上。

第五，讨论每一条意见，参加讨论的人员寻求对意见的澄清，表明自己的态度。

第六，进行书面投票，然后根据投票数对各意见排序，排在第一位的就是公认的决策意见。

4. 鱼缸法

它是一种能集中与会者注意力的集体讨论和解决问题的方法。

这种方法要求所有决策人员围坐成一个圆圈，并在此圆圈中放上一把转椅，只有坐在中间转椅上的人可以就给定的问题发表自己的观点，提出自己解决问题的方案；第二、三位甚至更多的坐到圈中转椅上的人仍然可以发表自己的观点，或附议前面的方案，直到观点趋于一致为止。坐在圈子上的与会者不能相互交谈，只可以向坐在圈中转椅上的人提出问题。

这样做，所有人的注意力都被迫集中在中间那个人身上，可以避免浪费时间、成员之间随意交谈和不切题的讨论。

许多人认为，参与决策的鱼缸小组成员最好是 5 人，最多为 6 人。因此，当实际与会者人数较多时，可以把意见基本相同的人分组，每组选一个代表，由这些代表形成较少的鱼缸，照上述方法进行决策讨论。每个小组的其他成员坐在他们的代表附近，他们随时可以和他们的代表交换意见。但切记，具体的决策由他们的代表来进行。这样，既可以解决人员多效率低的问题，又能使许多人通过他们的代表来参与决策过程，相互交流观点，澄清意见。

当然，鱼缸法也有其不足之处。如难以控制圈上成员之间的相互交谈；中心座位上的人坐得太久，非要把某个观点基本肯定下来不可；没人愿意坐到中间去，造成较长时间的冷场，从而使讨论效率不高。要克服这些不足，主持人的控制是非常必要的。

创造性的方法除了这些组织方法之外，还有一些创造性思考方法，如特尔斐法，这在前边的章节已经作了详细介绍，还有特性列举法等等，这里不再一一阐述。

5.2 确定型决策分析

如果决策者对决策环境做到了完全了解，那么在决策问题中就不存在不确定性因素，因而对于每一可行行动，都有一确定的行动结果与之相对应。这样的决策问题称为确定型决策问题。

在确定型决策问题中，对于可行行动 $a \in A$ 的行动结果，如是收益，则可记作 $Q(a)$，称为收益函数。这里所说的收益可以是毛收入、利润、利润率、产量、出勤率以及在决策问题中需要尽量大的其他量。有时，为了方便，遇到像成本、亏损等越小越好的量时，在前面冠以负号，也可以按收益处理。

确定型决策问题的决策目标就是收益函数取最大值。由于 $Q(a)$ 已完全为决策者所了解，故问题不难解决。如果可行行动的个数不多，不妨把每个 $Q(a)$ 一一计算出来，加以比较，使 $Q(a)$ 达到最大值的 a 便是最优行动；如果可行行动很多，并可视之为连续变量，可用微分法求其极值（实际问题中提出的收益函数一般是可微的）；对于在不等式组约束下的条件极值，数学规划是解决该类问题的有力工具。

5.2.1 会计核算

前面说过，在可行行动 a 个数不多的情况下，可以逐个计算每个可行行动的结果，加以比较，择优决策。在实际应用中，特别是在经营管理活动中，计算行动结果往往表现为会计核算。举例说明如下。

例 5-1： 北京某副食公司，考虑从南方某地采购一批西瓜，共 40 万斤。每公斤购进价格为 0.24 元。运到北京的方案有两个：铁路普通车运输，平均每吨公里运费 0.08 元，估计损耗率为 20%；由于西瓜质量下降，每公斤售价只能是 0.40 元；保温车运输，运费较贵，平均每吨公里 0.12 元，但损耗率仅 2%，由于西瓜质量得到保证，每公斤售价可达 0.48 元。运输里程为 1800 公里。公司经理指出：如果利润超过 4 000 元便可采购。那么，该公司对这批西瓜是否应该采购？如果采购，又应该采取何种运输方式？

公司的可行行动有三个：采购以普通车运输；采购以保温车运输；不采购。由于采取每一个可行行动的结果都是确定的，所以这是一个简单的确定型决策问题。因此，只要把采取每种运输方式的总利润计算出来并与 4 000 元加以比较，便可作出决策了。

购进成本 $= 0.24 \times 400\,000 = 96\,000$（元，下同）

如果用普通车运输：

运费 $= 0.08 \times 400 \times 1800 = 57\,600$

售价 $= 0.40 \times 400\,000 \times (1 - 20\%) = 128\,000$

纯利润 $= 128\,000 - 96\,000 - 57\,600 = -25\,600$

如果用保温车运输：

运费 $= 0.12 \times 400 \times 1\,800 = 864\,000$

售价 $= 0.48 \times 400\,000 \times (1 - 2\%) = 188\,160$

纯利润 $= 188\,160 - 96\,000 - 86\,400 = 5\,760$

因此，应采购这批西瓜，并用保温车运往北京。

产品构成决策：盈利产品一般应继续生产。亏损产品（销售收入 < 销售成本）可分为两类：绝对亏损产品（边际贡献 = 单位产品的销售收入 – 单位产品可变成本 < 0），一般应淘汰；非绝对亏损产品（边际贡献 > 0，但销售收入 < 销售成本，即单位产品可变成本 < 单位产品销售收入 < 单位产品分摊固定成本 + 单位产品可变成本 = 单位产品成本）是否应淘汰要酌情而定，如将之淘汰，其固定成本转移到其他产品上去，将导致单位产品成本的上升。

在考虑增加新产品时也会碰到同样的问题。若所考虑的产品为亏损产品，但非绝对亏损产品，且增加这种产品的生产，不需增添设备、人力和物力，故其边际贡献可以冲掉一部分固定成本，这种产品可以考虑投产。

增加新订货决策：工厂生产某种产品，生产任务尚未饱满，外单位来订货，但所付价格低于生产成本，这时不一定不接受。在不增加固定成本的条件下，只要价格高于可变成本，就可以考虑接受新订货。

例5-2：某衬衫厂生产某种式样的衬衫。年度计划已安排了 15 万件，每件售价 15 元，单位可变成本 10 元，每件分摊固定成本 3 元。该厂生产能力为 20 万件（不增加固定成本）。现商场欲订货 5 万件，但每件只付 12 元。是否应接受这批订货？

如果接受这批订货，后接受的 5 万件，每件将提供 12 – 10 = 2 元的边际贡献，可冲掉 10 万元的固定成本，故可接受这批订货。会计核算账目如表5-2所示。

表5-2　某衬衫厂接受订货前后的会计核算

单位：万元

项目	接受前	接受后	提高
销售收入	225	285	60
固定成本	45	45	0
可变成本	150	200	50
利润	30	40	10

5.2.2 盈亏分析

量本利分析（CVP）可以借助于图形进行。在平面直角坐标系，用横轴表示业务量 Q，纵轴表示款额，画出总收入曲线 TR 和总成本曲线 C（图 5-2）。这两条曲线交点的横坐标记为 Q_e。显然，Q_e 是使总利润为 0 的业务量，称为平衡点。当 $Q > Q_e$ 时，利润 $P > 0$；当 $Q < Q_e$ 时，$P < 0$。

上述方法不只可用在 $TR - C$ 曲线上。例如，在某决策问题中，有两个可行行动，各有一条成本曲线，在讨论如何根据业务量选取行动才能使成本最低时，也可应用与上面类似的方法。

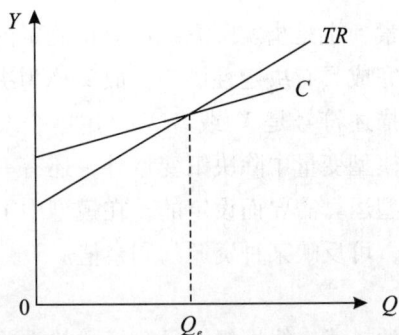

图 5-2　盈亏分析

设备更新决策：企业设备陈旧，是否应该更新？不更新，固定成本低，单位可变成本高；更新，可降低单位可变成本，但固定成本有所增加。权衡轻重，关键在于生产规模。

零件的自制和外购：企业所需零件，如外购，不需固定成本，但价格较贵；如自制，每个零件的可变费用较低，但需固定成本，权衡轻重，关键在于对该种零件需求的大小。

5.2.3 古典极值法

前面说过，如果确定型决策问题的收益函数可视为可行行动 a 的连续函数，并且它是可微的，则可用古典极值方法求其最优行动。

例 5-3：某洗衣机厂生产洗衣机，$C_F = 10$ 万元　$C_V = 200$ 元　$\alpha = 0.02$ 元，售价为每台 $m = 400$ 元，则使单位成本最低的年产量为：

$$Q = \sqrt{\frac{100\,000}{0.02}} = 2236 （台）$$

这时，单位成本 $y = \dfrac{100\,000}{2236} + 200 + 0.002 \times 2\,236 = 289 （元）$，总利润 $P = 400 \times 2\,236 - (100\,000 + 200 \times 2\,236 + 0.02 \times 2\,236^2) = 247\,206 （元）$，使总利润最高的产量为：

$$Q = \frac{400 - 200}{2 \times 0.02} = 5\,000 （台）$$

这时，单位成本 $y = \dfrac{100\,000}{5\,000} + 200 + 0.02 \times 5\,000 = 320 （元）$，总利润 $P = 400 \times 5\,000 - (100\,000 + 200 \times 5\,000 + 0.02 \times 5\,000^2) = 400\,000 （元）$。

5.2.4 线性规划模型

一个企业生产多种产品，在进行市场需求测定的基础上，根据企业现有资源条件，各种产品的产量如何组合，才能使利润最大（或成本最低），是企业产量决策的基本问题，也是线性规划模型要解决的基本问题。

5.2.4.1 线性规划模型结构

线性规划模型的结构决定于线性规划的定义。线性规划的定义是：求一组变量的值，在满足一组约束的条件下，求得线性目标函数的最优解。因此，线性规划的模型结构包括下列三个部分。

1. 变量

变量是指系统中的可控因素，也是指实际系统中有待确定的未知因素。这些因素对系统目标的实现和各项经济指标的完成具有决定性影响，故又称为决策变量，如决定企业经营目标中的产品品种和产量等。其描述符号是 X_i 或者 X_{ij}，用一个或几个英文字母，附以不同的数字下标，表示不同的变量。模型变量中除决策变量外，还有一种叫辅助变量，它包括松弛变量和人工变量。它们是应模型运算需要而设定的，在模型中一般不起决策性作用，但可能在计算机运算输出结果中出现，可反映某种资源的剩余值。

2. 目标函数

目标函数是系统目标的数学描述。线性规划目标函数的重要特征之一是线性函数，即目标值与变量之间的关系是线性关系。这是线性规划模型的基本条件和假设。目标函数特性之二是单目标，实现单目标的最优值，一般是求效益性指标，如产值、利润等的极大值，或者是损耗性指标，如原材料消耗、成本、费用的极小值。极值标准要根据系统的具体情况和决策的要求来定。

3. 约束条件

约束条件是指实现系统目标的限制因素，它涉及系统的内外部条件的各个方面，内部条件如原材料储备量、生产设备能力、产品质量要求等；外部条件如市场需求和上级的计划指标等。这些因素对实现系统目标都起约束作用，故称其为约束条件。根据约束因素对系统的约束要求和作用的不同，约束条件的数学表达形式也不同。线性规划的约束条件有三种形式：大于等于（≥）；等于（＝）；小于等于（≤）。前两种形式多属于效益性指标或合同要求，必须按计划及合同要求超额或如数完成；后者多属于资源供应约束，由于供应数量有限，一般不允许超出。由于线性规划的约束因素涉及范围较广，约束幅度较大，因此，约束条件多用不等式形式来描述。

另外，线性规划的变量皆为非负值。

综上所述，就可列出线性规划的一般形式：

$$Z_{\max(\text{或}\min)} = c_1 x_1 + c_2 x_2 + \cdots + c_j x_j + \cdots + c_n x_n$$

其约束条件如下：

$$a_{21} x_1 + a_{22} x_2 + \cdots + a_{2j} x_j + \cdots + a_{2n} x_n \leqslant (\ =,\ \geqslant)\ b_2$$

$$a_{11} x_1 + a_{12} x_2 + \cdots + a_{1j} x_j + \cdots + a_{1n} x_n \leqslant (\ =,\ \geqslant)\ b_1$$

$a_{m1} x_1 + a_{m2} x_2 + \cdots + a_{mj} x_j + \cdots + a_{mn} x_n \leqslant (\ =,\ \geqslant)\ b_m$，$x_j \geqslant 0\ (j = 1,\ 2,\ 3,\ \cdots,\ n)$。

根据线性规划模型的一般形式分析，线性规划具有下列特性：

线性：线性规划的目标函数与约束条件均为线性函数（变量均为一次项），这是线性规划建模的前提。实际系统中的非线性关系，应属于规划论另一分支——非线性规划的研究范围。

单目标：这与经济管理中多目标的实际要求是矛盾的。一般处理方法是抓主要矛盾，确定一个主要目标，实现最优，带动其他目标的实现，或者单目标多方案择优。不然就要用目标规划来实现多目标优化分析，这属于规划论另一分支——目标规划的研究范围。

连续：线性规划的最优解值是连续的，可以是整数，也可以是分数（或小数）。如果实际系统要求实现整数最优，而这时线性规划最优解是分数，满足不了解为整数的要求，这就属于规划论中另一分支——整数规划的研究范围。

静态：线性规划模型参数，一般要求是确定型的，所以它只是一种实际活动的静态描述。

5.2.4.2 应用举例

线性规划模型的运用对于提高企业竞争能力、提高经济效益有着重要作用，当企业生产所需资源数量，如设备能力、原料供应量等条件一定时，对经营管理的要求就是如何根据市场需求，充分利用这些资源，使企业的经济效益最大。

例5-4：某五金产品制造厂利用金属薄板等生产四种产品，生产过程须经过五个车间，每个车间根据现有条件，所能提供的工时数量及每种产品生产过程所需工时定额情况如表5-3所示，各种产品的单件成本、市场价格以及销售趋势如表5-4所示。

表5-3　工时定额

车间	单位产品的工时定额（时）				可利用工时（时/月）
	产品 A	产品 B	产品 C	产品 D	
冲压	0.03	0.15	0.05	0.10	400
钻孔	0.06	0.12	—	0.10	400
装配	0.05	0.10	0.05	0.12	500
喷漆	0.04	0.20	0.03	0.12	450
包装	0.02	0.06	0.02	0.05	400

表5-4　产品的单件成本、市场价格以及销售趋势

产品	单位产品价格（元）	单位产品成本（元）	市场销售（件）	
			最小	最大
A	10	6	1 000	6 000
B	25	15	—	500
C	16	11	500	3 000
D	20	14	100	1 000

现已知下月制造产品 B 和产品 D 的金属板供应紧张，最大供应量为 2000 平方米，若产品 B 每件需 2 平方米，产品 D 每件需 1.2 平方米，要求拟订出下月实现最大利润的产品搭配计划。

解：设 x_1、x_2、x_3、x_4 分别为产品 A、B、C、D 的计划产量。

目标函数：

$$Z_{max} = （10-6）x_1 + （25-15）x_2 + （16-11）x_3 + （20-14）x_4$$
$$= 4x_1 + 10x_2 + 5x_3 + 6x_4$$

约束条件如下：

（1）可用工时的约束

冲压：$0.03x_1 + 0.15x_2 + 0.05x_3 + 0.10x_4 \leqslant 400$

钻孔：$0.06x_1 + 0.12x_2 + 0.10x_4 \leqslant 400$

装配：$0.05x_1 + 0.10x_2 + 0.05x_3 + 0.12x_4 \leqslant 500$

喷漆：$0.04x_1 + 0.20x_2 + 0.03x_3 + 0.12x_4 \leqslant 450$

包装：$0.02x_1 + 0.06x_2 + 0.02x_3 + 0.05x_4 \leqslant 400$

（2）金属板供应的约束

$2x_2 + 1.2x_4 \leqslant 2000$

（3）市场销售的约束

$x_1 \geqslant 1000$

$x_1 \leqslant 6000$

$x_2 \leqslant 500$

$x_3 \geqslant 500$

$x_3 \leqslant 3000$

$x_4 \geqslant 100$

$x_4 \leqslant 1000$

（4）非负约束：x_1，x_2，x_3，$x_4 \geqslant 0$

线性规划模型通常要用计算机求解，求出最优解为：

$x_1 = 5500$（件） $x_2 = 500$（件）

$x_3 = 3000$（件） $x_4 = 100$（件）

最大利润 $Z_{max} = 42600$（元）

结合例 5-4 的具体内容，至少从观念、思路上有三点启示。

第一，提高企业利润的关键在于现有资源的合理配置，而不是哪种产品单件利润高，就多生产。流程控制的重点不是比较"单件利润"而是在于"资源配置"。

第二，利用线性规划建立资源配置模型，并不涉及高深的数学知识和财务投资的业务知识，只需要把管理常识问题用数学方式加以表达。管理人员要破除对模型应用的畏难心理。

第三，线性规划模型的手工求解过程极为复杂，但用计算机求解却比较容易。对企业经理人员来说，其主要工作是整理、核实企业现有资源总量和各种消费定额的数据，运用相应计算机软件，把计算机应用从一般财务报表处理提高到辅助管理决策。利用计算机帮助企业

"挖掘数据潜力",提高企业资源优化配置的科学水平,实现管理优化控制的目标。

5.3 不确定型决策分析

在某些决策问题中,当采取的可行行动确定之后,行动结果尚不能被唯一确定,它还依赖于决策者无法预知的一些因素,这就是不确定型决策问题。问题中之所以出现不确定性,是由于决策者对决策环境不了解。

用 θ 表示不确定因素,a 表示可行行动,则收益 Q 是 θ 和 a 函数:$Q = Q(\theta, a)$。在收益函数中,自然状态 θ 起着参数的作用,故也被称为状态参数。在 θ 与 a 都只取有限个值的情况下,收益函数表现为表 5-5 所示的收益矩阵。

表 5-5 不确定型决策问题的收益矩阵

Q θ \ a	a_1	a_2	$\cdots$	a_n
θ_1	Q_{11}	Q_{12}	$\cdots$	Q_{1n}
θ_2	Q_{21}	Q_{22}	$\cdots$	Q_{2n}
$\vdots$	$\vdots$	$\vdots$		$\vdots$
θ_m	Q_{m1}	Q_{m2}	$\cdots$	Q_{mn}

$\Omega = \{\theta_1, \theta_2, \cdots, \theta_m\}$ 称为状态参数空间,$A = \{a_1, a_2, \cdots, a_n\}$ 称为可行行动集合。

例 5-5: 某公司试制成功某种新产品,准备批量生产投放市场,假定公司可采取的行动有三个:大批生产(a_1)、中批生产(a_2)、小批生产(a_3),未来市场销售状态也分为三种情况:畅销(θ_1)、一般(θ_2)、滞销(θ_3)。采取各行动在各状态下的利润(单位:万元)如表 5-6 所示。

表 5-6 某公司产销新产品的收益矩阵

$Q(\theta, a)$ θ \ a	a_1(大批)	a_2(中批)	a_3(小批)
θ_1	10	5	2
θ_2	−1	3	2
θ_3	−5	−2	1

那么,该公司应采取怎样的生产规模?

一般来说,在不确定型决策问题中,很难找到绝对最优的行动(即不管怎样的状态发生,其收益都高于至少是不低于其他行动的收益)。因此,确定行动优劣的判别准则(或者说把所有可行行动按优劣排序）是不确定型决策理论中的关键问题。这种优劣判别准则具有很大程度的任意性，这与决策者的偏好系统有关。在实际工作中，只能根据具体情况选用。

5.3.1 最大最小原则

最大最小原则是这样的，设想采取任何一个行动都是收益最小的状态发生，然后比较各行动的结果，哪一个行动的收益最大，哪个行动便是最优行动。

例如，在例5-5中，a_1、a_2、a_3 的最小收益分别为 -5、-2、1，其中以 1 为最大，故最大最小原则下的最优行动为 a_3。

最大最小原则是从最坏处着眼的带有保守性质的一种决策原则，它反映了决策者的悲观情绪。这个原则在某些场合下适用，例如企业规模小、资金薄弱，经不起大的经济冲击；或者是决策者认为最坏状态发生可能性极大，对好状态缺乏信心。在某些行动可能导致重大损失（如人的伤亡、企业的倒闭）时，人们也往往愿意采用这一较为稳妥的决策原则。人们宁愿在无事时花点钱参加各种保险，以避免在遭到不幸时蒙受致命的损失便是这样的例子。

例5-6：某玩具公司设计一种玩具娃娃。玩具娃娃的运动，可以靠齿轮和杠杆（a_1），也可靠弹簧（a_2），或者利用滑轮靠娃娃本身的重力（a_3）。当市场需求量较低（θ_1）、一般（θ_2）或者较高（θ_3）时，其利润（元）如表5-7所示。

表5-7 产销某种玩具的收益矩阵

θ	a_1	a_2	a_3
θ_1	25 000	$-10\ 000$	$-125\ 000$
θ_2	400 000	440 000	400 000
θ_3	650 000	740 000	750 000

该公司认为目前玩具市场不太景气，故愿采取稳妥的经营方针，利用最大最小原则决策，那么应该选择哪种运动方式？

三种方式的最小收益分别是 25 000 元，$-10\ 000$ 元，$-125\ 000$ 元，故最优行动为 a_1。

这种方法以最小收益值（或最大损失值）作为评价方案的标准，重点是使收益值不低于一个限度（或损失值不超过一定限度）。对自然状态来说，决策中是以收益值最小（或损失值最大）的自然状态作为必然出现的自然状态来看待的，这就是把不确定型决策问题简化为确定型决策问题。

这种方法又称悲观决策方法，是保守的、悲观的，但却是最可靠的。因此，这种方法一般适于要求可靠性高的情况，如预测洪水、地震等进行方案选择时多采用此方法，目的是留有充分的余地，减少损失，但它也常使得人们失去进取心，甚至无所作为，所以使用时要慎重，切莫到处乱用。

5.3.2 最大最大原则

最大最大原则是这样的：设想采取任何一个行动，都是收益最大的状态发生，然后比较各行动的结果，哪一个行动的收益最大，哪一个行动就是最优行动。

例如，在例 5-5 中，行动 a_1、a_2、a_3 的最大收益分别为 10、5、2，其中以 10 为最大，故最大最大原则下的最优行动为 a_1。

与最大最小原则相反，最大最大原则是从最好情况着眼的带有冒险性质的一种决策方法，即选取"最有利中之最有利"方案，故又称乐观法则。它反映了决策者的乐观情绪。当决策者估计出现最好状态的可能性很大，而且即使出现最坏状态损失也不十分严重时可以采取这一决策原则。这种决策方法带有很大的冒险性，不是收获最大，就是损失最大，因此，不适于要求可靠性高的决策。

5.3.3 胡尔维茨原则

人们因最大最小原则过于悲观、保守，最大最大原则过于乐观、冒险，而都不愿意使用，胡尔维茨（Hurwitz）原则是在这种情况下产生的一种介于两者之间的决策原则。

首先规定一个反映决策者乐观程度的所谓乐观系数，用 α 表示，$0 \leqslant \alpha \leqslant 1$，决策者对未来状态的估计越乐观，$\alpha$ 越接近于 1；越悲观，α 越接近于 0。然后，对每一行动都找出其在所有可能状态下的最高收益与最低收益，分别以 α 和（$1 - \alpha$）为权求其加权平均：

$$H(a) = \alpha \cdot \max_{\theta} Q(\theta, a) + (1 - \alpha) \cdot \min_{\theta} Q(\theta, a)$$

使这样的加权平均值 $H(a)$ 最大的可行行动 a，便是胡尔维茨原则下对应于乐观系数 α 的最优行动。

例如，在例 5-5 中，如取 $\alpha = 0.3$，则

$H(a_1) = 10 \times 0.3 - 5 \times 0.7 = -0.5$

$H(a_2) = 5 \times 0.3 - 2 \times 0.7 = 0.1$

$H(a_3) = 2 \times 0.3 + 1 \times 0.7 = 1.3$

最优行动为 a_3。

显然，选定不同的 α 将导致不同的决策结果。

胡尔维茨原则克服了最大最小原则和最大最大原则两者各自的极端倾向，在它们之间进行了适当的调和。它兼顾了最好与最坏两个状态，在实践中收到了很好的效果。但是，这一原则也仅仅利用了最好与最坏两个状态，而把其他一切中间状态置之不顾，所以也未能充分利用收益函数所提供的全部信息，这就致使这一原则有许多不合理之处。另外，在实际应用中，乐观系数 α 也不易确定。

α 的测定：同一决策问题，对于不同的决策者，α 可以不同。α 反映了决策者的主观认识。不难看出，α 实质就是假定只有最好与最坏两个状态时决策者对最好状态发生可能性的估计。因此，为了测定决策者的乐观系数，可向决策者提出以下问题：

"今有两个行动 A_1 和 A_2。A_1：在最好状态下收益为 1 元，在最坏状态下收益为 0 元；A_2：在最好状态下或最坏状态下，收益都是 X 元。无论任何其他中间状态发生，A_1 与 A_2 的收益均为 0 元。那么，你认为当 X 取何值时，行动 A_1 与行动 A_2 等效（即优劣程度相同）？"

决策者所回答的 X 值，便是乐观系数 α。

5.3.4 后悔值原则

首先说明什么叫后悔值。

还是先看例5-5。比如已经采取行动 a_1 了，如果将来真的是 θ_1 发生，那么决策完全正确，因为这时的收益达到了这一状态下所有可能采取行动的收益的最大值。我们说，这时的后悔值是0；如果将来 θ_2 发生，这时的实际收益为 -1。若决策不失误，采取行动 a_2，本来可达到3。-1 与3相比较，少了4，把这个4称为这时的后悔值；如果将来是 θ_3 发生，其实际收益为 -5，与该状态下可能达到的最大收益1相比较少了6，即这时的后悔值是6。行动 a_2、a_3 在各状态下的后悔值可同样求出。于是得到后悔值矩阵（表5-8）

表5-8　与表5-6中的收益矩阵相对应的后悔值矩阵

θ ＼ a	a_1	a_2	a_3
θ_1	0	5	8
θ_2	4	0	1
θ_3	6	3	0

一般地说，后悔值函数 $R(\theta, a)$ 可定义为：

$$R(\theta, a) = \max Q(\theta, a') - Q(\theta, a), a' \in A$$

后悔值反映了决策失误的程度，用它来表示行动结果，我们自然希望它尽可能小。

后悔值原则是这样的：设想采取任何一个行动都是在后悔值最大的状态下发生的，然后比较各行动的结果，哪一个行动的后悔值最小，哪一个行动就是最优行动。

在例5-5中，行动 a_1、a_2、a_3 的最大后悔值分别为6、5、8，因此，后悔值原则下的最优行动为 a_2。

与最大最小原则类似，后悔值原则也是从最坏处着眼的，从而也带有一定程度的保守性质和悲观情绪。但是，这一原则不是从收益，而是从后悔值考虑，常能避免过于保守的结果。

5.3.5 等概率原则

既然对各个状态发生的可能性一无所知，可以假定各状态发生的可能性彼此相等。基于这个假定，求出每个可行行动的平均收益，哪个行动的平均收益最大，哪个行动就是最优行动。这就是等概率原则（也称 Laplace 原则）。

例如，在例5-5中，行动 a_1、a_2、a_3 的平均收益分别为4/3、2、5/3，等概率原则下的最优行动为 a_2。

等概率原则克服了胡尔维茨原则不能充分利用信息的缺点，但它仅仅在对各状态发生的可能性确实一无所知时应用才合理。实际使用这一原则时，常遇到的一个困难是如何划分状态，例如，在上面的引例中，若把 θ_1 分为两个状态，显然要影响决策结果。

以上介绍的是几种常用的不确定型决策方法，因侧重面不同，决策者的立场不同，因而选择的方法也不同，从而也就得出不同的决策，收到不同的效果，故在选用这些方法时，不能死搬硬套，应该领会各种方法的思想，依据实际情况，分析社会及自然条件去决策。对于一些有特殊要求的事件，要特别慎重考虑，要充分地估计最不利的因素，使意外的损失最小。决策问题是一个政策性很强、涉及面很广的问题，绝不能掉以轻心，草率从事。在能够收集到资料的情况下，尽力把材料收集齐全而采用数理统计和分析的方法去处理，一般能收到比较满意的结果。

这里需要特别强调的是，上级决策与自己决策相矛盾的时候，要服从上级决策，并反映自己的意见。这主要是因为领导考虑的是全局决策，自己的决策局部看来可行，全局不一定可行，因此局部必须服从全局，才会使整个系统达到最优，这也正是系统工程处理问题的出发点。

5.4 风险型决策分析

所谓风险决策是指在不确定因素的概率已知的情况下，无论选择哪种决策都要承担一定风险的决策。这种决策通常必须具备以下条件：

决策者有明确的目标；

有两种以上决策者无法控制的不确定因素；

有两个以上方案可供决策者选择；

可估计出不同方案在各种不确定因素下的损益值；

可估计出各种不确定因素出现的概率。

风险型决策所依据的标准主要是期望值标准。每个方案的损益期望值可表示为：

$$V_i = \sum_{j=1}^{m} V_{ij}P_i(S_j)$$

式中，V_i——第 i 方案的损益期望值；

　　　V_{ij}——第 i 方案在自然状态 S_j 下的损益值；

　　　P_j——自然状态 S_j 出现的概率；

期望值标准是指计算出每个方案的收益和损失的期望值，并且以该期望值为标准，选择收益最大或损失最小的行动方案为最优方案。

以期望值为标准的风险型决策方法一般有三种，即决策表法、决策矩阵法和决策树法。在此，仅介绍决策表方法和决策树法。

5.4.1 决策表法

决策表法是分别计算出方案在不同自然状态下的损益期望值，并列成表，然后从中选择收益期望值最大或者损失期望值最小的方案为最优方案。

例 5-7：某冷饮店要制订七八月份的日进货计划。冷饮进货成本为每箱 30 元，售价为 50 元，当天销售后每箱可获利 20 元。如果剩一箱，由于冷藏及其他原因要亏损 10 元。今年的市场情况不清楚，但有前两年同期 120 天的日销售资料如表 5-9 所示，问今年平均每天进多少箱为好？

表 5-9　冷饮日销售情况

日销售量（箱）	完成销售量的天数	概率值
100	24	24/120 = 0.2
110	48	48/120 = 0.4
120	36	36/120 = 0.3
130	12	12/120 = 0.1
合计	120	1.0

解：先根据前两年数据，确定不同日销售量（自然状态）的出现概率值，见表5-9。再根据每天可能的销售量，计算不同进货方案（行动方案）的收益值，并编成决策表，如表5-10所示（其中计算依据由题意给出）。最后，计算每个销售方案的期望利润值。

表 5-10　决策表

销售状态 概率 利润率 方案	100 箱	110 箱	120 箱	130 箱	期望 利润值
	0.2	0.4	0.3	0.1	
100 箱	2 000	2 000	2 000	2 000	2 000
110 箱	1 900	2 200	2 200	2 200	2 140
120 箱	1 800	2 100	2 400	2 400	2 160
130 箱	1 700	2 000	2 300	2 600	2 090

100 箱进货计划方案的期望利润值为：

$2\,000 \times 0.2 + 2\,000 \times 0.4 + 2\,000 \times 0.3 + 2\,000 \times 0.1 = 2\,000$ 元

110 箱进货计划方案的期望利润值为：

$1\,900 \times 0.2 + 2\,200 \times 0.4 + 2\,200 \times 0.3 + 2\,200 \times 0.1 = 2\,140$ 元

120 箱进货计划方案的期望利润值为：

$1\,800 \times 0.2 + 2\,100 \times 0.4 + 2\,400 \times 0.3 + 2\,400 \times 0.1 = 2\,160$ 元

130 进货计划方案的期望利润值为：

$1\,700 \times 0.2 + 2\,000 \times 0.4 + 2\,300 \times 0.3 + 2\,600 \times 0.1 = 2\,090$ 元

把以上结果列于表5-10的右列。其中以进货120箱的计划方案的期望利润值为最大，应选为最优方案。

由于上述期望利润值是不同方案在各种不同自然状态下利润值的概率加权平均，因此，这种最优决策在需要多次重复决策的情况下是最为合理的，而在考虑某次执行效果时，它不一定是最优决策。例如，上例中某天进货120箱，而这天的实际市场需求可能是100箱、110箱、120箱和130箱中的任意一种。

此外，风险型决策也可以选择最大可能性标准和合理性标准。

5.4.2 决策树法

决策树法是风险型决策中最常用的方法，它不仅可以处理单阶段决策问题，而且可以处理决策表和决策矩阵无法表达的多阶段决策问题。

5.4.2.1 决策树

决策树是一种形象的说法，如图 5-3 所示，它所伸出的线条像大树的枝干，整个图形像棵树。

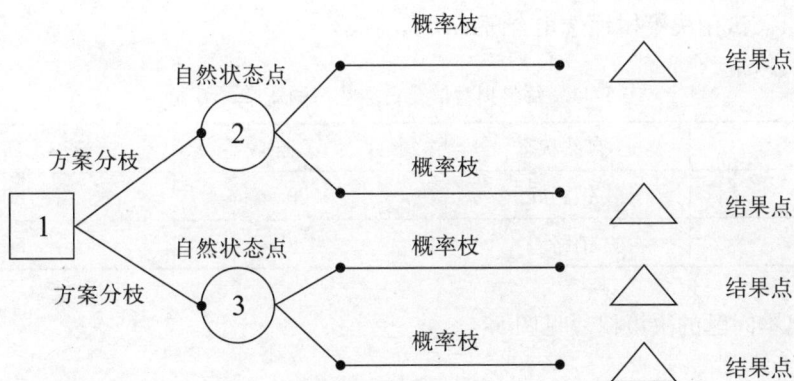

图 5-3　决策树

图上的方块叫决策点，由决策点画出若干线条，每条线代表一个方案，称为方案分枝。方案枝的末端画个圆圈，叫做自然状态点。从它引出的线条代表不同的自然状态，叫做概率枝。在概率枝的末端画个三角，叫做结果点。在结果点旁，一般列出不同自然状态下的收益值或损失值。

应用决策树来做决策的过程，是从右向左逐步倒推进行分析。根据右端的损益值和概率枝的概率计算出期望值的大小，确定方案的期望结果。然后根据不同方案的期望结果作出选择。方案的舍弃叫做修枝，被舍弃的方案应在方案枝上做"≠"的记号来表示（即修剪的意思）。最后在作决策点留下一条树枝，即为最优方案。

应用决策树可以直接在图上进行，其步骤如下：

① 从树梢部开始，计算最近概率节点的期望值；

② 比较由同一决策点出发的各概率节点的期望值，选其成本最低或价值最高的决策方案，并标于该决策点上；

③ 这样一级一级地向树根部推进，最后得到根部决策点的期望值；

④ 根据决策的期望值作出决策，一级一级地向后推，找出所选择的决策和所需的费用。

决策树不仅能表示出不同的决策方案在不同自然状态下的结果，而且能显示出决策的过程，内容形象，思路清晰，是辅助决策者进行决策的有效工具。这种方法完全是由数理统计的计算得出决策的，在计算中应用了期望值的概念，如果选中了一条概率型的决策，在某次执行中由于事件的随机性并不一定得到与计算相同的结果，只有在多次反复的执行中，才能得到这一平均值。因此，这种方法只是供决策者参考的依据之一。

5.4.2.2 决策树的单阶段决策

所要决策的问题，只需要进行一次决策就可以解决的，称为单阶段决策问题。所要决策的问题比较复杂，不是一次决策就能解决，而要进行一系列决策才能解决的，称为多阶段决策问题。

例5-8：为了适应市场的需求，某地提出扩大电视机生产的两个方案。一个方案是建设大工厂，另一个方案是建设小工厂，两者的使用期都是十年。建设大工厂需要投资600万元，建设小工厂需要投资280万元，两个方案的每年损益值（以万元为单位）及自然状态的概率见表5-11。试用决策树评选出合理的决策方案。

表5-11 每年损益值及自然状态的概率（万元）

概率	自然状态	建大工厂年收益	建小工厂年收益
0.7	销路好	200	80
0.3	销路差	-40	60

解：画出本问题的决策树，见图5-4。

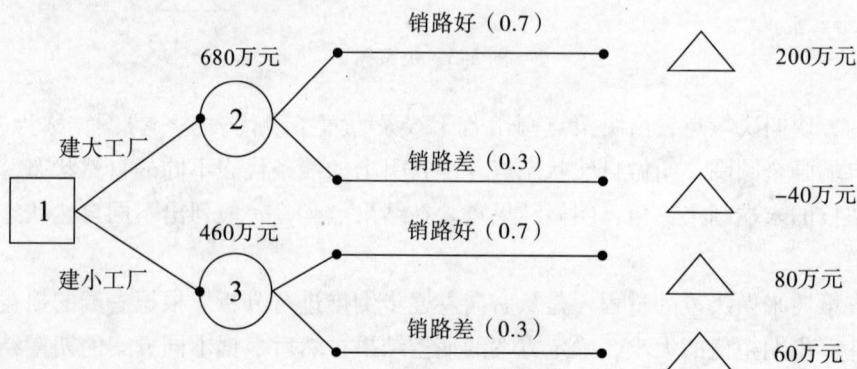

图5-4 例5-8决策树

计算各点的期望值：

点② $0.7 \times 200 \times 10 + 0.3 \times (-40) \times 10 - 600$（投资）$= 680$ 万元

点③ $0.7 \times 80 \times 10 + 0.3 \times 60 \times 10 - 280$（投资）$= 460$ 万元

由此可知，合理的决策方案是建设大工厂。

5.4.2.3 决策树的多阶段决策

下面用一个两阶段决策问题的例子来说明决策树法在多阶段决策中的运用。

例5-9：在上例中如果增加一个考虑方案，即先建设小工厂，如果销路好，三年以后扩建。根据计算，扩建需要投资400万元，可使用七年，每年盈利190万元。那么这个方案与前两个方案比较，优劣如何？

解：这个问题可以分前三年和后七年来考虑，画出决策树的图形，见图5-5。

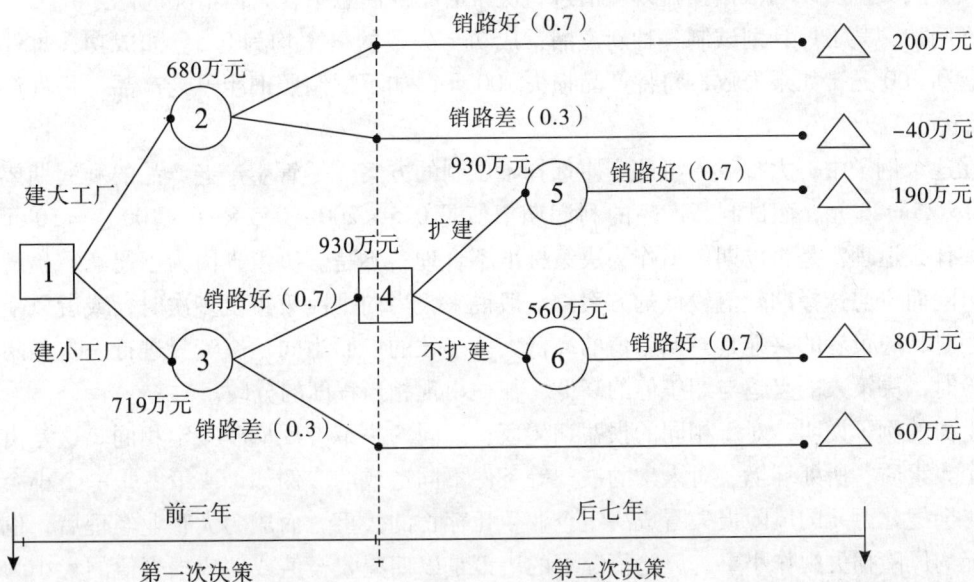

图 5-5　两阶段决策

各点的期望利润值计算如下：

点② $0.7 \times 200 \times 10 + 0.3 \times (-40) \times 10 - 600$（投资）$= 680$ 万元

点⑤ $1.0 \times 190 \times 7 - 400 = 930$ 万元

点⑥ $1.0 \times 80 \times 7 = 560$ 万元

比较决策点④的情况可以看到，由于点⑤（930 万元）与点⑥（560 万元）相比，点⑤的期望利润值较大，因此应采用扩建的方案，而舍弃不扩建的方案。把点⑤的 930 万元移到点④来，可以计算出点③的期望利润值：

点③ $0.7 \times 80 \times 3 + 0.7 \times 930 + 0.3 \times 60 \times (3+7) - 280 = 719$ 万元

最后比较决策点①的情况。由于点③（719 万元）与点②（680 万元）相比，点③的期望利润值较大，因此取点③而舍弃点②。这样，相比之下，建设大工厂的方案不是最优方案，合理的策略应采用前三年建设小工厂，如果销路好，后七年施行扩建的方案。

5.4.3 效用曲线

以上讨论的方法及所举例子，基本上都是以损益值作为评选方案的标准。但是决策是由决策者作出的，决策者的经验、才智、胆识和判断能力等主观因素，不能不对决策的过程产生影响，此外，决策也要受到决策者所处客观环境的间接影响，如果完全以损益期望值的大小作为决策标准，那就会把决策过程变成机械地计算期望值的过程，从而把决策者的作用完全排除在外，这当然是不符合实际情况的。

例如，有一个投资为 500 万元的木材加工厂，发生火灾的概率为 0.001，这个工厂发生火灾而遭受损失的期望值是 0.001×500 万元 $= 5\,000$ 元。假定这个工厂向保险公司保险，保险公司每年要收取保险费 5 500 元。这个保险的方案将使该厂由于不发生火灾而遭受的损失期望值为 $0.999 \times 5\,500 = 5\,494.5$ 元 $\approx 5\,500$ 元。尽管如此，工厂还是要保险，因为不保险方案的风险太大。所以当依据损益期望值进行决策时，要注意结合具体情况进行分析。

又例如，某工厂计划试制一种新产品，成功与失败的概率均为 0.5。如成功，每件新产品可获利 200 元，如果失败，每件产品损失 100 元，如不试制照旧生产老产品，每件产品可获利 25 元。

在这个例子中，大多数人可能宁愿选择不试制的方案，尽管生产老产品的利润期望值只有 $1.0 \times 25 = 25$ 元，而试制新产品的利润期望值是 $0.5 \times 200 + 0.5 \times (-100) = 50$ 元。其中有些什么道理？是否以期望值作为决策标准不合理？不是。决策人因为不愿意承担遭受损失的风险而宁愿选择期望值较低的方案。一般说来，当同一决策重复多次时，或者风险的程度较小时，决策者的兴趣是与期望值的高低大体一致的；而当同一决策只进行一次且隐含较大风险时，决策人的兴趣与期望值的高低，往往出现相当程度的分歧。

上面的例子说明，对于相同的损益期望值，不同的决策者反应不一定相同。这是由决策者的个人素质、所处环境、对未来的展望等条件不同造成的。例如，决策者是一个小企业经理时，会把几万元的风险损失看成决定企业生死存亡的大事，而成为大企业经理后，也许将几万元的风险损失视作小事。风险情况下的决策是以期望收益值或期望损失值的大小为标准来选择最佳方案的，但这与实际生活中的决策结果不完全一致，因为现实生活中决策者是人，或者是由人组成的集体，这就涉及到人或人们对待风险的态度，对待事物的倾向、偏爱和本人的品格素质等主观因素。对同一数量的收益值，在不同风险情况下，其价值在人们的主观上具有不同的值的含意，或者说，在同等风险情况下，由于人们对风险的态度不同，有人敢于冒险，有人处事稳重，对于相同的收益值就有不同的效用值，就会作出不同的决策。这里涉及到效用和效用值的概念，所谓货币的效用值是衡量人们对同一笔货币在主观上的价值的相对数值，效用实质上代表了决策者对于利益与损失的独特的兴趣、感觉或反应，代表决策者对于风险的态度。在人们决策活动中，研究货币的价值与效用值关系的理论称为效用理论。

以损益值为横坐标，以效用值（效用的取值范围一般定义在 0 至 1 之间）为纵坐标画出的曲线，叫做效用曲线，如图 5-6 所示。

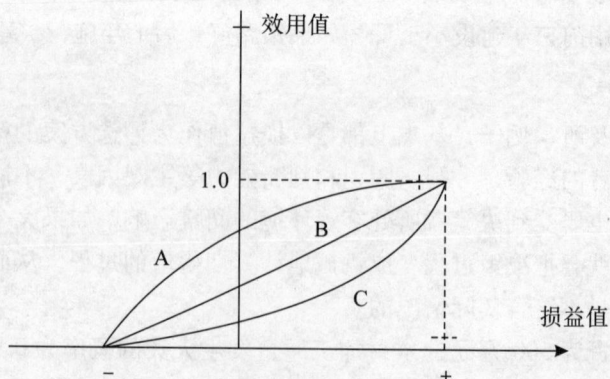

图 5-6　效用曲线

上例说明，同一种货币值，对于不同的决策者，在不同风险情况下，具有不同的效用值。一般情况下，用 1 表示最大的效用值，用 0 表示最小的效用值，所以效用值是一种相对的数值关系，它的大小是表示决策者对于风险的态度和对某种事物的倾向、偏爱等主观因素的强弱程度。

效用曲线是根据决策者本人对风险态度等主观因素所确定的效用值绘制形成的曲线。一般来说，因决策者而异，决策者不同，效用曲线也不同。效用曲线的数据是运用心理试验法采集的，即由第三者向决策者提出不同的问题，倾听决策者的心理反映，然后根据决策者本人对于决策事物的反应来测定不同的效用值，绘制效用曲线。

图 5-6 的三条曲线是代表三种不同类型决策者的效用曲线。

曲线 A：稳重型效用曲线，反映的是一种不求大利、避免风险、谨慎小心的保守型决策者，他们对盈利的反应比较迟缓，而对于损失特别敏感。

曲线 C：冒险型效用曲线，与曲线 A 恰恰相反，曲线 C 反映的是一种谋求大利，不惧风险的进取型决策者，他们对损失反应迟缓，而对盈利比较敏感。

曲线 B：中间型效用曲线，则反映一种循规蹈矩，完全按照期望值的高低来选定行动方案的中间型的决策者。对决策者来说，收益值的效用值与收益值的大小成正比。

由于效用是决策人观念上的东西，因此效用值很难准确度量，但是，了解效用理论对我们分析评价决策过程，以及最终确定行动方案，都是有意义的。

下面通过对例 5-8 的讨论，来说明效用理论的作用。

在例 5-8 中，建设大工厂的方案在销路好的情况下，收益为 $200 \times 10 - 600 = 1\,400$ 万元；销路差的情况下，收益为 $(-40) \times 10 - 600 = -1\,000$ 万元；方案的期望值是 680 万元。建设小工厂的方案在销路好的情况下，收益为 $80 \times 10 - 280 = -520$ 万元；销路差的情况下，收益为 $60 \times 10 - 280 = 320$ 万元；方案的期望值是 460 万元。以收益期望值为标准，大厂方案是最优方案。其效用决策树如图 5-7 所示。

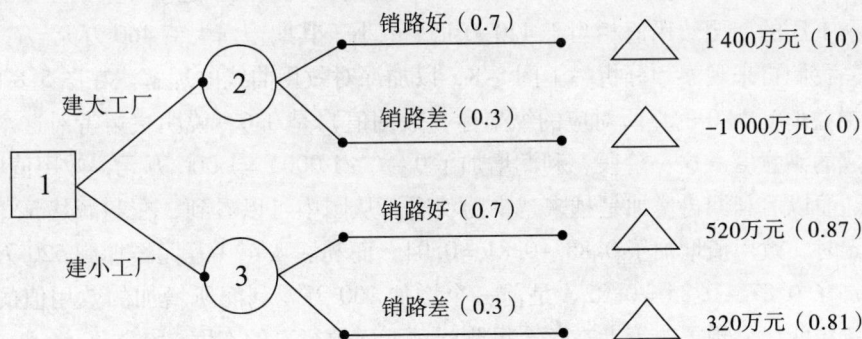

图 5-7　效用决策树

这个决策问题最大收益值为 $1\,400$ 万元，最大损失值为 $-1\,000$ 万元。以 $1\,400$ 万元（即在最满意情况下）的效用值为 1.0，以 $-1\,000$ 万元（即在最不满意的情况下）的效用值为 0，向这个风险问题的决策者提出一系列问题，进行测试，找出对应于若干损益值的效用值。

这样，可以画出效用曲线，见图5-8。

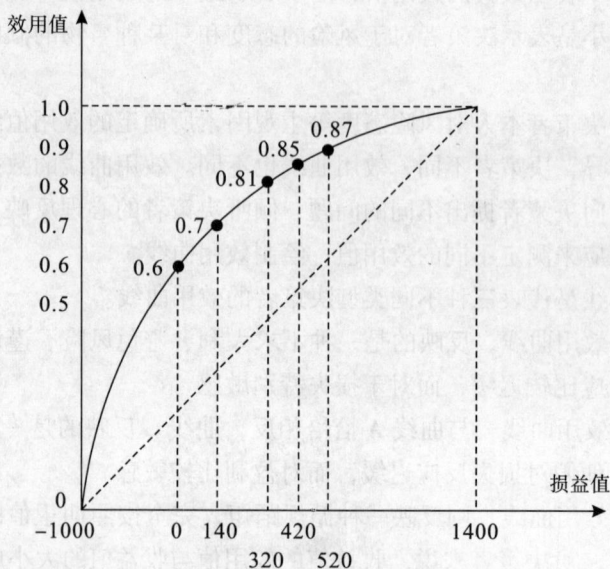

图 5-8　例 5-8 的效用曲线

得到这条曲线后，就可以找出对应于各个损益值的效用值：如 520 万元的效用值等于 0.87，320 万元的效用值等于 0.81。把对应的效用值写在图 5-7 上各个损益值之后的括号内。

以效用值而不是以损失值作为依据进行计算，建设大工厂方案的效用期望值是：$0.7 \times 1.0 + 0.3 \times 0 = 0.70$；而建设小工厂方案的效用期望值是：$0.7 \times 0.87 + 0.3 \times 0.81 = 0.85$。

由此可见，如以效用值作为标准，建设小工厂方案反而比较好。为什么会出现这种情况呢？这是因为决策者是属于保守型的，不愿冒太大的风险。由图 5-8 中的效用曲线可以测出，建设大工厂的 0.70 期望效用值只相当于 140 万元，大大低于这个方案期望损失值 680 万元；建设小工厂的期望效用值相当于 420 万元，也小于其期望损失值 460 万元。

最后，我们再来观察和分析一下图 5-8，以加深对效用曲线的理解。在图 5-8 的曲线上，横坐标（损益值）为 0 的点所对应的纵坐标（效用值）是 0.6，说明决策者对这个只要不亏本就持六成的满意度。这一阶段，利润增加了 $0 - (-1\,000) = 1\,000$ 万元，效用值增加了 $0.6 - 0 = 0.6$。而以后利润再增加是越来越少的状况。从图中可以看到，在利润从 320 万元增加到 420 万元时，效用值增加了 $0.85 - 0.81 = 0.04$。而利润从 420 万元增加到 520 万元时，效用值只增加了 $0.87 - 0.85 = 0.02$，是前一个增加 100 万元利润所增加的效用值的一半。因此，这条效用曲线呈现了决策者在这个风险问题上谨慎行事的态度。

5.5 多目标决策分析

5.5.1 多目标决策问题的基本概念

在实际生产与生活中，对一事物的决策不能仅仅依靠一个指标，而必须同时考虑多种目标。如在生活中，到商店去挑选商品总是要求物美、价廉；设计一个新产品，就要求能达到优质、高效、低消耗、低污染；选择一个新厂址，就要考虑原材料产地的远近、市场距离、运输费用等；研制一个新型的导弹，既要射程远，又要省燃料，还要精度高，而要射程远就要重量轻、体积小、推力大，因而需要压缩弹体体积，多携带燃料和仪器。可见，不仅目标有多个，而且目标之间又往往是互相矛盾的。这时，只有对各个因素的指标进行综合衡量后，才能做出合理的决策。

5.5.1.1 非劣解和选优解

在多目标决策问题中，由于不能简单比较两个解的优和劣，所以就有劣解和非劣解两个重要概念。例如，从五个人中选出身体最高和最重的人，身高和体重，就是两个目标。如果五个人中，确有一名为最高最重的，无疑他是当选者。但在一般情况下，高、重各有不同，这样情况就比较复杂了。现用一直角坐标描述 f_1 与 f_2 两个目标的大小，得到图中五个点（图 5-9）。

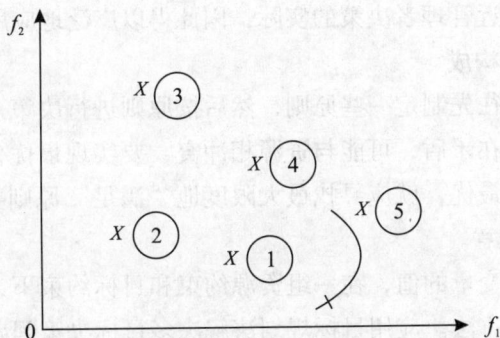

图 5-9　多目标决策

显然③④⑤点都比①②点优，故①②为劣解，在多目标决策中应舍去。而③④⑤三点中各有一个指标最优，故不能舍去，称为非劣解，也叫有效解。处理多目标决策问题，就要先找出非劣解，然后再按一定规则从中选出满足要求的，作为最后决策。

在处理有 n 个目标 $f_1(X)$，…，$f_n(X)$，$X = \{X_1, X_2, \cdots, X_n\}$，使得所有的目标都最大，即 $\max f_1(X)$，$\max f_2(X)$，…，$\max f_n(X)$ 的问题中，总存在着非劣解 X^*，对于所有的 X，当 $i = 1, 2, \cdots, n$（$i \neq j$）时，都有 $f_i(X) \leqslant f_j(X^*)$，至少存在一个 j，使 $f_j(X) > f_i(X^*)$，则 X^* 叫非劣解。通俗地说，就是能使一些目标达到极大值，而不能使另一些目标达到极大值的 X^* 叫做非劣解。

在所有非劣解中按照一定的法则选择一个比较好的解，作为决策，这个解称为"选优解"。

5.5.1.2 "选优解"的确定

确定非劣解的过程是决策的分析过程，而在非劣解中选择"选优解"的过程是决策的决定过程。多目标决策都是由分析过程和决定过程两部分组成的。分析过程一般由分析者即系统分析人员完成，而决定阶段都是由决策者即领导者来完成。虽然两个阶段可明显地分开，但分析者必须提供足够的信息供领导决策才能得到更好的效果。一般采用如下方法：

- 决策者和分析者共同商定出一种方法和原则，按此原则和方法直接求"选优解"；
- 分析者只提供非劣解，由决策者决定选优解；
- 决策者和分析者不断相互交换意见，不断改进非劣解，直到最后得出决策者满意的"选优解"为止。

第一种方法简单明了，只要确定了原则，问题就解决了，但原则的确定不是十分容易的事情。第三种方法是比较可取的方法，然而需要作深入细致的思想工作和相互协调的分析工作，使分析者和决策者意见逐步趋于一致，这种方法决策的时间是较长的。

5.5.2 目标规划模型

上面介绍了处理多目标决策问题的原则，但在具体处理问题时，必须根据这些原则再加上一些数学方法，才能使多目标决策问题定量化，才能更有利于决策。多目标决策的定量方法有很多，这里介绍一种化多目标为单目标的方法，与其他化多目标为单目标的方法不同，它不受量纲、数量级等条件的限制，也不会使原线性多目标问题变为非线性问题，使求解简化，同时，该方法可更接近管理者决策的实际，因此得以广泛地应用。

5.5.2.1 目标规划模型的构成

管理者在决策之前往往先制定一些原则，然后按原则进行决策。仔细分析这些原则会发现，各项原则之间可能存在矛盾，可能与资源相冲突，要实现最优化是不可能的。但问题总是要解决的，既然达不到最优，就应寻找最大限度地"满足"原则要求的方案作为决策，使管理者达到"最大的"满意。

目标规划法是求一组变量的值，在一组资源约束和目标约束下，实现管理目标与实际目标之间的偏差最小的一种方法。应用目标规划法解决多目标决策问题时首先要建立目标规划模型。目标规划模型由变量、约束和目标函数组成，其模型结构如下。

1. 变量

目标规划模型中的变量除决策变量外还有偏差变量：d_i^+、d_i^-。正偏差变量 d_i^+ 表示决策值超过目标值的部分，负偏差变量 d_i^- 表示决策值未达到目标值的部分，因决策值不可能既超过目标值，同时又达不到目标值，因此恒有 d_i^+、$d_i^- \geqslant 0$。

2. 约束

目标规划的约束条件的一个重要特点，是将管理目标要求作为约束因素列入约束条件，故称之为目标约束，这样模型中既有资源约束，也有目标约束，资源约束一般同线性规划一样多为不等式，目标约束的一般形式为等式，现举例如下：

$$\sum_{j=1}^{n} C_{ij} X_j + d_i^- - d_i^+ = g_R$$

式中，g_R——给定的目标值（$R = 1, 2, \cdots, K$）；

　　　C_{ij}——目标约束中决策变量的参数；

　　　d_i^+、d_i^-——以目标值 g_R 为标准而引入的正、负偏差变量，由于是约束方程（非不等式），故引入偏差变量作为辅助变量。

建立约束需注意的问题如下：

- 对于绝对约束，g_i 则为资源限制值，上式中不加 d_i^+、d_i^-；
- 非负约束是指偏差变量非负，d_i^+、$d_i^- \geqslant 0$，至于决策变量是否要求非负，依具体问题要求而定；
- 在目标规划约束中，凡已列入目标约束的资源约束，不应再列入资源约束；
- 如果有明显的目标要求，可在 d_i^+、d_i^- 中只选一个。

3. 目标函数

目标规划中的目标函数是求管理目标与实际实现目标的偏差最小。由于目标规划是解决多目标决策问题的，因此不能简单地对各管理目标偏差求和，必须按管理目标的重要性确定优先权因子 P_n 和权数 W_K。

优先权因子是为不同层次的管理目标设置的，对有 n 个管理目标的系统，有：

$$P_1 >> P_2 >> \cdots >> P_n$$

其中，"$>>$"符号表示远远大于的意思，是按目标分层法的思想，在第一目标实现的基础上再考虑第二目标，依次类推。

权数 W_K 是为同一层次中的管理子目标设置的。在同一层次管理目标中可能有多个管理子目标，为区分这些管理子目标的重要程度，以 W_K 作为权数（不一定要求 $\sum_K W_K = 1$）。

目标规划的目标函数是通过在目标约束中引入的偏差变量描述的，但应选取正负偏差中的哪一个进入目标函数，需考虑管理目标的要求，一般遵循下列原则。

①要求目标准确实现。此时要求负偏差、正偏差均最小，因此应将二者均列入目标函数：

$$Z_{\min} = d_i^+ + d_i^-$$

②要求目标只能超过。负偏差越小越能体现这一管理目标要求，因此应将负偏差列入目标函数：

$$Z_{\min} = d_i^-$$

③要求目标不能突破。正偏差越小越可体现这一管理要求，因此应将正偏差列入目标函数：

$$Z_{\min} = d_i^+$$

综上所述，目标规划的目标函数是由优先权因子、权数和偏差变量组成的，其一般形式为：

$$Z_{\min} = \sum_{R=1}^{K} P_R \left(W_1 d_i^+ + W_2 d_i^- \right)$$

5.5.2.2 目标规划应用

例 5-10：某企业生产甲、乙两种产品，由加工和装配两个车间完成。生产管理、成本核算及市场营销数据如表 5-12 所示。

表 5-12　例 5-10 生产管理、成本核算及市场营销数据表

项目　　　　工时	产品工时定额		每月可用工时（小时/月）
	甲	乙	
加工车间 （18 元/时）	2	1	120
装配车间 （9 元/时）	1	3	150
生产储备资金 （元/件）	50	30	
计划市场销售量 （件/月）	50	80	
单件利润值 （元/件）	100	75	

现经营管理部门研究提出下列目标：

P_1：在制品生产储备资金占用每月不超过 4600 元；

P_2：产品甲销售数量实现 50 件；

P_3：尽量减少两个车间的剩余工时；

P_4：加工车间加班时间每月不超过 20 小时；

P_5：产品乙销售数量 80 件。

要求应用目标规划对企业下月的生产计划进行决策。

解：这是一个多目标生产计划决策问题，应用目标规划列举模型如下。

1. 确定变量

假设 X_1 为甲产品的计划月产量；X_2 为乙产品的计划月产量。

根据提出的经营目标 P_R（$P_R = 1$，2，3，4，5）设立的偏差变量为 d_i^+、d_i^-（具体下标定义见下列目标约束的说明）。

2. 约束条件

目标规划的建模，一般先列约束条件，确定（或定义）偏差变量 d_i^+、d_i^-，然后再列目标函数，在列约束条件时先列目标约束，后列一般约束，两者应避免重复。

① P_1 级目标约束方程——在制品储备资金总额不超过 4600 元。假设 d_i^+、d_i^- 是为储备资金 4600 元目标而设立的正、负偏差变量，则约束方程为：

$$50X_1 + 30X_2 + d_1^- - d_1^+ = 4600$$

由于目标要求不超过目标值，故应将 d_1^+ 列入目标函数，$P_1 d_1^+$ 趋于最小。

② P_2 级目标约束方程——产品甲销售 50 件。假设 d_2^+、d_2^- 分别为以甲产品销售 50 件为目标而设立的正、负偏差变量，则约束方程为：

$$X_1 + d_2^- - d_2^+ = 50$$

由于要求尽可能实现销售量，故应将 d_2^- 列入目标函数，$P_2 d_2^-$ 趋于最小。

③ P_3 级目标约束方程——减少剩余工时。已知加工和装配车间每月可用工时分别为120小时、150小时，假设 d_3^+、d_3^- 和 d_4^+、d_4^- 分别为以加工车间 120 小时的可用工时为目标，装配车间 150 小时的可用工时为目标而设立的正、负偏差变量。

加工车间工时利用：$2X_1 + X_2 + d_3^- - d_3^+ = 120$

装配车间工时利用：$X_1 + 3X_2 + d_4^- - d_4^+ = 150$

根据目标要求充分利用工时，减少剩余工时，则应将 d_3^-、d_4^- 列入目标函数，则 $P_3 (1d_3^- + 2d_4^-)$ 趋于最小。（注意这里列出了一个分目标结构，偏差变量前为根据工时价格不同而引入的权值，按降低产品成本的要求应尽可能将低价格工时先转入成本。）

④ P_4 级目标约束方程——加工车间加班工时不超过 20 小时。这里有两种表述方式。

第一种方法：假设加工车间考虑到加班工时不超过 20 小时的目标，则加工车间每月最多可用工时为 140 小时（$120+20$），不容许超过。则设 d_5^+、d_5^- 为以 140 小时为目标而设立的偏差变量，则目标约束方程为：

$$2X_1 + X_2 + d_5^- - d_5^+ = 140$$

式中，d_5^+、d_5^- 是作为辅助变量使用的。由于不容许超过，故应将 d_5^+ 列入目标函数，$P_4 d_5^+$ 趋于最小。

第二种方法：考虑到在 P_3 级约束中已经假设过 d_3^+ 为加工车间的加班超额工时（多于 120 小时的部分），现设 d_5^+、d_5^- 为加班工时 20 小时为目标值的正、负偏差变量。故：

$$d_3^+ + d_5^- - d_5^+ = 20$$

式中，d_3^+ 是作为决策变量使用。由于加班工时不容许超过 20 小时，故应将 d_5^+ 列入目标函数，$P_4 d_5^+$ 趋于最小。

上述两种表述方式写出的两个约束方程，对反映 P_4 级目标要求来说是等价的，但 d_5^+、d_5^- 偏差变量代表的目标值是不同的。现选用 d_3^+ 作为决策变量的约束方案来列模型。

⑤ P_5 级目标约束方程——产品乙销售 80 件。假设 d_6^+、d_6^- 分别是为销售 80 件的目标值而设立的正、负偏差变量，则

$$X_2 + d_6^- - d_6^+ = 80$$

要求实现目标值，故应将 d_6^- 列入目标函数，则 $P_5 d_6^-$ 趋于最小。

本例除目标约束外，没有一般约束可列，故全部约束条件已列完。

5.5.2.3 目标函数

$$Z_{\min} = P_1 d_1^+ + P_2 d_2^- + P_3 (d_3^- + 2d_4^-) + P_4 d_5^+ + P_5 d_6^-$$

例 5-10 多目标决策的目标规划模型综合整理如下：

$$Z_{\min} = P_1 d_1^+ + P_2 d_2^- + P_3 (d_3^- + 2d_4^-) + P_4 d_5^+ + P_5 d_6^-$$

$$\text{s.t.} : 50X_1 + 30X_2 + d_1^- - d_1^+ = 4600$$

$$X_2 + d_2^- - d_2^+ = 50$$

$$2X_1 + X_2 + d_3^- - d_3^+ = 120$$

$$X_1 + 3X_2 + d_4^- - d_4^+ = 150$$

$$d_3^+ + d_5^- - d_5^+ = 20$$

$$X_2 + d_6^- - d_6^+ = 80$$

$$X_1 、 X_2 、 d_i^- 、 d_i^+ \geq 0 \quad (i = 1,2,3\cdots\cdots 6)$$

计算结果如下：

$$X_1 = 50 ; \quad X_2 = 40 ; \quad d_3^+ = 20 ; \quad d_4^+ = 20 ;$$

$$d_1^- = 900 ; \quad d_6^- = 40 ; \quad d_1^+ = d_2^+ = d_3^- = d_4^- = d_5^+ = d_6^+ = 0$$

即企业明年的生产计划为：甲产品生产 50 件，乙产品生产 40 件，要完成上列任务两个车间均需加班 20 小时，在制品储备资金占用 3700 元，每月获得利润为：

$$100 \times 50 + 75 \times 40 = 8000 \text{ 元}$$

例 5-11：某研究所现有研究人员 37 名，额定满员人数 42 名，各级人员的工资级别与满足额定人数规定如表 5-13 所示。

表 5-13　例 5-11 各级人员的工资级别与满足额定人数规定

级别	月工资数（元/年）	现有人数	额定满足人数
Ⅲ	1000	15	15
Ⅱ	1500	12	15
Ⅰ	2000	10	12

现计划进行工资及人员调整，调整的目标要求如下：

P_1：车工资总额不超过 60 000 元；

P_2：调整后各级人员数不超过额定满员人数；

P_3：升级调整面不少于额定满员人数的 20%；

P_4：Ⅲ级要保持满员额定人数。

并规定Ⅲ级人员的空缺由外调或招聘增补，其余各级人员均从原有级别人员中晋升，Ⅰ级人员自然减员率为 10%，要求进行人员调整决策，合理确定各级人员的调整人数。

解：

1. 变量确定

设：X_3 为Ⅲ级人员增补数；

X_2 为晋升到Ⅱ级的人员数；

X_1 为晋升到Ⅰ级的人员数；

d_i^+、d_i^- 为各级目标设立的正、负偏差变量。

2. 约束条件

（1）P_1 级目标约束方程——工资总额不超过 60 000 元

假设：d_i^+、d_i^- 是为目标值年工资总额 60 000 元而设立的正、负偏差变量。则：

1000（$15 - X_2 + X_3$）+1500（$12 - X_1 + X_2$）+2000（$10 - 0.1 \times 10 + X_1$）+$d_1^- - d_1^+ =$ 60 000

式中，（$15 - X_2 + X_3$）项为调整后的Ⅲ级人员数，它等于：现有人数 – 晋升到Ⅱ级的人数 + 外调增补人数；

（$12 - X_1 + X_2$）项为调整后的Ⅱ级人员数；

（$10 - 0.1 \times 10 + X_1$）项为调整后的Ⅰ级人员数。

由于目标要求不超过工资总额，故应将 d_1^+ 列入目标函数，$P_1 d_i^+$ 趋于最小。

（2）P_2 级目标约束方程——各级人员不超过额定满员人数

假设：d_2^+、d_2^-、d_3^+、d_3^-、d_4^+、d_4^- 分别为以Ⅲ级、Ⅱ级、Ⅰ级额定满员人数为目标值的正、负偏差变量，则：

Ⅲ级：$15 + X_3 - X_2 + d_2^- - d_2^+ = 15$

Ⅱ级：$12 - X_1 + X_2 + d_3^- - d_3^+ = 15$

Ⅰ级：$10 - 0.1 \times 10 + X_1 + d_4^- - d_4^+ = 12$

要求不超过目标值，故应将 d_2^+、d_3^+、d_4^+ 列入目标函数，P_2（$d_2^+ + d_3^+ + d_4^+$）趋于最小。

（3）P_3 级目标约束方程——升级面不少于原级额定满员人数的20%

由于Ⅲ级人员由外调增补，故升级面约束只涉及到Ⅲ级升Ⅱ级和Ⅱ级升Ⅰ级两种情况。

假设：d_5^+、d_5^-、d_6^+、d_6^- 分别为以两种情况下目标值为标准的正、负偏差变量。

Ⅲ级升Ⅱ级：$X_2 + d_5^- - d_5^+ = 15 \times 20\%$

Ⅱ级升Ⅰ级：$X_1 + d_6^- - d_6^+ = 15 \times 20\%$

要求不少于目标值，故应将 d_5^-、d_6^- 列入目标函数，令 P_3（$d_5^- + d_6^-$）趋于最小。

（4）P_4 级目标约束方程——Ⅲ级人员应保持额定满员人数

已知 d_2^- 为保证Ⅲ级人员不超过额定满员人数15的负偏差，只需令 d_2^- 趋于最小即可，故将 $P_4 d_2^-$ 列入目标函数。

3. 目标函数：
$$Z_{\min} = P_1 d_1^+ + P_2（d_2^+ + d_3^+ + d_4^+）+ P_3（d_5^- + d_6^-）+ P_4 d_2^-$$

本例经过整理，目标规划模型为：
$$Z_{\min} = P_1 d_1^+ + P_2（d_2^+ + d_3^+ + d_4^+）+ P_3（d_5^- + d_6^-）+ P_4 d_2^-$$

s.t.：$500X_1 + 500X_2 + 1000X_3 + d_1^- - d_7^+ = 9000$

$- X_2 + X_3 + d_2^- - d_2^+ = 0$

$- X_1 + X_2 + d_3^- - d_3^+ = 3$

$X_1 + d_4^- - d_4^+ = 3$

$X_2 + d_5^- - d_5^+ = 3$

$X_1 + d_5^- - d_3^+ = 3$

$X_1、X_2、d_i^+、d_i^- \geqslant 0 \quad (i = 1, 2, 3, \cdots, 6)$

计算结果如下：

$$X_1 = 3；X_2 = 3；X_3 = 3；d_1^- = 3000；d_3^- = 3$$

$$d_1^+ = d_2^+ = d_2^- = d_3^+ = d_4^+ = d_4^- = d_5^- = d_6^- = d_5^+ = d_6^+ = 0$$

决策：由Ⅱ级升Ⅰ级者 3 人，Ⅲ级升级Ⅱ者 3 人，外调增补Ⅲ级者 3 人，Ⅰ级人员安排 1 人退休，调整后各级人员数分别为：Ⅲ级 15 人；Ⅱ级 12 人；Ⅰ级 12 人；年工资总额为 5.7 万元，四级目标全部满足。

5.6 动态序贯决策

5.6.1 动态规划的基本原理和模型

在生产、计划、管理中往往需要研究处理包含多个阶段决策过程的问题。这类问题能分解为若干阶段或若干子问题，通过对每个子问题作出决策得到解决。动态规划（Dynamic Programming，缩写为 DP）就是研究这种多阶段决策问题的优化方法。它能为分析问题的全过程提供总的框架，在这个框架内又可用各种优化技术解决每一阶段上的具体问题。

动态序贯决策是运用运筹学的动态规划进行决策的，它针对的是比较复杂的决策问题，这个问题可以从时间上分为若干阶段，每个阶段在活动中既有严格的时间先后顺序，又有活动效果方面的依赖关系，需要分别进行顺序连贯决策，前一阶段的决策结果要直接影响到后一阶段的决策，这样在分阶段的决策过程中不能只顾本阶段的局部最优，还要考虑到它对以后的影响，以求得决策问题在动态发展中的总体最优。动态序贯决策由于引入了时间因素，因此在应用中要比线性规划、目标规划等静态决策更加符合实际，当然动态规划的模型也就更加复杂。

动态规划的理论基础是由 R. Bellman 提出的最优性原理。这个原理归结为一个递推关系表达式，用以描述多阶段决策过程的状态转移。一般采用逆序方法求这类问题的解，即从最终状态出发，逐步推算到初始状态，从而得到一个最优决策序列。与其他优化技术相比，动态规划能得到一个多阶段的整体最优解。

动态规划在决策过程中需要将决策问题划分为不同阶段，然后从最终阶段（阶段划分的顺序按人们的习惯，即从左到右的顺序编号，即 1、2、3、…、$n-2$、$n-1$、n，因此最终阶段也就是最末第 n 阶段）开始，先考虑这一阶段的局部最优，随后依照阶段的顺序逐步逆推扩展，综合地考虑与第 $n-1$，第 $n-2$，……，分阶段联系在一起的扩大的局部最优，最后实现决策问题的全过程的整体最优。具体来说，对于任何一个阶段，将本阶段某一方案所获得的收益，加上采用该方案条件下以后各阶段的最优收益，构成一个收益总和，如果阶段内存在多个方案就会有多个不同的收益总和，要从这些总和中选出能获得最优收益（效益指标求极大值；损耗指标求极小值）的方案，列为本阶段的最优方案，这样顺序递推求得多阶段的整体最优结果。动态序贯决策模型，即动态规划的递推公式如下：

$$f_i^*(S_i) = \max(\min)\{R_i(S_i, X_i) + f_{i+1}^*(S_{i+1})\}$$

式中，$i = 1, 2, \cdots, n$；S_i 为第 i 阶段的状态变量，反映第 $(i+1)$ 阶段结束时的状态；X_i 表示第 i 阶段的决策变量；$R_i(S_i, X_i)$ 代表第 i 阶段决策方案的收益，这是本阶段的直接目标，本阶段的决策收益是该阶段状态变量和决策变量的函数，而与后阶段的状态和决策没有直接关系。这里涉及到动态规划的一个重要特点，即后一阶段的状态和决策只有通过本阶段开始时的状态变量才起作用，此外不起其他作用，该特点称为无后效性。

f_i^* （S_i）为第 i 期阶段扩大的局部最优收益值，上述递推公式中的阶段编号是从左向右顺序，运算时是逆序，当 $i = 1$，2，3，$\cdots$，n 时，可通过上式依次求得 f_n^* （S_n），f_{n-1}^* （S_{n-1}），f_{n-2}^* （S_{n-2}），$\cdots$，f_1^* （S_1）的最优解，最后实现最优方案。

因为决策过程的时间参数可连续或离散，故决策过程可分为连续决策过程和离散决策过程。根据决策过程演变是确定性的还是随机性的，决策过程又可分确定性决策过程和随机性决策过程。综合起来便有离散确定性、离散随机性、连续确定性、连续随机性共四种决策过程模型。本书主要阐述离散决策过程。

5.6.2 动态规划应用例解

例 5-12： 某运输公司负责一项由 A 城到 K 城的大件运输任务，途中需经过若干个城市，有多条路线可供选择，每条路线的长度（百公里）也各不相同，现要求选择一条最短的路线，使得总运费最少，路线如图 5-10 所示。

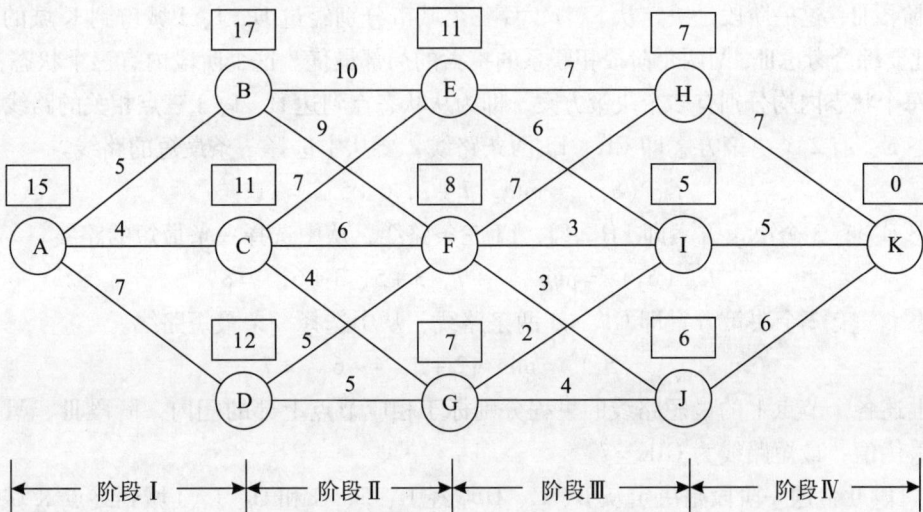

图 5-10　运输路线

这个问题的求解由于途经的城市有限，还不十分困难，可以从 A 城到 K 城列出所有可能的路线，然后将每条路线的距离计算出来，通过对比，从中找出距离最短的路线，就是最优解，即路线最短、费用最少的方案，这种方法称为穷举法。如图 5-10 所示，从 A 城经 B 城到 K 城有 5 条可行路线，从 A 城经 C 城到 K 城有 7 条可行路线；从 A 城经 D 城也有 5 条可行路线，共计只有 17 条可行路线，还算简单。中间经过的城市越多，这种计算方法就越繁琐，甚至不可能，而用动态规划求解这类问题是一个比较有效的方法。动态规划的解法有两种，一种是网络图解法，一种是表格法。这两种方法在解题时，阶段的编号采取如图 5-10 所示的顺序，而解题用的是回推逆序，即由最后一个阶段往回推到最开始的阶段，实现全过程的整体最优。

5.6.2.1 网络图解法

如图 5-10 所示，从起点 A 城到终点 K 城分为四个阶段，每个阶段内的起点城市数确定为状态，从每个起点城市到阶段内的终点城市运输路线为决策方案，然后分阶段递推如下。

① 阶段Ⅳ：这一阶段内有 H、I、J 三个起点城市，确定为三个状态，在这一阶段要决定从三个城市到达终点城市 K 点的最短路线，只需考虑每一状态中的局部最优即可。从 H、I、J 三点到 K 点都只有一条路线，也就是一个决策方案，因此每条路线就是本状态下到达 K 点的最短路线。

$$f_n^* \ (S_n) \ = \min \ \{R_n \ (S_n, \ X_n) \ + f_{n+1}^* \ (S_{n+1})\}$$

已知 $n = 4$ 为最末阶段，故 $f_{n+1}^* \ (S_{n+1}) \ = 0$

阶段的效益函数 $R_n \ (S_n, \ X_n)$ 分别为不同状态下的路线长度。

状态 H：$f_{H4} \ (S_4) \ = \min \ \{7 + 0\} \ = 7$

状态 I：$f_{I4} \ (S_4) \ = \min \ \{5 + 0\} \ = 5$

状态 J：$f_{J4} \ (S_4) \ = \min \ \{6 + 0\} \ = 6$

将计算所得的每个状态下的最短路线标于节点上部，用□标示。

② 阶段Ⅲ：这一阶段是决定从 E、F、G 三个城市分别经过 H、I、J 城市到 K 城的最短路线，因此要综合考虑Ⅲ、Ⅵ两个阶段相联系的扩大的局部最优。这个阶段内有三个状态，即 E、F、G，每个状态内均分别有多个决策方案，即为从状态点到达 H、I、J 三点相关的路线。

状态 E：有 2 个决策方案即 EH、EI 两条路线，要从中选择一条最短的路线。

$$f_{E_3} \ (S_3) \ = \min \ \{7 + 7, \ 6 + 5\} \ = 11$$

状态 F：有 3 个决策方案即 FH、FJ、FJ 三条路线，从中选择一条最短的路线。

$$f_{F_3} \ (S_3) \ = \min \ \{7 + 7, \ 3 + 5, \ 3 + 6\} \ = 8$$

状态 G：有 2 个决策方案即 GI、GJ 两条路线，从中选择一条最短路线。

$$f_{G_3} \ (S_3) \ = \min \ \{2 + 5, \ 4 + 6\} \ = 7$$

将上述各个节点上的最短路线的里程分别标于相应节点上部的□内，阶段Ⅲ、Ⅵ的扩大的局部最优值，最短路线为 GIK = 7。

③ 阶段Ⅱ：这一阶段是决定从 B、C、D 城经 E、F、G 和 H、I、J 城到终点 K 城的最短路线，它涉及到Ⅱ、Ⅲ、Ⅵ三个阶段相联系的扩大的局部最优。这个阶段有 B、C、D 三个状态，每个状态又有多个决策方案：

状态 B：有 2 个决策方案，即 BE、BF 两条路线，从中选择一条最短的路线。

$$f_{B_2} \ (S_2) \ = \min \ \{10 + 11, \ 9 + 8\} \ = 17$$

状态 C：有 3 个决策方案，即 CE、CF、CG 三条路线，从中选择一条最短的路线。

$$f_{C_2} \ (S_2) \ = \min \ \{7 + 11, \ 6 + 8, \ 4 + 7\} \ = 11$$

状态 D：有 2 个决策方案，即 DF、DG 两条路线，从中选择一条最短的路线。

$$f_{D_2} \ (S_2) \ = \min \ \{5 + 8, \ 5 + 7\} \ = 12$$

将上述各个节点上的最短路线的里程分别标于相应节点上部的□内，阶段Ⅱ、Ⅲ、Ⅵ的扩大局部最优值，最短路线为 CGIK = 11。

④ 阶段 Ⅰ：这个阶段是出发点阶段，它决定从 A 点经过 B、C、D、E、F、G 和 H、I、J 各城到达 K 城的最短路线。它涉及到 Ⅰ、Ⅱ、Ⅲ、Ⅳ阶段全过程的最优解，即从 A 城到 K 城的最短路线，这个阶段只有一个状态（起点），有三个决策方案，即 AB、AC、AD 三条路线，选择其中最短路线。

$$f_{A_1}(S_1) = \min\{5+17, 4+11, 7+10\} = 15$$

通过运算，从 A 城到 K 城全过程的最短路线为 ACGI，其最短里程为 15（百公里）。

动态规划的网络图解法，直观形象，易于理解和掌握，但节点多时，网路图形复杂，容易混淆，难以求解。

5.6.2.2 表格法

表格法的内容与图解法一样，只是用表格来替代网络图，解题步骤如表 5-14 所示。

表 5-14 表格法

阶段	状态节点	决策方案	计算值	最优解	
				里程	路线
Ⅳ	H	K	7 + 0 = 7	7	HK
	I	K	5 + 0 = 5	5	IK
	J	K	6 + 0 = 6	6	JK
Ⅲ	E	H	7 + 7 = 14	11	EI
		I	6 + 5 = 11		
	F	H	7 + 7 = 14	8	FI
		I	3 + 5 = 8		
		J	3 + 6 = 9		
	G	I	2 + 5 = 7	7	GI
		J	4 + 6 = 10		
Ⅱ	B	E	10 + 11 = 21	17	BF
		F	9 + 8 = 17		
	C	E	7 + 11 = 18	11	CG
		F	6 + 8 = 14		
		G	4 + 7 = 11		
	D	F	5 + 8 = 13	12	DG
		G	5 + 7 = 12		
Ⅰ	A	B	5 + 17 = 22	15	AC
		C	4 + 11 = 15		
		D	7 + 12 = 19		

① 阶段Ⅳ：只考虑阶段内 3 个状态的局部最优，路线及局部最优解如表 5-14 内阶段Ⅳ部分。

② 阶段Ⅲ：要综合考虑阶段Ⅲ、Ⅳ的扩大局部最优解，路线及扩大局部最优解如表内阶段Ⅲ部分。

③ 阶段Ⅱ：要综合考虑阶段Ⅱ、Ⅲ、Ⅳ的扩大局部最优解，路线及扩大局部最优解如表内阶段Ⅱ部分。

④ 阶段Ⅰ：综合考虑阶段Ⅰ、Ⅱ、Ⅲ、Ⅳ的全过程的最优解，路线与最优解如表内阶段Ⅰ部分，最短里程为 15（百公里），最短路线为 AC—CG—GI—IK，即 ACGIK，与网络图解法结果一致。

表格法运用于比较复杂的（阶段多、状态多、决策方案多）动态决策问题，一般都为计算机运算的输出格式。

例 5-13： 某胶鞋厂生产雨靴，属季节性产品，每年只有夏、秋雨季（4—10 月份）比较畅销，根据预测明年各月的销售量数据如表 5-15 所示。

表 5-15　销量预测

月份	4	5	6	7	8	9
销售量（箱：100 双）	400	200	300	400	300	200

产品的成本决定于生产批量的大小，核算数据如下：100 箱为 4.8 万元，200 箱为 8.6 万元，300 箱为 11.8 万元，400 箱为 13.8 万元，500 箱为 16 万元，工厂每月最大生产能力为 500 箱，最大库存容量为 400 箱，每月每箱库存费用为 20 元，若工厂生产批量大，由于成本降低可以获得收益，若销售不出去就会使库存费用相应增加，因此工厂需要进行每月生产数量的决策，既要保证交货合同的实现，又要使生产成本降到最低水平。

解： 这个问题涉及到在保证合同交货的原则下每月的生产数量和库存数量问题，是一个按月划分为阶段的动态序贯决策问题。

现假设按月划分为 6 个阶段（$i=1$，2，3，4，5，6 分别代表四、五、六、七、八、九月），每个阶段的状态变量（S_i）是月初的库存量，每个阶段的决策变量（X_i）为每月的生产数量，以 D_i 表示每月的产品需求量，则两个阶段（月份）之间存在下列转换关系：

$S_{i+1} = S_i + X_i - D_i$（下月初库存量 = 本月初库存量 + 本月生产量 - 本月交货量）

若假设 C_H 为每箱月库存费用，P 为产品每箱单价，则第 i 阶段生产成本 R_i（S_i，X_i）为：

$$R_i (S_i, X_i) = PX_i + C_H (S_i + X_i - D_i)$$

这样，动态规划的递推公式为：

$$f_i (S_i) = \min \{ R_i (S_i, X_i) + f_{i+1}^* (S_{i+1}) \}$$

$$F^*(S_i) = \min \{ PX_i + C_H (S_i + X_i - D_i) + f_{i+1}^* (S_{i+1}) \}$$

下面应用表格法依次列出 $f_6 (S_6)$，$f_5 (S_5)$，…，$f_1 (S_1)$ 可得到总生产成本最低的月生产量和月库存量的最佳方案。

1. 阶段 6（九月份）

这是全年中最末的一个生产月份，下月初的库存量（S_7）应该为零，即令 $S_7 = 0$，已知 $D_6 = 200$ 箱，则：

$$S_7 = S_6 + X_6 - D_6$$

$$0 = S_6 + X_6 - 200$$

$$X_6 = 200 - S_6 \quad f_7(S_7) = 0$$

因 X_6 不不可能为负，故 S_6（8 月初库存量）只可能是 0、100、200 箱三种状态。这时九月份的生产总成本为表 5-16 所示。

$$f_6(S_6) = \min\{PX_6\}$$

表 5-16　九月份的生产总成本

S_6	X_6	$f_6(S_6)$（万元）
0	200	8.6
100	100	4.8
200	0	0*

2. 阶段 5（八月份）

已知：$D_5 = 300$ 箱，$S_6 = 0$，100，200 三种状态。

$$S_6 = S_5 + X_5 - 300$$

根据上述约束条件，S_5 可能存在 5 种状态，即 0、100、200、300、400；X_5 也可能有 6 种不同的生产决策方案，即 0、100、200、300、400、500；阶段内不同状态及不同的决策方案的组合运用递推公式计算的总成本及局部最优生产方案如表 5-17 所示。

$$f_5(S_5) = \min\{PX_5 + 0.002(S_5 + X_5 - 300) + f_6^*(S_6)\}$$

表 5-17　八月份不同生产方案的总成本及局部最优生产方案

S_5 ＼ X_5	不同生产方案（产量）的总成本（万元）						局部最优生产方案 X_5^*	局部最优总成本 $f_5^*(S_5)$
	0	100	200	300	400	500		
0				20.4	18.8	16.4	500	16.4*
100			17.2	16.8	14.2		400	14.2
200		13.4	13.6	12.2			300	12.2
300	8.6	9.8	9.0				0	8.6
400	5.0	5.2					0	5.0

表内不同状态下，不同生产方案的计算方法如下：

（1）已知 $S_5 = 0$，$X_5 = 300$，

$\therefore PX_5 = 11.8$（万元），$S_6 = 0 + 300 - 300 = 0$

$\therefore f_5(S_5) = PX_5 + 0.002(S_5 + X_5 - 300) + f_6(S_6)$

根据表 5-16，当 $S_6 = 0$ 时，将 $f_6(S_6) = 8.6$（万元）代入：

$f_5(S_5) = 11.8 + 0.002 \times 0 + 8.6 = 20.4$（万元）

（2）已知 $S_5 = 200$，$X_5 = 200$

$\therefore PX_5 = 8.6$（万元），$S_6 = 200 + 200 - 300 = 100$，这时 $f_6(S_6) = 4.8$（万元）

$\therefore f_5(S_5) = 8.6 + 0.002 \times 100 + 4.8 = 13.6$（万元）

（3）已知 $S_5 = 400$，$X_5 = 0$，

$\therefore PX_4 = 0$，$S_6 = 400 + 0 - 300 = 100$

$f_6(S_6) = 4.8$（万元）

$\therefore f_5(S_5) = 0 + 0.002 \times 100 + 4.8 = 5.0$（万元）

3. 阶段 4（七月份）

已知 $D_4 = 400$，$S_5 = 0$、100、200、300、400 五种状态，

$S_5 = S_4 + X_4 - 400$

根据上述约束条件，S_4 可能存在 5 种状态，即 0、100、200、300、400；X_4 也可能有 6 种不同的决策方案，即 0、100、200、300、400、500，阶段内不同状态及不同决策方案的组合，运用递推公式计算的总成本及最优方案如表 5-18 所示。

$$f_4(S_4) = \min\{PX_4 + 0.002(S_4 + X_4 - 400) + f_5^*(S_5)\}$$

表 5-18 七月份不同生产方案总成本及局部最优方案

S_4 \ X_4	不同生产方案（产量）的总成本（万元）						X_4^*	$f_4^*(S_4)$
	0	100	200	300	400	500		
0					30.2	30.4	400	30.2 *
100				28.2	28.2	28.6	300，400	28.2
200			25.0	26.7	26.4	25.2	200	25.0
300		21.2	23.0	24.4	23.0	21.8	100	21.2
400	16.4	19.2	21.2	21.0	19.6		0	16.4

表内不同状态下，不同方案的计算方法如下：

（1）已知 $S_4 = 300$，$X_4 = 200$，$S_5 = 300 + 200 - 400 = 100$，

$PX_4 = 8.6$（万元），$f_5(S_5) = 14.2$（万元），

$\therefore f_4(S_4) = 8.6 + 0.002 \times 100 + 14.2 = 23.0$（万元）

（2）已知 $S_4 = 400$，$X_4 = 400$，$S_5 = 400 + 400 - 400 = 400$，

$PX_4 = 13.8$（万元），$f_5(S_5) = 5.0$（万元），

$\therefore f_4(S_4) = 13.8 + 0.002 \times 400 + 5.0 = 19.6$（万元）

4. 阶段 3（六月份）

已知：$D_3 = 300$，$S_4 = 0$、100、200、300、400 五种状态，$S_4 = S_3 + X_3 - 300 \leqslant 400$。

根据上述约束条件，S_3 也可能存在 5 种状态：即 0、100、200、300、400；X_3 也可能有 6 种决策方案，即 0、100、200、300、400、500。阶段内不同状态及不同决策方案组合的总成本值，运用递推公式计算如表 5-19 所示。

$$f_3(S_3) = \min \{ PX_3 + 0.002(S_3 + X_3 - 300) + f_4^*(S_4) \}$$

表 5-19　六月份不同生产方案总成本及局部最优生产方案

| S_3 ＼ X_3 | 不同生产方案（产量）的总成本（万元） | | | | | | X_3^* | $f_3^*(S_3)$ |
	0	100	200	300	400	500		
0				42.0	42.0	41.4	500	41.4
100			38.8	40.2	39.2	38.4	500	38.4
200		35.0	37.0	37.2	36.2	33.2	500	33.2
300	30.2	33.2	34.0	34.2	31.0		0	30.2 *
400	28.4	30.2	31.0	29.0			0	28.4

表内不同状态下，不同方案的计算方法如下：

（1）已知 $S_3 = 400$，$X_3 = 0$，$S_4 = 400 + 0 - 300 = 100$，

$PX_3 = 0$，$f_4^*(S_4) = 28.2$（万元），

$\therefore f_3(S_3) = 0 + 0.002 \times 100 + 28.2 = -28.4$（万元）

5. 阶段 2（五月份）

已知：$D_2 = 200$，$S_3 = 0$、100、200、300、400 五种状态，$S_3 = S_2 + X_2 - 200 \leqslant 400$。

根据上述约束条件，S_2 可能有五种状态，即 0、100、200、300、400；X_2 也可能有 6 种决策方案，即 0、100、200、300、400、500。阶段内不同状态及不同决策方案组合后的总成本值，运用递推公式计算如表 5-20 所示。

$$f_2(S_2) = \min \{ PX_3 + 0.002(S_2 + X_2 - 200) + f_3^*(S_3) \}$$

表 5-20　五月份不同生产方案总成本及局部最优生产方案

| S_2 ＼ X_2 | 不同生产方案（产量）的总成本（万元） | | | | | | X_2^* | $f_2^*(S_2)$ |
	0	100	200	300	400	500		
0			50.0	50.4	47.4	46.8	500	46.8 *
100		46.2	47.2	45.4	44.6	45.2	400	44.6
200	41.4	43.4	42.2	42.6	43.0		0	41.4
300	38.6	38.4	39.4	41.0			100	38.4
400	33.6	35.6	37.8				0	33.6

表内不同状态下，不同方案的计算方法如下：

已知 $S_2 = 0$，$X_2 = 500$，$S_3 = 0 + 500 - 200 = 300$，

$PX_2 = 16.0$（万元），$f_3^*(S_3) = 30.2$（万元），

$\therefore f_2(S_2) = 16.0 + 0.002 \times 300 + 30.2 = 46.8$（万元）

6. 阶段 1（四月份）

已知：$D_1 = 400$，$S_2 = 0$、100、200、300、400 五种状态，

$\therefore S_2 = S_1 + X_1 - 400$

假设 S_1（四月初的库存）$= 0$，即阶段 1 只有一种状态，则 X_1 在生产能力范围内只有 2 个决策方案，即 400、500；则其总成本值如表 5-21 所示。

$$f_1(S_1) = \min \{ PX_1 + 0.002 (X_1 + S_1 - 400) + f_2^*(S_2) \}$$

表 5-21　四月份不同生产方案总成本及局部最优生产方案

| S_1 \ X_1 | 不同生产方案（产量）的总成本（万元） | | | | | | X_1^* | $f_1^*(S_1)$ |
	0	100	200	300	400	500		
0					60.6	60.8	400	60.6 *

表内数据计算方法如下：

（1）已知 $S_1 = 0$，$D_1 = 400$，$S_2 = 0 + 400 - 400 = 0$，

$f_2^*(S_2) = 46.8$（万元），$PX_1 = 13.8$（万元），

$\therefore f_1(S_1) = 13.8 + 0.002 \times 0 + 46.8 = 60.6$（万元）

（2）已知 $S_1 = 0$，$D_1 = 500$，$S_2 = 0 + 500 - 400 = 100$，

$f_2^*(S_2) = 44.6$（万元），$PX_1 = 16.0$（万元），

$\therefore f_1(S_1) = 16 + 0.002 \times 100 + 44.6 = 60.8$（万元）

决策：经过递推公式分阶段计算最佳生产计划如表 5-22 所示，全年最低总成本费用为 60.6 万元。

表 5-22　最佳生产计划表

月份	四	五	六	七	八	九
月生产量（箱）	400	500	0	400	500	0
月销售量（箱）	400	200	300	400	300	200
月库存量（箱）	0	300	0	0	200	0

5.7 对策分析

对策分析是与决策分析截然不同的两类问题，又叫对策论或博弈论。

决策是指决策人对不同自然环境和情况作出策略选择。而对策则不然，它的研究对象是具有竞争活动能力的双方，而且这种活动的成败纯粹依赖于竞争双方发挥自己的主观能动作

用和所采取的策略。对策研究的范围很广泛，从简单的掷骰子、下棋到两军对垒、企业竞争都是对策论研究的范畴。

对策论把参与竞争的各方称为局中人，它们都有各自的决策权，局中人至少是两个，只有两个局中人的对策叫二人对策，如下棋等，如果有多个局中人则叫多人对策，如打桥牌等。

每个局中人所采取的策略在一局对策中是一套完整的方案，而且这种策略是可供局中人选择的多个方案中的一个。在一局对策中，可供选用的方案既可以是有限的，也可以是无限的，这将由对策问题的性质来确定。如果在一局对策中有胜负之分，局中人一得一失，得失相等则叫零和。

本节主要研究这种"二人零和对策"。

5.7.1 基本概念

5.7.1.1 对策现象与对策论

1. 对策和对策论

在日常生活中及各种领域内，我们经常可以看到一些充满着竞争、对抗、冲突的现象。对策论是研究上述现象的数学理论与方法。它是一种理论模型，其中包括参加者所掌握的全部信息及可能采取的行动等。

对策论把各式各样的冲突现象抽象成一种数学模型，然后给出分析这些问题的方法和解。应该说明的是，所谓解是指对策中的所有参加者都按最佳策略行动而得到的结果。对策论的研究中一般都假设：在对策中所有参加者都是"完全理智"的，在采取的策略上没有任何失误。

2. 对策理论的历史

人类生活中到处都存在着"冲突"，所以人类在处理对策问题方面已有很长的历史。在我国春秋战国时期成书的《孙子兵法》就是将对策知识运用于战争中的经验总结。围棋也是一种对策形式，它发明于我国殷代。自 19 世纪起，西方人开始把对策知识应用于经济领域。

对策作为一种数学理论开始于 1944 年。纽曼（Neumann）和曼格斯持（Morgenstern）发表了题为《对策论及在经济领域中的应用》的著作之后，很快引起了数学家、社会学家和经济学家的极大兴趣。对策论之所以能在 40 年代得到迅速发展，主要原因是第二次世界大战中，人们总想在军事问题上找到一种对策模型，从而能得到正确的解。第二次世界大战结束后，人们又想到把对策理论应用到非军事的各个领域。特别是 20 世纪 90 年代以来，对策理论在金融、管理和经济领域得到了广泛应用。

3. 对策问题举例

（1）中国的游戏——"剪刀、石头、布"

这在中国的孩子中广泛流行。当两个孩子在玩什么游戏之前决定前后顺序时，他们先作"猜手"。方法是：每个人有布（五指平伸）、石头（拳头）和剪刀（食指和中指平伸，其余三指弯曲收紧）三种手势，玩时两个孩子独立地选择三种手势中的任意一种，然后同时展示给对方。决定胜负的规则是：布胜石头，石头胜剪刀，剪刀胜布。如果两个孩子同时伸出了相同的手势，则该局视为平局，这时需要继续猜，直至决出胜负为止。

（2）罪犯二难推理

假设有两个人因被怀疑有抢劫犯罪行为而被捕，并被分别关在两个看守房里，互相不许接触。这两个人确实犯了抢劫罪，可这两个人都清楚，如果他们都不坦白，那么警方就没有足够的证据指控他们犯罪，而只能因藏有枪支而各被判 1 年徒刑；如果两个人都坦白了，则每个人都判 9 年徒刑；如果一个坦白，而另一个不坦白，则坦白的被无罪释放，而不坦白的则要判 10 年徒刑。这两个人应该怎样做呢？

（3）田忌赛马

战国时期，齐国国王有一天提出要与大将军田忌赛马。田忌答应后，双方约定：

①每人从上、中、下三个等级中各出一匹马，共出三匹；

②一共比赛三次，每一次比赛各出一匹马；

③每匹被选中的马都得参加比赛，而且只能参加一次；

④每次比赛后输者要付给胜者一千金。

当时在三个不同等级中，齐王的马要比田忌的强些，看来田忌要输三千金了，但由于田忌采用了谋士孙膑的意见，最终反败为胜。谋士的主意是：

①每次比赛前先让齐王说出他要出哪匹马；

②让田忌用下等马对齐王的上等马；

③用中等马对齐王的下等马；

④用上等马对齐王的中等马。

4. 对策的分类

对策可分为静态对策与动态对策两大类。而静态对策又可分为二人对策和多人对策两种，多人对策又可分为结盟对策和不结盟对策。此外，根据策略集的有限或无限、得失函数是否为零，又可分为各种类型的对策模型，如图 5-11 所示。

5.7.1.2 对策问题的组成

一般对策问题中有如下几个基本要素，即局中人、策略、局势、得失值。

1. 局中人（参加者）

对策中有决策权的参加者称为局中人。在齐王赛马的例子中，田忌是局中人，而孙膑不是。局中人除理解为个人外，还可理解为集体。有时大自然也可理解为局中人。为了便于研究问题，一些在对策中利益完全一致的参加者们可以结合成为一个联盟，他们齐心合力、相互配合、统一行动，成为结盟的一种形式。如桥牌游戏中，虽然有四个人参加，但只组合成两个局中人。

2. 策略与策略集合

一局对策中，把局中人的一个可行的行动方案称为他的一个策略。策略可以只含有一步行动方案。在比较复杂的对策中，策略也可以是由自始至终指导行动的一系列步聚组成的，如在齐王赛马的例子中，参加者双方的每个策略中都含有三个行动方案。通常一个局中人有好几个策略可供选择，把局中人的策略全体称为策略集合。用：

$$S = \{s_1, s_2, \cdots, s_m\}$$

表示局中人甲的策略集合，s_i 为局中人甲可选择的策略。同样用：

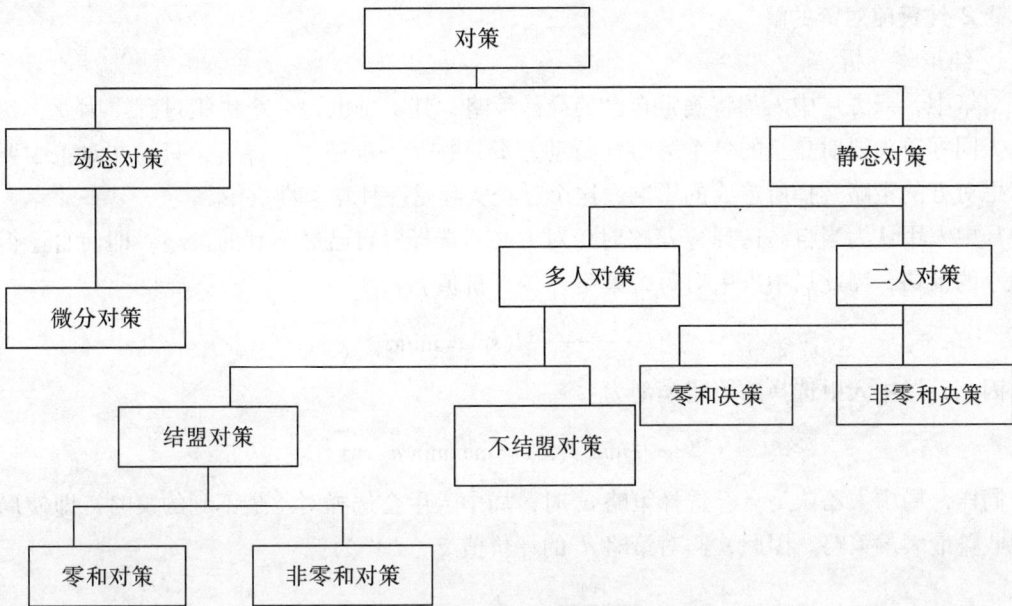

图 5-11 对策模型

$$D = \{d_1, d_2, \cdots, d_n\}$$

表示局中人乙的策略集合，d_j 为局中人乙可选择的策略。

3. 局势

将每个局中人从各自策略集合中选择一个策略而组成的策略组称为一个局势，用 (s_i, d_j) 表示。

4. 得失值

得失值是指局中人选定某局势后相应的收益值，又称支付。例如，当局中人甲选择 s_i 策略和局中人乙选 d_j 策略时，局中人甲的得失值可用 $R_甲 (s_i, d_j)$ 表示，局中人乙的得失值可用 $R_乙 (s_i, d_j)$ 表示。显然"得失值"是局势的函数。这个得失值既可以是一般意义下的收益或损失，也可以是局中人对局势的效用值。

5.7.2 二人有限零和对策的纯策略对策模型

二人有限零和对策的特点是：

①对策中只有两个局中人，双方的策略集：

$S = \{s_1, s_2, \cdots, s_m\}$ 和 $D = \{d_1, d_2, \cdots, d_n\}$ 均是有限集；

②在零和对策中，双方收益之和为零，甲的收益就是乙的损失，$R_甲 (s_i, d_j) = -R_乙 (s_i, d_j)$。

所以，在两人零和对策中，只需分析局中人甲的得失即可。通常可以用支付矩阵 $A = [a_{ij}]_{m \times n}$ 表示，其中 $a_{ij} = R_甲 (s_i, d_j)$。因此，二人有限零和对策又称矩阵对策。

5.7.2.1 纯策略对策模型

人们称 $G = \{S, D, A\}$ 为一个纯策略对策模型，其中 $S = \{s_1, s_2, \cdots, s_m\}$，$D = \{d_1, d_2, \cdots, d_n\}$ 分别为局中人甲和乙的策略集合，$A = [a_{ij}]_{m \times n}$ 为局中人甲的支付矩阵。

5.7.2.2 纯策略对策的解

1. 纯策略分析

对策中，双方局中人都将确定自己的最佳策略，其实质也是一个决策过程。因此，每个局中人同样首先要对自己的各个策略（行动方案）按某一准则作一评价，只是在对策中要充分考虑对方的策略选择所造成的影响，这个过程实际是一种竞争性决策。

局中人甲认为当自己选择 s_i 策略时，对方必然选择对自己最不利的策略，即使自己得失值最小的策略，因此局中人甲对每个策略 s_i 的评价值 $f(s_i)$ 为：

$$s_i \xleftarrow{\text{评价}} f(s_i) = \min_j a_{ij}$$

因此，局中人甲选择的策略模型为：

$$s_i^* \xleftarrow{} \max_i f(s_i) = \max_i \min_j a_{ij} = V_{\max}$$

同样，局中人乙认为自己选择策略 d_j 时，局中人甲会选择对乙最不利的策略，即使局中人甲收益最大的策略。因此，乙对策略 d_j 的评价值 $g(d_j)$ 为：

$$d_j \xleftarrow{\text{评价}} g(d_j) = \max_i a_{ij}$$

因此，局中人乙确定策略的决策模型为：

$$d_j^* \xleftarrow{} \min_j g(d_j) = \min_j \max_i a_{ij} = V_{\min}$$

2. 纯策略对策模型的解

（1）鞍点与解

对于一个对策 $G = \{S, D, A\}$，如果有

$$\max_i \min_j a_{ij} = \min_j \max_i a_{ij} = a_{i^* j^*}$$

则称局势 (s_i^*, d_j^*) 为对策 G 的一个鞍点，s_i^* 为甲的最优纯策略，d_j^* 为乙的最优纯策略。$V = a_{i^* j^*}$ 为对策 G 的值，(s_i^*, d_j^*) 为对策的一个解，此时称对策 G 有解。

对于一个对策 G，很容易证明下述定理。

定理 5-1：对于纯策略对策 $G = \{S, D, A\}$，总有：

$$\min_j \max_i a_{ij} \geqslant \max_i \min_j a_{ij}$$

显然，对局中人甲而言，不管乙采用什么策略，他至少能得到的得失值为 $V_L = \max_i \min_j a_{ij}$；而对局中人乙而言，他能保证在任何情况下，甲的得失值不会超过 $V_U = \min_j \max_i a_{ij}$。一般称 V_L 与 V_U 为对策的下、上限值，而在对策中 $V_U = V_L$ 时，此对策有一个鞍点，或称对策有解。

例 5-14：设一对策 $G = \{S, D, A\}$，其中，$S = \{s_1, s_2, s_3\}$，$D = \{d_1, d_2, d_3\}$，其支付矩阵为

$$A = \begin{bmatrix} 3 & 1 & 2 \\ 6 & 0 & -3 \\ -5 & -1 & 4 \end{bmatrix}$$

问：双方局中人采用何策略为最佳。

解：可用下述表格表示上述寻找最优纯策略的过程：

	d_1	d_2	d_3	$f(s_1) = \min\limits_{j} a_{ij}$
s_1	3	1	2	1
s_2	6	0	-3	-3
s_3	-5	-1	4	-5
$g(d_j) = \max\limits_{i} a_{ij}$	6	1	4	$V_L = V_U = a_{12} = 1$

$$V_L = \max\limits_{i}\min\limits_{j} a_{ij} = 1$$

$$V_U = \min\limits_{j}\max\limits_{i} a_{ij} = 1$$

因为 $V_L = V_U = 1$，显然此对策有解，局势（s_1，d_2）构成一个鞍点，局中人甲的最优策略为 s_1，局中人乙的最优策略为 d_2，对策值 $V = 1$。

（2）多鞍点与无鞍点对策

对于一个纯策略 G，并非一定只存在唯一鞍点。从下面两个例子可以发现，一个对策可能有多个鞍点，即多个解，也可能根本不存在鞍点，即无纯策略解。

例 5-15：设一矩阵对策为：

$$A = \begin{bmatrix} 6 & 5 & 6 & 5 \\ 1 & 4 & 2 & -1 \\ 8 & 5 & 7 & 5 \\ 0 & 2 & 6 & 2 \end{bmatrix}$$

求它的解。

解：

	d_1	d_2	d_3	d_4	$f(s_i)$
s_1	6	5	6	5	5
s_2	1	4	2	-1	-1
s_3	8	5	7	5	5
s_4	0	2	6	0	0
$g(d_j)$	8	5	7	5	5

$$V = \min\limits_{j}\max\limits_{i} a_{ij} = \max\limits_{i}\min\limits_{j} a_{ij} = 5$$

对策有解，解值 $V = 5$，但局势（s_1，d_2）、（s_1，d_4）、（s_3，d_2）、（s_3，d_4）均构成鞍点。此对策有多个解。

例 5-16：矩阵对策支付矩阵

$$A = \begin{bmatrix} 1 & 0 \\ -4 & 3 \end{bmatrix}$$

求它的解。

解：$V_L = \max\limits_{i}\min\limits_{j} a_{ij} = \max\ \{0,\ -4\} = 0$

$V_U = \min\limits_{j}\max\limits_{i} a_{ij} = \min\ \{1,\ 3\} = 1$

$V_L < V_U$，则对策无鞍点，即无解。

（3）优超原理

对于一个对策 $G = \{S, D, A\}$，对 $s_k \in S$ 至少存在一个策略 $s_i \in S$，满足：

$$a_{ij} \geq a_{kj} \qquad (j = 1, \cdots, n)$$

称 s_k 为局中人甲的一个劣策略。因为，在任何情况下，策略 s_i 都优于策略 s_k，则在对策分析中可不考虑 s_k，且可从策略集 S 中取消它。同时，可在支付矩阵 A 中删去第 k 行支付值。同样对局中人乙也是如此。

若策略 d_j 与 d_k 满足：

$$a_{ik} \geq a_{ij} \quad (i = 1, \cdots, m),$$

则认为策略 d_j 优于 d_k，且可从 D 中删去 d_k，并从 A 矩阵中删去第 k 列支付值，称为优超原理。此方法可以降低支付矩阵的维数，从而简化问题。

例 5-17：利用优超原理求解下列对策。

$$
\begin{array}{c}
\quad\ d_1 \quad d_2 \quad d_3 \\
\begin{array}{c} s_1 \\ s_2 \\ s_3 \end{array}
\begin{bmatrix} 0 & 2 & 1 \\ 2 & 2 & 3 \\ 1 & 3 & 3 \end{bmatrix}
\end{array}
$$

解：首先利用优超原理将上述矩阵对策降维：

$$
\begin{bmatrix} 0 & 2 & 1 \\ 2 & 2 & 3 \\ 1 & 3 & 3 \end{bmatrix}
\xrightarrow{s_3 \succ s_1}
\begin{array}{c}
\quad\ d_1 \ d_2 \ d_3 \\
\begin{array}{c} s_2 \\ s_3 \end{array}
\begin{bmatrix} 2 & 2 & 3 \\ 1 & 3 & 3 \end{bmatrix}
\end{array}
\xrightarrow{d_2 \succ d_3}
\begin{array}{c}
\quad\ d_1 \ d_2 \\
\begin{array}{c} s_2 \\ s_3 \end{array}
\begin{bmatrix} 2 & 2 \\ 1 & 3 \end{bmatrix}
\end{array} = A
$$

其中，符号 $\succ$ 表示优于。对于 A，$\min_j \max_i a_{ij} = \max_i \min_j a_{ij} = 2$，即对策解或鞍点为 (s_2, d_1)，对策的值为 2。

5.7.3 二人有限零和对策的混合策略对策模型

5.7.3.1 混合策略对策的基本概念

在一局纯策略矩阵对策中没有鞍点，或者对策要进行多次时，任何一方坚持采用一种固定的策略是不明智的，如上节所述的中国儿童的对策游戏"猜手"，如果进行多次，哪一个孩子也不会只出一种手势，而是有时出"剪子"，有时出"石头"，有时出"布"。所以对无鞍点对策（$V_L \neq V_U$）的求解方法是采用混合策略。混合策略就是局中人考虑以某种概率分布来选择他的各个策略。

一个纯策略对策 $G = (S, D, A)$，$S = \{s_1, s_2, \cdots, s_m\}$ 和 $D = \{d_1, d_2, \cdots, d_n\}$ 分别为局中人甲和局中人乙的一个策略集合，$A = [a_{ij}]_{m \times n}$ 为得失矩阵。

1. 混合策略

m 维概率向量 $x = \begin{bmatrix} x_1 & x_2 & \cdots & x_m \end{bmatrix}^{\mathrm{T}}$，$\sum_{i=1}^{m} x_i = 1$，$x_i \geq 0$（$i = 1, 2, 3, \cdots, m$）称为局中人甲的一个混合策略，即局中人甲选择策略 s_i 的概率为 x_i。n 维概率向量 $y = \begin{bmatrix} y_1 & y_2 & \cdots \end{bmatrix}$ $y_n \end{bmatrix}^{\mathrm{T}}$，$\sum_{j=1}^{n} y_j = 1$，$y_j \geq 0$（$j = 1, 2, 3, \cdots, n$）称为局中人乙的一个混合策略。局中人乙选择策

略 d_j 的概率为 y_j（$j = 1, 2, \cdots, n$）。

2. 混合策略集合

人们称集合

$$S^* = \left\{ x = \begin{bmatrix} x_1 & x_2 & \cdots & x_m \end{bmatrix}^\mathrm{T}, \ \sum_{i=1}^{m} x_i = 1, \ x_i \geqslant 0 \right\} \ \text{为甲的混合策略集合；}$$

$$D^* = \left\{ y = \begin{bmatrix} y_1 & y_2 & \cdots & y_n \end{bmatrix}^\mathrm{T}, \ \sum_{j=1}^{n} y_j = 1, \ y_j \geqslant 0 \right\} \ \text{为乙的混合策略集合。}$$

3. 混合局势

当局中人甲选择混合策略 x、乙选择混合策略 y 时，称（x, y）为一个混合局势。

4. 收益期望值

对于一个混合局势（x, y），用

$$E(x, y) = \sum_{i=1}^{m} x_i \left(\sum_{j=1}^{n} a_{ij} y_j \right) = x^\mathrm{T} A y$$

表示局中人甲在混合局势（x, y）时的收益期望值。

5. 混合策略对策模型

对于一个纯策略对策 $G = (S, D, A)$，用 $G^* = (S^*, D^*, E)$，表示一个与之相应的混合策略矩阵对策，也称为 G 的一个混合扩充。

5.7.3.2 混合策略对策的解

1. 混合策略分析

混合策略对策 $G^* = (S^*, D^*, E)$ 仍然是一个竞争性决策问题。局中人在选择混合策略时，也首先得对其各混合策略进行评价，在评价时应考虑对方可能采用的混合策略。

局中人甲选择混合策略 x 时，认为乙必采用使甲期望收益最小的混合策略 y_x，所以局中人甲对其混合策略的评价函数为：

$$f(x) = \min_{y \in D^*} (x, y) = \min_{y} x^\mathrm{T} A y$$
$$f(x) = \min_{y} E(x, y) = E(x, y_x)$$

局中人甲的策略决策模型为：

$$\min_{x \in S^*} f(x) = \max_{x \in S^*} \min_{y \in D^*} E(x, y) = E(x^*, y_x^*) \to x^*$$

同样，局中人乙若采用混合策略 y，认为甲必采用使甲期望收益最大的混合策略，所以局中人乙对其中混合策略的评价函数为：

$$g(y) = \max_{x \in S^*} E(x, y) = \min_{x \in S^*} x^\mathrm{T} A y$$
$$g(y) = \max_{x} E(x, y) = E(x_y, y)$$

局中人乙的策略决策模型为：

$$\min_{y \in D^*} g(y) = \min_{y \in D^*} \max_{x \in S^*} E(x, y) = E(x_y^*, y^*) \to y^*$$

容易证明下列定理。

定理 5-2：设 $G^* = (S^*, D^*, E^*)$ 是混合策略对策，那么必有：

$$E(x_y^*, y^*) = \min_{y \in D^*} \max_{x \in S^*} E(x, y) \geqslant \max_{x \in S^*} \min_{y \in D^*} E(x, y) = E(x^*, y_x^*)$$

证明：因为：

$$f\ (x)\ \leqslant E\ (x,\ y)\ \leqslant g\ (y)$$
$$\min_y E\ (x,\ y)\ \leqslant E\ (x,\ y)\ \leqslant \max_x E\ (x,\ y)$$

所以：

$$E\ (x^*,\ y_x^*)\ =\max_x f\ (x)\ \leqslant\min_y g\ (y)\ =E\ (x_y^*,\ y^*)$$

2. 混合策略对策的解

如果混合策略对策 $G^* = (S^*,\ D^*,\ E)$ 满足：

$$E\ (x^*,\ y_x^*)\ =\max_{x\in S^*}\min_{y\in D^*} E\ (x,\ y)\ =\min_{y\in D^*}\max_{x\in S^*} E\ (x,\ y)\ =E\ (x_y^*,\ y^*)$$

根据定理5-2，必有

$$E\ (x^*,\ y_x^*)\ =E\ (x^*,\ y^*)\ =E\ (x_y^*,\ y^*)$$

则称混合局势 $(x^*,\ y^*)$ 为 G^* 的一个鞍点。x^* 为甲的最优混合策略，y^* 为乙的最优混合策略，$V = E\ (x^*,\ y^*)$ 为混合策略对策 G^* 的值。$(x^*,\ y^*)$ 为 G^* 的一个解。

3. 混合策略对策的线性规划解法

对于混合策略对策 $G^* = (S^*, D^*, E)$，局中人甲通过模型 $E(x^*, y_x^*) = \max_{x\in S^*}\min_{y\in D^*} E(x, y)$ 确定 $x^* = [\begin{matrix} x_1^* & x_2^* & \cdots & x_m^* \end{matrix}]^T$。其中，$\min_{y\in D^*} E(x, y) = \min_{y\in D^*}\sum_{j=1}^n (\sum_{i=1}^m a_{ij}x_i)y_j$。

令 $\sum_{i=1}^m a_{ij}x_i = b_j$，则上式化为

$$\min E(x, y) = \min_{y\in D^*}\sum_{j=1}^m b_jy_j = u$$

显然，$b_j \geqslant u\ (j = 1, 2, \cdots, n)$ 且 $u = \min_j g_j$。

上述求解 x^* 问题相当于下列线性规划问题：

$$\max u$$
$$\text{s. t.}\begin{cases} \sum_{i=1}^m a_{ij}x_i \geqslant u(j = 1,2,\cdots,n;i = 1,\cdots,m) \\ \sum_{i=1}^m x_i = 1 \\ x_i \geqslant 0 \end{cases}$$

$\bar{x} = [\begin{matrix} 1 & 0 & \cdots & 0 \end{matrix}]^T$，$\bar{u} = \min_j a_{ij}$，显然这是此线性规划问题的一个可行解。同样对局中人乙确定 y^* 的模型

$$E\ (x_y^*,\ y^*)\ =\min_{y\in D^*}\max_{x\in S^*} E\ (x,\ y)\ \rightarrow y^* = [\begin{matrix} y_1^* & y_2^* & \cdots & y_n^* \end{matrix}]^T$$

可转换为求解下列线性规划问题：

$$\min v$$
$$\text{s. t.}\begin{cases} \sum_{j=1}^n a_{ij}y_i \leqslant v(i = 1,2,\cdots,m;j = 1,\cdots,n) \\ \sum_{j=1}^n y_i = 1 \\ y_j \geqslant 0 \end{cases}$$

同样 $\bar{y} = \begin{bmatrix} 1 & 0 & \cdots & 0 \end{bmatrix}^{\mathrm{T}}$，$\bar{v} = \max\limits_{i} a_{ij}$ 为此问题的可行解。

不失一般性，假设得失矩阵 $A = \begin{bmatrix} a_{ij} \end{bmatrix}_{m \times n}$ 中 $a_{ij} > 0$，否则可取一充分大的正数 $M > 0$，使得：

$$a'_{ij} = a_{ij} + M > 0 \ (i = 1, 2, \cdots, m; \ j = 1, 2, \cdots, n)$$

并构成新的得失矩阵

$$A' = \begin{bmatrix} a'_{ij} \end{bmatrix}_{m \times n}$$

和纯策略矩阵对策

$$G_1 = (S, D, A')$$

对于 $G = (S, D, A)$ 和 $G_1 = (S, D, A')$ 及对应的混合策略对策 $G^* = (S^*, D^*, E)$ 和 $G_1^* = (S^*, D^*, E')$，考虑它们的期望收益函数 $E(x, y)$ 和 $E_1(x, y)$，有：

$$
\begin{aligned}
E_1(x, y) &= \sum_{i=1}^{m} \sum_{j=1}^{n} a'_{ij} x_i y_j = \sum_{i=1}^{m} \sum_{j=1}^{n} (a_{ij} + M) x_i y_j \\
&= \sum_{i=1}^{m} \sum_{j=1}^{n} a_{ij} x_i y_j + M \sum_{i=1}^{m} \sum_{j=1}^{n} x_i y_j \\
&= E(x, y) + M
\end{aligned}
$$

由此可得以下定理。

定理 5-3：若 G^* 有解 (x^*, y^*)，则 G_1^* 也有解 (x^*, y^*)，且对策值相差 M，即 $V_1 = V + M$。

在 $a_{ij} > 0$ 的假定条件下，线性规划式有一可行解：

$$x = \begin{bmatrix} 1 & 0 & \cdots & 0 \end{bmatrix}^{\mathrm{T}}, \ \bar{u} \min\limits_{j} a_{ij} > 0$$

所以，必有 $u > 0$。同样，线性规划式的可行解必满足：

$$v \geqslant \min\limits_{ij} a_{ij} > 0$$

对这样两个线性规划问题，令

$$x'_i = \frac{x_i}{u} \ (i = 1, 2, \cdots, m); \ y'_j = \frac{y_j}{v} \ (j = 1, 2, \cdots, n)$$

有：

$$\sum_{i=1}^{m} x'_i = \frac{1}{u}, \ \sum_{j=1}^{n} y'_j = \frac{1}{v}$$

$$x' = \frac{x}{u}, \ y' = \frac{y}{v}$$

可将上述两规划转化为下述形式：

$$\min w = x'_1 + x'_2 + \cdots + x'_m$$

$$\text{s. t.} \begin{cases} \sum_{i=1}^{m} a_{ij} x'_i \geqslant 1 \ (j = 1, 2, \cdots, n) \\ x'_i \geqslant 0 \ (i = 1, 2, \cdots, m) \end{cases}$$

$$\max z = y'_1 + y'_2 + \cdots + y'_n$$

$$\text{s. t.} \begin{cases} \sum_{j=1}^{n} a_{ij} y'_i \leqslant 1 \ (i = 1, 2, \cdots, m) \\ y'_j \geqslant 0 \ (j = 1, 2, \cdots, n) \end{cases}$$

$$x^* = \frac{1}{w^*}x', y^* = \frac{1}{z^*}y'$$

显然有：

$$w^* = \frac{1}{u^*} = \frac{1}{\max\limits_{x}\min\limits_{y}E\ (x,\ y)} = \frac{1}{E\ (x^*,\ y_x^*)}$$

$$z^* = \frac{1}{v^*} = \frac{1}{\min\limits_{y}\max\limits_{x}E\ (x,\ y)} = \frac{1}{E\ (x_y^*,\ y^*)}$$

而此线性规划问题是互为对偶的，$z^* = w^*$，则有：

$$\max\limits_{x}\min\limits_{y}E\ (x,\ y) = \min\limits_{y}\max\limits_{x}E\ (x,\ y) = E\ (x^*,\ y^*),$$

$(x^*,\ y^*)$ 为 G^* 的一个解。

4. 混合策略矩阵对策解的存在性

使用线性规划方法求解 $G^* = (S^*,\ D^*,\ E)$ 时，由上述分析得出下面的结论。

定理 5-4：对于 $G^* = (S^*,\ D^*,\ E)$，必存在最优解 $(x^*,\ y^*)$，满足：

$$E\ (x^*,\ y^*) = \max\limits_{x}\min\limits_{y}E\ (x,\ y) = \min\limits_{y}\max\limits_{x}E\ (x,\ y)$$

例 5-18：求解下列混合策略矩阵对策 $G^* = (S^*,\ D^*,\ E)$，其中 $S = \{s_1,\ s_2,\ s_3\}$，$D = \{d_1,\ d_2,\ d_3\}$，$A = \begin{bmatrix} 1 & -1 \\ -1 & 2 \\ 0 & 1 \end{bmatrix}$。

解：令 $A' = \begin{bmatrix} a_{ij} + 2 \end{bmatrix} = \begin{bmatrix} 3 & 1 \\ 1 & 4 \\ 2 & 3 \end{bmatrix}$

确定甲的最优混合策略，求解下述线性规划：

$$\min \quad w = x_1 + x_2 + x_3$$

$$\text{s. t.} \begin{cases} 3x_1 + x_2 + 2x_3 \geq 1 \\ x_1 + 4x_2 + 3x_3 \geq 1 \\ x_j \geq 0,\ j = 1,\ 2,\ 3 \end{cases}$$

使用单纯形法，得 $x' = \begin{bmatrix} \frac{1}{7} & 0 & \frac{2}{7} \end{bmatrix}^{\mathrm{T}}$，$w^* = \frac{3}{7}$，同时也可得其对偶问题解：$y' = \begin{bmatrix} \frac{2}{7} & \frac{1}{7} \end{bmatrix}^{\mathrm{T}}$，$z^* = \frac{3}{7}$。

由于 $x' = \frac{1}{u}x^*$，$y' = \frac{1}{v}y^*$，可得最优策略：

$$x^* = \frac{1}{w}x' = \frac{7}{3}\begin{bmatrix} \frac{1}{7} & 0 & \frac{2}{7} \end{bmatrix}^{\mathrm{T}} = \begin{bmatrix} \frac{1}{3} & 0 & \frac{2}{3} \end{bmatrix}^{\mathrm{T}}$$

$$y^* = \frac{1}{z}y' = \frac{7}{3}\begin{bmatrix} \frac{2}{7} & \frac{1}{7} \end{bmatrix}^{\mathrm{T}} = \begin{bmatrix} \frac{2}{3} & \frac{1}{3} \end{bmatrix}^{\mathrm{T}}。$$

例 5-19：设 $A = \begin{bmatrix} 0 & 2 & 1 \\ 2 & 2 & 3 \\ 1 & 3 & 3 \end{bmatrix}$，试求解 $G^* = (S^*,\ D^*,\ A)$。

解：先用优超原理降低 A 的维数：

$$A = \begin{array}{c} s_1 \\ s_2 \\ s_3 \end{array} \begin{array}{ccc} d_1 & d_2 & d_3 \end{array} \left[\begin{array}{ccc} 0 & 2 & 1 \\ 2 & 2 & 3 \\ 1 & 3 & 3 \end{array} \right] \rightarrow \left[\begin{array}{cc} 0 & 2 \\ 2 & 2 \\ 1 & 3 \end{array} \right] \rightarrow \begin{array}{c} s_2 \\ s_3 \end{array} \begin{array}{cc} d_1 & d_2 \end{array} \left[\begin{array}{cc} 2 & 2 \\ 1 & 3 \end{array} \right] = A'$$

化为 $G' = (S', D', A')$ ，其中，$S' = \{s_2, s_3\}$ ，$D' = \{d_1, d_2\}$ 。现求解 $G^* = (S'^*, D'^*, E')$ 。

求乙方最优策略 y^* ，即求解线性规划问题：

$$\max z = y_1 + y_2$$

$$\text{s. t.} \begin{cases} y_1 + 2y_2 \leqslant 1 \\ y_1 + y_2 \leqslant 1 \\ y_j \geqslant 0, \ j = 1, \ 2 \end{cases}$$

最优解 $y' = [y'_1, \ y'_2]^{\mathrm{T}} = \left[\dfrac{1}{5} \quad \dfrac{2}{5} \right]^{\mathrm{T}}$ ，$z^* = \dfrac{3}{5}$ ，其对偶解为：

$$x' = [x'_1 \quad x'_2]^{\mathrm{T}} = \left[\dfrac{2}{5} \quad \dfrac{1}{5} \right]^{\mathrm{T}}, \ w^* = \dfrac{3}{5},$$

最优策略 $x^* = \dfrac{1}{w^*} [x'_1 \quad x'_2 \quad x'_3]^{\mathrm{T}} = \dfrac{5}{3} \left[\dfrac{2}{5} \quad 0 \quad \dfrac{1}{5} \right]^{\mathrm{T}} = \left[\dfrac{2}{3} \quad 0 \quad \dfrac{1}{3} \right]^{\mathrm{T}}$

$$y^* = \dfrac{1}{z^*} [y'_1 \quad y'_2 \quad y'_3]^{\mathrm{T}} = \dfrac{5}{3} \left[\dfrac{1}{5} \quad \dfrac{2}{5} \quad 0 \right]^{\mathrm{T}} = \left[\dfrac{1}{3} \quad \dfrac{2}{3} \quad 0 \right]^{\mathrm{T}}$$

G^* 解值 $u = \dfrac{5}{3}$ 。

5. 当矩阵为 2×2 阶时解的公式

当局中人甲的支付矩阵 A 为 2×2 的简单情形时，若鞍点不存在，则容易得出下面的解的公式。记 $A = \begin{bmatrix} a & b \\ c & d \end{bmatrix}$ ，则

$$(x^*, \ y^*, \ v^*) = \left(\left[\dfrac{d-c}{a-b-c+d} \quad \dfrac{a-b}{a-b-c+d} \right]^{\mathrm{T}}, \ \left[\dfrac{d-b}{a-b-c+d} \quad \dfrac{a-c}{a-b-c+d} \right]^{\mathrm{T}}, \ \dfrac{ad-bc}{a-b-c+d} \right)$$

例 5-20：求解矩阵对策 $G = (S, D, A)$ ，其中，$A = \begin{bmatrix} 1 & 3 \\ 4 & 2 \end{bmatrix}$ 。

解：由上式，$x^* = \left[\dfrac{2-4}{1-3-4+2} \quad \dfrac{1-3}{1-3-4+2} \right]^{\mathrm{T}} = \left[\dfrac{1}{2} \quad \dfrac{1}{2} \right]^{\mathrm{T}}$ ，

$$y^* = \left[\dfrac{2-3}{1-3-4+2} \quad \dfrac{1-4}{1-3-4+2} \right]^{\mathrm{T}} = \left[\dfrac{1}{4} \quad \dfrac{3}{4} \right]^{\mathrm{T}}, \ v^* = \dfrac{1 \times 2 - 3 \times 4}{1-3-4+2} = \dfrac{10}{4} = \dfrac{5}{2} 。$$

📚 思考题

1. 什么是决策？你还掌握哪些有关决策的相关理论？

2. 管理决策有哪些方法？它们有何不同？

3. 某一决策问题的收益矩阵为：

θ	a_1	a_2	a_3	a_4
θ_1	5	7	8	10
θ_2	5	6	5	-1
θ_3	5	4	-2	-5

分别求在下列各原则下的最优行动：

（1）最大最小原则；

（2）最大最大原则；

（3）胡尔维茨原则（θ_1、θ_3分别为最好状态和最坏状态，乐观系数 $\alpha = 0.5$）；

（4）后悔值原则；

（5）等概率原则。

4. 某工厂生产某种化肥。假定市场需求量有 300 吨、400 吨、500 吨三种可能，产量也有 300 吨、400 吨、500 吨三种可能的选择。每吨成本 500 元，正常售价为每吨 800 元，如果产量超过市场需求量，超出的部分如果不多于 100 吨，就要以每吨 200 元的价格处理；如果超出的部分多于 100 吨，多出的部分因卖不出去而报废。如用后悔值原则，应生产多少吨？

5. 某氧气（包括其他稀有气体如 N_2、H_2 等）制造厂，现有年生产能力 1500 万立方米，主要供应本市。现拟订企业发展规划，关于计划期间市场需求量，根据专家预测有四个方案：2 000 万 m_3（概率 $P_1 = 0.4$），2 400 万 m^3（概率 $P_2 = 0.3$）；2 800 万 m^3（概率 $P_3 = 0.2$）；3 200 万 m^3（概率 $P_4 = 0.1$）。据现有经营数据估计，每销售 $1m^3$ 可盈利 0.3 元，如剩余 $1m^3$（放空）则亏损 0.3 元，要求对计划期间企业的生产规模发展规划进行决策。

6. 某地区为满足产品的市场需求，拟扩大生产能力，规划建厂，对此提出了 3 个可行方案。

（1）新建大厂，投资 800 万元，据估计，销路好时每年可获得收益 300 万元，销路不好时每年亏损 100 万元，经营期限 10 年。

（2）新建小厂，投资 200 万元，销路好时每年可获收益 100 万元，销路不好时仍可获益 30 万元，经营期限 10 年。

（3）先建小厂，三年后销路好时再扩建，追加投资 500 万元，经营期限 7 年。每年估计可获收益 350 万元。

经预测，市场销售形式如下：产品销路好的概率为 0.7，不好的概率为 0.3，根据上述各个方案用决策树进行决策分析，选择最佳方案。

第6章
管理系统的优化控制

本章要点

- 控制及其在管理系统中的作用
- 优化控制的目标及要求
- 反馈控制及其机制
- 反馈控制的作用与原则
- 前馈控制及其机制
- 智能控制
- 网络计划技术
- 系统动力学模型

6.1 控制的基本概念

6.1.1 控制及其在管理系统中的作用

6.1.1.1 控制的概念

控制是控制论的一个基本概念。其定义的表述，不同学科从不同的角度有不同的方式。控制论的定义认为，控制是施控主体对受控客体的一种能动作用，这种作用能够使得受控客体根据施控主体的预定目标而动作，并最终达到这一目标。信息论的定义认为，控制是控制系统获取信息、处理信息，并利用信息来调整自己的行为以实现系统所追求的目的的过程。

从上述两个对控制概念给予的不同的定义分析，它们有一个共同点，即控制是系统的一种有目的行为。有目的的行为就是指系统对于变化的环境，作出相应变化的措施，这些变化措施使得系统的运动趋于预定目标。所以，有目的是控制的主要特征，控制必须有目的，没有目的就谈不上控制。

如何实现有目的行为，这主要依靠系统反馈机制提供的反馈信息，系统通过反馈信息了解环境的变化，调整系统的自身状态去适应环境。所以说，管理控制系统也是一个信息系统，系统正是通过信息的获取、信息处理和利用来实现预定目的的。所以，控制、信息和目的三者统一于系统之中，也可以说，没有信息就谈不上控制。

实现有目的的行为可以采取不同的措施，采用不同的方案，选择不同的途径，因此，在控制过程中必须进行选择，选择最佳的措施、方案和途径来实现目标、实施最优控制。

6.1.1.2 控制在管理系统中的作用

控制是管理系统的重要职能，是实现经营计划目标的重要手段。企业经营目标确定之后，经过合理的分解落实到位，各个职能部门根据分解目标的要求编制计划。虽然计划中对日常的生产活动作了科学、周密的具体安排，但在执行过程中，由于条件和环境的变化，如市场销售结构和销售状态的变化、订货任务的增加等，还可能出现人们预想不到的情况和矛盾，必须及时检查监督，发现偏差，及时进行调节和校正，这就是管理系统的控制职能，包括生产控制、质量控制、库存控制、成本控制、资金控制等等，控制是保证计划目标顺利完成的重要手段，控制工作的质量（保证计划完成的及时性及稳定性）是保证管理系统持续、稳定、协调发展的关键。因此，当前根据企业经营目标的要求，加强企业的管理控制工作具有重要的现实意义。

6.1.2 优化控制的目标及要求

控制即按照预定目标（计划目标）实现某种受控过程，在受控过程中，在客观条件允许范围内选择最好的措施、方案或最佳途径去控制过程的发展，以期完成预定目标。具体来说，一个企业管理系统在各种不同输入值的集合中，选择一个合适的输入值，以获得符合目标的输出值，这就是最优控制。最优控制是一个选择过程，而且是一个动态选择过程。

既然最优控制是一个动态选择过程，向什么方向发展，根据什么标准进行选择，就必须要有一个明确的目标和判别标准。经济管理系统优化控制目标一般不同于工程控制系统的目标，工程控制系统的目标多为单目标的物理量（温度、压力、电压、电流等），而经济管理系统的控制目标比较复杂，一般为多目标，而且是一个多指标体系，如效益指标、消耗指标等等，这些指标随着时间的发展、条件的变化而变化。最优控制过程中的判别标准，是根据控制目标设立的指标来确定的，一般作为判别标准的量有时间最短、效益最大、耗费最小等，这里提出的极大值或极小值的绝对量，都是对应于某种条件来说的，控制选择过程要受到各种条件的制约，只能在允许的范围内选择，所以优化控制只能理解为在所有约束条件下，根据判别标准选取的最优值。优化控制要考虑下列要求。

第一，控制过程是一种从不稳定到稳定的过程。

控制的目的是要实现目标，因此，目标的确定十分重要。目标的确定要做到实事求是、因地制宜，遵循近期利益与长期利益相结合的原则。

第二，最优控制过程是动态发展过程。

在施控时要贯彻局部利益与整体利益相结合的原则，在实现分阶段局部最优或扩大局部最优的基础上，求得全过程的整体最优。

第三，对于一些复杂的大规模系统来说，由于影响因素众多，最优目标难以实现，一般只要求取得满意或比较满意的结果即可。

第四，经济管理系统的优化控制主要是通过参数的调整来实现的。

参数值的确定是通过数据收集和积累以及统计分析来求得的，因此，要实现优化控制，必须加强数据的收集、积累、分析工作，确保调整的准确性。

6.1.3 反馈控制

反馈（Feedback）是控制论的又一个重要概念，反馈理论是控制论的基本理论，一个闭环控制系统在结构上都具有反馈回路，在功能上都具有自动调节与控制功能。所谓反馈，即是将系统的输出通过一定通道回输到系统的输入端，从而对系统的输入和再输出施加影响的过程。

6.1.3.1 基本概念

所谓反馈，就是将输出回输到原系统中去。这一概念是 1920 年由贝尔实验室的哈罗德·布朗克首次在文献中提出的。它一般是指电子放大器输出信号再回输到其输入端，即一个闭环系统的输出值 Y 要通过反馈装置回输到原来的输入端，再经过比较器与已给定的目标值 J 相比较，得到偏差信号，其值为 $u = J - Y$，它又成为新的输入值，如图 6-1 所示。

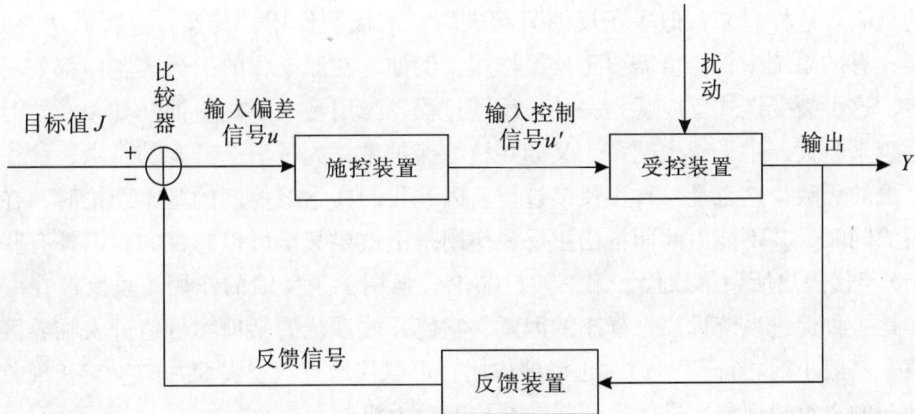

图 6-1　反馈系统

根据闭环控制系统中 $u = J - Y$ 这一值的变化特性，可以将反馈区分为正反馈和负反馈，如图 6-2 所示。

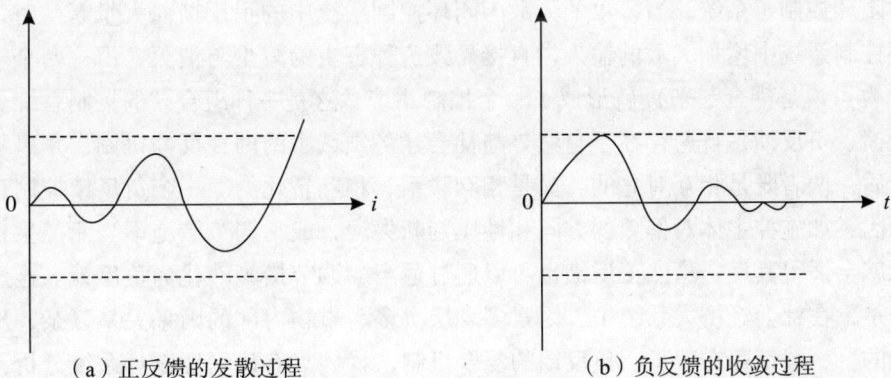

（a）正反馈的发散过程　　　　　　　　（b）负反馈的收敛过程

图 6-2　正反馈—负反馈

如果目标值与输出值的差值 u 愈变愈大，或是不稳定，这就是说，经过一系列的输入之后系统的输出值与目标值的偏差愈来愈大，离目标愈来愈远，这就是正反馈。这时的 u 值从总的趋势来说是单调上升的，或是发散的。反之，如果 u 值从总的趋势来说，是收敛的，是单调下降而趋近于零的，则是负反馈。说得通俗些，负反馈的特点就是检出偏差，纠正偏差，以达到目标。也就是说，经过一系列的输入、输出值序列的相互作用，从总的趋势来看逐渐达到了目标值。我们强调从总的趋势来看，是指在这个过程中，并不排除有可能出现来回偏离目标值的情况，这一般是由振荡所造成的。例如，船舶在大海中航行，航线实际上是为达到预定目标而不断纠偏的过程。控制论的创始人维纳就曾用"掌舵人"来形容控制论。负反馈有利于制约系统偏离目标的行为，使系统沿着偏差减小的方向运行，最终使系统趋于稳定状态，恢复平衡。因此，控制论认为，"一切有目的的行为都可以看做需要负反馈的行为"。这说明负反馈机制在实现系统目标、保持系统的稳定性方面具有重要作用

如果说在控制论看来负反馈是控制的机制，那么正反馈则是越来越偏离目标值，甚至失去控制的机制。这样看来，似乎正反馈只起破坏、消极的作用，其实，这种看法是片面的。事实上，在有的系统中，恰恰需要正反馈作用。例如，在原子弹的引爆装置中都要用到裂变链式反应，这种裂变链式反应就是一种正反馈过程，当用慢中子碰撞铀（如 U^{235}）时，所放出的能量越来越大，中子越来越多。又如在植物保护中，为了消灭有害的昆虫，往往大量繁殖这种害虫的天敌，这也是一种正反馈过程。因此我们在学习控制的基本理论时，在重视负反馈作用的同时，并不能由此而推出正反馈作用是不重要甚至可以忽视的。国外有些学者在 20 世纪 60 年代提出所谓第二代、第三代控制论，强调了正反馈的作用。正反馈在一定条件控制下，是一种促进系统远离平衡态的因素，它使开放系统的某项参量值进入临界区，达到某一阈值。一般小的"涨落"通过正反馈作用，可以使原有状态失稳并产生突变现象，从而形成一种新的自组织现象，进而形成耗散结构的动力机制。

从哲学上来说，对立与统一的辩证法法则，有助于我们进一步认识负反馈与正反馈的辩证关系。如果对负反馈掌握得不好，振荡面破坏了系统的稳定性，负反馈就有可能转变为正反馈。而且，在有的系统中，负反馈与正反馈之间有着互补的或相辅相成的关系。大量繁殖害虫的天敌来灭虫的控制系统包含两个子控制系统，一个是开环控制子系统，另一个是具有正反馈的闭环控制子系统。当害虫的天敌因闭环控制系统中的正反馈而大量繁殖时，就相当于在开环控制系统中增加天敌的输入，直接导致这种害虫的减少与消灭。由这两个子系统组合起来（也可说是耦合起来）就形成了一个控制系统。这是一种组合式的控制系统。

正反馈、负反馈是普遍存在于自然界与社会经济领域中的两种反馈机制，是事物发展中的一对矛盾，两者既是相互对立的，又是相互联系、相互转化的。一个负反馈控制系统会因为各种原因，如施控主体对偏差的方向和性质判断失误，或是调节措施不当而产生正反馈效应，效果就会适得其反。当然正反馈也可以通过适当的调节措施转化为负反馈。这里需要特别指出的是，在社会经济大系统中，因素多、层次多、事物内部的因果关系复杂，反馈机制也是复杂的，一般都存在着正、负反馈的复合机制，我们只有认真地进行系统分析，掌握系统的内部结构和动态运行机制，才能进行有效的调节，以保持系统的稳定和发展。

反馈概念包括下列含义。

- 从反馈内容的性质来看，反馈内容就是输出的内容，大部分是信息，因此被称为信息

反馈，但也可能是物质和能量（称为物质反馈与能量反馈）。

- 从反馈内容的量来看，可能是输出的全部，也可能是输出的一部分。
- 从反馈的形式来看，可以是有形的，即具有有形的反馈装置与通道，也可以是无形的，如通信及社会反映等，应该从广义来理解。
- 正、负反馈与系统的稳定性。按信息论的观点，正反馈是引入正熵，加剧了系统的不稳定状态，最终使系统趋于崩溃或解体。负反馈是输入负熵，最终使系统趋于稳定状态。所以，正、负反馈机制与系统的稳定性有密切的关系。

系统的稳定性不是绝对的，也就是说，不存在在一切方面和任何时间内的稳定性，稳定性是相对的，是动态的。所谓系统的稳定，即按照系统自己度量规定，维持自己质的规定与量的规定的统一，使自己量的变化不会越出引起质变的界限。所以看一个系统是不是稳定主要看系统的输出是否有界，如果输出有界，虽然存在振荡（减幅振荡或等幅振荡），仍然是稳定的，如果输出无界，存在单调发散或震荡发散，则是不稳定的。

6.1.3.2 反馈控制的作用与原则

反馈控制的作用是十分明显的，它用于稳定控制中，可以使被控量稳定于目标值的容许偏差范围内，因此一个系统要实现稳定，必须应用反馈控制；用于随机控制中，可以使被控量对应于随机输入量，确保系统对计划目标的变化进行跟踪与适应，例如企业的产品结构、规格、质量与品种需随市场需求的变化而变化；用于最优控制中，可以使系统在多因素、多目标的复杂情况下选择最佳方案，达到最佳或满意的效果。

但是反馈控制也具有很多的局限性，而且这些局限中有些是反馈控制系统本身无法克服的，归纳起来有下列几点。

1. 正反馈效应

一般来说，利用反馈控制的目的是要获得负反馈效应，增强系统的稳定性。而负反馈效应的获得取决于施控主体对偏差性质及方向的判断的准确程度和运用的调节措施是否得当。如果对偏差的性质及方向判断错误，把正向偏差判断为负向的，或把负向偏差判断为正向的，或者虽对偏差方向判断准确，但采取了不正确的调节措施，结果就会适得其反，强化或扩大偏差，加剧系统的不稳定，这就是正反馈效应。产生这种正反馈效应的原因有三点：一是反馈信息失真，对问题的性质或方向判断错误；二是比较器失灵，是非不清；三是调节方法及措施失当，效果相反。

2. 反馈失时与反馈失度

反馈失时可能有两方面的原因：一是对问题认识不足，没有及时发现问题、检测出偏差并及时反馈传递；二是虽然发现问题，未能及时加以处理和调控，结果使控制系统沿着偏差方向偏离了目标，从而扩大了偏差，降低了系统的稳定性。

反馈失度是指对问题的认识有程度上的差别，涉及两种调控失度：一种是反馈过度，矫枉过正，致使调节过度，这样虽然消除了原有的偏差，却又在另一个方向上偏离了目标，产生了新的偏差，形成一种周期性振荡或者叫恶性循环，严重的可以导致系统正反馈效应的产生；另一种是反馈不足，即调控的力度不够，这样虽然对偏差有所克服，但不足以完全清除偏差。反馈过度或反馈不足都会削弱系统的稳定性。

3. 控制的滞后性

控制系统的反馈控制是要发现偏差并纠正偏差，但是偏差的发现和纠正都是一个动态发展的过程，任何动态系统都具有保持原来运动状态不变的惯性，这种运动惯性的存在延长了被控制系统在偏差状态上的运行过程和时间。而在社会经济系统中，往往存在一种现象掩盖另一种现象的复杂性，涉及人们对复杂的社会经济现象的本质的认识过程，政策方针的贯彻执行也存在一个实践的过程，从而延长了人们通过现象认识本质的过程。这样就导致了控制的滞后性，一旦出现偏差，要消除偏差需要很长时间，而且要付出很大的代价。这种反馈控制的滞后性是其本身所无法克服的，我们必须加强预见性，借助复杂的前馈机制来克服这种滞后性。

由于反馈控制具有以上局限性，因此在实施反馈控制时要遵循下列原则。

1. 准确性原则

这一原则是指，为了防止正反馈效应的发生，必须准确判断偏差的性质和方向。要做到这一点，必须：第一，保证信息来源的真实性和反馈渠道不受干扰；第二，对原始信息进行去伪存真、去粗取精的分析处理。

2. 及时性原则

这一原则是指，为了防止反馈失时，必须及时检测出偏差，及时反馈回输，及时根据反馈信息作出相应的调节。

3. 适度性原则

这一原则是指，为了防止反馈失度，必须在准确判断偏差性质、方向和程度的基础上作出适度调节。

4. 随机性原则

这一原则是指，为了提高控制系统的应变能力，必须做到两点：一是确保系统对目标变化的跟踪和适应；二是确保系统的稳定性，采取灵活及时的调控措施，排除外界的干扰与影响。

6.1.4 前馈控制

反馈的作用是检出偏差、纠正偏差，但在反馈机制中由于受控装置的惯性或滞后现象比较严重，外界的扰动不能立即生效，只能经过一段时间之后才能影响到输出量的变化。这种惯性或滞后现象必然影响到检出偏差、纠正偏差的时效和作用，从而影响到系统的控制性能，因此，有人提出了前馈回路机制。这种回路主要是与反馈回路相互补偿而耦合成的前馈—反馈系统，如图6-3所示。

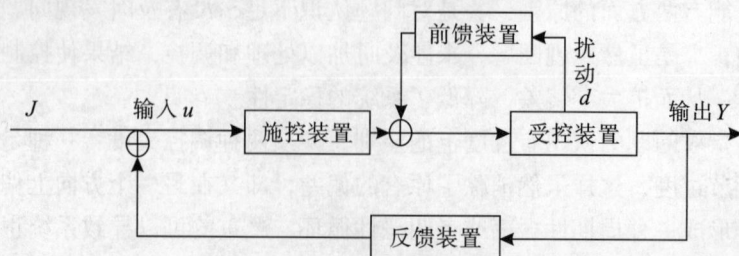

图6-3　前馈回路机制

这种系统不等扰动影响到输出，只要这种扰动是可以测量出来的，就把它预先测量出来，通过前馈装置送到系统中进行调节，以便在输出量变化之前就尽可能地克服或减小扰动的影响。因此，前馈控制就是尽可能在系统发生偏差之前，根据预测的信息采取相应的措施纠正偏差。把这种前馈回路与反馈回路耦合起来就构成了前馈—反馈控制系统。这种系统可以增强系统的抗干扰能力，提高系统的稳定性，弥补反馈控制的不足，解决控制滞后的矛盾。

企业生产经营系统必须是前馈—反馈耦合控制系统。因为单纯采取反馈控制，等产品进入市场，了解到销售情况后再反馈到经营决策部门，时间就有点晚了，如果产品适销，再追加生产，从原材料投入到加工装配上市都需要时间，这样就有可能使产品在市场上脱销。如果追加生产之后又适逢产品滞销，就有可能导致产品大量积压，使企业陷于困境。因此，企业经营部门一定要加强市场调查与预测，实施前馈控制，使企业能根据市场变化的趋势调整生产，以适应市场的需求变化并求得企业的发展。

6.1.5 智能控制

控制论研究的一项重要任务，就是研究将人类的智能，例如自适应、自组织、自学习、探索、创造等能力引入控制系统，使控制系统具有识别、决策等能力。这就是控制系统的高级阶段——智能控制。

由于高科技的发展、电脑的功能日益增强、价格下降，企业经营管理工作已成为计算机应用的主要领域之一，但人们对计算机在经营管理中的作用褒贬不一。争论的核心实质上是人机关系问题，这些争论多是从对立角度分析，而缺乏从统一角度的分析。

1979 年著名哲学家德雷福斯（Hubert Dreyfus）出版了《计算机不能做什么》一书，提出了一些根本性的问题。德雷福斯把智能活动分成四类：第一类是刺激—反应，这是心理学家最为熟悉的领域，其中包括同计算机活动无关的、各种形式的初级联想型行为；第二类是帕斯卡的思维领域，它由概念世界而不是感知世界构成，问题完全被形式化了，并可以计算；第三类是原则上可能做到形式化而实际上无法驾驭的行为，称为复杂形式化系统，包括那些实际上不能用穷举法处理，因而需要启发式程序的系统；第四类是非形式化的行为领域，包括有规律但无规则支持的、人类所有的日常活动。该书最后一节的标题是"人工智能的未来"，其中提出了人与机器相结合的观点，指出从应用上来谈论人脑与电脑的彼此替代未免空泛，不如研究使两者取长补短的人机共生系统，"人同电脑一起，能够完成谁也无法单独完成的事"。

关于人机结合的智能系统，我国著名学者钱学森曾在 1991 年 4 月 18 日作过专题报告，他说："智能机是非常重要的，是国家大事，关系到下一个世纪我们国家的地位。如果在这个问题上有所突破，将有深远的影响。我们要研究的问题不是智能机，而是人与机器相结合的智能系统，不能把人排除在外，是一个人机智能系统。"这个报告中心内容包括以下三个方面。

第一，人的意识活动是很丰富的，包括自觉的意识、下意识，人是靠这些来认识世界的。

第二，在认识世界和改造世界的过程中，人始终发挥着主导作用，我们要研究的是人和机器相结合的智能系统。

第三，现在还不能很快实现这种人机智能系统，目前只能做些"妥协"，实事求是，尽量开拓当前计算机科学技术，使计算机尽可能多地帮助人来做些工作。

上述理论与国际系统科学的新发展（如复杂性科学、大系统控制等理论）虽然都是针对规模庞大、结构复杂的系统，但国外侧重于通过建模和仿真等定量方法对客观系统展开研究，其存在的主要问题是，对类似于发展战略、重大项目评估等涉及全局的复杂巨系统问题建模困难、分析结果的可信性不高。

钱学森在提出"定性定量综合集成法"（Meta Synthesis）后，又发展了"从定性到定量综合集成研讨厅"。它的实质是将专家群体、统计数据和信息资料、计算机技术三者结合起来，构成一个高度智能化的人—机结合系统。"研讨厅"是钱学森独创的系统科学理论，它集成了现代计算机技术和专家体系，是用于解决复杂系统决策问题的、供专家群体（领域专家及决策者）使用的人—机结合的综合集成决策支持环境。"研讨厅"强调复杂系统中人的能动作用，其"把各种学科的科学理论和人的经验与知识结合起来"的思想在系统科学领域独树一帜。"研讨厅"把领域专家群体引入系统中，利用专家的经验知识和判断对系统进行整体把握，并把各种定性和定量分析模型的分析结果与专家的经验判断结果有机地融合在一起，真正实现了定性定量相结合，从而大大扩展了解决实际问题的能力。研讨厅系统的实现以系统工程理论和方法为基础，采用现代信息技术，集系统管理、数据库管理、模型库管理和专家研讨功能于一体，把专家研讨作为实现人机结合的手段，以网络化的领域专家研讨会议为使用方式，基于浏览器/服务器的计算机网络结构，使信息、模型和领域专家三者有机地结合在一起。

"从定性到定量"、"综合集成"、"研讨"是系统实现的三个关键主题。从定性到定量就是把专家的定性知识同模型的定量描述有机地结合起来，实现定性知识和定量变量之间的相互转化，对于复杂巨系统问题，需要把各种分析方法、工具、模型、信息、经验和知识进行综合集成，构造出适合于问题的决策支持环境，以利于复杂问题的解决。对于结构化很强的问题主要用定量模型来分析，对于非结构化的问题，更多的是通过定性分析来解决，对于既有结构化特点又有非结构化特点的问题，只能采取定性定量相结合的方式。综合集成是指集成系统的各种资源，建立提供决策支持的开放式系统，在分布式网络环境下，将专家群体头脑中的知识即决策支持所需的数据库、模型库、方法库、知识库及问题库有机地连接成一个整体，并且根据决策问题使各部分实现优化的配置组合，使之在决策中发挥作用。这里的研讨是指分析人员的群体协同工作，充分地利用定性定量模型和数据库等工具，实现人机的有机结合。研讨过程既是分析人员的知识和计算机系统的数据、模型和知识间不断的交互过程，也是人员群体智能的结合和化合（产生新思路）。这样，"研讨厅"通过"人—人、人—机、机—机"之间的协同工作，使专家群体的经验和知识、定性定量模型运算结果及数据实现相互融合，按照系统科学的分析方法有层次地组织研讨过程的推进，形成了人—机交互、迭代，逼近优化结果的过程，从而实现定性定量相结合的综合集成。

从定性到定量综合集成法不是一门具体技术，而是一种研究问题的思想、是一种指导分析复杂巨系统问题的总体规划、分步实施的方法和策略。这种思想、方法和策略的实现综合运用了以下几种技术：定性定量相结合、专家研讨、综合集成、决策支持技术和分布式交互网络技术等。这几种技术的每一种只能从某一个侧面解决复杂巨系统问题，它们的综合运用是研究复杂巨系统问题的有效途径之一。

企业管理从本质上说包括科学性和社会性两个方面，二者是相互影响和不可分割的。作为管理活动的抽象和简化、模型必须高于现实，如果企图用模型来"复制"现实管理活动，力求精确，就会使模型过于复杂、建模费时、求解困难，甚至失去实用价值。

真实地反映客观管理实践活动的规律是建模的基本前提。为此，管理者一方面要了解一定的数理技术知识，能看懂计算机的运算结果；另一方面也必须看到，对于错综复杂、千变万化的管理实践活动，必须去粗取精、去伪存真，才能对其活动规律有所认识，这就要依靠人的知识、经验、分析能力来界定问题边界，选择有关数据，研究模型框架，确定优化目标。模型一旦建立，就有其相对的规范性，而面对现实世界，模型的应用要靠人脑来掌握火候和尺度。现代管理决策实质上是一个"人脑＋电脑"的工作过程，人脑重在管理创新，电脑重在管理效率，人脑与电脑形成一种同事关系，各自完成自己最擅长的任务，依靠合作达到智慧大成。

6.2 网络计划模型

系统决策之后，面临的问题就是制订计划和控制实施。网络计划技术就是在制订计划和控制实施过程中采用的一种科学方法。本章主要对目前管理中常用的网络计划方法作一个系统的介绍。

6.2.1 系统管理的网络技术

网络计划技术是系统管理的重要工具之一，是系统工程常用的管理技术。它是利用网络图对计划任务的进度、费用及其组成部分之间的相互关系进行计划、检查和控制，以使系统协调运转的科学方法。这种方法的主要特点是统筹安排，为了突出这一特点，我国把各种不同的网络计划方法统称为统筹法。

管理的对象都可作为一个系统来研究。任一系统就其内容来说，虽各有特点，但却都具有共性，那就是必须按系统单元内在的时间和空间联系，把物质、能量和信息有机地组织起来，在最短的时间内，以最少的消耗实现系统的目标，取得最大的效益。为了更有效地管理系统运行，目前广泛使用的统筹方法有以下几种。

6.2.1.1 甘特图

甘特图是由科学管理的奠基人泰勒的学生、美国福兰克兵工厂顾问甘特（Henry L. Gantt）于 20 世纪 40 年代开发的一种计划与管理技术，也称横道图。甘特图是对项目进行计划和排程的一种常用工具。它帮助管理者为项目作好进度安排，然后随着时间的推移，对比实际和计划进度，将管理者的注意力集中到发生异常的地方，对项目进行适时的控制，从而使项目能够按期完工。

在甘特图中，横向表示时间进度，纵向表示项目的各项作业，以线条的长短表示一项工作或作业的开始和完成时刻以及工作的进展情况。由于它以条形图进行系统计划与管理，故又称横道图、条形图等，图6-4即是一份简化的现场准备作业的条形图。

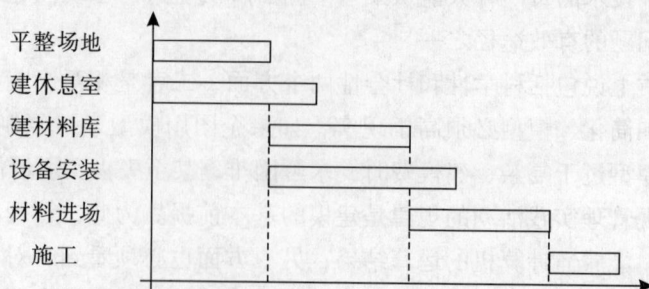

平整场地

建休息室

建材料库

设备安装

材料进场

施工

图6-4　甘特图

甘特图的特点是简单明了、容易绘制、使用方便。其缺点是：第一，不能反映各项工作之间错综复杂的联系和制约的分工协作关系；第二，不能反映系统中哪些工作是主要的、关键性的生产联系和工序，反映不出全局的关键所在，不利于最合理地管理整个系统，可能造成在不重要的工作上投入过多的资源，却忽视了影响大局的关键性工作，虽然忙得团团转，却徒劳无功，致使系统目标难以实现。

甘特图法的这些缺点，造成其使用上的局限性。随着科学和技术的发展，系统的规模越来越大，应用甘特图法已无法满足需要，这就需要探讨一种新的计划管理方法。

20世纪50年代以来，各国科学家都在进行这方面的探索，自从关键路线法和计划评审技术出现以后，在计算机广泛应用的基础上，系统的计划与管理进入了一个新的阶段。

6.2.1.2 网络计划技术

网络计划技术是计划评审技术（Program Evaluation and Review Technique，PERT）和关键路线法（Critical Path Method，CPM）的总称，是20世纪50年代末期在美国发展起来的用于大型项目的管理和控制的项目管理方法。CPM于1957年首先面世，由雷明顿·兰德公司的J. E. 凯利和杜邦公司的M. R. 沃克尔开发，旨在帮助杜邦公司修建和维护化学工厂。PERT是1958年美国海军特种计划局和洛克希德公司在研制北极星导弹潜艇时所应用的一种项目管理方法，该方法使项目比预定计划提前两年完成。网络计划技术最初是为大型项目的计划和管理而开发的，在美国，凡是承包与军用有关项目的，必须以PERT为基础提出预算和进度计划。后来，由于网络计划技术的优越性，越来越多的项目开始采用这两种方法。我国是网络计划技术应用较早的国家之一，1965年，著名数学家华罗庚教授首先在我国推广和应用了这一项目管理方法，并将之称为"统筹法"。

CPM和PERT是独立发展起来的两种计划方法，在具体做法上有一些区别：CPM假设每个活动的时间是确定的，而PERT的活动时间是基于概率估计的，是不确定的；CPM不仅考虑活动时间，也考虑活动费用和活动时间的权衡，PERT很少考虑费用问题，重点是时间控制；CPM采用结点型网络图，PERT采用箭线型网络图。但两者的基本原理是一样的：都是用网络表示工程项目，以确定关键路线。两种技术在长期的使用过程中取长补短，之间的差别越来越小，常常被结合使用，以求得时间和费用的最佳控制。

网络计划方法的优点主要体现在以下几个方面：

- 通过网络图，可以将项目活动图形化，明确项目及各个组成部分；
- 估计项目的成本和持续时间；
- 指出关键路线和关键作业，对项目进行跟踪，保证项目按期交工；
- 使项目成员了解各自的工作和在项目中的意义；
- 明确各活动之间的关系，决定哪些必须先完成，哪些活动必须随后完成，在不延长工期的情况下，哪些活动可以延期，松弛时间是多少。

6.2.2 网络图的组成和绘制规则

网络图又叫统筹图，它是计划任务及其组成部分相互关系的综合反映，是进行计划、管理和计算的基础。

网络图是针对一项任务编制的。任务是指一项有目的、有开始和结束标志的许多相互关联且有不同指标要求的工作所组成的事物。任何一项任务又是由工作或工序组成的，现将为完成某项任务在工艺和组织管理上相互独立的活动称为工作或工序，它包括人的各式各样的相互协调的劳动。

任务和工作（工序）是相对存在的，一项任务由工作组成，但将该工作当做一项任务，它又由很多小的工作组成，因此任务是可逐级分解的。

当把一项任务分解成工作的时候，必须考虑其流程特性。流程是指一项任务随时间的推移而逐渐展开的过程。流程特性就是指任务在展开的过程中工作与工作之间紧密关联的特点。按流程特性，工作都有紧前工作和紧后工作之分。所谓紧前工作是指一项工作开始之前必须完成的工作；紧后工作是指一项工作完成之后紧接着能进行的工作。紧前工作和紧后工作是相对的，一项工作是其紧后工作的紧前工作，又是其紧前工作的紧后工作，因此可应用流程特性将一项任务分解成工作，并表示出各工作间的逻辑关系。

一项工作开始和结束时刻的标志称为事项。事项为两项工作的交接点，又称节点，它是前项工作结束、后项工作开始的标志。任一事项都具有瞬时性，因其体现工作间的衔接过程且与完成的时间相比是短暂的，所以不消耗资源，不占用时间和空间。网络图中的第一个事项称为起始事项，最后事项为结束事项，其余事项为中间事项，中间事项起承上启下的作用。事项还须具有易检性，即必须具有容易检验和判断的标准。

网络计划技术的一个重要特征，就是用网络图描述项目活动过程及其内在的逻辑次序。网络图是一种对项目活动进行直观描述的最好办法。

网络图由结点、箭线与箭线连成的路线组成，它表示项目各个任务中的各个工序的先后关系和所需的时间。结点表示一个事项，它是一个或若干个工序的开始或结束，是相邻工序在时间上的分界点，结点用圆圈和里面的数字表示；箭线表示一个具体的活动、一个工序，一个项目由若干工序组成，工序需要占用时间和资源。工序开始的结点称为箭尾结点，工序结束的结点称为箭头结点。

也可以说网络图由"活动"、"事项"以及"路线"三部分构成，"活动"是指一项需要消耗一定的资源、经过一定的时间才能完成的具体工作。活动中有一种"虚活动"，它不消耗资源，也不占用时间，作业时间为零，其作用是表示前后活动之间的逻辑关系，便于人们识别、计算。"事项"指活动开始和完成的时刻，不消耗资源，也不占用时间，仅仅表示一种状态。"路线"是指从网络始点事项开始，顺着箭线方向连续、不间断地到达终点事项的一个序列。在一个网络图中，有很多的路线，路线中各个活动的作业时间之和就是该路线的作业时间，其中作业时间最长的路线称为"关键路线"，它所涉及的活动（作业）称为关键活动（作业），它决定着网络图上所有工作的完成时间，即决定着项目的工期。

CPM 采用结点型网络图，以圆圈表示活动，用箭线表示活动之间的关系，又称单代号网络图，因为它只需一个代号就可以表示。PERT 采用箭线型网络图，以箭线表示活动，需要将代号标示在箭线上，还需要另一种代号标示在圆圈内，表示事件，箭线的箭头和箭尾各有一个圆圈，分别表示箭头事件和箭尾事件，所以有时人们又把箭线型网络图称为双代号网络图。这两种绘制方法各有利弊，箭线型网络图逻辑关系比较清楚，可用箭线的长短来反映活动持续的时间，在我国得到广泛应用，但此方法需要引入"虚活动"这一概念，虚活动的增多，导致结点数目的相应增多，当项目较大时，图形变得异常复杂和庞大，不易绘制，时间参数的计算量也随之增加。结点型网络图不需要增设虚活动，绘制较为简单，便于检查和修改，很多基于计算机的项目管理软件均采用这种方法，结点型网络图在国外较为流行，当然，这种方法也有缺点，即在紧后活动较多时，存在箭线交叉较多的问题。本书主要介绍箭线型网络图的绘制。

绘制箭线型网络图需要遵守下列规则：

第一，网络图是有向图，不允许出现缺口和回路。在网络图中，除起点和终点外，其他结点的前后都应该有箭线相连，图中不能有缺口。不允许回路是指从起始结点出发，只能从左至右排列，不能反方向又重新回到该结点上，如果有回路存在，则意味着组成回路的工序永远不能完工，项目永远不可能结束。

第二，活动与箭线一一对应，两个结点间只允许有一条箭线相连。当由于作业之间相互关系而需要在两个结点间有多条箭线相连时，可增设结点，引入虚活动，虚活动表示相邻两个工序之间的关系，不占用资源和时间，实际上并不存在，仅仅是箭线型网络图绘制的一种特殊需要，其目的是使网络图的逻辑关系更为清晰。

第三，箭线必须从一个结点开始，到另一个结点结束，不能从箭线的中间引出其他箭线。

第四，每个完整的网络图必须有且只能有一个起始结点和终止结点，不允许出现没有先行事项或没有后续事项的中间事项，这些工序不能用一个起点和一个终点表示时，可用虚活动把他们与起点和终点连接起来。

第五，箭头事项的编号必须大于箭尾事项的编号，编号不能重复，可以不连续，留出一些编号，便于修改和调整。

第六，网络图布局时，尽量将关键路线布置在中心位置，并尽量将联系紧密的活动布置在相邻位置。

6.2.3 网络图的绘制步骤

网络图的绘制可分为以下步骤：项目分解；确定活动间的相互关系和先后次序；确定活动时间；编制作业清单；网络图的绘制和编号；计算网络时间参数、确定关键路线；优化控制。

6.2.3.1 任务分解

任务分解的工作内容为：把一项任务分解成工作（或工序），网络图是按照活动的先后顺序绘制的，所以在绘制前必须对任务进行分解，将一项工程分解为若干作业，并列出全部的作业和代号清单。项目的分解，根据不同对象有不同要求，对于高级管理层，重要的是纵观全局、掌握关键，因此，任务可以分解得粗一些，对于具体的施工单位，要根据网络图组织生产，因此任务应该分解得细一些。

6.2.3.2 确定活动的相互关系及先后次序

在任务分解之后，要确定各个活动之间的先后次序，即一项活动的进行是否取决于其他活动的完成，可以采用紧前、平行和紧后工序表示项目活动的先后次序。为了明显清晰起见，需列成"工作逻辑关系表"（见表6-1）。该表是编制网络图的基础和关键，是编制计划的开始。因此，必须深入调查研究，与有关技术部门相互配合、密切协作，与生产部门协商，不断修改，才能客观地正确地反映出任务的结构和内在联系，才能得到符合客观实际的"工作逻辑关系表"。

表6-1　工作逻辑关系表

工序名称	紧前工作	紧后工作	工期	调整期	……

活动之间的次序通常有以下几种，如图6-5所示。图6-5a表示活动A完成后活动B才能开始，活动B完成后活动C才能开始；图6-5b表示活动B和C都只能在活动A完成后才能开工；图6-5c表示活动C只能在活动A和B都完成后才能开始；图6-5d表示活动C和D都只能在活动A和B完成后才能开始；图6-5e表示活动C在活动A完成之后开始，活动D在活动B完成之后开始，活动A和C与活动B和D相互独立；图6-5f表示活动C在活动A和B都完成之后才能开始，而活动D只需要在活动B完成之后就可开始；图6-5g表示活动B和C都只能在活动A完成后才能开始，活动D只能在活动B和C都完成后开始。

作业间的相互关系，主要有以下几种。

1. 紧前作业

又称先行作业，是指对项目分解中列出的每项作业，确定其作业前，必须完成的作业。如图6-5a中，A活动为B活动的紧前作业。

2. 紧后作业

又称后续作业，是指对项目分解中列出的每项作业，确定其作业完成后，紧接着要完成的作业。如图6-5a中，B活动为A活动的紧后作业。

3. 平行作业

又称并行作业，是指两项以上的作业从同一紧前事件引出，又有同样的紧后事件。为了避免三个事件之间有两条以上的箭线相连，必须引入虚工序（活动），如图6-6a所示。

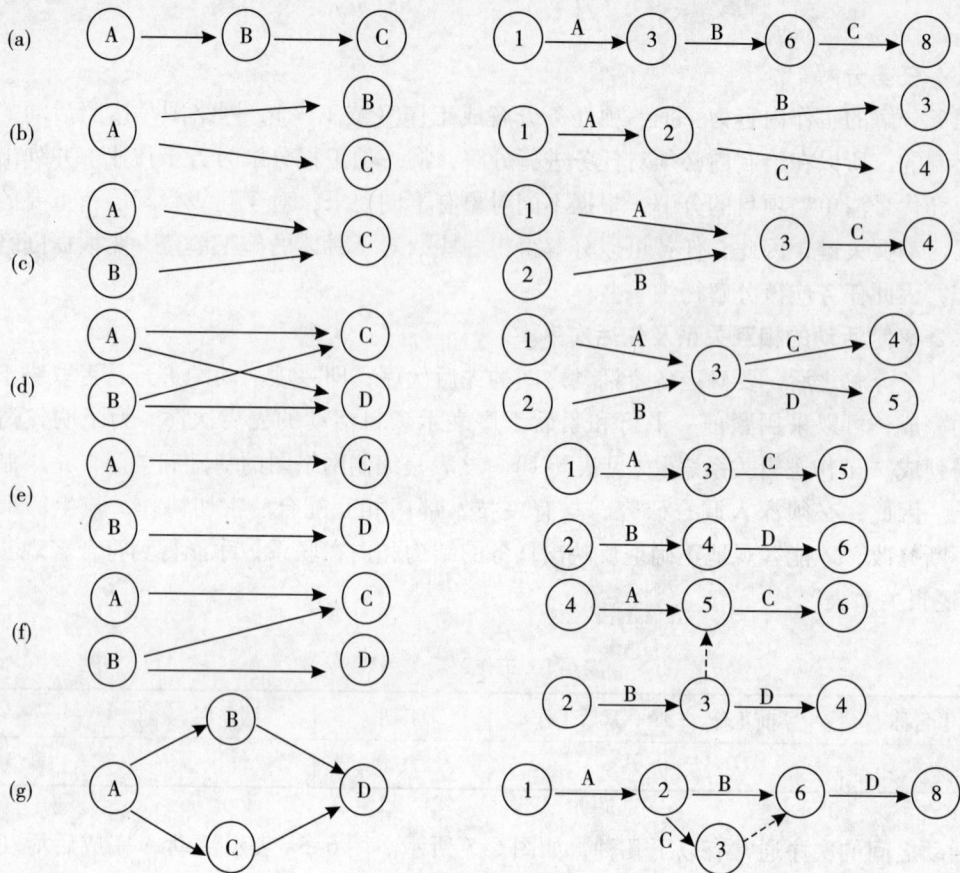

图 6-5　活动之间的典型关系

4. 交叉作业

交叉作业是指不必在某项作业完全完工后才开始下一道工序，而是前道工序完成一部分，就开始后道工序，待前道工序再完成一部分，后道工序也完成一部分并接着继续做下一部分，这样工序之间一部分一部分的交叉进行，交叉作业也需要引入虚工序（活动）。如图6-6b 所示。

6.2.3.3 确定活动所需时间，编制作业清单

活动的逻辑关系确定后，还需要用合适的方法估计每项作业需要的时间，常用的方法有单点估计法和三点估计法，具体的内容将在网络时间参数的估算中讲解。

项目分解、作业间的相互关系以及作业时间都确定后，就可以编制作业清单了，作业清单又称作业明晰表，如表6-2 所示。

(a)平行作业

(b)交叉作业

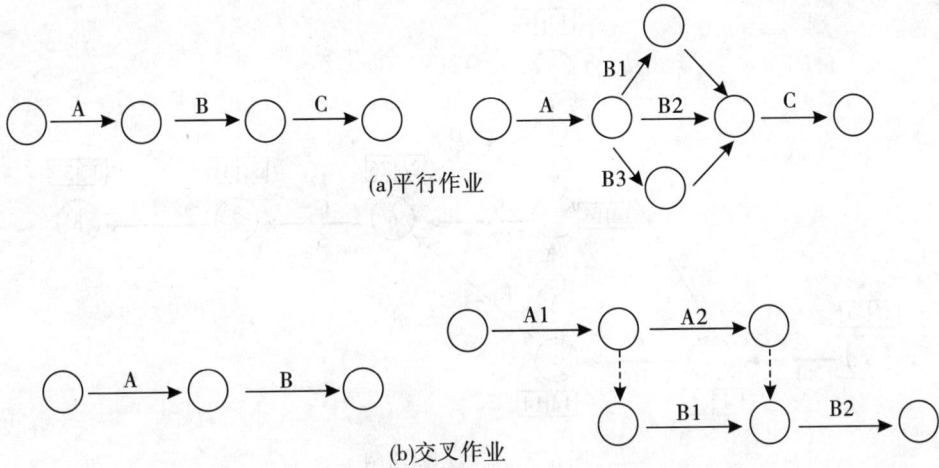

图6-6 平行作业与交叉作业

表6-2 某科研课题的作业清单

工序代号	工序名称	紧前工序	紧后工序
A	立项、选题	——	4
B	规划	A	7
C	确定课题组成员	A	10
D	准备调研方案	B	8
E	收集资料	B、C	12
F	资料汇总分析	C	7
G	实地调查	D、E、F	5
H	编写课题报告	G	4
I	结束	H	0

6.2.3.4 绘制网络图、编号

绘制网络图的关键在于网络图必须正确、全面地反映工作之间的逻辑关系。网络图应与项目清单一致，项目清单中作业间的紧前和紧后等关系，在网络图中都要如实反映。在正确的前提下，网络图要尽量简单，比如虚活动应尽可能少，只有在确实必要时才能引入。图6-7即按照表6-2项目清单中的逻辑关系绘制的箭线型网络图。

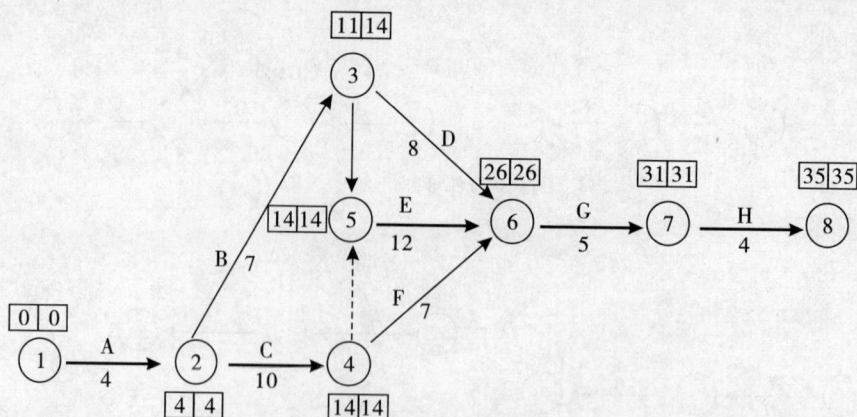

图 6-7 箭线型网络图

网络图中的结点要统一编号，在进行编号时，要依据前述绘制网络图的规则：结点编号不能重复；箭头结点的编号要大于箭尾结点的编号；编号可以连续，也可以跳跃，跳跃的编号是为了以后修改和调整的方便。

6.2.3.5 计算网络时间参数，确定关键路线

网络时间参数的计算包括结点时间参数和活动时间参数。求出时间参数后，就可以确定关键路线了。

6.2.3.6 网络的优化控制

网络的优化控制包括：时间优化、时间—费用优化和资源优化。

6.2.4 网络时间参数的计算

网络时间参数的计算主要包括作业时间、结点时间参数和活动时间参数的计算。

6.2.4.1 作业时间的计算

作业时间指一项活动从开始到完成的持续时间。作业时间的长短与该活动的工作量及投入的资源量有关，有时还与该工作的工艺特性或技术要求有关。作业时间的估计有单点估计法和三点估计法。对于不确定性要素较少的活动，其工作进度能估计得比较准确，各项费用变化不大，采用单点估计法，如果活动的不确定要素较多，需要采用三点估计法。

1. 单点估计法

对各项活动的作业时间，确定一个时间值。这种方法适用于不确定因素较少的作业，或有类似项目作参考的作业。

2. 三点估计法

在不具备该项活动的直接资料或间接资料的情况下，不确定因素较多，三点估计法把工作时间作为随机变量来处理，对每项活动的作业时间要考虑三个值：乐观时间（指在最有利的条件下顺利完成一项活动所需要的时间）、最可能时间（在正常情况下完成一项活动所需要的时间）和悲观时间（在最不利的条件下完成一项活动所需要的时间），假设作业时间服从 β 的概率分布，我们可根据这三个时间用下面的经验公式来计算每项活动的作业时间和作业时间方差。

平均时间：$T^* = \dfrac{a + 4m + b}{6}$

方差：$\delta^2 = \left(\dfrac{b-a}{6}\right)^2$

式中：a 为乐观时间；m 为最可能时间；b 为悲观时间。

6.2.4.2 结点时间参数的计算

结点时间是一个瞬时的概念，本身并不占用时间和资源，仅仅表示一种状态，包括结点最早开始时间、结点最迟结束时间。

1. 结点最早开始时间

结点最早开始时间（Early Time，$t_E(j)$）是指从该结点出发的各项活动最早可能开始的时间。它等于从起点到该结点的各条路线中的最长先行路线上的作业之和。结点最早开始时间从网络图的起始结点开始，按结点编号顺序计算，直到网络图的终点为止。一般假定网络图的起始结点最早开始时间为零，即 $t_E(1) = 0$。终点最早开始时间 $t_E = t_E(n)$，通常为项目的最早完工期，简称工期。其余结点最早开始时间可按下式计算：

$$t_E(j) = \max\{t_E(i) + t(i, j)\} \quad (j = 2, 3, \cdots, n)$$

式中 i 和 j 分别代表箭尾事件和箭头事件，$t(i, j)$ 为活动 (i, j) 所需要的时间。

2. 结点最迟结束时间

结点最迟结束时间（Late Time，$t_L(i)$）是指以该结点为结束的各项作业最迟必须结束的时间，若在此刻还不能完工，将会影响到后续作业，从而影响整个项目的进度。结点最迟结束时间从网络图的终点开始计算，按照结点编号的反顺序，即：从右至左，从大到小，逐个推算，直至网络图的起点。由于结点本身并不消耗、占用时间，故网络图终点的最迟结束时间就等于它的最早开始时间，即 $t_E(n) = t_L(n)$。其他结点的最迟结束时间按下式计算：

$$t_L(i) = \min\{t_L(j) - t(i, j)\} \quad (i = n-1, n-2, \cdots, 1)$$

6.2.4.3 作业时间参数的计算

与结点时间不同，作业时间是一个时段概念，作业需要持续一段时间才能完成。作业时间包括四个：作业最早开始时间、作业最早结束时间、作业最迟开始时间和作业最迟结束时间。计算作业时间参数是为了了解和分析作业之间在时间的衔接上是否合理、有没有机动时间。

1. 作业最早开始时间（Earliest Start）

作业最早开始时间 $t_{ES}(i, j)$ 等于代表该作业的箭线的箭尾结点的最早开始时间。也就是说，某项作业必须在它的紧前作业完工后才能开始。

$$t_{ES}(i, j) = t_E(i)$$

式中，$t_E(i)$ 为箭尾结点的最早开始时间。

2. 作业最早结束时间（Earliest Finish Time）

作业的最早结束时间 $t_{EF}(i, j)$ 等于代表该作业的箭线的箭尾结点的最早开始时间，加上该作业的作业时间。

$$t_{EF}(i, j) = t_{ES}(i, j) + t(i, j) = t_E(i) + t(i, j)$$

3. 作业最迟结束时间（Latest Finish Time）

作业最迟结束时间 $t_{LF}(i, j)$ 等于代表该作业的箭线的箭头结点的最迟结束时间。

$$t_{LF}(i, j) = t_L(j)$$

4. 作业最迟开始时间（Latest Start Time）

作业最迟开始时间 $t_{LS}(i, j)$ 等于代表该作业的箭线的最迟结束时间减去该作业的作业时间。

$$t_{LS}(i, j) = t_{LF}(i, j) - t(i, j) = t_L(j) - t(i, j)$$

同结点时间参数的计算类似，在计算作业时间参数时，作业的最早开始时间与最早结束时间，应从网络图的起点开始，从左至右，用加法，取极大值，逐一计算；作业的最迟结束时间与最迟开始时间，应从网络图的终点开始，从右至左，用减法，取极小值，逐一计算。

6.2.4.4 作业时差

计算作业最早时间与最迟时间的目的是计算作业的时差，时差是指在不影响整个工程项目完工时间的条件下，某项作业的最迟开始（结束）时间与最早开始（结束）时间之差。时差表示该项作业允许延迟的最大限度，因此，时差又称"松弛时间"或"机动时间"，利用时差可以合理调配人力和物力，达到资源配置的最优。

1. 作业总时差

作业总时差是指在不影响整个项目工期的条件下，作业可以延迟开始或延迟结束的时间。计算时应从网络图的终点从后向前逆推，按照下面的公式计算：

$$R(i, j) = t_{LS}(i, j) - t_{ES}(i, j) = t_{LF}(i, j) - t_{EF}(i, j)$$

式中：$R(i, j)$：作业 $i-j$ 的总时差；

$t_{LS}(i, j)$：作业 $i-j$ 的最迟开始时间；

$t_{ES}(i, j)$：作业 $i-j$ 的最早开始时间；

$t_{LF}(i, j)$：作业 $i-j$ 的最迟结束时间；

$t_{EF}(i, j)$：作业 $i-j$ 的最早结束时间。

2. 作业单时差

作业单时差，又称局部时差、自由时差，是指在不影响紧后作业的最早开始时间的前提下，该作业可以延迟开始的时间。作业单时差等于其紧后作业的最早开始时间与本作业的最早结束时间之差。计算按照下面的公式：

$$r(i, j) = t_E(j) - t_{EF}(i, j) = t_E(j) - t_E(i) - t(i, j)$$

式中，$t_E(j)$：紧后作业 j 的最早开始时间。

6.2.4.5 关键路线

按从网络图的起点到终点的顺序将所有事件作业总时差为零的结点连接起来的路线称为关键路线。关键路线上的作业称为关键作业。关键路线是网络图所有路线中时间最长的路线。关键路线上各项作业时间的总和就是该项目的工期。如果能够缩短关键路线上的时间，就能够缩短整个项目的工期，而缩短非关键路线上的作业时间，却不能使整个工期提前，换句话说，即使在非关键路线上耽搁一些时间，也不会对整个项目的工期有所影响。编制网络计划的基本思想就是在一个庞大的网络图中找到关键路线，对关键活动优先安排资源，尽量节约时间，对于非关键线路上的活动，只要不影响项目的工期，则可抽调适当的资源用在关键路线上，以达到缩短整个工期的目的。

下面即根据图 6-7 中的网络图计算网络的时间参数。

1. 从左至右逐步计算结点最早开始时间

$t_E(1) = 0$

$t_E(2) = t_E(1) + t(1, 2) = 0 + 4 = 4$

$t_E(3) = t_E(2) + t(2, 3) = 4 + 7 = 11$

$t_E(4) = t_E(2) + t(2, 4) = 4 + 10 = 14$

$t_E(5) = \max\{t_E(3) + t(3, 5); t_E(4) + t(4, 5)\} = \max\{11 + 0; 14 + 0\} = 14$

$t_E(6) = \max\{t_E(3) + t(3, 6); t_E(5) + t(5, 6); t_E(4) + t(4, 6)\} = \max\{11 + 8; 14 + 12; 14 + 7\} = 26$

$t_E(7) = t_E(6) + t(6, 7) = 26 + 5 = 31$

$t_E(8) = t_E(7) + t(7, 8) = 31 + 4 = 35$

整个项目的最早完工期 $t_E = t_E(8) = 35$。

2. 从右至左逐步计算结点最迟结束时间

$t_L(8) = t_E = 35$

$t_L(7) = t_L(8) - t(7, 8) = 35 - 4 = 31$

$t_L(6) = t_L(7) - t(6, 7) = 31 - 5 = 26$

$t_L(5) = t_L(6) - t(5, 6) = 26 - 12 = 14$

$t_L(4) = \min\{t_L(6) - t(4, 6); t_L(5) - t(4, 5)\} = \min\{26 - 7; 14 - 0\} = 14$

$t_L(3) = \min\{t_L(6) - t(3, 6); t_L(5) - t(3, 5)\} = \min\{26 - 8; 14 - 0\} = 14$

$t_L(2) = \min\{t_L(3) - t(2, 3); t_L(4) - t(2, 4)\} = \min\{14 - 7; 14 - 10\} = 4$

$t_L(1) = t_L(2) - t(1, 2) = 4 - 4 = 0$

将求得的 $t_E(j)$ 和 $t_L(i)$ 分别填入网络图结点边上的左右方格内，整个计算过程可以在图上进行。

3. 计算各作业的最早开始时间 $t_{ES}(i, j)$ 和最迟开始时间 $t_{LS}(i, j)$

$t_{ES}(i, j) = t_E(i)$

$t_{ES}(1, 2) = t_E(1) = 0;$

$t_{ES}(2, 3) = t_E(2) = 4$

$t_{ES}(2, 4) = t_E(2) = 4;$

$t_{ES}(3, 6) = t_E(3) = 11$

$t_{ES}(4, 6) = t_E(4) = 14$

$t_{ES}(5, 6) = t_E(5) = 14;$

$t_{ES}(6, 7) = t_E(6) = 6;$

$t_{ES}(7, 8) = t_E(7) = 31$

$t_{LS}(i, j) = t_L(j) - t(i, j)$

t_{LS} (1, 2) $=t_L$ (2) $-t$ (1, 2) $=4-4=0$

t_{LS} (2, 3) $=t_L$ (3) $-t$ (2, 3) $=14-7=7$

t_{LS} (2, 4) $=t_L$ (4) $-t$ (2, 4) $=14-10=4$

t_{LS} (3, 6) $=t_L$ (6) $-t$ (3, 6) $=26-8=18$

t_{LS} (5, 6) $=t_L$ (6) $-t$ (5, 6) $=26-12=14$

t_{LS} (4, 6) $=t_L$ (6) $-t$ (4, 6) $=26-7=19$

t_{LS} (6, 7) $=t_L$ (7) $-t$ (6, 7) $=31-5=26$

t_{LS} (7, 8) $=t_L$ (8) $-t$ (7, 8) $=35-4=31$

4. 计算总时差和单时差

R (i, j) $=t_{LS}$ (i, j) $-t_{ES}$ (i, j) $=0-0=0$

R (1, 2) $=t_{LS}$ (1, 2) $-t_{ES}$ (1, 2) $=7-4=3$

R (2, 3) $=t_{LS}$ (2, 3) $-t_{ES}$ (2, 3) $=18-11=7$

R (2, 4) $=t_{LS}$ (2, 4) $-t_{ES}$ (2, 4) $=4-4=0$

R (3, 6) $=t_{LS}$ (3, 6) $-t_{ES}$ (3, 6) $=18-11=7$

R (5, 6) $=t_{LS}$ (5, 6) $-t_{ES}$ (5, 6) $=14-14=0$

R (4, 6) $=t_{LS}$ (4, 6) $-t_{ES}$ (4, 6) $=19-14=5$

R (6, 7) $=t_{LS}$ (6, 7) $-t_{ES}$ (6, 7) $=26-26=0$

R (7, 8) $=t_{LS}$ (7, 8) $-t_{ES}$ (7, 8) $=31-31=0$

r (i, j) $=t_E$ (j) $-t_{EF}$ (i, j) $=t_E$ (j) $-t_E$ (i) $-t$ (i, j)

r (1, 2) $=t_E$ (j) $-t_E$ (i) $-t$ (i, j) $=t_E$ (2) $-t_E$ (1) $-t$ (1, 2) $=4-0-4=0$

r (2, 3) $=t_E$ (j) $-t_E$ (i) $-t$ (i, j) $=t_E$ (3) $-t_E$ (2) $-t$ (2, 3) $=11-4-7=0$

r (2, 4) $=t_E$ (j) $-t_E$ (i) $-t$ (i, j) $=t_E$ (4) $-t_E$ (2) $-t$ (2, 4) $=14-4-10=0$

r (3, 6) $=t_E$ (j) $-t_E$ (i) $-t$ (i, j) $=t_E$ (6) $-t_E$ (3) $-t$ (3, 6) $=26-11-8=7$

r (5, 6) $=t_E$ (j) $-t_E$ (i) $-t$ (i, j) $=t_E$ (6) $-t_E$ (5) $-t$ (5, 6) $=26-14-12=0$

r (4, 6) $=t_E$ (j) $-t_E$ (i) $-t$ (i, j) $=t_E$ (6) $-t_E$ (4) $-t$ (4, 6) $=26-14-7=5$

r (6, 7) $=t_E$ (j) $-t_E$ (i) $-t$ (i, j) $=t_E$ (7) $-t_E$ (6) $-t$ (6, 7) $=31-26-5=0$

r (7, 8) $=t_E$ (j) $-t_E$ (i) $-t$ (i, j) $=t_E$ (8) $-t_E$ (7) $-t$ (7, 8) $=35-31-4=0$

总时差为零的路线为关键线路，即1—2—4—5—6—7—8。关键作业为：A、C、E、G、H。

关键路线在网络图上用粗实线或双实线表示。

6.2.5 网络时间参数的计算方法

计算网络时间可以采用手工计算和计算机处理。在结点数不太多时采用手工计算，手工计算可分为图上计算法和表上计算法（表格法）。图上计算法就是在网络图上直接进行计算，并把计算的结果标在图上；表上计算法是先制作一个表格，把各项活动的有关数据填入表中，然后在表上计算时间参数。表6-3即某科研课题的表格法计算。

表 6-3　活动时间参数计算表

工序（i, j）	作业时间 t (i, j)	最早开始时间 t_{ES} (i, j)	最迟结束时间 t_{LS} (i, j)	总时差 R (i, j)	单时差 r (i, j)	关键作业
A（1, 2）	4	0	0	0	0	*
B（2, 3）	7	4	7	3	0	
C（2, 4）	10	4	4	0	0	*
D（3, 6）	8	11	18	7	7	
E（5, 6）	12	12	14	0	0	*
F（4, 6）	7	7	19	5	5	
G（6, 7）	5	5	26	0	0	*
H（7, 8）	4	4	31	0	0	*

如果结点数较多，网络的规模很大，人工计算既费时又容易出错，这时通常利用专门的计算机软件来解决。

6.2.6 网络计划的优化

最优计划是在最短的时间（或在一定的时间内）用最少的人力、财力、物力得到最大效果的计划。网络优化就是应用网络图所反映的客观规律，通过网络图的各种安排，制订一个最优计划的过程。

网络图的优化主要有时间优化、时间—费用优化和资源优化等。

6.2.6.1 时间优化

时间优化主要解决如何缩短总工期的问题。

项目管理计划的工期和由网络计划技术计算出的工期可能会有所不同，我们所关心的重点是项目任务比较紧迫，目前的项目进度无法保证项目按照计划工期完成时，往往需要调整人力、物力和财力等资源，以保证项目按期完工，当然前提条件是资源有保障。

关键线路制约着整个项目的完工时间，因此，要想赶进度，就要压缩关键路线上的作业时间，当项目的资源比较充裕时，可以增加对关键线路上的关键作业的资源投入，以提高工作效率，缩短工作时间，从而达到缩短工期的目的。需要注意的是，关键线路时间的压缩并一定意味着整个项目的工期就会达到预定的要求，因为压缩了关键线路上的活动时间，原来的非关键线路可能会变成现在的关键路线，所以，关键线路调整后，还需要重新计算网络时间，以确定工期是否被满足，否则还需要在新的网络计划下重复上述步骤，以保证项目的工期。用来赶工的关键作业，一般选择赶工费用较小的、容易压缩时间的作业。用来抽调资源的非关键路线上的作业应该选择资源量大、总时差大或受抽调资源影响较小的作业。采取的具体措施主要有利用平行、交叉作业缩短关键路线上的时间，在关键线路上赶工等。

6.2.6.2 时间—费用优化

时间优化是在不考虑资源限制的条件下，寻求最短工期。即基于这样的假设，资源（人员、设备、工具等）有无限的能力并可以随时得到，这与实际情况往往并不符合，因为受成本、熟练程度、时间和竞争等因素的影响，几乎所有的项目都受到资源的限制。在许多项目中，各种工序进行中可能得到的各类资源的数量是有限的，在同一时间里，某些工序可能要求同一种资源，但往往不可能得到充分的资源来满足所有的需要，换言之，这些工序对同一种资源具有竞争性，如果不能得到充分的资源，某些工序就不得不重新计划，并要等到其所需要的资源能够得到时才能进行，这样，项目进度就受到了资源的限制，如果按照实际需要增加资源的话，势必使整个项目超出预算。因此，费用控制常常是项目管理的首要任务，人们在寻求最短工期的同时，也想使费用尽可能的少，这就需要对项目费用进行分析，项目费用包括直接费用和间接费用两部分。

1. 直接费用

直接费用是指用于该项目的能够直接计入成本计算对象的费用。包括：工人的工资和附加费，原材料费用，设备、能源及工具等直接和完成该项目有关的费用。为了缩短工期，需要采用一定的技术措施，这样会导致直接费用的增加，工序的作业时间越短，直接费用越多。

2. 间接费用

间接费用是与整个项目有关的，并非直接用于某项活动，不能直接分摊给某一活动的成本，包括：项目管理人员的工资、办公费、提前完工的奖金、贷款利息等。间接费用通常按照施工时间的长短分摊，在一定生产规模内，工期越短，间接费用越少。

项目的总费用就是直接费用和间接费用的总和。这两部分费用随工期变化的趋势是相反的，这就导致项目总费用先随着工期的缩短而降低，然后又随着工期的进一步缩短而增加，总费用的这一变化告诉人们，其间必然存在一个最低点，该点对应的项目周期就是最佳工期，如图6-8中 T^* 所示。使得总费用最低的项目完工时间称为最低成本日程。编制网络计划，无论是以降低费用为主要目标还是以压缩工期为主要目标，都要计算最低成本日程，从而提出时间—费用的优化方案。

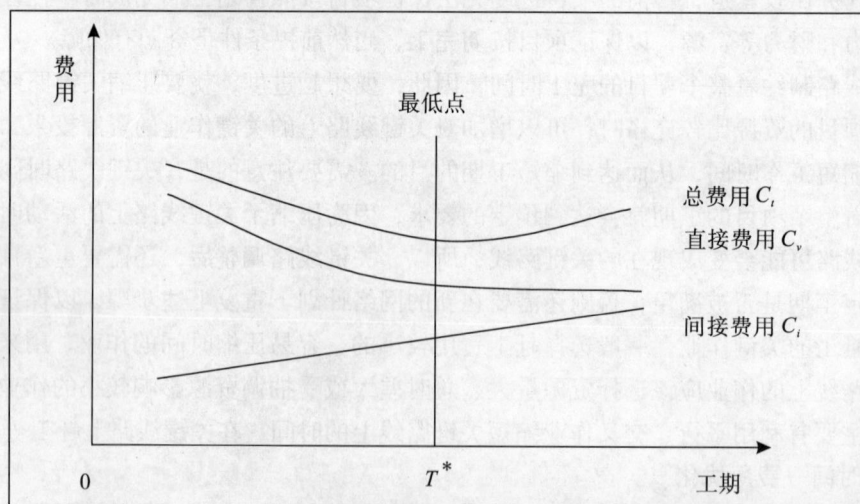

图6-8 费用和工期的关系

时间—费用优化主要解决以下两种类型的问题：（1）在限定工期内寻找调整费用最小的方案；（2）寻找总调整费用最小的工期。这两类问题的基本思想是把线性规划和 CPM 网络结合起来，即把网络结构和限定的工期作为约束条件，把调整所需的费用作为目标，应用线性规划的方法确定工序调整时间，进而编制出任务计划。

6.2.6.3 资源优化

在实践中，资源的数量是有限的，在编制网络计划、安排工程进度的同时，要考虑尽量合理地利用现有资源，并缩短工期。这里资源的含义是广泛的，涉及到材料、设备、人力、能源、运输工具等等，甚至费用也可以作为资源来对待。如果工作安排不当，任务可能不能如期完成。由于实践中包含的活动很多，涉及的资源情况也错综复杂，往往需要经过多次权衡，才能得到时间进度和资源利用都比较合理的计划方法。资源优化就是解决在资源量一定的情况下，使资源利用更合理（均衡）的问题。

合理安排资源的原则是：

- 优先安排关键线路上的关键作业及非关键线路上总时差很小的作业需要的资源；
- 在规定的工期内，计算项目中活动所需的资源数量，作出资源供应计划；
- 在不影响工期的前提下，利用非关键作业的总时差，错开各活动的开始时间，拉平资源需求的高峰，使得资源得到连续、均衡的使用；
- 当资源匮乏时，或者在考虑综合效益的前提下，也可以适当推迟工期，缓解资源需求压力。

6.3 管理系统的优化控制方法——系统动力学模型

对自然科学家或工程师来说，进行试验已司空见惯，他们可通过试验来探索和发现事物发展变化的规律。但是，以社会为研究对象的社会科学家却只能靠社会调查和分析。可以设想，如果社会科学工作者、战略家、管理者在进行社会、企业重大变革之前，能像自然科学家那样通过"社会科学试验室"对各种政策方案进行实际试验之后再作出决策，那么这对社会科学的研究会有多么重大的意义。

为了适应该需要，本世纪五十年代美国麻省理工学院斯隆管理学院的福雷斯特教授融控制论、系统论、信息论、计算机模拟技术、管理科学及决策论等学科的知识为一体，开发了系统动力学（System Dynamics），简称 SD。

控制论是一门具有方法论特点的学科，无论是战略思想研究，还是具体到科研项目的研究，它都给人们许多方法论的启示。系统动力学方法是用来研究系统功能行为的等效性，模拟系统的行为特征的。管理系统是一个复杂的人工系统，它与一般技术系统的不同是其不允许对现实系统进行直接试验，而只能根据系统结构与功能的相互关系构建系统模型进行模拟。系统动力学就是一种广泛应用于社会经济管理系统的有效方法。该方法是一种用计算机对社会大系统进行模拟的方法，是用计算机研究发展战略与策略的一种方法，因此，该方法被誉为"战略与策略试验室"，福雷斯特也被誉为当代的伽利略。

系统动力学是建立在系统论、自动控制理论和信息论基础上的，它依靠系统理论来分析系统的结构和层次、依靠自动控制理论中的反馈原理对系统进行调节、依靠信息论中信息传递原理来描述系统，并采用电子计算机对系统动态行为进行模拟。它最适合于分析和研究复杂的社会经济系统。

6.3.1 SD 的建模思路与理论根据

SD 以复杂的大系统为研究对象，从系统的整体出发，研究系统内子系统之间的因果关系和信息反馈环的动态行为特征，建立各个要素及相互作用的流图与模拟模型（构造方程式），实施不同的政策调控（参数的调节），应用计算机模拟求得系统的宏观行为，寻求解决问题的途径，而且它可以配合其他优化模拟，实现优化规划和控制。

SD 的建模思路与理论根据简要概述如下。

6.3.1.1 系统的结构决定系统的功能是 SD 建模的基本思路

系统动力学认为系统的行为模式是由系统的结构决定的，环境要对系统行为模式产生影响，就要通过系统内部结构起作用，所谓系统结构在第一章已经提到，它是指系统内各个子系统之间的内部联系，这种联系要比系统本身的性能更加重要。各子系统之间相互作用的方式或格局决定了系统产生某种行为模式的可能性，而且这种相互作用的强弱程度，也会决定行为模式的数量特征。因此，SD 是从系统的微观结构入手，根据系统的结构与功能的相互关系构造系统模型的。但是，SD 认为仅仅研究分析系统的表面功能现象是不能完全反映系统的结构的，数据只代表系统的某些侧面，要真正构造系统的模型，必须深入到现实系统中所包含的那些不完全可测量的因果反馈关系中去，把可度量的、描述系统动态变化趋势的数据，与不可度量的系统内部的非线性关系联系起来。

6.3.1.2 信息反馈回路（环）是动态系统的基本结构

一切大系统都是由信息反馈回路（环）相互作用和耦合而形成的。任何系统都存在一个或几个主要反馈回路，它们决定着系统的主要结构和动态趋势。

图 6-9 为一个经济管理系统的主要反馈回路图。

图中相邻两个要素的有向箭线称为因果关系链，若干个相互联系的因果关系链构成的闭合回路称为因果反馈回路（又叫因果反馈环）。因果关系链具有正、负极性，它表示要素间因果关系的作用与方向，与此相关的因果反馈回路也分为正反馈回路和负反馈回路。如果因果反馈回路中因果关系链的极性均为正，或者负极性发生了偶数次改变，则为正反馈回路。如果负极性变化的次数为奇数次，则为负反馈回路。正反馈回路具有自我强化、自我放大的效果，其中任一变量的变化，最后会使该变量同方向的变动趋势加强；负反馈回路有衰减任一变量变化结果的趋势，其中回路中任一变量发生变化，通过回路中变量的依次作用，最终会减弱该变量值的变化。因此，负反馈回路具有使回路中各变量保持稳定的作用。

图 6-9 所示的基本因果反馈关系以国民收入分配为起点，将国民收入总量分为两大部分，一部分为积累资金，用于扩大再生产，另一部分是消费资金，直接用于改善人民生活。两部分谁多谁少，需要有一个合理的比例关系，以保证社会经济系统的稳定、持续、协调发展。积累资金确定之后，需要合理分配为固定资产投资和城市建设投资两个部分，这就是投资结构中的固定资产投资率的确定问题。如此顺序往下，固定资产投资分配到各个工业部门，形成各个部门的生产能力，生产能力的提高带来工业产值的增加，工业产值增加促使国民收入总量的增加。到此形成了国民经济中工业系统的主要因果反馈闭合回路，这是一个正

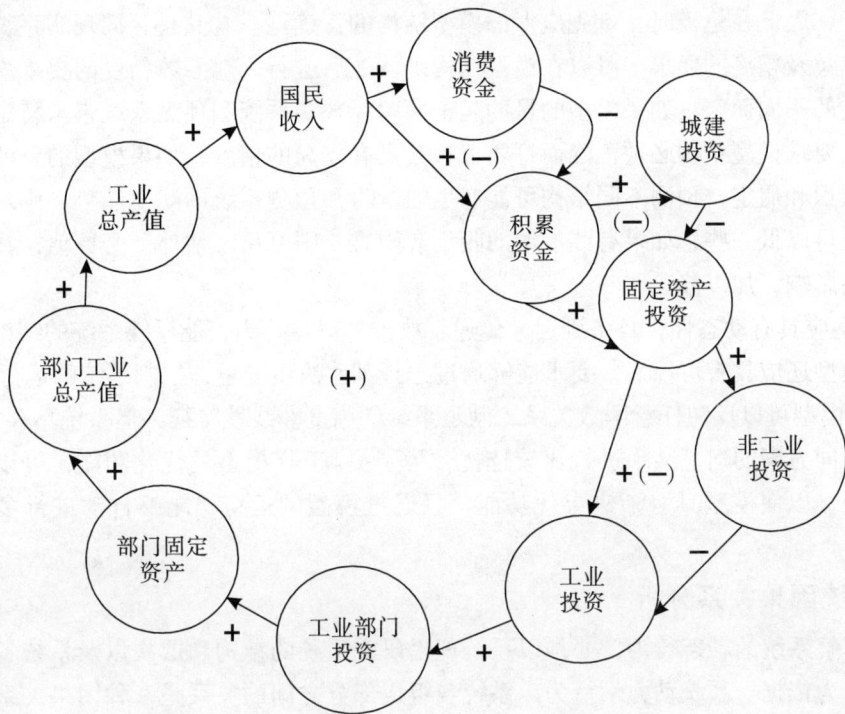

图 6-9　国民收入—因果反馈关系图

反馈回路，在这个正反馈回路作用下，工业生产规模和产值规模都将呈现同方向变化趋势。但是，工业增长和发展要受多种因素的制约，其取决于国民收入的原始积累及投入数量，同时还取决于各个层次的投资结构，这就涉及到三个耦合的负反馈回路：积累率负反馈回路、固定资产投资率负反馈回路和工业投资比率负反馈回路。由于受这三个负反馈回路的制约，国民经济的发展不可能成指数函数增长，这就是由多个反馈回路耦合形成的非线性的复合反馈回路，也是社会、经济、管理系统的基本结构形式。

6.3.1.3 模型建立应注意的事项

① 合理地确定系统的边界。模型中反馈回路的选择和变量的确定非常重要。模型中反馈回路及变量过多，反而会掩盖、削弱主要反馈回路和变量的作用，使问题的分析更加模糊，因此系统边界确定的过程就是对系统进行适当简化的过程，也是暴露主要结构的过程。系统边界应该是封闭的。

② 明确建模目的。面向问题、面向动态过程是建模的重要原则，应从确定所研究的问题入手建模，而不应盲目地建立一个整体系统模型，也就是把精力集中于主要问题和主要矛盾，而不是整个系统。

如果待解决的问题已经明确，重要变量均已确定，这时就要研究这些变量与有关量之间的关系和作用。为了研究系统的反馈结构，首先应追索因果关系链，然后将他们联结在一起形成回路。表示回路概念的最简单的方法是图形，有因果关系图和流图。

③ 应根据建模的目的要求，处理好模型结构与参数精度的关系。由于系统的结构决定着

系统的功能，因此在建模时，首先应考虑模型结构的正确性，看其是否同现实系统一致，至于参数的收集及精度的要求，可以在模型结构确认之后进行。对参数精度的要求应视模型要达到的目的的不同而定，如果模型的目的是全面解释现实系统和预测系统未来特定时刻的状态，则不仅要求模型结构必须正确而且要求参数具有较高的精度，如果模型的目的在于验证对系统的认识和假定，预测不同结构可能产生的行为和预测系统的演变趋势，则对参数的要求相对来说可以低一些，如果有些参数的收集有困难，则可粗略估计一个数值，在模拟运行中根据它的影响，加以修正。

④ 模型应具有动态性，具备延迟、传递、放大等时变行为，能反映系统的结构变化及运行轨迹。模型还应具有可控性，要求能够通过选择某些决策变量，控制系统的运行过程。

⑤ SD 模型可以反映任意函数关系，满足系统的高度非线性特征，但系统不存在最优解，只能通过不同方案的运算结果进行比较选优，为了提高 SD 模型的优化功能，可以在其中嵌入优化模型，以使模型具有渐进寻优功能，且通过模型的运行，能够自动进行多方案比较选优。

6.3.2 系统因果关系分析

要想了解系统的动态行为，必须以系统理论研究系统的结构和层次以及系统各组成部分之间的关系为依据。系统动力学认为，系统各组成部分之间的关系是一种因果关系，这种因果关系决定了系统内存的运行规律。系统动力学还认为，任何系统都有反馈系统，即系统的输出对输入产生影响，也就是系统的行为受系统过去行为的影响。因此只要将系统各组成部分之间的因果关系（包括反馈关系）应用信息传递的原理进行描述，即可揭示系统的动态行为。因此系统动力学方法是以确定系统因果关系为基础的。

6.3.2.1 因果关系图

系统动态学中因果关系是指系统各要素（子系统）之间的原因和结果关系，通常以因果关系图表示。

因果关系图是用箭线表示的系统内各子系统之间因果关系的图，图 6-10 表示系统内 A 子系统对 B 子系统的作用，其中箭线叫关系链，A 是原因，B 是结果。

图 6-10　因果关系图

因果关系分成正因果关系和负因果关系，分别以"＋"号和"－"号标在关系链旁。

正因果关系是指 A、B 变化方向一致，负因果关系是指 A、B 变化方向相反，因此关系链根据所标符号的不同又分为正链和负链。无论是正链还是负链都只是一种逻辑关系，既无时间意义，也无计算意义。

图 6-11 表示环境质量和人的寿命的正因果关系；图 6-12 表示水污染和农产品产量的负因果关系。

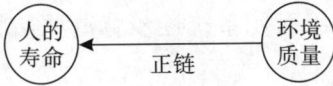

图 6-11 正因果关系　　　　　　　图 6-12 负因果关系

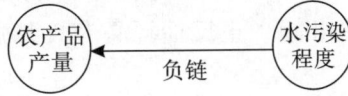

6.3.2.2 因果反馈环

所谓因果反馈环是指两个以上的因果关系链首尾串联而成的封闭环形。从总体上讲，无法确定谁是起点、谁是终点，即无法确定谁是原因、谁是结果。图 6-13 为一因果反馈环。

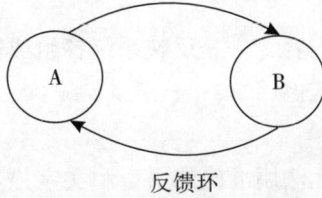

图 6-13 因果反馈环

反馈环中关系链可正、可负，它们组成的反馈环分为正反馈环和负反馈环。

投资增加，产量提高，而产量提高，又会促使投资进一步增加，这样一个因素的增加或减少经反馈后会使该因素进一步增加或减少的反馈环叫正反馈环，如图 6-14a 所示。它具有自我加强的功能。产量的增加会影响价格，使价格下降，而价格的下降会使产量减少。这种反馈环中的一个因素增加（减少），经反馈后使该因素减小（增加）的反馈环是负反馈环，如图 6-14b 所示，它具有自我调整和稳定的作用。

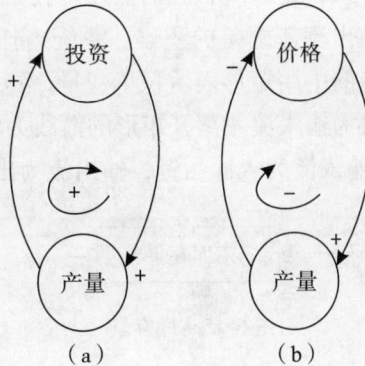

图 6-14 正负反馈环

当一个反馈环中因素较多、关系链较多时，需判断反馈环的性质。为了便于判断，现给出因果反馈环的分析方法：

- 若环中各链均为正链或环中有偶数条负链时，该环为正反馈环；
- 若环中有奇数条负链，则该环为负反馈环。

因负反馈环有自我调整和稳定的作用，因此若使系统处于稳定状态可通过负反馈环来实现。与负反馈环相反，正反馈环具有自我强化作用而使系统逐步背离原始状态而呈发散状态。

系统动力学方法是采用一组差分方程来描述系统动态行为的，且描述方法是分别对每对因果关系进行的，因此系统动力学方法具有"积木式"灵活性的特点。也正是由于这种特点，相比微分方程法（状态方程法），应用该方法可以更简便、更灵活地反映系统的动态行为，因此该方法有广泛的适用性。但需指出的是，系统动力学方法是对连续系统的模拟，是采用了分块离散化的描述方法，绝不是对离散系统的模拟。

6.3.3 系统动力学模型

系统动力学模型包括两部分内容，一是反映系统各组成部分关系的流图；一是由流图抽象出的反映系统动态过程的方程式。

6.3.3.1 系统流图

社会系统的复杂性使得人们无法用准确的语言和文字描述其行为和结构。人们曾以方程式的形式描述系统，然而它很难直观地描述系统的结构。为了更好地掌握系统的构造和动态特性以及便于人们对系统特性予以讨论和沟通，系统动力学采用一套独特的方法来描述系统，即流图。

系统动力学将系统当做信息反馈系统，并将该信息反馈系统的所有组成部分及其关系、各组成部分的状态以及对系统状态的控制用规定的符号和方法进行描述，经这种描述后所得到的图即是系统流图。它是在系统因果关系图的基础上绘制的。

系统流图使用符号的规定及其涵义如下。

1. 积累（Level）变量

积累变量是系统内部流的堆积，是系统状态的描述。在某个时间间隔内积累的变动量等于这个时间间隔内输入流速与输出流速之差的积累。系统内任意流动的"物"都存在积累，都可用一基本的模式计算。在流图中用矩形表示积累变量，矩形左上角为变量的名称，中间是变量的意义，指向矩形的箭线为输入流，离开矩形的箭线为输出流。以 X 为变量名的库存量可用图 6-15 的符号表示，其输入流为入库物资，输出流为出库物资。

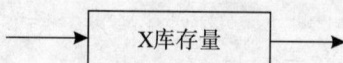

图 6-15　库存量

积累变量的计算模式为：

$$L = L_0 + DT * (R_1 - R_2)$$

式中，L——积累变量的当前观测值；

L_0——积累变量的前次观测值；

DT——观测时间间隔；

R_1，R_2——输入流和输出流的流速。

积累变量是系统活动的结果所表现出的状态，是系统状态变量。而流速是系统活动的象征，它是积累和积累之间单位时间流过的流量。每当流速发生变化，积累必然发生变化。系统的流速通常可人为地调整，因此具有决策性质，体现了决策过程。决策目标、已观测的条件、目标与观测条件之差、这种差异引起的行动等都影响流速。

2. 流速（Rate）变量

流速一般以图 6-16 的符号描述，符号中 y 为变量名，中间是变量的意义。

以出库量和入库量为流速，以库存量为积累，则库存关系可表示为图 6-17。

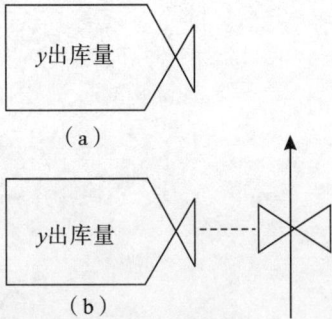

图 6-16　流速符号

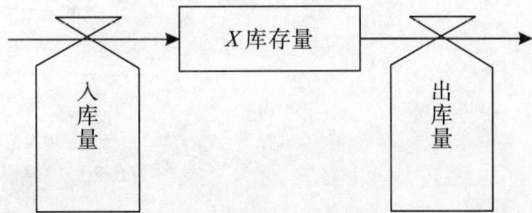

图 6-17　库存模型

3. 流图中的四种流

① 物流：以符号——→表示；

② 订货流：以符号—○—○—→表示；

③ 资金流：以符号— $ — $ —→表示；

④ 信息流：以符号…………→表示。

4. 辅助变量

辅助变量是设置在积累和流速之间信息通道上的变量。当流速表达式很复杂时，可用辅助变量描述其中一部分，使流速表达式简化。其符号为一圆圈，圈内注明变量名及意义，如图 6-18。

图 6-18　辅助变量

5. 信息的取出

信息来自信息源。流图中用一小圆圈标在信息源上，并以信息流的符号表示从信息源取出信息及其流向。图 6-19 表示由不同信息源取出信息的画法。

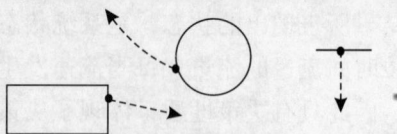

图 6-19   由不同信息源取出信息的符号

6. 常数

在系统模拟中数值不变的参数叫常数。它通常以一段实线表示，见图 6-20。常数可直接输入给流速，也可通过辅助变量输入给流速。

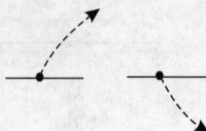

图 6-20   常数符号

7. 源与漏

流由系统之外流入或由系统流向环境，则外部环境称为源和漏。图 6-21 为源与漏的符号。

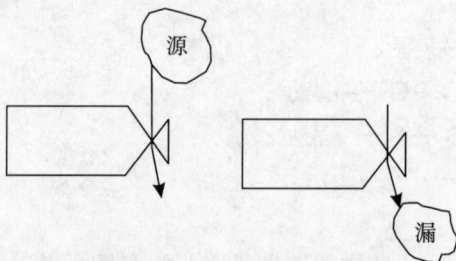

图 6-21   源与漏的符号

8. 其他

流图中还有一般函数、宏函数等的描述。

6.3.3.2 流图设计

系统流图设计是在因果关系图的基础上进行的，是系统分析过程的结果，流图设计过程如下：

① 确定系统边界；

② 确定系统构成要素及反馈环分析；

③ 确定各反馈环中积累变量和流速变量；

④ 确定积累变量与流速的关系。

现举例说明流图的设计。

某生态试验站研究羊与草构成的草原生态系统，通过研究发现羊和草之间有相互依赖关系：羊吃草，若羊的数量增加，草的数量减少，最终导致羊减少，草的数量增加，而这又将引起羊的数量增加。这种相互作用的结果可达到某种生态平衡，现研究羊与草的动态关系及最终的稳定状态。

首先，确定系统边界。因系统是由羊与草组成的，故系统边界取羊与草。

其次，确定羊与草之间的因果关系，因果关系图可由上述观察分析得出。

系统边界与因果关系如图 6-22 所示。

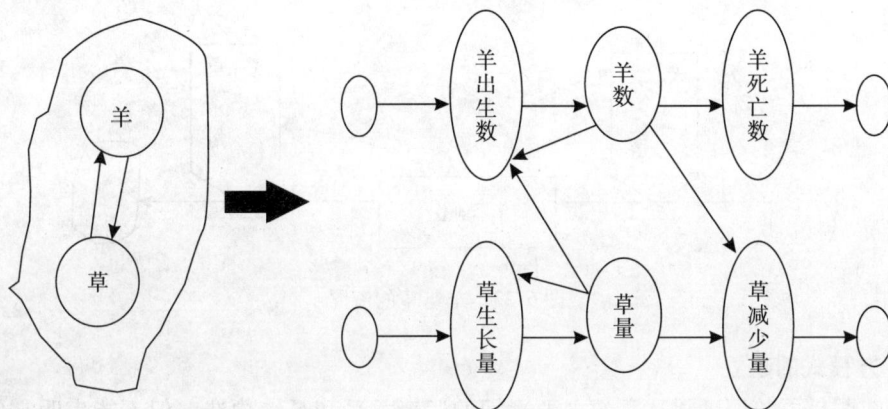

图 6-22　羊与草的因果关系图

再次，确定积累变量和流速变量。

系统中仅有两个反馈环，故有两个积累变量——羊的数量和草的数量，其变量名称为 X_1 和 X_2；决定积累变量状态 X_1 的量是羊的出生数和死亡数，它们决定 X_1 的流速，故为流速变量，令其分别为 R_1 和 R_2；决定积累变量状态 X_2 的量是草的生长量和草的减少量，故它们也为流速变量，令其为 K_1、K_2。

最后根据因果关系图画出流图草图以便仔细研究流图的积累和流速结构。积累结构比较简单，引起积累变化的仅有输入流和输出流。

流速变量结构较复杂，因为流速变量实质是一个决策过程，因此必须确定影响其决策的因素。

本例中影响 R_2 和 K_1 的因素较少。羊数的减少量取决于羊的积累量（羊数）和死亡率，因此需由 X_2 引出积累量的信息和观测出死亡率；草的生长量取决于现有草的数量和草的生产率，因此也需由 X_2 引出积累量的信息和观测出草的生长率。

R_1 和 K_2 则较复杂。羊的增长量取决于草的减少量，即羊所吃掉草的数量和羊、草的积累量以及每吨草所能养活（繁殖）的羊数。因此应由积累变量 X_1 和 X_2 引出有关信息和确定繁殖常量、草的减少量等信息。

K_2 是草的减少量，即羊吃掉的草量，它取决于羊的数量、草的数量和每只羊所消耗的草量（比率），故应由 X_1、X_2 引出有关信息并观测羊所消耗草量占总草量的比重。由此可得如下流图（图 6-23）。图中 C_1、C_2 是羊的繁殖常数和死亡常数；Z_1、Z_2 是草的繁殖常数和草的减少常数。

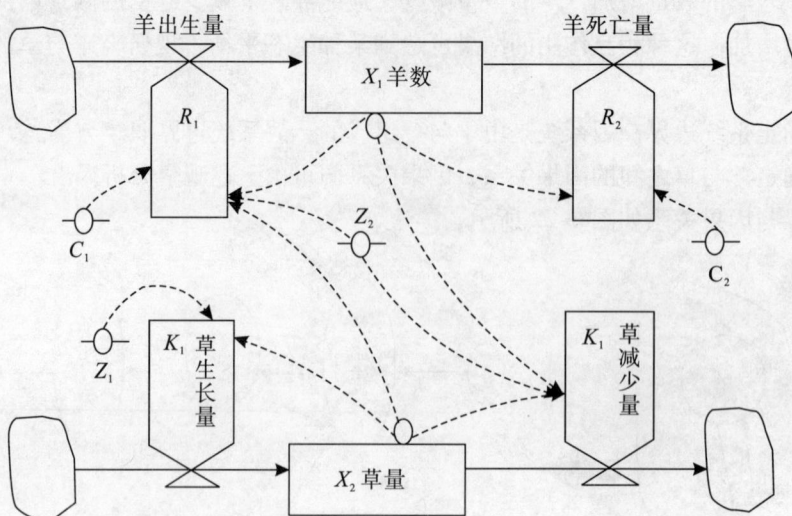

图 6-23　羊与草的流图

6.3.3.3 方程式的建立

上述流图仅能简明地描述系统各要素间的逻辑关系和系统构造，但不能表明它们之间的数量关系，也就是说仅仅依靠流图还不能定量地描述系统的动态行为，建立方程式即可解决该问题。

系统动力学模型的方程式是根据系统流图建立的一连串方程式，它实质上是将反映系统动态的连续模型用一系列离散模型来代替，从而模拟连续系统的一种模型。

为了反映系统的动态特性，所建的方程组必须有时间标志，系统动力学规定：当前时刻以 K 表示，若模拟时间间隔为 DT，则 K 时刻的前一 DT 时刻为 J，后一 DT 时刻为 L，这样，JK 则表示 K 的前一时间间隔，KL 表示 K 时刻的后一时间间隔。系统动力学还规定，在积累变量和流速变量后必须标注时间，以体现时间的概念。如 $X_1.K$、$X_2.K$ 均表示 K 时刻（当前时刻）积累变量 X_1 和 X_2 的值，$X_1.J$、$X_2.J$ 和 $X_1.L$、$X_2.L$ 分别表示 K 时刻前和 K 时刻后的积累变量 X_1 和 X_2 的值。流速反映某时间间隔内积累变量的变化，故流速变量后应标注一个时间间隔，如 $R_1.JK$ 表示 JK 时间间隔内的流速。

根据流图建立方程式时，必须对每个积累变量和每个流速变量建立方程式。

积累变量方程式有一严格的表述：

$$L.K = L.J + DT * (R_1.JK - R_2.JK)$$

式中，DT——模拟时间间隔；

$L.K$、$L.J$——K 和 J 时刻的积累量；

$R_1.JK$、$R_2.JK$——输入流速和输出流速。

对于流速变量则无统一的模式，必须根据控制流速的各因素之间的关系进行描述。

现以上述羊、草构成的草原生态系统为例，以图 6-23 为基础建立方程式。

1. 积累变量 X_1——羊的数量

当前羊的数量应为前期羊的数量与前期到当前一段时间内的增量之和，其方程式为：

$$X_1.K = X_1.J + DT * (R_1.JK - R_2.JK)$$

2. 积累变量 X_2——草的数量

当前草的数量为前期草的数量和到当前草的增长量之和，即：

$$X_2.K = X_2.J + DT * (K_1.JK - K_2.JK)$$

3. 草的生长量——K_1

草在 KL 期间的生长量为当前草量与生产率之积或符合某种函数关系，即：

$$K_1.KL = Z_1 * X_2.K \text{ 或 } K_1.KL = f(X_2.K)$$

4. 羊的死亡量——R_2

羊在 KL 期间的死亡量为当前羊的数量和死亡率的积或符合某种函数关系，即

$$R_2.KL = C_2 * X_1.K \text{ 或 } R_2.KL = f(X_1.K)$$

5. 草减少量——K_2

草的减少量为每只羊的食草量占总草量的比率与草量和羊数之积，即：

$$K_2.KL = Z_2 * X_1.K * X_2.K$$

这是因为 $Z_2 * X_1.K$ 为现有羊所吃草的数量占草量的比重，故 $Z_2 * X_1.K * X_2.K$ 为草的减少量，即是羊吃掉的草量。

6. 羊的增加量——R_1

羊的增加量取决于草的数量、羊的数量、每消耗一吨草所能养活（繁殖）的羊数以及草的减少常数，即：

$$R_1.KL = C_1 * Z_2 * X_1.K * X_2.K$$

这是因为后三个数之积为草的减少量，C_1 为每减少一吨草（羊吃一吨草）可繁殖的羊数，故上式反映了羊的出生量。

有了上述方程式后，给定初始值、各种常数和模拟时间间隔即可进行动态模拟。

如当 $C_1 = 0.5$，$Z_2 = 0.01$，$X_1 = 0.5$，$X_2 = 5$，$K_1 = f(X_2.K) = -0.1(X_2.K)^2 + 1.5(X_2.K)$，$R_2 = f(X_1.K) = e^{0.1(X_1.K)} - 1$ 时，该系统的模拟结果见表6-4。

表6-4　系统模拟表

单位：万只或万吨

时间	羊数 （X_1）	草数 （X_2）	羊出生数 （R_1）	羊死亡数 （R_2）	草生长量 （K_1）	草减少量 （K_2）
0	0.5000	5.000	0.0125	0.0513	5.000	0.025
1	0.4612	9.975	0.023	0.0472	5.012	0.046
2	0.437	14.941	0.032	0.0447	0.088	0.065
3	0.424	14.964	0.032	0.0430	0.054	0.063
4	0.413	14.955	0.031	0.0420	0.067	0.062

时间	羊数 （X_1）	草数 （X_2）	羊出生数 （R_1）	羊死亡数 （R_2）	草生长量 （K_1）	草减少量 （K_2）
5	0.402	14.940	0.030	0.0410	0.090	0.060
6	0.391	14.970	0.029	0.0400	0.045	0.059
7	0.380	14.960	0.028	0.0380	0.060	0.056
8	0.370	14.960	0.027	0.038	0.060	0.055
9	0.359	14.970	0.027	0.037	0.060	0.052
10	0.349	14.964	0.026	0.033	0.060	0.052
11	0.339	14.970	0.025	0.035	0.045	0.051
12	0.329	14.960	0.025	0.033	0.06	0.049
13	0.321	14.970	0.024	0.033	0.045	0.048
14	0.312	14.970	0.023	0.032	0.045	0.047
15	0.303	14.97	0.023	0.030	0.045	0.045
16	0.296	14.97	0.022	0.030	0.045	0.044
17	0.288	14.97	0.022	0.029	0.045	0.043
18	0.281	14.97	0.021	0.029	0.045	0.042
19	0.274	14.97	0.021	0.028	0.045	0.041
20	0.267	14.98	0.020	0.028	0.030	0.040
21	0.259	14.99	0.019	0.026	0.045	0.039

由上述例题可见，系统动态学模型的基础是绘制流图，然后则是根据流图建立方程式，建立方程式中的关键和难点又是确定流速的结构。

另外还需指出的是，模拟的时间间隔对模拟结果的影响很大，因此要适当选择模拟时间间隔。

从上例的模拟结果可见，该系统20年后羊的数量基本稳定在2.5万只左右，而从第五年左右开始，基本是自然死亡使羊的总量每年递减，草量基本维持平衡。

这种模拟方法还可考虑各种延迟的因素，故在处理问题时是很方便的。

案例

婚礼

经过几年的交往，你和你的恋人最终决定举行婚礼，你的恋人希望婚礼相当隆重。你意识到有许多计划和工作需要去做，因为注意到你很紧张，你的朋友和父母尽力使你确信每件事情将顺利进行，并为婚礼提供了许多帮助。

作为一位完美主义者，你想确保每件事情都尽可能顺利进行。然而，你刚刚接到一些非常坏的消息：你想在婚礼当天举行婚宴的饭店已经被预订，由于另一对夫妇已首先预订，并付了相当数额的押金，饭店经理决定在你婚礼那天将饭店租给他们使用，礼貌地表示歉意后，饭店经理向你建议了另外几个日期，并将提供10%的折扣。然而，你知道，当选定新的日期后，你以前所做的另一些安排可能会和它有冲突。

讨论题

1. 暂不考虑你从饭店经理那儿得到的消息，探讨一下如何利用项目控制过程来帮助你准备婚礼。

2. 列出你的计划和完成项目所必需的活动。

3. 画一个网络图，给出每项活动的工期估计，确定各项网络时间参数，确定关键路线，找出构成关键路线的各项活动。

4. 考虑到从饭店经理那儿得到的坏消息，为你的特殊日子做一下重新安排。

5. 更新你的网络图，重新计算各项时间参数。

6. 确定关键线路和构成关键线路的活动，与原来的计划相比较，有何变化？

📚 思考题

1. 举例说明管理优化控制的基本要点。
2. 举例说明管理控制中如何达到智慧大成。
3. 正、负反馈控制的基本机制是什么？
4. 反馈控制有哪些局限性？如何克服？
5. 用甘特图排程有何不足之处？
6. 什么是关键路线？关键路线是如何确定的？
7. 绘制网络图时需要注意哪些问题？
8. 在网络的优化中，处理寻求最短工期与资源不足问题的思路各是什么？
9. 已知某项目的有关资料如下表所示。

表6-5 项目信息表

工序	紧前工序	工序时间	工序	紧前工序	工序时间	工序	紧前工序	工序时间
A	——	60	G	B、C	7	M	J、K	5
B	A	14	H	E、F	12	N	I、L	15
C	A	20	I	F	60	O	N	2
D	A	30	G	D、G	10	P	M	7
E	A	21	K	H	25	Q	O、P	5
F	A	10	L	J、K	10			

要求：

（1）绘制箭线型网络图；

（2）计算各项网络时间参数，求出工期；

（3）确定关键路线。

10. SD 的建模思路与理论根据是什么？

11. 系统动力学方法的基本思想是什么？结合你的专业说明它的应用价值。

第7章

管理系统的综合评价

本章要点
- 系统评价的概念和原则
- 系统评价的步骤
- 系统综合评价的要素
- 多目标综合评价分析
- 层次分析法
- 模糊综合评价

所谓系统评价是根据预定的系统目标，对各种可选方案进行评审和选择，找出可行或最优方案。通过特定的原则和步骤，依据科学合理的指标体系得出的系统评价结果，是选择方案或衡量系统工作效果的客观依据。

定性评价方法是根据专家群体的经验和知识作出评定结果的方法。其优点是简便易用；不足是主观性太强。为了提高决策的科学性和民主性，一般采用专家群体的形式，即以专家个体的经验评价为基础，将专家群体的意见进行综合，达成共识。其关键在于专家群体的选择、咨询方式和意见综合方式的确定。因咨询形式不同，衍生出多种专家咨询的方法。

常用的管理系统定量评价方法中，多目标综合评价，是体现各目标的各个评价指标的信息综合。层次分析法是对定性问题进行定量分析的一种多准则评价方法，其原理是把复杂问题按属性的逻辑关系逐层分解，形成层次结构，并用一定标度把主观判断客观量化，进行层次排序。模糊综合评价是利用模糊数学理论建立矩阵，通过聚类分析综合分析评价方案各个指标的实现程度。灰色关联评价是根据灰色关联度实现评价因素的重要性排序，还可以通过两两因素的关联分析，实现同类因素的归并，从而达到化繁为简的目的。

7.1 系统评价概述

7.1.1 系统评价的概念

系统的评价在系统工程中是一个非常重要的问题，也是一个十分困难的问题。

系统的评价是以一定的标准来表示系统价值的过程。在对系统进行评价时，要建立明确的评价标准，通过评价标准来测定评价对象，对其功能、特性和效果等属性进行科学的测定，最后由评价人根据给定的评价标准和主观判断把测定结果变换成价值判断，作为决策的参考。

系统评价是系统分析中复杂而又重要的一个工作环节，其主要目的是判别所设计的系统是否达到了预定的各项技术经济指标、能否投入正常运行，从而为正确决策提供依据。

所谓系统评价，就是评定系统的价值。具体地说，它是根据预定的系统目的，利用模型和资料，从技术和经济等方面对系统各种方案的价值进行评定，从中选出技术上先进、经济上合理的最佳方案。

这里所指的系统价值是指系统的效果或目标的达成度。一般来说，价值问题有如下两方面的特点。

① 相对性。由于系统总是存在于一定的环境条件下，而评价主体在评价时的立场、观点、环境、目的等均有所不同，对价值的认识和估计就会持一定的态度和观点，并且随着时间的推移，其认识和估计也会产生相应的变化，由此造成了系统价值的相对性。

② 可分性。系统价值包括许多的组成要素，即价值要素，就设备系统而言，其价值要素主要有：性能、生产率、寿命、可靠性、有效度、适应性、节能性、可维修性、外观等，它们共同决定着系统的总价值。因此，在系统评价时，往往要将系统的价值进行多个方面的衡量与评价，这需要对系统的价值进行合理有效地划分。

事物通常有多个不同的属性，因而在将它们进行比较，确定其优劣次序时，常常从多个不同的侧面加以评价，然后进行综合分析和综合评价；系统综合评价是在技术评价、经济评价、社会评价等单项评价的基础上，对系统所进行的整体价值评价。技术评价是评定系统方案能否实现所需的功能及其实现程度；经济评价是对系统经济效益的评价；社会评价是针对系统给社会带来的利益和造成的影响进行的评价。在这三方面评价的基础上，最后对系统方案价值的大小进行综合评定。

7.1.2 系统评价的原则

为了搞好系统评价，应遵循以下原则。

① 保证评价的客观性。评价是决策的前提，评价的核心任务是"度量"，而决策的核心任务是"选择"，评价结果的质量影响着决策的正确性。为此必须注意评价资料的全面性和可靠性，同时要防止评价人员的倾向性，以及要注意评价人员的代表性和各类专家的比例性。

② 保证方案具有可比性。替代方案实现的基本功能要有可比性和一致性，评价指标也应基本相同。

③ 评价指标要成体系。评价指标应能全面反映被评价问题的主要方面。在基本能满足评价要求和给出决策所需信息的前提下，应尽量减少指标个数，在可能的情况下，尽量定量化，以减少评价过程中的主观性和片面性。此外，评价指标还应与国家的方针、政策及法律的要求相一致。

④ 评价方法和手段的综合性。系统评价要对系统的各个侧面，运用多种方法和工具进行全面综合评价，充分发挥各种方法和手段的综合优势，为系统的综合评价提供全面分析的思路。

7.1.3 系统评价的步骤

一般来说，评价可以分为 6 个步骤：

第一，整理说明评价方案；

第二，选择合适的评价方法；

第三，确定评价指标体系；

第四，确定评价指标权重；

第五，进行单项指标评价；

第六，进行系统综合评价。

这里就其中几个步骤及其内容说明如下。

7.1.3.1 前提条件的探讨

1. 评价的目的

一般说来，评价是为了决策，但具体地说，评价的目的又大致可分为以下几个方面。

（1）系统最优化

在开发系统时，为了获得系统结构和参量的最优解，有必要用数值来表示系统的价值。

（2）决策的支持

评价者或决策者在选择方案过程中，对替代方案各自的价值感到迷惑不解时，如果有外部的评价，就可以将其作为决策的支持。例如，疾病的诊断、政策的选择、情况的判断、对未来的预测等。

（3）决定行为的说明

即使对决策者来说很明确的行为，但要让其他人对其心悦诚服，也必须进行评价。尤其是对于复杂问题，即使作出合理决定，如果评价过程不清楚，也会遭到怀疑、误解甚至抵制。所以，为了形成统一意见，需要有某种程度的客观评价。

（4）问题的分析

评价过程也是问题的分析过程，有许多评价方法，如风险分析等，评价人利用一定分解技术把复杂的问题分解成若干简单易懂的部分，再通过对这些部分的评价，最终得出对系统的综合评价。

2. 评价的立场

在进行评价前，必须明确评价者的立场，是系统开发者，还是使用者，还是第三者等，这对于以后评价方案、评价项目的选择都有直接关系和影响。例如交通系统，若从使用者来说，有快速性、准时性、低廉性、舒适性等评价项目；而对开发者来说，主要有投资费用、经营费用、收益性等项目；若从地区社会立场出发，其评价项目主要是环境污染，如空气污染、噪声等问题。

3. 评价范围

从空间上说，评价范围即评价对象涉及哪些地区，例如输油管道系统、机场系统等对周围环境影响到多少公里，又如评价对象涉及哪几个领域、部门或单位。从时间上说，确定评价范围即确定评价的起讫时间。

4. 评价时期

即评价处于系统开发的哪个时期，一般可分成如下 4 个时期进行评价。

（1）初期评价

这是在规划系统开发方案时进行的。通过评价明确方案目标是否符合原定要求，技术上是否先进，经济上是否合理等问题。通过评价还可及早沟通设计、生产、供销等部门的意见，使选中的方案尽可能做到切实可行。

（2）期中评价

这是在开发过程中进行的评价，一般要进行数次。通过期中评价主要验证设计的正确性，并对暴露出来的问题采取必要的对策。

（3）终期评价

它是在开发成功并经过鉴定合格后进行的，其重点是全面评价系统的各项技术经济指标是否符合原定的要求。

（4）事后评价

为了考核研究开发的系统的实际效果，在运行后定期进行评价并为其推广及进一步研究开发提供信息。

7.1.3.2 评价函数

评价函数是使评价数量化的一种数学模型。既然是模型，就没有必要在评价时专门指定某个特定的评价函数。同一个评价问题可以应用不同的评价函数，因此，对评价函数本身也必须作出评价和选择，以选择出能更好地达到评价标准的评价函数。评价函数本身是多属性、多目的的。例如，目标最优化，从方法论上看，属于数学规划的一种，从评价目的上看，是形成统一意见的一种手段；而从历史角度看，则是经济领域内的一种社会福利函数。

7.1.3.3 综合评价

综合评价就是对系统进行技术、经济、社会等各方面的全面评价。例如，对一个新产品开发系统的综合评价，一般可包括如下 6 个方面。

① 经营管理方面。如新产品是否符合社会需要，开发新产品对企业今后发展有什么贡献等。

② 技术方面。包括设计原理、技术参量、性能、可靠性等是否先进合理；从企业现有技术水平来看，是否有能力进行研究开发，能否进行生产等。

③ 市场方面。如新产品市场规模大小、竞争能力强弱、销路好坏等。

④ 时间方面。如新产品的开发动态（开发速度快慢、周期长短）、开发紧迫程度、新产品所处生命周期等。

⑤ 经济方面。如新产品开发所需投资费用、使用后的经营费用及收益、投资回收期等。

⑥ 体制方面。如在现有的研究开发体制、生产体制、销售体制下进行开发、生产、销售能否适应，是否有更高要求等。

7.1.4 系统综合评价的要素

7.1.4.1 被评价对象

同一类被评价对象的个数要大于 1，对于多方案多目标综合决策问题而言，被评价对象就是被选方案。不失一般性，假设有 n 个被评价对象，这些被评价对象分别记为 S_1，S_2……，S_n，$n > 1$。

7.1.4.2 评价指标

系统评价的指标体系是由若干个单项评价指标项所组成的整体，它是从不同侧面刻画被评价对象所具有的某种特征大小的量度。评价指标体系通常可考虑如下方面。

① 政策性指标，包括政府的方针、政策、法令、法律及发展规划等方面的要求，它对国防或国计民生方面的重大项目或大型系统尤为重要。

② 技术性指标，包括产品的性能、寿命、可靠性、安全性等。

③ 经济性指标，包括方案成本、效益、投资额、回收期、建设周期等。

④ 社会性指标，包括社会福利、社会节约、综合发展、就业机会、污染、生态环境等。

⑤ 资源性指标，包括人、财、物等资源的保证程度。

⑥ 时间性指标，包括工程进度、时间节约、试制周期等。

以上是所考虑的大类指标，每一个指标又可包含许多小类指标，在具体条件下，可以有所选择和增减。

评价指标的选择是由评价目标与实际情况共同决定的，具体选择时应遵守的原则如下：

① 全面性，即要反映评价系统的主要特征；

② 简洁性，即便于使用；

③ 经济性，即以适当的成本易于获得；

④ 无二义性，即描述准确、便于评分操作；

⑤ 客观性，即体现公平公正；

⑥ 有效性，即正确度量其目标属性；

⑦ 稳健性，即对应用领域的变化不敏感；

⑧ 适应性，即便于模型扩展。

在实际的综合评价活动中，必须选取与评价目的和目标密切相关的评价指标，即最能反映和度量被评价对象优劣程度的指标。此外，评价指标总数应尽可能的少，以降低评价负担，所以对于评价指标需要按某些原则进行筛选，分清主次，剔除某些次要指标。

7.1.4.3 指标权重系数

各指标在决策中的地位是不同的，其差异主要表现在三个方面：

① 决策者对各指标的重视程度不同；

② 各指标在决策过程之中传输给决策者的信息量不同；

③ 各指标评价值的可靠程度不同。

所以，在多指标决策中，往往需要给各指标赋予权值以描述这些差异。因此，指标的权是指标在决策中相对重要程度的一种主观评价和客观反映的综合度量。它不仅与决策者对指标重要性的主观评价有关，而且与可行方案传输给决策者的信息量和指标值的可靠程度有关。若令 w_j 表示评价指标 x_j 的权重系数，一般应有：

$$w_j \geqslant 0 \ (j = 1, 2, \cdots, m), \sum_{j=1}^{m} w_j = 1$$

即各评价指标的权重系数都为非负值，并且总和为1。

确定权重应注意以下原则。

第一，反复听取各方面的意见，避免草率行事，尽量使权重分配达到合理。

第二，合理确定权重的赋值范围。当评价指标数值接近时，权重取值范围可以大一些，以便拉开差距，但不宜太大，以免降低指标价值的重要性。

第三，遵循由粗到细的赋值原则。即先粗略地把权重分配到大类指标，然后再把大类指标所得权重细分到各个指标。

确定权重的方法一般有：相对比较法，也称经验评分法，层次分析法以及专家调查法等。

7.1.4.4 评价标准

为了度量系统目标的达成度，以便对系统方案进行综合评价，确定各方案的优劣次序，对于每个评价指标都应设立其评价标准值。这些评价标准值是分析、评价系统方案的基准，它们的集合组成系统评价的标准集。因此，评价标准的制定是系统分析与评价的一个重要环节。

对于非结构的决策问题，由于人们对评价方案的价值属性研究不深，缺乏统一的认识，所以尚未制定具体、统一、系统的评价标准。从实际经验来看，评价标准可以采用国家、部门和行业制定的标准，以及地方法规的规定。这些标准具有指导性、强制性特点，是绝对性标准。如环境指标的评价标准可采用国标及行业标准所规定的值。对于没有规定评价标准的指标，可以根据用户的需求，结合市场竞争和技术进步状况，并与现有系统的技术—功能—效益等特性进行比较来确定，或者根据统计数据确定，这种标准是比较性的标准。

7.1.4.5 综合评价模型

多目标综合评价就是指通过一定的数学模型将多个评价指标合成一个整体性的综合评价值，其中用于合成的数学模型就是综合评价模型。

7.1.4.6 评价主体

评价目的的确定、评价指标的建立、评价模型的选择、指标权重的确定都与评价者有关，评价主体就是整个评价过程的主导。

7.2 多目标综合评价

7.2.1 多目标综合评价指标的建立及筛选

多目标综合评价，是体现各目标的各个评价指标的信息综合，评价结果是否客观、准确，首先依赖于被综合的对象——各评价指标的信息是否准确、是否全面。因此，选取什么指标来刻画被评价事物，是进行多目标综合评价时首先要考虑到的。

评价指标的选取方法，分为定性与定量两大类。定性方法如专家调查法，定量方法较多，常见的有最小均方差法、熵权法等。

7.2.1.1 定性分析选取评价指标

定性分析选取评价指标要注意以下几点。

1. 评价的目的性

选取指标首先要注意从综合评价的目的出发。

2. 评价的全面性

选取的指标应该有代表性，选取时应从被评价事物的各个方面着眼。选择初始，被选指标一定要多一些、全一些，从而保证选择的余地。

3. 评价的可行性

选取的评价指标不仅应是具有代表性的，还应是可用于评价的。指标的数据应容易取得且真实可靠，具有可观或可测性。

4. 评价的稳定性

选取的评价指标，应该是变化比较有规律的，受偶然因素影响大起大落的指标不能入选。

5. 要注意选取指标与所用方法的协调性

多元统计中的主成分分析和因子分析本身具有消除评价指标或建立相关影响的功能，用这些方法进行综合评价时，就需要注意指标的代表性。而其他综合评价方法不具有此功能，选取指标时要注意指标的代表性，尽量事先减少指标间的相关影响。

典型的定性选取评价指标的方法为特尔斐法（Delphi），即专家调查法。这是一种向专家发函、征求意见的调研方法。评价主体可根据评价目的及评价对象的特征，设计一系列的评价指标，制成调查表发给有关专家，征询专家对于这些评价指标的意见，将专家意见统计汇总，并反馈咨询结果，经几轮咨询和反馈后，若专家意见趋于一致，就由最后一次咨询的结果确定出具体的评价指标体系。

7.2.1.2 定量分析选取评价指标

定量方法就是选取某种数学方法从指标间关系来选取评价指标，这类方法较多，常见的有如下几种方法。

1. 最小均方差法

$$S_j = \left(\frac{1}{n} \sum_{i=1}^{m} (x_{ij} - \bar{x}_j)^2 \right)^{1/2}, \ j = 1, 2, \cdots, m$$

其中，S_j 为评价指标 S_j 的按 n 个被评价对象取值构成的样本均方差。

式中，$\bar{x}_j = \frac{1}{n} \sum_{i=1}^{m} x_{ij}, \ j = 1, 2, \cdots, m$

$\bar{x}_j$ 为评价指标 x_j 的按 n 个被评价对象取值构成的样本均值。

若存在 k_0（$1 \le k_0 \le m$），使得 $S_{k_0} = \min\limits_{1 \le j \le m} \{S_j\}$，且 $S_{k_0} \approx 0$，则可删除与 S_{k_0} 相应的评价指标 x_{k_0}。

2. 极小极大离差法

先求出各评价指标的最大离差，即 $r_j = \max\limits_{1 \le i, k \le m} \{|x_{ij} - x_{kj}|\}$。再求出 r_j 的最小值，即令 $r_0 = \min\limits_{1 \le j \le m} \{r_j\}$。当 r_0 接近于零时，则可删掉与 r_0 相应的评价指标。

3. 熵权法

假设有 m 个指标, m 个评价对象, 令 x_{ij} 表示第 i 个被评价对象在第 j 个指标上的评价值, 则第 j 个评价指标的熵定义为:

$$H = -K \sum_{i=1}^{n} f_{ij} \ln f_{ij}, \ j = 1, \ 2, \ \cdots, \ m$$

式中, $f_n = x_\eta / \sum x_\eta$, $K = 1/\ln n$, 并假定当 $f_\eta = 0$ 时, $f_\eta \ln f_\eta = 0$。

则第 j 个指标的熵权 w_j 为:

$$w_j = \frac{1 - H_j}{m - \sum_{j=1}^{m} H_j}$$

由上述定义及熵权函数可知:

① 作为熵权函数, 有其特殊意义, 它不是评价指标的重要性系数, 而是各评价指标在竞争意义上的相对激烈程度系数, 从信息角度考虑, 它代表该指标在该问题中, 提供的有用信息量的多寡程度;

② 熵权反映各被评价对象在某种指标上的水平差异, 熵越大, 被评价对象水平越平均; 熵越小, 该指标提供的有用信息越少;

③ 各被评价对象在指标上的值完全相同时, 熵权为 0, 该指标不能提供有用信息, 即使该指标很重要也要考虑取消;

④ 当各被评价对象在指标上的值相差较大时, 熵权较大。熵权较大说明该指标向决策者提供了有用信息, 同时还说明在该问题中, 各对象在该指标上有明显差异, 应重点考察。

在确定了各被评价对象后, 评价者再根据熵权对评价指标进行调整、增减, 以作出更精确、可靠的评价, 同时也可以利用熵权对某些指标评价值的精确度进行调整, 必要时重新确定评价值和精度。

7.2.1.3 混合法选取评价指标

定性方法选取和定量方法选取都有其合理性。定性方法可以充分发挥决策者或专家的作用, 选取出来的指标比较全面, 而且是与目标联系较为紧密的主要指标, 所以在选取的初始阶段适宜采用定性方法, 但是定性方法毕竟有一定的主观性, 而且不能清楚地揭示指标间的关系, 选取的指标可能会有一定的信息重叠。与定性方法相比, 定量方法更为客观, 而且能够把信息量不大的指标剔除, 从而简化了今后的分析计算。所以在定性选取了多个备选指标后, 再采取定量方法来简化指标体系, 理清指标间的结构关系是极为适宜的。

7.2.1.4 评价指标的预处理

评价指标可分为定性指标和定量指标两大类, 而定量指标又分为效益型、成本型、固定型、区间型四种, 因而评价指标的预处理通常包括定性指标的量化, 以及定量指标的同趋势化和无量纲化, 即定量指标的标准化。

关于定性指标的量化, 有很多种方法, 如专家直接打分和模糊数学量化法等, 这里不再赘述。

7.2.2 指标权重的确定

如何确定权重系数, 是综合评价中的核心问题。一般来说, 赋权方法可分为主观赋权法和客观赋权法两大类，后来从这两类赋权法中又派生出了一类综合集成赋权法。

7.2.2.1 主观赋权法

现实中的系统在运行过程中或受环境的影响，或受评价者主观愿望的影响而呈现出不同方面的特征，这就给确定权重系数带来了困难。因而很多情况下，人们是通过主观途径来确定权重系数的，即根据人们主观上对各评价指标的重视程度来确定其权重系数，这类方法称为主观赋权法，它主要是通过专家咨询综合量化确定指标权数，有代表性的如：特尔斐法、功效系数法和层次分析法等。

7.2.2.2 客观赋权法

由主观赋权法确定出的权重系数真实与否，在很大程度上取决于专家的知识、经验及偏好。为了避免在决定权重系数时受人为的干扰，可采取另一类确定权重系数的方法——客观赋权法。它主要根据评价指标样本自身的相关关系和变异程度确定权重系数。其基本思想是：权重系数应当是各个指标在指标总体中的变异程度和对其他指标影响程度的度量，赋权的原始信息应当直接来源于客观环境，可根据各指标所提供的信息量的大小来决定相应指标的权重系数。有代表性的客观赋权法如：熵权系数法、主成分分析法、因子分析法、标准差系数法等。

主成分分析法是通过对原本相关的各原始指标做数学变换，在多个指标中寻找相互独立的主成分，这些主成分就是原有指标变量的线性组合。该法用主成分来充分反映原来的信息，并采用信息量权重系数，降维作用较强，所得的结果客观性强，而且它消除了评价指标间的相关关系带来的重复信息，因而合成时采用线性加权模型最为适宜。但是在各指标完全不相关或完全相关的情况下都不适宜用此方法。

熵权系数法主要是从指标数值间的差异出发，在分析过程中通过熵值确定各指标的权重系数，具有一定的客观性和科学性。但是它主要是根据评价指标所能提供的有用信息量来确定指标权重，它所确定的权重并不能反映该指标的重要程度，所以在实际评价问题时最好与其他能反映指标重要性的赋权方法结合起来使用。

7.2.2.3 综合集成赋权法

对于同一综合评价问题来说，主客观赋权法各有利弊，主观赋权法虽然反映了决策者的主观判断或直觉，但是会产生一定的主观随意性，而客观赋权法虽然利用了比较完善的数学理论与方法，但忽视了决策者的主观信息，而此信息对于经济管理中的评价或决策问题来说，有时是非常重要的，因而现在有学者提出将主客观赋权法相结合，使所确定的权重系数同时体现主观信息和客观信息，这就又派生出一类新的赋权方法，通常被称之为综合集成赋权法。

下面介绍一种将层次分析法和熵权法相结合的综合集成赋权法，该方法力求在权重的确定上达到主观与客观的统一，从而既充分保留了各指标值传递的信息，又可通过人的知识经验对客观权重加以修正。

令 $V_j^{(1)}$ 表示由层次分析法得到的第 j 个指标的主观权重，$V_j^{(2)}$ 表示第 j 个指标的熵权，则

$$w_j = \frac{(V_j^{(1)})^\alpha \ (V_j^{(2)})^\beta}{\sum\limits_{j=1}^{m} \ (V_j^{(1)})^\alpha \ (V_j^{(2)})^\beta}$$

即为第 j 个指标的最终权重。

式中，α、β 分别为主观权重与客观权重的相对重要程度，$0 \leqslant \alpha$，$\beta \leqslant 1$，$\alpha + \beta = 1$。

7.2.3 综合评价模型的比较分析

在综合评价中，合成是指通过一定的算式将多个指标对事物不同方面的评价综合在一起，以得到一个整体性的评价。可用于合成的数学模型较多，问题在于如何根据被评价事物的特点来选择较合适的合成方法，因而需要对主要合成方法的算式、场合、特点等加以分析。

7.2.3.1 线性加权综合法

所谓线性加权综合法就是应用线性模型 $y = \sum\limits_{j=1}^{m} w_j x_j$ 来进行综合评价的方法。式中，y 为被评价对象的综合评价值；w_j 是与评价指标 x_j 相应的权重系数。

具体程序包括：对于各被评价对象，把它的各指标值和相应指标的权相乘，再对所有指标加权值求和，得到一个分数，然后根据各被评价对象的分数进行排序和选择。

线性加权综合法具有如下特性。

① 它适用于各评价指标相互独立的场合，此时各评价指标对综合评价水平的贡献彼此是没有什么影响的。由于合成运算采用加和的方式，其现实关系是部分之和等于总体，若各评价指标间不独立，加和的结果必然是信息的重复，也就难以反映客观实际。

② 线性加权综合法可以使各评价指标间得以线性补偿。即某些指标值的下降，可以由另一些指标的上升来补偿，任一指标值的增加都会导致综合平均水平的上升。任一指标值的减少都可以用另一些指标值的相应增量来维持综合评价水平的不变。所以它突出的是评价指标值中较大者的作用。

③ 线性加权综合法中权重系数的作用比在其他合成法中更加明显，且突出了指标值或指标权重较大者的作用。

④ 线性加权综合法对于标准化后的指标数据没什么特定要求，无论用来合成的平均值为零还是负值都不会影响综合评价值的取得。

⑤ 线性加权综合法简单、易用和易理解，便于推广和普及，是目前最著名和最广泛使用的方法。

线性加权综合法也有其不足之处，当权重系数预先给定时，由于各指标值之间可以线性地补偿，因而这种合成方法对不同被评价对象间指标评价值的差异不太敏感，从而使这种方法对区分各被评价对象之间差异的灵敏度相对于其他方法来说要低一些。

7.2.3.2 乘法合成法

为了弥补线性评价模型的缺憾，有学者提出了一种非线性加权综合法，并分析了它的特性。

所谓非线性加权综合法又叫乘法合成法，它是指用非线性模型：

$$y = \prod_{j=1}^{m} x_j^w$$

来进行综合评价的方法。式中：w_j 为权重系数，$x_j \geq 1$。

令 $\ln y = u$，$\ln x_j = v_j$，则上式可写成：

$$u = \sum_{j=1}^{m} w_j v_j$$

即为线性加权综合评价模型。所以，该非线性加权模型并不能完全消除指标数值之间的补偿性。

两种加权模型的选取原则如下。

- 当各评价指标间重要程度差异较大，且各指标评价值差异不大时，采用线性加权模型比较合适。差异不大时，两者差不多，遵循简便原则应采用线性加权法。
- 当各评价指标间重要程度差异不大，而各指标评价值差异较大时，以采用乘法加权模型为宜。
- 当各评价指标间重要程度差异较大，且各指标评价值间差异较大时，采用两种方法的混合法比较合适，即先对类内各指标评价值作乘法处理，然后再将各类的评价值作线性加权处理。
- 当各评价指标间重要程度差异较小，各指标评价值间差异也不大时，用哪种评价模型都可以，根据简便原则应采用线性加权综合评价模型。

7.2.3.3 层次分析法

利用层次分析法给方案排队一般包括 6 个基本步骤：明确问题，建立层次结构，构造判断矩阵，层次单排序，层次总排序，一致性检验。

明确问题即对系统进行分析，将系统的影响因素分门别类；建立层次结构，画出层次图，层次结构图是根据系统中各因素的特点，将其分成不同层次，按照最高层若干有关的中间层和最低层的形式排列起来。

在具体计算时，首先要由决策者通过对两两因素的比较构造判断矩阵，层次分析法中的判断矩阵是对上一层次的某一元素而言，本层次有关元素之间的相对重要性。

接着利用求判断矩阵的最大特征根和特征向量，确定各因素的优先次序，也就是根据针对上一层次元素得到的判断矩阵，计算本层次与之有关联的元素的权值，这些权重反映了这些互有联系的元素的相对重要性。

然后计算随机一致性比率，看判断矩阵是否能通过一致性检验，否则就要调整判断矩阵。

最后，从总目标开始逐层求子目标对总目标的权重，再求各相对总目标的权重，最后求各方案在指标下的排序。有关层次分析法将在本章第三节中详细讲述。

7.2.4 多目标评价的灵敏度分析

多目标评价的灵敏度分析，是对决策结论的可靠性进行讨论，或对决策过程中的一些指标和参量的变化进行估计，得到一些决策结论不变时它们的取值范围，以确定决策过程结论的灵敏性和稳定性。它引导人们站在更高的位置作决策，不仅知道决策方案的优劣，还能确定当指标参量变化时，会对各方案的排序产生什么影响。因此，灵敏度分析对于多目标评价具有重要的意义，我们应该对这个既困难又薄弱的环节给予足够的重视。

灵敏度分析的主要内容有：指标参量的一个微小变化，是否影响决策结论；参量在什么范围内变化会影响决策方案的排序结论。

7.3 层次分析法

层次分析法（Analytic Hierarchy Process，缩写为 AHP）是由美国匹兹堡大学教授 T. L. Saaty 在 20 世纪 70 年代中期提出来的。它的基本思想是把一个复杂的问题分解为各个组成因素，并将这些因素按支配关系分组，从而形成一个有序的递阶层次结构。通过两两比较的方式确定层次中诸因素的相对重要性，然后综合人的判断以确定决策诸因素相对重要性的总排序。层次分析法的出现给决策者解决那些难以定量描述的决策问题带来了极大的方便，从而使它被广泛应用于科学和实际领域。

7.3.1 简单情形——单层次模型

7.3.1.1 单层次模型结构

如图 7-1 所示，此模型由一个目标 C 及隶属于它的 n 个评价元素 A_1、……、A_n 和决策者组成。由决策者在这个目标意义下对这 n 个元素进行评价，对它们进行优劣排序并作出相对重要性的权衡，但由于受能力限制，决策者很难一下子作出这种判断，而仅仅对两个元素进行优劣程度比较则是完全可能的。

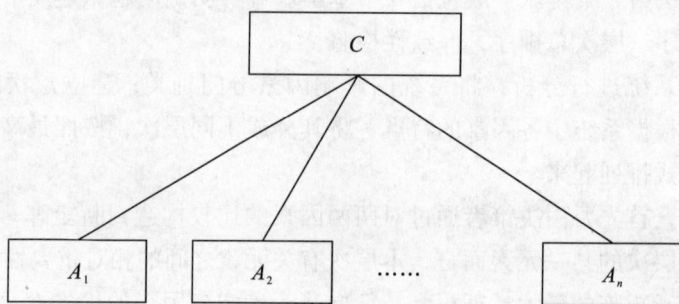

图 7-1　单层次模型结构

7.3.1.2 思想

AHP 方法的基本思想就是将决策者对这 n 个元素优劣的整体判断转变为对这 n 个元素的两两比较，然后再转为对这 n 个元素的整体优劣排序，判断及确定各元素的权重。

7.3.1.3 计算步骤

1. 构造两两比较的判断矩阵

在单层次结构模型中，假定目标元素 C_k，同与之相连的有关元素 A_1、A_2、……、A_n 有支配关系。假定以上一层次某目标元素 C_k' 作为准则，通过向决策者询问在准则 C_k 下元素 A_i 对元素 A_j 的优劣比较，构造一判断矩阵，其形式为：

C_k	A_1	A_2	$\cdots$	A_n
A_1	a_{11}	a_{12}	$\cdots$	a_{1n}
A_2	a_{21}	a_{22}	$\cdots$	a_{2n}
$\vdots$	$\vdots$	$\vdots$	$\vdots$	$\vdots$
A_m	a_{m1}	a_{m2}	$\cdots$	a_{mn}

其中 a_{ij} 表示对于 C_k 来说，A_i 对 A_j 相对重要性的数值体现，通常 a_{ij} 可取 1、2、……、9 以及它们的倒数作为标度，含义如表 7-1 所示。

表 7-1　标度的含义

1	表示两个元素相比，具有同样的重要性
3	表示两个元素相比，一个元素比另一个元素稍微重要
5	表示两个元素相比，一个元素比另一个元素明显重要
7	表示两个元素相比，一个元素比另一个元素强烈重要
9	表示两个元素相比，一个元素比另一个元素极端重要

2、4、6、8 为上述相邻判断的中值。

判断矩阵中的元素具有下述性质：①$a_{ij} > 0$；②$a_{ji} = 1/a_{ji}$；③$a_i = 1$。

2. 计算单一准则下元素的相对重要性（层次单排序）

这一步要根据判断矩阵计算对于目标元素而言各元素的相对重要性次序的权值。计算判断矩阵 A 的最大特征根 λ_{max} 和其对应的经归一化后的特征向量 $W = [w_1, w_2, \cdots, w_n]^T$。即首先对判断矩阵 A 求解最大特征根问题。由下式：

$$AW = \lambda_{max} W$$

得特征向量 W，并将其归一化，将归一化后所得到的特征向量 $W = [w_1, w_2, \cdots, w_n]^T$ 作为本层次元素 A_1、A_2、……A_n,对于目标元素 C_k 的排序权值。

计算 λ_{max} 和 W 一般采用近似计算的方根法，步骤如下：

第一步，将判断矩阵 A 中元素按行相乘：即 $\prod\limits_{j=1}^{n} a_{ij}$（$i = 1, 2, \cdots, n$）；

第二步，计算 $\overline{W}_i = \sqrt[n]{\prod\limits_{j=1}^{n} a_{ij}}$ ；

第三步，将 $\overline{W}_i$ 归一化得 $W_i = \dfrac{\overline{w}_i}{\prod\limits_{j=1}^{n} \overline{w}_j}$ ，$W = [w_1, w_2, \cdots, w_n]^T$ 为所求特征向量；

第四步，计算最大特征根 $\lambda_{max} = \sum\limits_{i=1}^{n} \dfrac{(AW)_i}{nw_i}$ ，其中，$(AW)_i$ 表示向量 AW 的第 i 个元素。

3. 单层次判断矩阵 A 的一致性检验

在单层次判断矩阵 A 中，当 $a_{ij} = \dfrac{a_{ik}}{a_{jk}}$ 时，称判断矩阵为一致性矩阵。由于客观事物的复杂性和人们的偏爱不同，判断矩阵很难有严格的一致性，但应该要求其有大致的一致性。因此，在得到 λ_{max} 后，还需对判断矩阵的一致性进行检验。

进行一致性检验的步骤如下。

第一步，计算一致性指标

$$C.\,I. = \frac{\lambda_{max} - n}{n - 1}$$

式中，n 为判断矩阵的阶数。

第二步，计算平均随机一致性指标。R.I. 是多次重复进行随机判断矩阵特征值的计算后取算术平均数得到的，表7-2给出了1~15维矩阵重复计算1000次的平均随机一致性标值。

表7-2　平均随机一致性标值

维数	1	2	3	4	5	6	7	8	9	10	11	12	13	14	15
R. I.	0	0	0.52	0.89	1.12	1.26	1.36	1.41	1.46	1.49	1.52	1.54	1.56	1.58	1.59

第三步，计算一致性比例

$$C.\,R. = \frac{C.\,I.}{R.\,I.}$$

当 $C.\,R. < 0.1$ 时，一般认为判断矩阵的一致性是可以接受的，否则应修改矩阵使之符合要求。

7.3.1.4 原理

将判断矩阵 A 的最大特征根 λ_{max} 的特征向量经归一化后得 $W = \begin{bmatrix} w_1, & w_2, & \cdots, & w_n \end{bmatrix}^T$，将 W 作为本层次元素 A_1、A_2、$\cdots\cdots A_n$ 的排序权重。对于目标元素 C_k 的排序权值的原理如下。

假定 n 个物体归一化后的重量分别为 w_1，w_2，$\cdots$，w_n，它们之间两两比较的相对重量可以用矩阵表示为：

$$A = \begin{bmatrix} w_1/w_1 & w_1/w_2 & \cdots & w_1/w_n \\ w_2/w_1 & w_2/w_2 & \cdots & w_2/w_n \\ \vdots & \vdots & & \vdots \\ w_n/w_1 & w_n/w_2 & \cdots & w_n/w_n \end{bmatrix}$$

若用重量向量 $W = \begin{bmatrix} w_1, & w_2, & \cdots, & w_n \end{bmatrix}^T$ 右乘 A，得

$$AW = \begin{bmatrix} w_1/w_1 & w_1/w_2 & \cdots & w_1/w_n \\ w_2/w_1 & w_2/w_2 & \cdots & w_2/w_n \\ \vdots & \vdots & & \vdots \\ w_n/w_1 & w_n/w_2 & \cdots & w_n/w_n \end{bmatrix} \begin{bmatrix} w_1 \\ w_2 \\ \vdots \\ w_n \end{bmatrix} = n \begin{bmatrix} w_1 \\ w_2 \\ \vdots \\ w_n \end{bmatrix} = nW$$

即得 $AW = nW$。

矩阵 A 具有以下特点：

①$a_{ii} = 1$ $(i = 1, \cdots, n)$；

②$a_{ij} = 1/a_{ji}$ $(i, j = 1, 2, \cdots, n)$；

③$a_{ij} = a_{ik}/a_{jk}$ $(i, j = 1, 2, \cdots, n)$

根据矩阵理论可以证明，该矩阵一定存在唯一且不为零的最大特征值 λ_{max}，且 $\lambda_{max} = n$。

若 W 为未知，在给出矩阵 A 的情况下，可以通过求其特征值 λ_{max} 及相应特征向量求出正规化的特征向量 W 作为 n 个对象的权重。同样，对于复杂的社会、经济、管理等问题，也可以通过建立层次分析结构模型，构造出相应的判断矩阵 A，应用上述原理确定各种方案、措施、成果等相对于总目标的优劣性或重要性的权重，以供决策、评价等。

7.3.2 一般情形——多层次模型

利用 AHP 求解一般的多层次结构问题的基本步骤如下。

7.3.2.1 建立递阶层次结构

首先对问题所涉及的因素进行分类，构造一个各因素之间相互连接的递阶层次结构模型。处于最上面的层次一般是问题的预定目标，通常只有一个元素，中间层的元素一般是准则、子准则，最低层一般是决策方案。一个典型递阶层次结构如图 7-2 所示。

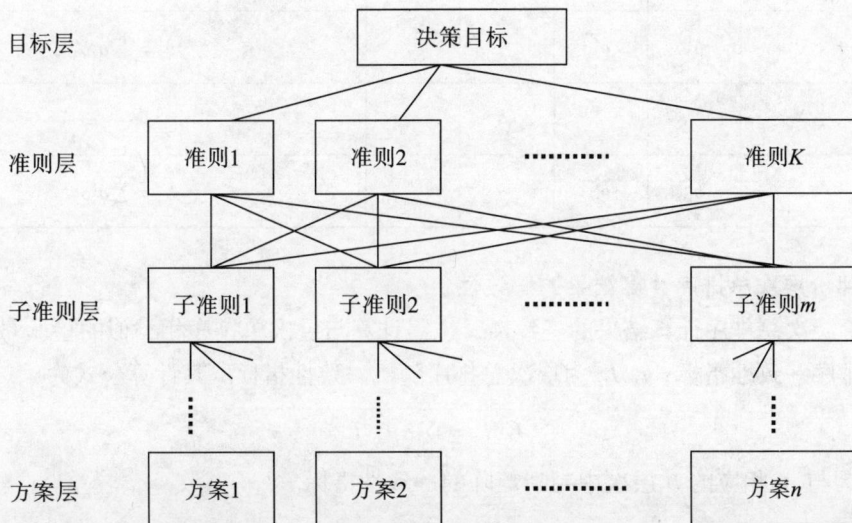

图 7-2　递阶层次结构模型

7.3.2.2 构造两两比较判断矩阵

按前述方法构造各单层次的两两比较判断矩阵。

7.3.2.3 计算单一准则下元素的相对重要性（单层次模型）

这一步要根据判断矩阵计算对上一层某元素而言本层次与之有联系的各元素的相对重要性次序的权值。即把各判断矩阵 A 视为单层次子模型，按上述单层次模型中的方法去求解特征根问题：$AW = \lambda_{max}W$，所得特征向量 W 经归一化后作为本层次元素 A_1、A_2、$\cdots\cdots A_n$ 对于上一层次元素的排序权值。

λ_{max} 和 W 的计算方法前面已经述及，在此不再重复。

7.3.2.4 判断矩阵的一致性检验

在得到 λ_{max} 和所对应的特征向量 $W = \begin{bmatrix} w_1, w_2, \cdots, w_n \end{bmatrix}^T$ 后，还需要检验各判断矩阵的

一致性。进行一致性检验的步骤与单层次模型完全相同。

7.3.2.5 计算各层次上元素的组合权重（层次总排序）

层次总排序需要从上到下逐层进行。对于最高层，它的层次单排序即为总排序。

如果上一层所有元素 A_1、A_2、……A_m 的组合权重已知，权值分别为 a_1，a_2，$\cdots$，a_m，与 A_i 相应的本层元素 B_1，B_2，$\cdots$，B_n 的单排序结果为 b_1^i，b_2^i，$\cdots$，b_n^i（$i=1$，2，$\cdots$，m）。若 B_j 与 A_i 无联系，$b_j^i=0$，则本层次元素的组合权重可根据表 7-3 进行计算。显然有 $\sum\limits_{j=1}^{n} b_j=1$。

表 7-3　组合权重计算表

层次 A　权重　层次 B	A_1	A_2	$\cdots$	A_m	B 层次元素组合权重
	a_1	a_2	$\cdots$	a_m	
B_1	b_1^1	b_1^2	$\cdots$	b_1^m	$b_1 = \sum\limits_{i=1}^{m} a_i b_1^i$
B_2	b_2^1	b_2^2	$\cdots$	b_2^m	$b_2 = \sum\limits_{i=1}^{m} a_i b_2^i$
$\cdots$	$\cdots$	$\cdots$	$\cdots$	$\cdots$	$\cdots$
B_n	b_n^1	b_n^2	$\cdots$	b_n^m	$b_n = \sum\limits_{i=1}^{m} a_i b_n^i$

7.3.2.6 评价层次总排序计算结果的一致性

为评价层次总排序计算结果的一致性，也需计算与层次单排序相类似的检验量。设 $C.I.$ 为层次总排序一致性指标；$R.I.$ 为层次总排序随机一致性指标。其计算公式为

$$C.I. = \sum_{i=1}^{m} a_i C.I._i$$

$C.I._i$ 为与 A_i 相应的 B 层次中判断矩阵的一致性指标。

$$R.I. = \sum_{i=1}^{m} a_i R.I._i$$

$R.I._i$ 为与 A_i 相对应的 B 层次中判断矩阵的随机一致性指标。并取

$$C.R. = \frac{C.I.}{R.I.}$$

当 $C.R. < 0.10$ 时，认为层次排序的结果具有满意的一致性。若不满足一致性条件，需对判断矩阵进行调整。AHP 的最终结果是得到相对于总目标各决策方案的优先顺序权重，并据此作出决策。

7.3.3 应用

例：某厂有一笔企业留成利润，现要决定其如何使用，汇总各方意见，提出的决策方案有发奖金、扩建集体福利设施、建图书馆、购买新设备。决策时要考虑调动职工劳动积极性、提高职工技术文化水平、改善职工物质文化生活三方面，据此构造各因素之间相互联结的层次结构模型如图 7-3 所示。

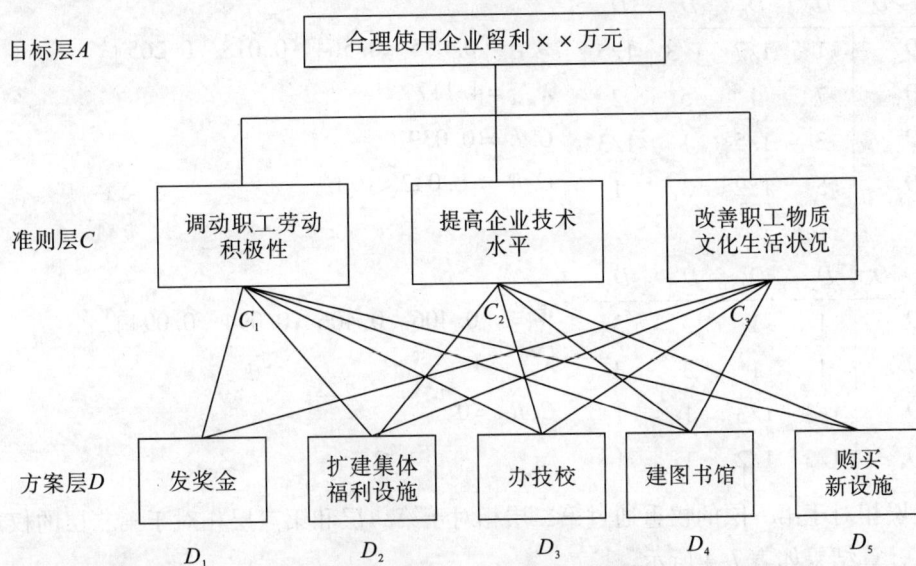

图 7-3　某厂的层次结构图

构造第二层相对于第一层的判断矩阵：

$A-C$	C_1	C_2	C_3
C_1	1	1/5	1/3
C_2	5	1	3
C_3	3	1/3	1

通过计算得判断矩阵的特征向量和特征值分别为：

$$W = \begin{bmatrix} 0.105 & 0.637 & 0.258 \end{bmatrix}^T$$

$$\lambda_{max} = 3.308$$

对判断矩阵进行一致性检验，即计算 $C.I.$ 和 $C.R.$ ：

$$C.I. = 0.019$$

$$C.R. = 0.033 < 0.1$$

说明判断矩阵的一致性可以接受。

同样可以构造第三层次各元素相对于第二层元素的判断矩阵：

C_1-D	D_1	D_2	D_3	D_4	D_5
D_1	1	2	3	4	7
D_2	1/2	1	3	2	5
D_3	1/3	1/3	1	1/2	1
D_4	1/4	1/2	2	1	2
D_5	1/7	1/5	1	1/3	1

$$W = \begin{bmatrix} 0.491 & 0.232 & 0.092 & 0.138 & 0.046 \end{bmatrix}^T$$

$$\lambda_{max} = 5.126$$

$$C.I. = 0.032$$

$$C.R. = 0.028 < 0.1$$

$$
\begin{array}{c|cccc}
C_2 - D & D_2 & D_3 & D_4 & D_5 \\
\hline
D_2 & 1 & 1/7 & 1/3 & 1/5 \\
D_3 & 7 & 1 & 5 & 2 \\
D_4 & 3 & 1/5 & 1 & 1/3 \\
D_5 & 5 & 1/2 & 3 & 1
\end{array}
$$

$W = \begin{bmatrix} 0.055 & 0.564 & 0.018 & 0.265 \end{bmatrix}^T$

$\lambda_{max} = 4.117$

$C.I. = 0.039$

$C.R. = 0.042 < 0.1$

$$
\begin{array}{c|cccc}
C_3 - D & D_1 & D_2 & D_3 & D_4 \\
\hline
D_1 & 1 & 1 & 3 & 3 \\
D_2 & 1 & 1 & 3 & 3 \\
D_3 & 1/3 & 1/3 & 1 & 1 \\
D_4 & 1/3 & 1/2 & 1 & 1
\end{array}
$$

$W = \begin{bmatrix} 0.406 & 0.406 & 0.094 & 0.094 \end{bmatrix}^T$

$\lambda_{max} = 4$

$C.R. = 0$

第三层相对于第一层的权重通过第二层相对于第一层和第三层相对于第二层的权重组合而得到，计算结果如表 7-4 所示。

表 7-4　例题层次计算表

方案 \ 准则 权重	C_1 0.105	C_2 0.637	C_3 0.258	总权重
D_1	0.491	0	0.406	0.157
D_2	0.232	0.055	0.406	0.164
D_3	0.092	0.564	0.094	0.393
D_4	0.138	0.118	0.094	0.113
D_5	0.046	0.265	0	0.172

由此得到总权重向量：

$$W = \begin{bmatrix} 0.157 & 0.164 & 0.393 & 0.113 & 0.172 \end{bmatrix}^T$$

层次总排序一致性指标、层次总排序随机一致性指标分别为：

$$C.I. = 0.028,\ R.I. = 0.923,\ C.R. = 0.03 < 0.10$$

计算结果表明，对于合理使用企业留成利润来说，办业余技校是首选方案。

7.4 模糊综合评价方法

模糊方法是 20 世纪 60 年代美国科学家扎德教授创立的，是针对现实中大量的经济现象具有模糊性而设计的一种评判模型和方法，在应用实践中得到有关专家的不断演进。该方法既有严格的定量刻划，也可以对难以定量分析的模糊现象进行主观的定性描述，把定性描述和定量分析紧密地结合起来。因而，它可以说是一种比较适合进行企业绩效综合评价的方法，并且也是近年来发展较快的一种新方法。

7.4.1 模糊综合评价的数学模型

模糊综合评价可以用来对人、事、物进行全面、正确而又定量的评价，因此它是一种提高领导决策能力和管理水平的有效方法。一些领导在面对多种而又复杂的方案、褒贬不一的人才、众说纷纭的成果时，常常会感到不知所措，以致主观决策失误，给工作带来损失；但是，此时若能运用模糊综合评价方法，就有可能避免上述情况的发生。

对于方案、人才、成果的评价，人们的考虑往往是从多种因素出发的，而且这些考虑一般只能用模糊语言来描述。例如，评价者从考虑问题的诸多因素出发，参照有关的数据和情况，根据他们的判断对复杂问题分别作出"大、中、小"；"高、中、低"；"优、良、可、劣"；"好、较好、一般、较差、差"等程度不同的模糊评价，然后通过模糊数学提供的方法进行运算，就能得出定量的综合评价结果，从而为正确决策提供依据。

对某一事物进行评价，若评价的指标因素（着眼点）为 n 个，分别记为 u_1，u_2，u_3，$\cdots$，u_n，则这 n 个评价因素便构成一个评价因素的有限集合：

$$U = \{u_1,\ u_2,\ u_3,\ \cdots,\ u_n\}$$

若根据实际需要将评语划分为 m 个等级，分别记为 v_1，v_2，v_3，$\cdots$，v_m，则又构成一个评语的有限集合：

$$V = \{v_1,\ v_2,\ v_3,\ \cdots,\ v_m\}$$

例如，对某本教材进行评价，假如可以从科学性（u_1）、实践性（u_2）、适应性（u_3）、先进性（u_4）、专业性（u_5）等方面着眼，则评价因素集合便为：

$$U = \{u_1,\ u_2,\ u_3,\ u_4,\ u_5\}$$

若评价结果划分为"很好"（v_1）、"好"（v_2）、"一般"（v_3）、"差"（v_4），4 个等级，则评语集合便为：

$$V = \{v_1,\ v_2,\ v_3,\ v_4\}$$

若我们只着眼于科学性（u_1）一个因素来评定该教材，采用"民意测验"的办法，结果是 16% 的人说它"很好"，42% 的人说它"好"，39% 的人说它"一般"，3% 的人说它"差"，则这个结果可用模糊集合 $\underset{\sim}{B_1}$ 来描述。

$$\underset{\sim}{B_1} = 0.16/很好 + 0.42/好 + 0.39/一般 + 0.03/差$$

$\underset{\sim}{B_1}$ 也可简记为向量的形式：

$$\underset{\sim}{B_1} = [0.16,\ 0.42,\ 0.39,\ 0.03]$$

评价结果 $\underset{\sim}{B_1}$ 是评语集合 V 这一论域上的模糊子集。$\underset{\sim}{B_1}$ 就是对被评对象所作的单因素评价。

然而，一般需要从几个不同方面来综合地评价某一事物，从而得到一个综合的评价结果，该结果仍是评语集合 V 这一论域上的一个模糊子集 $\underset{\sim}{B}$，这便是综合评价问题。

通常，V 为一个有限集合，则 $\underset{\sim}{B}$ 也为相应的有限模糊集合：

$$\underset{\sim}{B} = b_1/v_1 + b_2/v_2 + \cdots + b_m/v_m$$

简记为一个 m 维模糊向量形式

$$B = [b_1, \; b_2, \; \cdots, \; b_m]$$

其论域为 V，b_j 为 $\underset{\sim}{B}$ 中相应元素的隶属程度（也称隶属度），且

$$b_j \in [0, \; 1], \; j = 1, \; 2, \; 3, \; \cdots, \; m$$

在实际评价工作中，各个评价因素的重要程度往往是不相同的，考虑到这个客观存在的事实，评价因素集合实际上是因素集合 U 这一论域上的一个模糊集合 $\underset{\sim}{A}$，实际上也是一个有限集，即因素集合也是一个相应的有限模糊集合

$$\underset{\sim}{A} = a_1 / u_1 + a_2 / u_2 + \cdots + a_n / u_n$$

同样也可用一个 n 维模糊向量来表示

$$\underset{\sim}{A} = [a_1, \; a_2, \; \cdots, \; a_n]$$

其论域为 U，a_i 是 $\underset{\sim}{A}$ 中相应元素的隶属程度，且 $a_i \in [0, \; 1]$，并满足 $\sum_{i=1}^{n} a_i = 1$。

一个模糊综合评价问题，就是将评价因素集合 U 这一论域上的一个模糊集合 $\underset{\sim}{A}$ 经过模糊关系 $\underset{\sim}{R}$ 变换为评语集合 V 这一论域上的一个模糊集合 $\underset{\sim}{B}$，即

$$\underset{\sim}{B} = \underset{\sim}{A} \cdot \underset{\sim}{R}$$

此式即为模糊综合评价的数学模型。其中：

$\underset{\sim}{B}$ 为模糊综合评价的结果，它是一个 m 维的模糊行向量；

$\underset{\sim}{A}$ 为模糊评价因素权重集合，它是一个 n 维模糊行向量；

$\underset{\sim}{R}$ 为从 U 到 V 的一个模糊关系，它是一个 $(n \times m)$ 的矩阵。其元素 r_{ij}（$i = 1, \; 2, \; \cdots, \; n$；$j = 1, \; 2, \; \cdots, \; m$）表示从第 i 个因素着眼，作出第 j 种评语的可能程度。

此式为模糊矩阵的乘积，其中

$$B = [b_j], \; b_j = \overset{n}{\underset{i=1}{\cup}} (a_i, \; b_{ij}), \; j = 1, \; 2, \; 3, \; \cdots, \; m$$

多因素评价比较困难，因为要同时综合考虑较多的因素，而各种因素的重要程度又不相同，这些都使问题变得很复杂，如用经典数学方法来解决综合评价问题就显得很困难，而模糊数学则为解决模糊综合评价问题提供了理论依据，从而提供了一种有效而简单的方法。

由模糊综合评价的数学模型可知，当评价因素增加时，并不增加问题的复杂性，只是增加计算量而已。

在评价问题时，通常是让模糊向量 $\underset{\sim}{A}$ 中各元素满足：

$$\sum_{i=1}^{n} a_i = 1$$

其中：a_i 是 u_i 重要程度的度量，也即因素 u_i 的权重，故 $\underset{\sim}{A}$ 也就表征了评价因素的权重分配。

7.4.2 模糊综合评价的应用

7.4.2.1 模糊综合评价用于讲课质量的评估

教师讲课是一种复杂的智力活动，它不仅涉及所授课程的内容，而且涉及教育学、心理学、语言学，讲课的优劣对教学的质量有决定性的影响。对教师讲课进行定量化的综合评价，有助于教师讲课质量的提高，也有助于优秀教师总结教学经验。

下面具体说明教学评价模糊模型的建立和求解过程。

设 U 是因素集，即评价讲课质量的因素的集合；V 是评价集，即评语等级的集合。

$U =$ [清楚易懂，教材熟练，生动有趣，板书整洁]

$V =$ [很好，较好，一般，不好]

设 $\underset{\sim}{R}$ 是从 U 到 V 的模糊关系（也可看做是模糊变换），i（r_{i1}，r_{i2}，r_{i3}，r_{i4}）表示从第 i 个因素着眼，对被评教师作出第 j 种评语的可能程度。固定 i（r_{i1}，r_{i2}，r_{i3}，r_{i4}）就是 V 上的一个模糊子集，表示从第 i 个因素着眼，对于被评教师作出的单因素评价，构成模糊评价矩阵为：

$$\underset{\sim}{R} = \begin{pmatrix} r_{11} & r_{12} & r_{13} & r_{14} \\ r_{21} & r_{22} & r_{23} & r_{24} \\ r_{31} & r_{32} & r_{33} & r_{34} \\ r_{41} & r_{42} & r_{43} & r_{44} \end{pmatrix}$$

U 中的各元素 u，即各个因素，对讲好课程的影响程度是不一样的。也就是说，对 U 中诸因素应有不同的权衡，人们对这个问题的认识可以表现为 U 上的一个模糊子集 $\underset{\sim}{A}$，U 中元素 u 对 $\underset{\sim}{A}$ 的隶属度为 $\underset{\sim}{A}$（u），叫做因素 u 被着眼的权重，[$\underset{\sim}{A}$（u_i），（$i = 1$，2，3，4）] 叫做权重分配，一般令

$$\sum_{i=1}^{4} \underset{\sim}{A}(u_j) = 1$$

如果已给出模糊矩阵 $\underset{\sim}{R}$，又给定了模糊权重分配 $\underset{\sim}{A}$，则综合评价模糊模型为：

$$\underset{\sim}{B} = \underset{\sim}{A} \cdot \underset{\sim}{R}$$

例如，对某校某班任课的李老师进行综合评价，就"清楚易懂"这个因素而言，全班有40%的人说"很好"，50% 的人说"较好"，10% 的人说"一般"，则认为该教师讲课若从"清楚易懂"这个因素考虑，应得的评价向量为：

$$(0.4，0.5，0.1，0)$$

用上述办法，同样可得"教材熟练"、"生动有趣"、"板书整洁"这三个因素的评价向量分别为：

$$(0.6，0.3，0.1，0)$$
$$(0.1，0.2，0.6，0.1)$$
$$(0.1，0.2，0.5，0.2)$$

于是，可以写出对李老师的模糊评价矩阵：

$$\underset{\sim}{R}_{李} = \begin{pmatrix} 0.4 & 0.5 & 0.1 & 0 \\ 0.6 & 0.3 & 0.1 & 0 \\ 0.1 & 0.2 & 0.6 & 0.1 \\ 0.1 & 0.2 & 0.5 & 0.2 \end{pmatrix}$$

假设确定的模糊权重分配为：

$$\underset{\sim}{A} = (0.5，0.2，0.2，0.1)$$

模糊权重分配是否合适是模糊综合评价模型中的一个关键，所以应当尽量使模糊权重分配符合实际，可以用特尔斐法或统计试验的方法确定，允许其有一定弹性。

由上述分析可得该班同学对李老师讲课的综合评价模糊模型为：

$$B_{\underset{\sim}{李}} = A_{\underset{\sim}{}} \cdot R_{\underset{\sim}{李}}$$

$$= (0.5, \ 0.2, \ 0.2, \ 0.1) \cdot \begin{pmatrix} 0.4 & 0.5 & 0.1 & 0 \\ 0.6 & 0.3 & 0.1 & 0 \\ 0.1 & 0.2 & 0.6 & 0.1 \\ 0.1 & 0.2 & 0.5 & 0.2 \end{pmatrix}$$

$$= [\ (0.5 \wedge 0.4) \vee (0.2 \wedge 0.6) \vee (0.2 \wedge 0.1) \vee (0.1 \wedge 0.1),$$
$$(0.5 \wedge 0.5) \vee (0.2 \wedge 0.3) \vee (0.2 \wedge 0.2) \vee (0.1 \wedge 0.2),$$
$$(0.5 \wedge 0.1) \vee (0.2 \wedge 0.1) \vee (0.2 \wedge 0.6) \vee (0.1 \wedge 0.5),$$
$$(0.5 \wedge 0) \vee (0.2 \wedge 0) \vee (0.2 \wedge 0.1) \vee (0.1 \wedge 0.2)]$$

$$= (0.4, \ 0.5, \ 0.2, \ 0.1)$$

归一化处理后：

$$0.4 + 0.5 + 0.2 + 0.1 = 1.2$$

$$B_{\underset{\sim}{李}} = \left(\frac{0.4}{1.2}, \ \frac{0.5}{1.2}, \ \frac{0.2}{1.2}, \ \frac{0.1}{1.2} \right)$$

$$= (0.33, \ 0.42, \ 0.17, \ 0.08)$$

这里隶属函数与评价函数是一致的。上式说明，按隶属原则来识别李老师的讲课效果是"较好"（取其最大值所对应的评语等级）。

7.4.2.2 模糊综合评价用于科技成果的评定

1. 模糊综合评价的步骤

（1）确定因素集 U

"因素"是指人们考虑问题时的着眼点。对评定科技成果来讲，人们关心的是其水平、可行性、效益等方面。在因素集 $U = \{u_1, \ u_2, \ u_3, \ u_4\}$ 中，应该尽量用最少的因素来概括和描述问题，以达到简化评价运算的目的。

（2）确定评价集 V

人们根据具体情况的需要，对单一因素作出不同程度的评价。一般情况下，评价集有如下几种：

$$V = \{大、中、小\} \ 或 \ V = \{高、中、低\}$$

$$V = \{优、良、可、劣\}$$

$$V = \{好、较好、一般、较差、差\}$$

（3）确定权重集 $A_{\underset{\sim}{}}$

在诸"因素"中，人们的侧重点是不同的，这就是权重。模糊综合评价是因素权重和单因素评价的复合作用，因此，权重集（权重分配）的确定十分重要。一般用如下几种方法来确定：①评价专家共同讨论确定；②两两对比法；③AHP（层次分析法）。

（4）专家评价

在介绍问题的有关背景，数据和情况的基础上，由专家们对反映问题的因素进行模糊评价，通常可采用"民意测验"法来采集专家们的评价意见。

（5）建立评价矩阵 $\underset{\sim}{R}$

某一因素的评价结果 r_{ij}（i，$j=1$，2，3，$\cdots$）表示从第 i 个因素出发，对被评价问题作出第 j 种评语的可能程度。固定 i，（r_{i1}，r_{i2}，$\cdots$，r_{in}）就是从第 i 种因素出发，对评价对象所作出的单因素评价模糊子集。多种因素的评价模糊子集可构成一个评价矩阵 $\underset{\sim}{R}$。

对于 $V = \{大、中、小\}$ 或 $V = \{高、中、低\}$，则有：

$$\underset{\sim}{R} = \begin{pmatrix} r_{11} & r_{12} & r_{13} \\ r_{21} & r_{22} & r_{23} \\ r_{31} & r_{32} & r_{33} \end{pmatrix}$$

对于 $V = \{优、良、可、劣\}$，则有：

$$\underset{\sim}{R} = \begin{pmatrix} r_{11} & r_{12} & r_{13} & r_{14} \\ r_{21} & r_{22} & r_{23} & r_{24} \\ r_{31} & r_{32} & r_{33} & r_{34} \\ r_{41} & r_{42} & r_{43} & r_{44} \end{pmatrix}$$

$V = \{好、较好、一般、较差、差\}$，则有：

$$\underset{\sim}{R} = \begin{pmatrix} r_{11} & r_{12} & r_{13} & r_{14} & r_{15} \\ r_{21} & r_{22} & r_{23} & r_{24} & r_{25} \\ r_{31} & r_{32} & r_{33} & r_{34} & r_{35} \\ r_{41} & r_{42} & r_{43} & r_{44} & r_{45} \\ r_{51} & r_{52} & r_{53} & r_{54} & r_{55} \end{pmatrix}$$

（6）综合评价

对于评价对象，模糊综合评价结果为 $\underset{\sim}{B} = \underset{\sim}{A} \cdot \underset{\sim}{R}$。

（7）归一化处理，得出具有可比性的综合评价结果。

2. 应有举例

有甲、乙、丙三项科研成果，为了简化问题，只介绍有关情况，如表 7-5 所示。现要从中选出优秀项目来。

表 7-5　三项科研成果的有关情况

项目 \ 因素	（科学技术）水平	（成功的概率）可行性	经济效益
甲	接近国际先进	成功的概率 70%	>100 万元
乙	国内先进	100%	>200 万元
丙	一般	100%	>20 万元

（1）设因素集 $U = \{科学技术水平、成功概率、经济效益\}$

（2）为了简化运算，我们定评价集：

$$V = \{大、中、小\} \ 或 \ V = \{高、中、低\}$$

（3）确定权重集

经专家讨论、统一认识以后，得出权重集：

$$A = \{0.2, 0.3, 0.5\}$$

（4）专家评价的结果如表7-6所示：

表7-6　专家评价结果

评价\项目	水平			成功概率			经济效益		
	高	中	低	大	中	小	高	中	低
甲	0.7	0.2	0.1	0.1	0.2	0.7	0.3	0.6	0.1
乙	0.3	0.6	0.1	1	0	0	0.7	0.3	0
丙	0.1	0.4	0.5	1	0	0	0.1	0.3	0.6

表中的数字指赞成此种评价的专家人数与专家总人数的比值。

（5）建立单因素评价矩阵

对甲项成果：$R_甲 = \begin{pmatrix} 0.7 & 0.2 & 0.1 \\ 0.1 & 0.2 & 0.7 \\ 0.3 & 0.6 & 0.1 \end{pmatrix}$

对乙项成果：$R_乙 = \begin{pmatrix} 0.3 & 0.6 & 0.1 \\ 1 & 0 & 0 \\ 0.7 & 0.3 & 0 \end{pmatrix}$

对丙项成果：$R_丙 = \begin{pmatrix} 0.1 & 0.4 & 0.5 \\ 1 & 0 & 0 \\ 0.1 & 0.3 & 0.6 \end{pmatrix}$

（6）综合评价

$$B_甲 = A \cdot R_甲 = (0.2, 0.3, 0.5) \begin{pmatrix} 0.7 & 0.2 & 0.1 \\ 0.1 & 0.2 & 0.7 \\ 0.3 & 0.6 & 0.1 \end{pmatrix} = (0.3, 0.5, 0.3)$$

$$B_乙 = A \cdot R_乙$$

$$B_丙 = A \cdot R_丙$$

（7）归一化处理

$$B_甲 = \left(\frac{0.3}{0.3 + 0.5 + 0.3}, \frac{0.5}{0.3 + 0.5 + 0.3}, \frac{0.3}{0.3 + 0.5 + 0.3} \right)$$

$$= (0.27, 0.46, 0.27)$$

同理：$B_乙 = (0.56, 0.33, 0.11)$

$$B_丙 = (0.27, 0.27, 0.46)$$

从结果中可以看出，乙项科研成果列为优秀项目。

思考题

1. 什么是系统评价? 系统评价的原则有哪些?
2. 系统评价指标和指标权数如何确定?
3. 多目标综合评价指标如何建立及筛选?
4. 简述层次分析法的原理和基本步骤。
5. 模糊综合评价是怎样对事物作出综合判断的?
6. 试从安全、舒适、快速、经济和游览五个方面评价轮船、火车和飞机三种交通工具。
(分别用层次分析法和模糊综合评价法)

第 8 章
复杂性管理

本章要点

- 复杂性的内涵、特点和根源
- 复杂系统及其主要特征
- 复杂性科学及其主要研究工具
- 管理科学面临的复杂性
- 管理复杂性与复杂性管理的关系
- 复杂性科学理论在管理科学中的应用

复杂性研究或者复杂性科学是近几年来受到国内外理论者广泛关注的一门新兴学科，正逐步成为世界科学发展的热点和前沿领域，人们试图通过复杂性的研究来解决生命、人脑、生态、社会、经济及管理等科学领域的问题。复杂科学与管理的结合是复杂科学发展的一个重要方面，人们把复杂性科学的理论和研究成果纳入管理科学的研究中来，产生了一种新的管理范式——复杂性管理。本章着重阐述有关复杂性及复杂性管理的概念及其主要内容。

8.1 复杂性理论的基本思想与概念

8.1.1 复杂性的概念

复杂性理论或者复杂性科学是国外在 20 世纪 80 年代提出来的，是主要研究复杂性和复杂系统的科学。但作为复杂性科学首要概念的复杂性，至今还没有一个科学、统一的定义。根据有关文献提供的信息，目前国内外关于复杂性的定义有 45 种之多，如分层复杂性、算法复杂性、随机复杂性、有效复杂性、同源复杂性、基于信息的复杂性、时间计算复杂性及空间计算复杂性等等。

按照传统的理解，简单与复杂是相对的，一个事物在未被认识之前是复杂的，一旦被认识就成为简单的了。从人类认识事物的发展历程来看，这种情形是常见的。但现代科学技术的发展表明，不能把复杂性简单地归结为认识过程的不充分性，必须承认存在客观的复杂性。真正的复杂性应当具备自身特有的规定性，即使已被人们认识，即使已找到解决办法，它仍然是复杂的。也就是说，找出复杂性与简单性的根本区别所在，使复杂性科学具有相对确定的研究领域，用处理复杂性的方法来管理、控制和利用复杂性。因此，复杂性研究的目的除了揭示和描述复杂系统的运动规律外，更重要的还在于寻求解决使我们现有的科学理论和方法束手无策的复杂系统的预测和控制问题。

关于复杂性的研究一般认为是从 20 世纪 80 年代中期开始的。在这之前，美国学者西蒙意识到系统的等级层次与复杂性有联系，于 1962 年提出了分层复杂性的概念。西蒙把等级层次结构与复杂性明确联系起来，从 4 个方面给复杂性以系统阐述，指出等级层次是复杂性的重要来源。西蒙还讨论了按照层次结构组织起来的系统的动态性质，把复杂性与系统动力学特性联系起来。这些思想对其后的复杂性研究起到了积极的推动作用。1984 年，盖尔曼（Murray-Gell-mann）和阿若（Kenneth Arrow）等人在美国创立了著名的圣塔菲研究所（Santa Fe Institute，SFI），开展跨学科、跨领域的研究，他们称之为复杂性研究，这里既有自然界的复杂性，也有人类社会以及人自身的复杂性。后来他们又提炼出复杂系统和复杂适应系统的概念，如生命系统、免疫系统、演化经济系统及生态系统等。复杂性研究的另一个代表性成果是普里高津、哈肯等人用演化、生成、自组织的观点解释的复杂性。普里高津提出，复杂性存在于一切层次，不同层次的复杂性既有差别，又有同一性。平衡态、线性关系及可逆过程只能产生简单性，远离平衡态、非线性关系及不可逆过程是产生复杂性的根源。复杂性是自组织的产物，在远离平衡、非线性及不可逆的条件下，通过自发形成耗散结构这种自组织而产生出物理层次的复杂性，在此基础上才可能通过更高形式的自组织产生生命、社会等层次的复杂性。

在我国，以钱学森为代表的开放复杂巨系统的研究与国外的复杂性研究具有相同之处。他提出的"开放的复杂巨系统"的概念以及处理这类系统的从定性到定量的综合集成方法，即将专家群体、数据和各种信息与计算机技术有机地结合起来，把各种学科的科学理论和人的知识结合起来的方法，可以说与圣塔菲研究所在研究方法上不谋而合。

对复杂性进行研究，要求把科学研究对象从简单性和简单系统转向复杂性和复杂系统，在方法论上实现根本的转变，把复杂性当做复杂性处理。经典科学相信客观世界本质上是简单的，因此，在面对复杂的问题时，总是设法把复杂性简化掉，即把复杂性当做简单性处理。应该说，当对象是典型的简单系统，或者属于不够典型的复杂性问题时，这样的处理必然把产生复杂性的根源简化掉，得不到正确的结果。把复杂性当做复杂性处理，是复杂性研究的方法论原则。这并非否定复杂性研究也需要简化，而是强调对于复杂系统存在不同的简化路线和指导思想。

复杂性的表现形式很多，非线性、远离平衡、混沌、分形、反馈、不可逆性、模糊性、多重均衡、突变及涌现都是复杂性的某种表现。把非线性当做非线性，把远离平衡态当做远离平衡态，把混沌当做混沌，把分形当做分形等，都是把复杂性当做复杂性处理，都会带来科学的重大进步。

8.1.2　复杂性的根源

复杂性产生的机制是各种各样的，按照中国科学家张泰的观点，复杂性可归结为：系统的多层次性、多因素性、多变性、开放性，各因素或子系统之间以及系统与环境之间的相互作用，随之而有的整体行为或演化。一般认为，非线性、不稳定性及不确定性是复杂性的根源。因此，对于复杂性从其来源上讲，总体上有以下几种。

8.1.2.1 来源于系统规模的复杂性

系统的组分数目形成系统的规模，在一定范围内，系统规模的增大不足以产生现有方法无法处理的复杂性，但是，规模巨大的系统往往带来简单系统或大系统的方法无法处理的复杂性。规模虽不是一个系统产生复杂性的充分条件，但却是产生复杂性的必要条件。规模的复杂性是复杂性表现的一种重要形式。

8.1.2.2 来源于系统结构的复杂性

系统组成成分的多样性和差异性造成组分之间相互关系的多样性和差异性，形成多层次的系统结构。系统的层次越多，把各个层次的组分整合起来的难度就越大，就越容易产生各种形式的复杂性。

8.1.2.3 来源于开放性环境的复杂性

封闭系统没有复杂性，复杂性必定出现于开放系统之中。开放的系统在与外界环境交换物质、能量及信息的过程中，可以产生复杂的系统性质和系统行为。开放性是复杂性的重要根源，系统与外界环境相互关系的复杂性是系统复杂性的重要表现。

8.1.2.4 来源于动力学特性的复杂性

如果一个系统的动力学特征可以忽略不计，或者可以作为静态模型来处理，那么这样的系统就是一个简单系统，简单系统中不存在复杂性。系统的动力学过程可以产生无穷的多样性、差异性、丰富性、奇异性和创新性，是复杂性产生的重要机制，复杂性只能出现于动力学系统，复杂性一定具有某种动力学特性。

8.1.2.5 来源于非平衡态的复杂性

处于平衡态的系统是简单系统，平衡态不可能产生复杂性。复杂性只能出现远离平衡态，在这种条件下，系统通过自组织形成耗散结构，即自组织地产生出复杂性。

8.1.2.6 来源于非线性的复杂性

线性意味着单一、均匀、可以叠加，不具备产生复杂性的根源。非线性意味着无穷的多样性、差异性、奇异性及非均匀性，可以产生突变、混沌等复杂性行为。系统组系之间非线性的相互作用是系统产生复杂性的根本内在机制，复杂性只能出现于非线性系统。

8.1.2.7 来源于不确定性的复杂性

确定性对应着简单性，不确定性对应着复杂性。不确定性表现为随机性和模糊性，这些都是复杂性产生的重要机制。

8.1.2.8 来源于人类理性与非理性的复杂性

以人为重要构成要素的系统，其行为必须考虑人的理性与非理性因素的作用，如人的意志、思想、智慧、意愿、偏好、心理和价值观等。人的完全理性是不可能产生复杂性的，其仍然是一个简单的系统，只有不完全理性即有限理性以及非理性才可能产生复杂性。

复杂性的来源多种多样，除了上述介绍的几种外，还有来源于系统组分智能的复杂性，来源于主动性以及能动性的复杂性，来源于系统的不可积不可逆过程的复杂性等。不过需要指出的是，这些诸多复杂性成因中的每一种都难以单独产生真正的复杂性，现实的复杂性是由多种因素交织在一起形成的。

8.1.3 复杂性的特点

从上面复杂性来源的途径中，我们可以看到复杂性具有以下几个方面的特点。

8.1.3.1 复杂性体现整体性、系统性

即系统的每个组分不能代表整体，系统的每个层次及每个层次的局部也不能说明整体的性质，低层次的规律不能说明高层次的规律，系统的整体大于各组成部分之和。

8.1.3.2 复杂的多层次结构

复杂的多层次结构反映在时间与空间尺度两个方面，既体现整体性，又是不均一的。按照系统理论，任何系统都是由要素及其之间的关系所构成的对立统一体，要素的结构及其要素之间的关系变化，形成系统的结构及其运动。任一要素或任一系统，都是在与其他要素或系统的联系中存在的，彼要素构成此要素的相对环境，彼系统构成此系统的相对环境。低层次系统在高层次系统中存在，高层次系统形成低层次系统的环境。而且多层次结构之间存在着某种程度的相似性，即分形。

8.1.3.3 涌现

系统各组成之间、不同层次的组成之间相互关联、相互制约，并有复杂的非线性的相互作用，相互作用也是多种多样的，并且它们也是相互作用的。相互作用开始时，将有微小变化，但系统能够在作用过程中产生自组织、自增强和自协调，并能产生出新的质，这种质变在复杂系统中叫做涌现（Emergence）。

8.1.3.4 开放性

系统与外部是相互关联、相互作用的，绝不是彼此隔离的，系统与外部环境是统一的，既相互竞争，又相互协同，共同发展。

8.1.3.5 高度的动力系统，而且导向有序化发展

系统是一个演化的系统，随着时间的发展而变化，通过系统内部和系统与环境之间的相互作用，不断地相互适应、协同，以及产生自组织作用，经过不同阶段和不同的过程，系统向更高级的有序化发展，并涌现出独特的整体行为与特征，即系统有自适应、自组织地趋向有序化的功能。

8.1.3.6 系统的演化过程是阶段性的，非线性的，有渐变也有突变

渐变是突变的基础，而突变则是从低层级到高层级的变化原因。突变是系统由一种阶段、一种状态、一种特征向另一种阶段、另一种状态、另一种性质演化的转折点。系统的演化是非线性的，非线性使得系统的短期行为具有可预测性，但长期行为具有不可预测性。

8.1.4 复杂系统与复杂性

随着系统科学的发展，人们逐渐认识到系统大于其组成部分之和，系统具有丰富的层次结构和功能结构；系统经常地与外界环境进行"三流"（物质流、信息流和能量流）的交换，从而处于不断发展变化之中；系统具有自组织能力，在远离平衡态的条件下也可以呈现出稳定的性质；确定性的系统在没有受到外界扰动的情况下也可以产生内随机性，这种内随机性叫做混沌，而随机性的系统却又有其内在的确定性，即突变。人们发现，许多系统的行为和特征分析远非线性理论所能胜任，系统表现出极复杂的行为特征，于是复杂系统的概念

也就应运而生了。

关于什么是复杂系统，如同复杂性一样，至今也没有一个统一的概念，许多科学家提出了种种不同的定义。有人认为复杂系统是具有多组分、多层次结构的系统，有人认为是具有多样性功能特征的系统，也有人认为是耦合度高的系统，还有人认为是有人参与的系统，等等。综合学者们关于复杂系统的各种理论，我们发现，一个能称为复杂系统的系统，其复杂性一般有以下几个方面的表现特征。

第一，系统具有多层次、多功能的结构，每一层次均成为构筑其上一层次的单元，同时也有助于系统的某一功能的实现，层次性是复杂系统的基本特点。一个系统内子系统之间是否存在层次结构是该系统是否复杂的主要标志之一。

第二，系统的各组成单元之间有着密切而广泛的联系，这些组成单元一起构成一个网络。因此每一单元的变化都会受到其他单元变化的影响，并会引起其他单元的变化，产生复杂的效应。并且系统的初始状态不同，各组成单元之间相互作用的模式也不同，最后产生的结果也不同。

第三，系统是一个学习型的组织，其组成部分具有某种程度的智能，系统在发展过程中能够不断地向外部环境学习，系统内部各智能团体互相学习，在学习中对系统的层次结构和功能结构进行重组和完善。

第四，系统是开放的，耗散的，它与环境有密切的联系，能与环境相互作用，并能不断向更好的适应环境的方向发展变化，成为一个具有适应性特征的系统，或者说，系统作为一种自组织状态是靠系统内外能量和物质的交换维持的。因此，为了维持系统的可持续发展，系统必须具有适应环境的特征。

第五，系统是动态的，处于不断的变化发展中，整体特性有时甚至突然或神秘地改变，呈现出多样性的非线性动力学特征，而且系统本身对未来的发展变化有一定的预测能力，但长期行为结果又是不可预测的。整体性能改变并不意味着一定有外力的作用，而且这种变化也包括系统中部分与整体的作用关系的变化。复杂系统的变化行为有很多不同的形态。

复杂系统最本质的特征是其组分具有某种程度的智能，即具有了解其所处环境，预测其变化，并按预定目标采取行动的能力，也就是复杂自适应能力，这样的系统称为复杂自适应系统（Complex Adaptive System，简称 CAS 系统），这种能力也是生物进化、技术革新、经济发展和社会进步的内在原因。

8.1.5 复杂性科学及其主要工具

8.1.5.1 复杂性科学

复杂性科学（Complexity Science）是以复杂性和复杂系统为研究对象的一门新兴学科，这些对象既包括生物系统、社会系统、经济系统、管理系统和自然系统，又包括物理系统、化学系统和人工智能系统等具有复杂性的系统。其研究不限于对客观事物的描述，而是更着重于揭示客观事物构成的原因及其演化的历程，并力图准确地预测其未来的发展。

复杂性科学的研究对象是复杂性及复杂系统。复杂性科学研究的基本方法，与其他学科相比，最大的特点是实现了四个方面的结合，具体表现为以下几个方面。

1. 定性分析与定量研究相结合

对于复杂系统来说，层次越少，层次越低，越基本，数量关系就越简单，对此，定量分析是有效的。但是，在相反的情况下，层次越高，数量关系就越复杂，此时，定量分析就不易奏效，而且往往还因为只抓住零散的、精确小数而丢失了影响全局的大数，这时定性分析却能以较简便的方法把握系统的本质。因此，对于复杂系统，人们可以通过定性分析建立系统总体及各子系统的概念类型，并尽可能将它们转化为数学模型，经求解或计算机模拟后得出定量的结论，然后再对这些结构进行定性的归纳，得出带有一般规律性的结论，以取得认识上的飞跃，形成解决问题的建议、方法或理论依据。为此，钱学森教授提出了"从定性到定量的综合集成研讨厅体系"的思想。

2. 微观分析与宏观综合相结合

微观分析的目的是了解系统的组元及其层次结构，而宏观综合的目的则是了解系统的功能结构及其形成过程。只有微观分析与宏观分析结合起来，才能完全、准确地把握系统的结构复杂性、功能复杂性、行为复杂性，以及其他复杂性内容。

3. 还原论与整体性相结合

复杂性科学不是对单一体进行研究（还原论），而是要对总体系统进行整合研究。还原论强调从局部机制和微观结构中寻求对宏观现象的说明，整体论强调系统内部各部分之间的相互关系和相互作用决定着系统的宏观性质。还原论和整体性是相结合的，如果没有对局部机制和微观结构的深刻了解，对系统整体的把握也难以具体化。复杂科学正是在深入了解系统个体的性质和行为的基础上，从个体之间的相互联系和作用中发现系统的整体性质和行为特征的。

4. 科学推理与哲学思辨相结合

科学理论是具有某种逻辑结构并经过一定实验检验的概念系统，但科学理论并不能涵盖所有科学研究对象的所有规律，往往有一些科学理论所无法说明的"反常"现象和"特例"事件出现。这时仅仅依靠科学推理和科学理论无济于事，还必须运用哲学思辨的力量，从个别和一般、必然性和偶然性等范畴，以及对立统一、否定之否定等规律来加以分析和阐释，这样才能较为全面、准确地揭示研究对象的规律。

8.1.5.2 复杂性科学研究的主要工具

根据我国著名管理学家成思危教授的分析，复杂性科学研究中的理论工具主要有如下一些方面。

1. 不确定条件下的决策技术

包括定性变量的量化、经验概率的确定、主观概率的改进、案例研究与先验信息的集成技术等。

2. 综合集成技术

包括系统的结构化、系统与环境的集成、人的经验与数据的集成、通过模型的集成和从定性到定量的综合集成等。

3. 整体优化技术

包括目标群及其优先顺序的确定、巨系统的优化策略（如：面向方程法、多层迭代法和并行搜索法）、优化算法（线性规划、动态规划和目标规划等）、离线优化与在线优化以及最优解与满意解的取得等。

4. 计算智能

包括演化计算（如遗传算法、演化策略和演化规划等）、人工神经系统和模糊系统等。

5. 非线性科学

包括混沌理论、分形理论、分岔与突变理论、孤子理论、稳定性理论和耗散理论等。

6. 数理逻辑

即数学化的形式逻辑，包括广义数理逻辑（模型论、公理集合论、证明论和递归论等）、多值逻辑、模态逻辑和归纳逻辑等。

7. 计算机模拟

如元胞自动机（Cellular Automate）、人工生命（Artificial Life）、竞争与合作（Cooperation）和 Swarm 模拟工具（Swarm Simulation Toolkit）等。

8. 综合集成研究厅体系（Hall for Work Shop of Metasynthetic Engineering，HWSME）

包括以计算机为核心的现代高新技术的集成与融合所构成的机器体系、专家体系和知识体系三个部分。

8.2 复杂性与管理

8.2.1 管理科学：面对复杂性的挑战

从 20 世纪初到现在，在经历了一百多年的发展之后，管理基本上完成了从经验到科学的革命，先后经历了泰勒的科学管理阶段、行为科学理论阶段、系统管理理论与权变管理理论阶段和管理科学理论阶段，现在正进入第五代管理阶段。我们在这里所讲的管理科学不是指以优化理论为主的狭义的管理科学，而是指从科学的角度来揭示管理的一般规律和方法的广义的管理科学。

但是，无论是从 20 世纪初到 30 年代的古典管理理论，30—60 年代的行为科学理论，70 年代的以战略管理为主的组织与环境关系研究，还是从 80 年代至今的企业重组、流程再造到全球化，以及知识经济时代的管理，无不是围绕着"优化"管理展开的。这种只见物不见人的"优化管理"在实践中屡屡失效，造成诸如资源浪费、计划不周、决策失误、市场混乱和组织失控等不良结果，这一切使得人们不敢轻易奢谈管理"优化"。不得不承认，管理科学正面临着来自各方面的复杂性的挑战，这些复杂性主要表现为：

① 由于不能完全了解直接影响管理对象行为的所有因素与信息而产生的各种不确定性；

② 由于管理系统的层次结构以及各个子系统所具有的不同的质所产生的复杂性；

③ 管理系统在宏观上表现出来的全局复杂性；

④ 管理系统各组分之间具有不可忽略的非线性相互作用所产生的复杂性；

⑤ 外部环境的变化对管理系统的作用所产生的复杂性；

⑥ 人的参与及人的关系所产生的复杂性，等等。

我们知道，任何纳入人的视野的管理系统，都是有人参与的、开放的、具有信息反馈功能的复杂系统。不管是行政管理系统、宏观的国民经济系统，还是微观的企业系统，其内部各个活动单位之间、各个基本活动要素之间，以及它们与环境条件之间都存在着错综复杂的、非线性的作用关系。人是管理系统的重要构成要素，人的意识在系统运行过程中起着重要作用，这些都导致了管理系统整体状态行为的多样性与动态复杂性。近一二十年来，新技术革命的不断涌现以及世界经济一体化的发展，使得整个工业基本结构发生了变革，这也加剧了不同类型的管理系统状态行为的复杂性。面对外部快速变化的政治、经济、文化、科技环境，如何科学预见管理系统演变的未来状态，如何采取有效的措施以达到预期的管理目标，是管理科学研究面临的重大课题。

但是，我们必须承认，如今的管理科学研究还往往是从复杂的现实世界中抽象出简单的关系和对象，或是运用诸如线性、均衡和优化这样简单的方法和思想来处理复杂的事物，把管理对象设定为简单的和线性的行为模式，即使是非线性的描述，往往也只是考虑稳定平衡的、周期的简单状态行为，将管理系统的不确定行为状态仅仅看做是由环境条件的改变或突发事件的冲击造成的，并把获得稳定平衡的行为状态作为管理所追求的目标，结果往往使得管理科学从"良好"的愿望出发，但却最终"失效"。在这样的思维定式下所产生的管理方式、方法已经不能圆满地解释或解决当今管理者们所遇到的许多复杂的管理问题。因此，管理科学需要新的范式，给面临复杂环境变化的管理系统和管理组织提供新的管理理论与方法，这种新的范式就是基于系统科学理论的复杂性管理。

传统的关于管理系统分析的主要内容如下。

① 系统活动可以被看成由若干个活动要素组成，一个活动要素可以由其他活动要素替代。比如某一产品的生产过程，可以看成是由采购、加工、装配等活动构成，人的工作可以由能完成相同任务的机器所代替。

② 管理系统内部各要素之间存在简单的线性关系，而不是非线性关系，将所有要素加到一起，便得到系统整体，将各要素的性质和规律汇总在一起，便得到系统整体的特性和功能。因此，只要把握住各要素的特性和功能，以及各要素之间的相互联系，就可以得到整体的功能，割裂各要素间的联系来研究各要素及整体并不会最终影响整体的性质。解决了各个要素的问题，也就相当于解决了整体的问题。

③ 任何管理系统的活动都是可以重复和可逆的，在保持系统要素结构关系不变的情况下，相同的管理活动可以得到同样的管理绩效。因此，可以从系统的过去推断系统的未来。

基于系统科学理论的复杂性管理的主要内容如下。

① 任何管理系统都是一个复杂系统，具有层次性。各局部层次与整体存在着自相似性。不能用各子系统独立的性质和规律来解释系统宏观整体的性质和规律，系统整体具有各子系统所不具备的性质和功能。子系统的功能叠加绝不等于系统整体的功能。

② 系统内部各要素之间以及它们与环境条件之间存在着复杂的非线性作用关系，外部环境影响管理系统，管理系统也影响外部环境。环境对系统的影响是长期的，绝不是突发的、偶然的。系统的整体结构具有复杂性，各层次要素之间的关系也是复杂的、非线性的。

③ 系统的进化有着产生、发展、消亡的历史过程，这一过程是不可逆的。系统进化的目标在于实现系统功能的优化，而不是局部的优化，并以是否实现系统功能的优化作为评价系

统内部要素及其运行合理性的标准。

8.2.2 管理：面对系统结构的复杂性

管理系统结构所引起的复杂性对管理科学的挑战极大。

8.2.2.1 管理系统在空间上具有层次性

如企业有厂部、职能科室、车间和班组，管理组织有决策层、控制层、执行层和操作层，国家有中央、省、市、县、乡、镇。每一个层次上都有各自的决策者，并在一定的范围内行使决策权，这种决策关系被称为主从递阶决策，它最初由 Von Stackelberg 于 20 世纪 50 年代初在研究市场经济问题时提出。在这种主从递阶决策关系中，由于上层对下层有某种控制、引导权，下一层次对上一层次又有很大的反向制约，二者之间有着多种互动的作用。因此，即使能够针对每个层次的决策问题设计出"最优"方案，也还需要通过上下层次之间的协调方能得到一个各个层次都认可的，能够体现彼此间利益的，全局最优的方案。至于说上、下层次间不仅没有协同，相反却有多种竞争与博弈的管理决策情况，问题就更加复杂了。事实上，在一个管理系统中，每一个层次均按照其结构的性质实现它自身利益的最大化；但是，由于各个层次的利益通常并不一致，这种层次之间的利益协调就成为管理系统复杂性的本质问题之一。

然而，目前在我们的管理模型中，这种"空间结构"问题并没有得到重视和反映。例如，我们常常用简单的线性加权平均的方法来获得全国的某一宏观经济指标，这样我们就忽略了不同地区的空间结构，假设整个经济系统是一个均匀平衡系统，这样就把一个复杂的经济系统从方法研究上简单化了，最终得到的结论也就缺乏客观性和真实性了。

8.2.2.2 管理系统具有时间上的结构

这种时间结构不是指管理变量随时间的动态性，而是指不同管理变量与指标在时间尺度上的"耦合性"。例如，对社会经济系统，既有具体的管理问题，也有具体的控制问题，在一个短时间内的，某种具体的管理与控制方案所解决的就是这样的问题。但这些短时间内的管理方案，相对于长的时间尺度或长时间系统演化则成为了指标，如我们平常所讲的经济与社会的"协调"、"可持续发展"等，这些都是较长时间意义下，甚至是在系统演化意义下的管理问题。对于这类具有"时间结构"的管理问题，我们的难点在于如何通过事实上的一个具体"优化"管理方案的累计来"逼近"协调与可持续发展，因为这种逼近未必总是能够实现的。像人类经济与社会这样复杂系统的运行轨道在演化、发展的意义下，未必都能够像简单的控制系统那样，被分解成一个可预测且有可达性的递推过程，如果是这样，则系统的不可逆性、对路径的依赖性等，都可以使整个管理系统演化为"非协调"或"非可持续发展"的状态。

8.2.2.3 时空复杂行为的 CML 模型

为了研究这种具有时空结构所产生的复杂行为的系统，日本学者金子邦彦于 1983 年提出了耦合映像格子模型（Coupled Map Lattice，CML）。

CML 模型是一个时间、空间离散，状态连续的动力学系统。它的特点在于，它是根据研究对象的宏观物理性质，拓扑结构和维数在一个具有很多网格点的网上选取一些状态变量，将影响系统发展过程的量分解成一系列相对独立的分量，如对流、扩散、反应等，同时用网格上简单的并行动力学过程来表达每个独立过程的演化，则整个系统所产生的时空复杂行为就是这些独立过程相互协同和竞争的结果。

理论研究和计算机试验表明，CML 模型在分析和研究具有时空演化的复杂系统方面具有独特的作用，已在管理科学和经济学中得到广泛的应用。

8.2.3 管理：面对非线性和混沌

复杂性和系统各组成成分之间的非线性相互作用有着密切的联系，非线性带来不稳定和对初始条件的敏感依赖是管理世界复杂性的根源之一。

绝大多数的管理系统本质上是非线性的反馈系统，非线性意味着无穷的多样性、差异性、可变性、非均匀性、奇异性和创新性。

非线性的管理系统中存在着各种形式的相关作用。管理系统内部各层次之间以及它们与外部环境之间的关系通常都是非线性的，存在着正反馈、负反馈和正、负反馈复合而成的反馈环。正、负反馈的共同作用使得管理者常常不知道管理系统最终的输出结果并且也不能控制系统，从而导致整个管理对象的行为具有不确定性和不可逆性，系统演化的过程具有动态不平衡性，管理的复杂性程度显著增加。

非线性与线性之间有着本质的差别，线性关系满足叠加原理，但非线性不满足这一原理。对于一个线性管理系统来说，各层次的"优化"管理方案叠加起来就构成了整个系统的"优化"管理方案。而对于一个非线性的管理系统来说，必须从整体上考虑其管理行为，不能指望仅仅用简单的线性模型来近似或迭代，此时，一个从局部来说合理的决策，由于整个系统中存在着模糊、不完全、延迟、突变、分岔等非线性行为特征，有可能从整体而言，是一个失效的管理决策方案。

非线性的管理系统不仅能产生稳定平衡的、周期的和不稳定发散的三种动态行为，而且还能产生混沌行为，具有分形特征。混沌最典型的特征是对初始条件具有极度的敏感性，简称"蝴蝶效应"。"蝴蝶效应"表明，当非线性系统处于产生混沌行为的条件下时，系统的线性近似所反映的系统状态就面目全非了，这时管理中隐藏着巨大的"复杂性"危险，稍有不慎就将导致管理行为的失效。

8.2.4 管理：面对信息不对称、不完全和非理性的挑战

信息不对称是指市场交易双方对某一事物所掌握的信息不一样，在信息的量和质上存在着差异。即一方知道了另一方不知道的一些信息。信息不完全是指交易双方都不可能获取某一事物的所有信息，即都只了解某一事物的部分信息。信息的不对称、不完全形成了管理决策的不确定性。

譬如，随着人们的消费需求越来越向个性化、差异化方向发展，企业的生产和管理模式也要由大规模生产向大规模定制方向转换。但是这种个性化的需求必须明确具体：是什么样的个性化需求？何时需要这种个性化需求？需要多少？哪些地方需要？否则就会增加企业管理决策的难度和风险。

此外，管理中最主要，也是最困难的部分是对人的管理。人本身是一个理性与非理性的结合体，即人除了有判断、逻辑等理性的一面之外，还有诸如情感、需要、欲望等非理性的

一面。在管理过程中，员工个性的好恶、管理者的情绪、人的趋利性、员工对企业的认同程度等许多非理性的因素都会给管理带来复杂性，因为人的理性、有限理性及非理性都是极其复杂的，尤其是有限理性与非理性本身就是复杂性产生的重要源泉。实践表明，在一定条件下，人群的思维方式、文化传统、价值取向、道德标准、制度偏好等文化心理特征表现出比资本、人力资源、技术要素更为强大的作用。

8.2.5 管理复杂性与复杂性管理

8.2.5.1 管理复杂性

管理是依据管理组织所面对的环境，通过计划、组织、指挥、协调和控制等行为活动，对组织所拥有的资源进行有效配置，从而实现组织的既定目标的动态创造性活动。

管理本身是一个复杂的体系，它涉及许多的要素，不仅要管理人、财、物，还要注意国家政策的调整、竞争对手的挑战、消费者需求的变化，以及社会文化、风俗习惯等外部环境的变化，这些因素中任何一方面出了差错都可能会导致企业的失败。因此，管理的复杂性，就是指由于管理所针对的具体对象、所实施的时空条件、所采取的管理工具和管理手段，以及产生的结果本身所具有的复杂性、不确定性，而给管理工作增加的难度和风险。它表现为管理系统的结构复杂、要素复杂、非平衡态复杂、过程复杂、功能复杂、非线性复杂、关系复杂、内部不确定性、系统的组分具有一定程度的智能、开放环境的复杂、外部不确定性、管理模型复杂等等。这些内容我们在上面的论述中已经讲得比较清楚了。

管理的复杂性告诉我们，必须审慎对待管理中的每一个问题，每一个过程，每一个关系，否则就可能导致管理的无效。

8.2.5.2 复杂性管理

揭示管理复杂性的目的不仅仅在于认识管理中的复杂性问题，而在于把复杂性理论引入管理，把管理中的复杂性作为复杂性来对待，即实施复杂性管理。

复杂性管理的具体涵义大体上有两个方面：一是把管理对象看做是一个复杂的适应系统，依据复杂适应系统理论，研究管理系统中诸多相互独立的主体怎样相互作用形成一个有机整体或功能组织，又是如何在变化的条件下既保持自身的连贯性、同一性和目标，又表现出分化、涌现等复杂的演化过程和发展能力的。所谓复杂自适应系统，指的是具有以下特点的系统：①系统由许多并行的主体组成，每个主体并不完全一样；②系统具有多层次的结构；③主体能在一定程度上预期未来，具有智能性和自适应性；④每个主体会和其他"主体"或者环境相互作用获取信息；⑤每个主体通常只能获取局部信息；⑥系统具有涌现的特征。二是把复杂性理论和方法应用于管理实践，用复杂性理论的思想和研究工具，来处理管理中的复杂性。所以，有时又把复杂性管理称为"以复杂性为基础的管理方法"。

复杂性管理与一般管理理论相比，具有以下几个方面的基本特点。

1. 整体性

世界、社会、经济系统是一个如同生命体一样的有机体，个体行为不是孤立的，而是以复杂的方式相互作用、相互影响的，整个管理系统不是一台机器，不可将其行为像机械部件一样解剖成可以处理的片断加以思考，然后进行拼凑、整合，而是要从整体性出发，在保证系统整体性特征的前提下，深入研究系统局部或个体的行为特征，但研究微观或局部的根本仍是满足系统整体性研究的需要，不能因为局部而影响整体性质的把握。

2. 系统思考

系统思考即整体性思考，不是"拆零式"思考。研究整体并不意味着所有的问题都能以观察整个组织而获得把握。有些问题只能靠研究主要机能怎样互动去考察，有些问题的核心决定因素来自某个特别的机能领域，还有些问题，必须研究整个系统中各组成部分的互动力量。因此，系统思考需要灵活性，其中一条重要原则就是：我们需要研究的互动因素，应是那些与要解决的问题相关的因素，而不以组织或系统中因功能而划分的人为界限为出发点。

3. 隐喻方法

复杂性理论的基本观点是整体性、系统性、非线性，每个局部都是相互锁定的网络的一部分，不可能通过将它们分解为既定系统或不同方面而完整地描述。在研究整体性，又不能用分割的方法破坏整体性时，一个有效的研究方法就是隐喻（Metaphor），用隐喻来理解和表述复杂性。复杂性理论中的隐喻非常丰富，如适应性地形、自组织、涌现、吸引子、混沌的边缘、自组织的临界值和报酬递增等。复杂性理论所提供的最重要的隐喻之一就是混沌的边缘概念，活的系统处在其稳定和不稳定的夹缝中，并且处于最活跃和最有效率的状态，即平衡于"混沌的边缘"，在这种状态下系统的作用者可以最大范围地利用产出可能的关系且相互交换的信息最大。

此外，一个复杂系统往往由显性符号系统和隐性符号系统构成。显性符号构成的规则支配着系统当前现实的显性活动，促进当前基本任务的实现。隐性符号系统不受显性符号系统驱使，它是指系统中的主体所具有的并非现在就用来处理外部事务的所有思想和行为，这个系统构成了思索、梦想、想像、比喻、类比、幻想、信奉的理论、神秘以及外部现实对象的内在表象。隐性符号系统控制着个人在行动中以及在思辨的探索性对话中与其他个体资产的内部活动，这种活动是一种学习过程，它构成了创新。创新要求显性模式发生变化，带来显性符号系统的不断变化和行为的渐进变化。因此，运用隐性模式，即隐喻，来阐明系统整体的显性意义及创新的可能性，已成为复杂系统管理者的基本工作。

4. 学习与适应

管理系统大都是复杂适应系统，适应性系统的最大特征是内设了学习算法——向环境学习和从"历史"中学习，能够对变化的环境作出灵活反应，通过持续的动态调整和重组适应环境，并把环境变得对自己有利。通过向环境学习和从"历史"中学习，并通过各种反馈机制，在最适合的状态中稳定下来或者向更好的组织状态进化，具有这种学习和适应性特征的有效组织结构就是"学习型组织"。

5. 悖论式领导和创造性张力

所谓悖论式领导是指在管理中，组织的领导者要给组织管理以方向，但却是非指令性的；要有权威性，但又不能是控制式的；要有很强的影响，但又是开放式的；未来是不确定性的，但对此又是清晰的，等等。所谓创造性张力，是指管理组织中的每一个成员依托组织提供的良好组织结构、组织文化，管理模式所产生的一种超越自我的动力和愿望。悖论式领导的核心是宏观管住，微观搞活；创造性张力则是微观搞活的保障。悖论式领导和创造性张力是复杂系统开放性、非线性、动态性要求的体现。

8.3 复杂性管理的主要内容

复杂性科学是一门正在形成的科学，还只是一系列思想的集合，还没有现成的、成熟的理论框架，但这并不妨碍其理论的应用价值。复杂科学应用的范围很广，目前已涉及工程、生物、经济、管理、军事、政治、社会等各个方面。运用复杂科学研究管理，有助于从新的视角出发进行思考，提出具有新意的观点，这无疑将对经济的协调发展、管理创新和社会、企业组织的变革与进步产生深刻的影响。把复杂性思想引入管理，既是当今经济和社会发展的需要，也是当代管理科学理论和实践发展的必然要求。

8.3.1 复杂性与组织管理

在我们的社会生活中，组织是最为常见的社会系统，大到国家、小到家庭，无论是正式团体还是民间社团，都是组织的不同表现形式。

组织是管理的载体和对象，一方面管理思想或者理念需要通过组织加以落实、执行；另一方面，以组织体系为主要形式的等级链不但要将管理思想从高层传递到基层，而且还要将各类反馈信息经过逐级筛选、分析、汇总加工从基层传递到高层。因此，组织管理在管理理论中处于极其重要的位置。

就传统的组织管理而言，其目的主要有两个：一是使组织成员的目标一致；二是最大限度地提高组织的运作效率。这种目的决定了传统组织管理的重点在于控制，组织决策由高层作出，员工被要求正确无误地执行决策，组织的实力在于其凝聚力，组织中指挥与控制的等级结构确立并增强这种凝聚力。为了保证组织管理目标的实现，组织的结构大都采取层级式、职能制的模式。这种模式将组织的动态复杂问题近似为静态问题，将非线性问题转化为线性问题，将组织整体切割成小部门，由这些早已按管理者主观意志切割好的独立部门去处理组织运行中的各种问题。这种组织结构形态，其效应功能的实现很大程度上依赖于一个隐含条件，即环境比较稳定、组织高层有足够的信息和能力对环境变化作出正确的反映，也就是外部内部环境都呈现出线性的、简单的、确定的行为特征，没有突发的事件或变故。

但是，随着信息技术的飞速发展，组织面临的环境有了极大的变化，呈现出越来越复杂的状态。从内部来看，组织系统是一个多维、多层次和多目标的系统。多维是指技术维、管理维、信息维、文化维等；多层次是指高层、中层和基层；多目标则反映组织宗旨与任务的多样性。组织系统由众多的要素和不同层次组成，各要素、不同层次子系统的相互作用和综合效应具有非线性关系，组织多种目标及达成不同目标的要素、手段之间往往存在着差异性和矛盾性。同时，组织系统是一种人机系统，它是由人建造和运作的。人是组织最基本、最重要的要素，而人是有需求、有动机、有意志的，人的思想和行为具有差异性、偏好性和不确定性，由人组成的组织，其内部必然产生复杂的人际关系。在组织中，人的利益机制具有非常重要的作用，个人利益与企业利益、短期利益和长期利益既有同一性，又有差异性，有时候是很难协调的。

从外部来看，组织处在经济全球化、科学技术迅速发展、信息化、网络化、数字化突飞猛进和企业、国家、区域之间既竞争又合作的复杂多变的环境中，这种环境的复杂性来源于多个方面，包括：市场环境的多样性、时变性和不确定性，比如产品的生命周期越来越短，消费者的个性化需求越来越突出、竞争的形式和程度越来越广泛等；体制、政策、法律环境的多样性、不完备性和不确定性，如可持续发展的社会要求、环境保护立法、市场体制的转轨等；科技环境、信息环境的多样性、时变性和不确定性，如信息技术的突飞猛进、电子商务的涌现等；地理环境、资源环境的局限性等。

环境变化的这些复杂性特征可以用一个矩阵模型概括，如表 8-1 所示。

表 8-1　稳定性—动态性

复杂性—复杂性	单元一	稳定的和不可预测的环境，环境因素多，彼此间异质，信息分布均匀，线性结构—行为—绩效，对环境变动及其特征的自知之明要求高	单元三	动态的和不可预测的环境，环境因素少，异质且处于连续的变化过程中，信息非均匀分布，高强度竞争，非线性结构—行为—绩效，对环境变动及其特征自知之明要求高
	单元二	稳定的和可预测的环境，环境要素少，同质，相对不同环境变动及其特征的自知之明要求低	单元四	动态的但可预测的环境，环境因素多，同质、处于不连续的变化过程中，信息分布不均匀，非程序化，非线性结构—行为—绩效，对环境变动及其特征自知之明要求低

一方面，传统的组织管理者把组织看做是一个机械的、线性的、有简单因果关系及可以预测的构架和系统；另一方面，在复杂环境变化之下，这种管理模式的屡屡失效，或不尽如人意。既然组织系统及其内、外部环境都是复杂的系统，因此把复杂性理论引入组织管理，实现组织的复杂性管理，使组织系统成为一个复杂适应性系统，不断适应变化的环境需要，也就成为了组织管理发展的重要趋势。

根据复杂性理论，呈复杂形态的组织只有不断适应变化的环境，具有适应性，成为一个适应性组织才具有生命力。所谓具有适应性，就是指组织系统能够与环境以及其他系统进行交互作用。组织在这种持续不断的交互作用的过程中，不断地"学习"或"积累经验"，根据学到的经验改变自身的结构和行为方式。整个组织系统宏观层次的演变或进化，包括新层次的产生、分化和多样性的出现等，都在这种适应性过程中发生。因此，灵活性、适应性、应对能力、学习能力和快速革新能力被认为是在快速变革的复杂环境中最佳组织结构的要素，这种组织就是学习型组织，即一种拥有知识并能对知识进行管理和运用的组织。

在复杂的环境状态下，一个组织是否具有良好的学习能力是其能否动态地适应环境变化的重要指标。学习型组织最典型的特征，在于它能根据复杂变化的和不确定的环境要求，通过与外界交流信息、物质和能量等学习方式，改变组织的结构以增强适应性、灵活性和反应性，改变管理模式，不断调动和发挥每一个主体的积极性、主动性和创造性，使组织在与环境的竞争中合作，在合作中不断竞争。因此，一个学习型组织从复杂性管理的角度来看，一般具有如下一些特征。

第一，设计了新型的组织结构和发展战略，具有高度的适应性，能对内、外部环境的变化作出迅速的反应。

第二，人是知识的载体，充分发挥每一个人的能动性和创造性。组织内部成员之间相互密切联系，管理者与一般员工之间具有较少的管理层次。实行"自主管理"，个人具有自治性。根据每个人创造价值的大小确定报酬，使报酬制度具有激励性。

第三，组织内、外部之间相互联系、相互作用。承认周围环境的不断变化是不可避免的，视这些变化是可以利用的资源。对组织内部的所有过程不断进行改善，"忘掉"旧知识，充实新知识。

第四，具有总体方向意识，每个人都能理解一个组织作为系统的整体思想，个人的观念、目标与组织的观念、目标能较好地协调起来。

第五，组织的研究与开发工作超前于时代，致力于产品创新、管理创新、组织结构创新等创新工作，把握生存和发展的主动权。

第六，为顺应环境变化及复杂性的要求，学习型组织在现代组织管理中的表现形式不断增多。流程再造、虚拟企业、供应链与物流管理、大规模定制生产组织、并行工程等都是学习型组织的具体表现形式。

复杂适应性理论给我们在组织管理上的启示，除了要建立学习型组织外，还有以下几个方面。

第一，管理者由注重对组织中每一个成员的"管"和"控"转变为注重"变"，将工作重点转移到适应调整和变革上来，研究如何适应变化，如何调整内部结构关系，采取什么样的组织形式。

第二，建立"自由化"、自组织的组织结构关系，改变原有组织内部门与部门之间、单位与单位之间、个人与个人之间严密的上下级关系、指挥与执行命令的关系，使每一个个体自主能动地处理各自面临的问题，发挥他们各自的潜能，这些潜能的综合构成整个组织巨大的生命力。

第三，培养优秀的组织文化，包括优秀的信念、价值观和一套对付一切变化的原则。这些内容的文化一旦形成，组织发展也就拥有了一种"吸引子"，一切组织行为就会有意识或无意识地围绕其运转起来，形成一种向前发展的力量。但组织文化也不是一成不变的，随着环境条件的变化，管理者需要对已经形成的文化进行调整，形成新的"吸引子"。

第四，注重组织整体与部分的共同进化。在组织的发展过程中，组织的每个部分都会与其他的部分相互作用和影响，从而激发了部分之间的共同进化。更重要的是，这种共同进化过程应该发生在部分和整体之间。正如"一部分人先富起来"只是我国改革开放进程中部分社会组织的进化结果，并不是改革开放社会发展的最终目标，"所有的人都富起来"才是社会组织整体进化的结果，才是改革开放的根本目的。

第五，注重组织的超级进化。超级进化是指，除了组织的部分和整体在进化之外，进化过程和进化规则本身也在进化，因而一个公司、市场或社会的规则在不断进化。比尔·盖茨和大多数世界上杰出的企业家不仅在应对现有的市场挑战，即来自一个规则已经建立起来的市场的挑战，还在应对其正在创造的新市场的新规则。仅仅通过学习可能取胜的规则并跟随、遵从、利用它们来取得优势的时代已经结束了。

第六，创造产生组织凝聚的能力。组织的凝聚能力来源于组织微观层次（个体）的努力。正是每一个个体富有吸引力的愿望，以及用富有激情的努力、梦想成真的追求使得人们团结在他的周围，通过他的能力产生凝聚，并自组织地涌现出组织整体的凝聚力。因此在组织中，调动每一个个体的主动性、创造性，实行"以人为本"的民主化管理、建立扁平式的组织结构，是产生组织整体凝聚力的主要条件。在组织的凝聚力问题上，重要的不是组织的集体力量，而是个人产生凝聚的能力，因为没有个人的凝聚能力，也就没有集体的凝聚力。

综合以上分析，我们发现与传统的组织管理相比，复杂性组织管理具有更多的新思想，二者的显著区别如表 8-2 所示。

表 8-2 传统的组织管理与复杂性组织管理的区别

传统组织管理	复杂性组织管理
相对刻板的结构	不断演化的结构
认为存在一种最正确的组织方式	根据不同环境应当有不同的组织方式
严格定义组织边界	分形变换的边界
严格定义成员资格和上下级等级	成员间有不同的联系方式、网络结构
集中全盘控制、直接指导雇员	允许存在自组织行为、给自治的个体和团队赋予权力和能力，以增强创造力
要么竞争，要么合作	竞争中合作、合作中竞争
有序地管理变化	在组织内创造组分可自我调整变化的空间
着重战略计划、努力实现特定目标	系统演化设计、创造演化的未来远景，注重演化竞争力

8.3.2 复杂性理论与企业系统的并行进化

传统的企业在进行内部组织设计时，原则是按照职能分工，使物质流和信息流严格地在职能部门之间流动；外部环境对企业的影响以及企业对环境的适应都通过与外部环境联结的"投入"、"产出"职能部门的传递才能得以实现。这种整形设计导致组织内部各种制度僵化，整个结构缺乏弹性，不能随着外界环境的变化而表现出灵活性。

系统管理理论认为，企业内部与外部隔离的目的是抑制企业内部对外部变化的过分反应，使企业内部不至于变化得太快以致使组织失去平衡，因此在强调适应性的同时还要强调维持性。

在复杂性理论看来，追求组织结构的平衡是不现实的徒劳、是牛顿力学范式对管理理论影响的体现。因为维持系统平衡的所谓维系力是一种保守的力量，其作用在于防止失衡现象的发生，过分注重维系力会使组织崩溃，因为此时由于专注于维持企业的平衡态，忽视外部变化的环境，企业变成一个封闭的系统，最终将由于无法应对外在形势的变化而走向毁灭。然而现在许多企业推崇的适应环境变化的哲学是：当环境变化时，企业调整经营目标和经营策略，进而调整企业内部结构及职责的分配，以达到适应外部变化的目的，企业系统这一变革过程遵循的是环境作用—战略调整—结构变化这样的路径模式，简称 ESS 模式。

企业系统变革的 ESS 模式，是对企业系统简单化的结果，也是集权管理模式的要求，它认为企业内部诸要素之间，以及它们与环境之间的关系是直接的、线性的、可控制的，显然这与企业系统实际的情况是完全不相符的。按照这种进化模式，当外部环境发生快速变化时，企业系统 ESS 模式下的那种自上而下的串行结构根本适应不了，企业的经营目标、经营策略乃至企业内部的组织结构、职责划分的调整，都会因为时间的延迟而不具有时效性，结果是时过境迁、徒劳无益，因此这种适应是一种被动的适应过程。

复杂适应性系统理论认为，系统的生存与发展在于其对外部环境的开放程度与适应外部环境变化的能力，而按照职能划分的企业组织结构和按照层次划分的管理系统，缺乏符合系统发展的这两个基本条件。但是，如果消除企业系统内部不同层次之间的边界，使得企业管理系统的不同层次都能同等地面对环境，相互并行地协调并适应环境变动中出现的各种情况，就能增加企业系统的开放程度，提高企业系统适应环境变化的能力。于是，依据复杂适应性系统理论，我们就可以提出一种新的企业系统变革模式，它的路径为环境作用—并行适应—战略调整—结构调整，简称 EPSS 模式。EPSS 模式，就是当外部环境发生变化时，企业内部各组织单位同时作出反应，企业管理部门根据已有的各组织单位适应变化的状况，对战略作出调整，进而调整企业内部的组织结构和职责分工。

在 EPSS 模式中，并行适应是由一种称作并行工程的过程来实现的。所谓并行工程，是指集成地、并行地设计产品及其相关的各个过程（包括制造过程和支持过程）的系统方法。这种方法要求产品开发人员从设计一开始就考虑产品整个生命周期中从概念形成到产品报废处理的所有因素，包括质量、成本、计划施行和用户的要求。

根据这一定义，并行工程的具体做法是依据外部环境的要求，组织跨部门、多学科的开发小组，在一起并行协同工作，对产品设计、工艺、制造等上下游各方面进行同时考虑和并行交叉设计，及时地交流信息，使各种问题尽早暴露，并共同加以解决，用图 8-1 表示为：

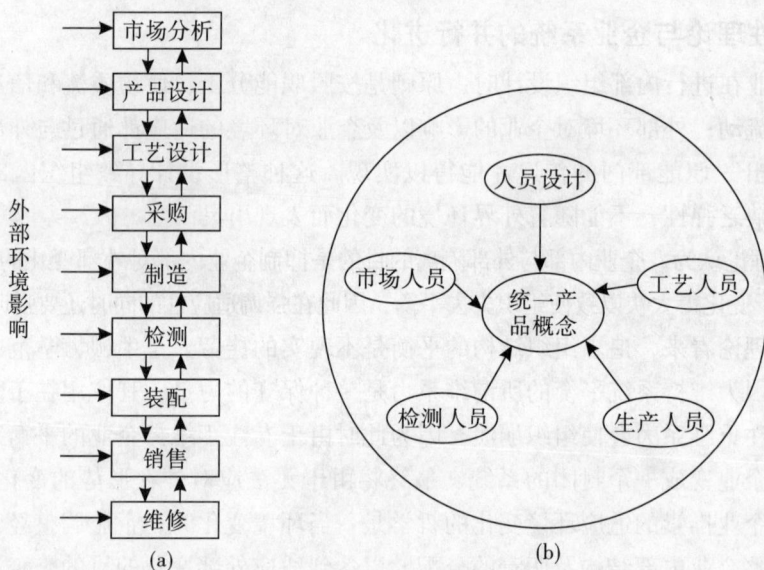

图 8-1　并行工程

并行工程包含着丰富的复杂适应性思想，发展至今并行理念已大大超越了产品开发的范畴，并行计算机、并行组织、并行管理、并行开发等并行模式不断涌现，为复杂管理系统的进化和管理提供了卓有成效的方式和途径。

8.3.3 制度系统演化效率的复杂性分析

制度是指"人与人之间关系的某种契约形式或契约关系"，是为决定人们的相互关系而人为设定的一些行为规则，这些规则涉及社会、政治及经济行为，它限制和确定了人们的选择集合。若干项制度的集合构成一个制度系统。制度产生的根本原因，是降低各种活动中的交易成本、提高效率。一项制度安排产生后，经过一段时间的实践，由于内、外部条件的变化，往往会产生变动，即发生制度的变迁，它是一种制度间的替代、转换和交换过程。制度变迁用系统学语言表述，就是制度系统的演化，由一种系统状态演变为另一种系统状态。它是通过复杂的规则、标准和实施的边际调整实现的，其本质是利益与利益的再分配，利益格局的重新调整。

制度系统的演化取决于信息完全的程度、人的偏好、技术环境的变化、新的赢利机会出现等因素。依据比较制度分析理论，经济过程是一个复杂的系统，具有复杂性、协调性、妥协性，在此状态下，经济主体要想清楚地权衡自己所面临的所有利害关系，并选择最佳的行动和制度安排，几乎是不可能的，因为其只有有限理性。这种由有限理性及经济活动的复杂性所决定的制度系统也就成为一个复杂系统，它可以产生诸如混沌、分形、突变、协同等复杂行为。比如一项具体制度安排的产生，往往是由微小的偶然事件或机制引起的，这就是一种对初始条件敏感的正反馈现象。制度系统演化的结果，是一项新的制度安排的产生，这是一个博弈过程，也是一个达成一致的适应性过程。

此外，制度系统作为一个复杂系统在演化过程中存在着复杂的适应性特征。制度系统的演化本身就是在适应变化的复杂环境的条件中进行的，这是制度系统演化的外部动力机制，而适应新的赢利机会的出现，降低各种有形与无形的交易成本，是其演化的内部动力机制。构成制度系统的各种制度要素不是孤立的，而是相互作用、彼此适应的。一旦某种有效的制度形式出现，就要求其他制度形式与之相适应，以便使整个制度系统和谐有效地运作。即便是整个制度系统在演化的过程中出现一定的断裂层，在适应性特征的作用下，各项制度仍能呈现出某些程度的互补性，使整个系统在演化过程中呈现出自组织能力和协同能力。根据复杂适应系统理论，适应性造就复杂性。这种适应性既包括整个系统与外部环境的适应性，也包括系统内部各个层次之间的适应性，还包括各个层次内部各主体之间的适应性。各个层次的制度在彼此适应的过程中不断地"学习"，并且依据学到的经验改变自身的结构和行为方式，从而涌现出新的、更为复杂的制度结构，整个制度系统在演化过程中也就表现出复杂的适应性特征。

在经济学分析中，稀缺生产要素的重新配置可能产生配置效率，制度作为稀缺性生产要素，其配置也存在着配置效率。与此相类似，制度间的替代、转换过程和交换过程使组织在对内、外部环境的适应中具有了适应效率。因此，考虑制度系统的复杂性演化就必然要涉及制度的演化效率，即配置效率和适应效率，这是制度系统演化分析的根本目的。

上述分析对于我们在制度创新与制度演变过程中正确把握制度创新的方向和路径、进行制度创新的选择具有重要意义。

1. 最优的相对性

制度的演进过程中，很难说哪种制度选择是最优的，最有效率的制度是由于复杂的环境条件变化而产生的，它最多不过是局部意义上的最合适的制度，我们不能够任意扩大或夸大它的价值，也不能简单地偏好于某一种制度安排，否则就是用确定性的线性思维来解决不确定性的非线性问题，把复杂性问题简单化。

2. 分岔

制度系统在演进过程中存在着分岔和路径依赖现象，如何分岔，什么时候分岔是随机的。制度分岔一旦发生，即使不同企业随后面临同一技术和市场环境，它们整体性的制度安排仍然可能会相差甚远，因此，制度分岔是实现制度创新的有效方式和途径，但创新的结果却可能是低效率的。制度系统一旦进入"路径依赖"轨道，就会产生自增强的正反馈状态，需要采用巨大的力量才能让它走出"泥潭"，这是制度演化的惯性作用。这种惯性同样也没有效率的好、坏之分，因为新制度的设计可能被锁定在由次优或不优状态所组成的低效率或无效率状态。

3. 效率

由适应所产生的制度安排未必就是有效率的，适应效率来自于有效的制度。制度系统在演化的过程中所达到的任何一个均衡的状态，都是一种制度安排的体现，都是各制度主体依据自己的偏好，通过博弈和对环境的适应而达成一致的结果。但这种达成一致却可能是没有效率的，所谓"上有政策，下有对策"，反映出的也是这种演化的低效率情况。这样就提出了如下一个问题：用什么标准、什么途径来识别适应性制度的效率？制度系统演化过程中的难点，就在于识别这种缺乏效率的制度状态，因为我们常常会把一个缺乏效率的但又是在适应中形成的制度当做有效的制度安排加以接受，对于这些问题制度经济学并没有深入分析。制度经济学所分析的制度适应隐含着这样一个假设，即制度对内、外部环境的适应都是为了改善和提高经济及管理系统的运行效率，促进经济的发展，存在着正的制度适应效率。显然，这种分析是不完善的，只考虑了问题的一个方面。

4. 适应性

制度系统作为一个整体，其内部的各项制度要素之间必须是彼此适应的、互容的、协同的，具有适应性。具有适应性的制度系统在演化时因为各自初期条件的不同而具有不同的演化轨迹，有可能最终形成不同的均衡状况，这是制度系统演化过程中由于正反馈效应所产生的自增强现象。正反馈机制实际上是一种学习机制，存在着大量的模仿、从众、适应等学习过程，因此，制度的演化效率可以从学习型组织的角度加以分析。制度系统按照"发现→判断→选择→变化"的循环模式，利用正负反馈、单双循环学习来促进制度的运动，提高演化效率。这里的问题是，什么样的制度应该是协同的，什么力量左右制度系统采取正、负反馈学习。比如在一个制度系统中，有些制度要素是根本的，有些则是表层性的，有些影响是广泛而持久的，有些却是局部和短期的；有些是无弹性的，而有些则是有弹性的，甚至有些是高弹性的，如何区分具有这些不同特征的制度要素，这本身又是一个复杂性问题。

思考题

1. 什么是复杂性及复杂系统？复杂性的来源主要体现在哪些方面？
2. 什么是复杂科学？复杂科学研究的主要工具有哪些？
3. 管理科学面临着哪些复杂性的挑战？
4. 复杂性管理的特点是什么？传统管理与复杂性管理的差异表现在哪里？

第 9 章
混沌与分形管理理论

本章要点

- 混沌的概念和特征
- 混沌理论的理论体系
- 混沌理论的要点
- 分形理论及其基本思想
- 分形与混沌的关系
- 分形理论的价值
- 混沌理论及其在管理中的应用
- 分形企业与分形管理
- 分形理论与经济系统的分形

作为复杂性科学理论之一的混沌与分形理论，对自然界和社会生活有着与传统科学不同的思想、研究方法，解决与说明了一些应用传统科学所不能解决与说明的问题和现象。管理科学是伴随着自然科学的发展而发展的，是自然科学与社会科学交叉的产物，混沌分形理论与管理的结合，是管理科学发展的新的范式。事实上，关于混沌与分形管理理论的研究已经成为管理科学发展的前沿，人们从系统和管理的角度，应用一般非线性系统的混沌与分形理论和方法来研究管理问题，并已经取得了许多极有价值的研究成果。

混沌与分形理论既是数学研究的对象，又是物理学研究的对象，既是系统科学研究的对象，又是哲学研究的对象。现在也正成为管理科学研究的对象。本章将介绍混沌与分形的基本概念、基本思想，混沌分形理论在管理中的主要应用等内容。

9.1 混沌理论及其基本思想

9.1.1 混沌的概念

9.1.1.1 什么是混沌

"混沌"一词，我国古已有之，早在公元前 560 年左右，中国古代思想家老子就有了关于"道可道非常道"之说，并初步提出了关于宇宙起源于混沌的哲学思想。公元前 450 年左右，中国古代哲学家庄子也曾说过"南海之帝为倏，北海之帝为忽，中央之帝为混沌"。庄子所说的倏、忽，就是迅速灵敏，混沌有无知愚昧的意思，分别代表三个皇帝，而混沌竟在中央。

应当说，庄子在这里说的是政治，隐喻的是哲学。除了哲学上的隐喻之外，我国古代还把混沌作为宇宙天地开辟之前的一种状态。《三五历》中说："未有天地之时，混沌如鸡子，盘古生其中，万八千岁，天地开辟，阳清为天，阴浊为地。"《论衡·天篇》中说："元气来分，混沌为一"。《易纬·乾凿度》中说："混沌者，言万物相混成而未相离"。由此可见，混沌状态的主要特征是浑然一体，但此一体是一个蕴含着万物的整体。此外，《易纬·乾凿度》还认为宇宙生成之前的状态也有一种演化过程，经历了不同阶段才到达混沌："太易者，未见气也；太初者，气之始也；太始者形之似也，太素者质之始。气似质具而未相离，谓之混沌。"在西方，"混沌"叫做"chaos"，意为疲倦与困惑。古埃及、古希腊的思想家也极早就有了世界起源于混沌的观点，并认为世界演化的最终结局也是混沌。我们不妨把以上关于混沌的概念称为古代理解的混沌。

但是，不管是混沌还是 chaos，就其一般含义而言，意指混乱、紊乱、无序和没有规律的事物或现象。如袅袅的烟雾、潺潺的流水、飞来的黄沙、拥挤的人群、奔驰的车流以及变化的股市等，都可以谓之混沌。这一种混沌，我们把它称为线性平衡态热力学混沌。

不过无论是古代理解的混沌，还是线性平衡态热力学混沌，都不是我们在这里所称的混沌，我们所说的混沌，是具有严格定义的非线性动力学混沌。

非线性动力学对混沌的研究是迄今为止最为系统和严密的，它提出了一些可供理论判定的定义和实际测量的标度，其中 Li-Yorke 定理是比较公认的、影响较大的混沌数学定义。

Li-Yorke 定理于 1975 年由华人学者李天岩和他的美国导师 Yorke 在题为《周期 3 蕴含混沌》的论文中提出，由此定理出发，形成了关于混沌的专门定义。

Li-Yorke 定理：设 $f(x)$ 是 $[a, b]$ 上的连续自映射，若 $f(x)$ 有了周期点，则对任何正整数 n，$f(x)$ 有 n 周期点。

混沌定义：闭区间 I 上的连续自映射 $f(x)$，如果满足下列条件，便可确定它有混沌现象：

第一，f 的周期点的周期无上界；

第二，闭区间 I 上存在不可数子集 S，满足：

① 对任意 $x, y \in S$，当 $x \neq y$ 时有

$$\limsup_{n \to \infty} | f^n(x) - f^n(y) | > 0$$

② 对任意 $x, y \in S$，有

$$\liminf_{n \to \infty} | f^n(x) - f^n(y) | = 0$$

③ 对任意 $x, y \in S$ 和 f 的任一周期点 y，有

$$\limsup_{n \to \infty} | f^n(x) - f^n(y) | > 0$$

定义表明，在区间映射中，对于集合 S 中的任意两个初值，经过迭代，两序列之间距离的上限可以为大于零的正数，下限等于零。就是说当迭代次数趋向无穷时，序列间的距离可以在某个正数和零之间游动，即系统的长期行为不能确定，是一种与我们通常熟悉的周期运

动极不相同的运动形态。

根据上述定理和定义我们可以发现，对闭区间 I 上的连续函数 $f(x)$，如果存在一个周期为 3 的周期点，就一定存在正整数的周期点，即一定出现混沌现象，即只要有周期 3 就会"乱七八糟"，什么周期都可能有。

9.1.1.2 混沌的科学含义

混沌作为一个科学概念，既有传统认识上的外表，也有不同于传统科学研究的内容。

协同学的创始人 H. 哈肯认为："无规律运动来源于完全确定性方程，为了表征这个新的现象，我们定义混沌来源于确定性方程的无规律运动。"哈肯从过程的角度指出了混沌是从有序中产生的无序运动状态。

美国学者，混沌理论创始人之一的诺曼·帕卡德用三个名称概括了混沌的特征和含义：蝴蝶效应、对初始条件的敏感依赖以及信息增值。初始状态失之毫厘，最终状态就会谬之千里，初始状态微小的差别随系统的演化越变越大。确定性系统中也会存在随机行为，这就是混沌的一种特定属性。

我国学者郝柏林认为，混沌是没有周期的序，是非周期的，具有渐进的自相似的有序的现象。

综上所述，混沌的科学含义主要表现为：

① 混沌是确定性的非线性动态系统产生的一种貌似随机的动态行为；

② 混沌具有对系统初始条件的极端敏感性，存在着所谓的"蝴蝶效应"；

③ 混沌是有界的，具有混沌吸引子（奇异吸引子），是一种新的序。

混沌给予我们的启示是：

① 混沌可以产生于简单系统里，简单的方程、系统、行为能够产生异常复杂的混沌行为；

② 混沌是非线性动态系统所固有的，哪里有混沌，哪里就有非线性，不过非线性是混沌产生的必要条件，而不是充分条件；

③ 混沌是确定性系统的一种动态行为，绝不是一种静止的行为表象。

9.1.1.3 混沌吸引子

为了更深入地了解混沌的科学含义，我们有必要介绍混沌理论中的另一个重要概念——奇异吸引子（Strange Attractor）。

我们已经知道，混沌是动态系统的一种行为特征。系统的动态演化过程可以从一个状态空间中表现出来。状态空间为描述混沌系统的行为提供了省力的工具，它用几何图形的方式表达了一个系统的动态行为。一般来说，一个系统的动态行为经过一段时间最终稳定下来的状态，就叫做吸引子（Attractor），这里的"吸引"是指系统状态变化的趋向，而不是实际的"吸引子"，只不过是在这个最终的状态点上，好像存在着某种吸引力似的，将围绕着它的状态轨迹吸引过来，因而称之为吸引子。系统状态的变化可以从"几何"和"代数"两个方面来描述。用几何方式描述"吸引"或"发散"是针对系统在相空间或状态空间中的变化趋向而言的；用代数的方式描述，则是对系统运动所遵从的微分方程的积分曲线而言的。所以，实际上吸引子对应了微分方程的不动点、极限环、环面及高维环面，如图 9-1

所示。

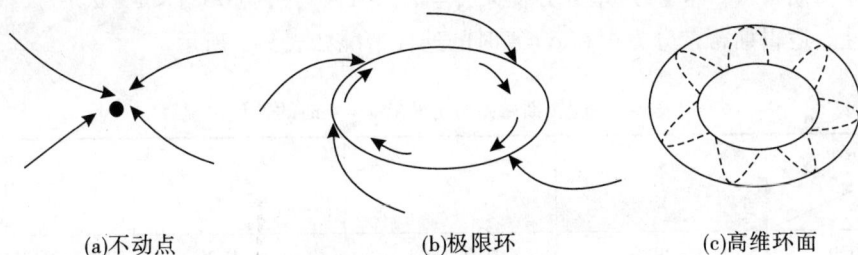

(a)不动点   (b)极限环   (c)高维环面

图 9-1 吸引子

　　一般来说，一个动态系统可以有几个或几种吸引子。系统从不同的初始条件出发，状态演化可以到达不同的吸引子。不动点是零维吸引子，极限环是一维吸引子，高维环面是整数的高维吸引子，这些吸引子的共同点，就是它们的相空间维数都是整数维。这样的吸引子我们称之为"平庸吸引子"。除此之外，还有一类吸引子叫做奇怪吸引子。如果一个吸引子不是有限点集，不是有限周期，不是光滑的或不是被分段光滑的封闭体围绕，则称之为"奇怪吸引子"。如果一个吸引子是奇怪的，且有正的李亚普诺夫指数（Lyapunovexponent），或非整数的维数，则称之为"混沌吸引子"，奇怪吸引子包括混沌吸引子和奇怪非混沌吸引子。不过，在混沌理论中，奇怪吸引子一般都是混沌吸引子。

　　奇怪吸引子在混沌理论中有着极其重要的地位，通过对动态系统吸引子特征的分析，我们可以判断一个系统是否产生了混沌行为。

9.1.2 混沌的特征

　　传统的观点认为，物质运动存在着两种形式：一是严格的确定性运动，二是彻底的随机性运动。但混沌的发现，彻底改变了人们的思维方式。混沌运动表明，混沌运动是一种介于上述两种运动形式之间的有序的混乱，是一种被限制在确定而且稳定的范围内的混乱，一种与周期运动密切相关的混乱。归纳起来，混沌具有以下四个方面的主要特征。

9.1.2.1 混沌是确定性系统内在的随机性

　　过去人们认为，一个系统之所以是确定性的，是因为这个系统中存在着确定的因果关系，系统的状态受确定的规律支配。而一个系统之所以是随机的，则是因为系统受到了随机性因素的作用，使得系统前后状态之间的关系具有不确定性。显然，经典的确定性系统和随机性系统的概念是完全对立的。但混沌的发现改变了这种对立。

　　美国麻省理工学院的气象学家洛仑兹（Lorenz）于 1963 年在下列确定性系统中发现了混沌：

$$\begin{cases} dx/dt = -Q(x-y) \\ dy/dt = -xz + rx - y \\ dz/dt = xy - bz \end{cases}$$

它表明，在确定性的系统内部也存在着随机性。

9.1.2.2 混沌具有对初始条件的敏感依赖性

　　处于混沌状态，其长期行为将敏感地依赖于初始条件，也就是说，从两个极其邻近的初始值出发的两条轨道，短时间内其差距可能不大，但在足够长的时间以后必然会呈现出显著的差异。逻辑斯蒂（Loqistic）差分方程 $x_{n+1} = ax_n(1-x_n)$，$(0 < x < 1, a > 0)$ 很好地演示了这一特性。逻辑斯蒂差分方程在 $a = 4$ 时的迭代情况如表 9-1 所示。

表 9-1　逻辑斯蒂差分方程在 $a = 4$ 时的迭代情况

迭代次数 n 初值	1	2	50	300
0.199999	0.639997	0.921603	0.001779	0.597519
0.200000	0.640000	0.921600	0.251742	0.987153
0.200001	0.640002	0.921597	0.421653	0.004008

在该表中，三个初值彼此间的差别为十万分之一，被代入方程后，第一、二次迭代的结果相差不大，然而差值在迭代过程中被不断放大，到第 50 次迭代时已在个位数上体现出来，到第 300 次迭代时差别更大，所得的 3 个数已经完全没有什么相似之处了。

混沌具有对初始条件的敏感依赖性揭示了混沌系统的高度复杂性和不可预测性。

9.1.2.3 混沌是一种全新的序

在认识混沌之前，人们认为世界上的事物只是以两种形态存在：或者有序，或者混乱无序。通常意义上的有序显示一种规律的存在。这种规律在时间上表现为周期性，即运动的周而复始；在空间上表现为对称性，即结构的几何性质是双向对称的，结构的一部分可以与另一部分重合。但是混沌却是一种介于二者之间的序，它在时间上非周期、空间上非对称，但又绝非完全无规律可循的混乱和无序。它是一种不具有周期性和明显对称性的有序态，一种复杂的有序态。

9.1.2.4 混沌具有普适性

在复杂的非线性的动力系统中，分岔是其所共同的结构。倍周期分岔可以带来系统的混沌行为，而且分岔这种结构具有普适性，这种普适性表现为结构普适性和测度普适性。

结构普适性是指某一类有着某种共同数学性质的非线性动力系统具有相同的结构。测度普适性是指非线性的动力系统在沿着周期分岔进入混沌的过程中隐含着一种深刻的规律，它以常数的形式表现出来，就是费根鲍姆常数。费根鲍姆常数意味着一种更为深刻的东西——一种统一的规律在起作用。

依据上面介绍的混沌的主要特征，我们可以通过以下方法判别一个系统的动态行为是否产生了混沌。

第一，通过数值计算，观察系统的相图结构。如逻辑斯蒂差分方程，就是通过对系统演化相图的分析，判断系统混沌特征的产生。

第二，计算拓扑熵或测度熵。若测度熵或拓扑熵大于零，则认为系统是混沌的。

第三，计算李亚普诺夫指数。若存在正的李亚普诺夫指数，则认为系统是混沌的。设有一维映射 $x_{n+1} = f(x_n)$，其中只有一个拉伸或压缩方向。考虑初值点 x_0 和它的近邻 $x_0 + \sigma x$，用 $f(x)$ 作一次迭代后，它们之间的距离为 $\sigma x_1 = f(x_0 + \sigma x) - f(x_0) \approx f'(x_0)\sigma x$，经 n

次迭代后会呈指数分离：

$$\sigma x_n = f_n\ (x_\sigma + \sigma x)\ - f_n\ (x_n)$$

式中：$\lambda\ (x)$ 称为 Lyapunov 指数，

$$\lambda\ (x_0)\ = \lim_{n \to \infty}\left(\frac{1}{n}\right)\log\left|\frac{df^n\ (x_0)}{dx_0}\right|$$

$$= \lim_{n \to \infty}\left(\frac{1}{n}\right)\log\left|\prod_{i=0}^{n-1} f'\ (x_i)\right|$$

第四，计算容量维或豪斯多夫（Hausdorff）维数。若容量维或豪斯多夫维数为分数，则认为系统是混沌的。关于这两种维数的公式在分形中再作介绍。

第五，分析功率谱。若功率是连续的，则认为系统是混沌的。

9.1.3 混沌的理论体系

混沌理论作为系统科学理论的新发展，其理论体系涉及以下内容。

9.1.3.1 非线性动力学

混沌理论最初就是来源于人们对简单确定的非线性动态系统的研究，非线性动力学理论是判断混沌能否出现及研究系统动力学行为的基础。

9.1.3.2 耗散结构理论

耗散结构理论是由诺贝尔化学奖获得者、比利时科学家普里高津创立的。所谓耗散结构是指在开放和远离平衡的条件下，在与外界环境交换物质、信息、能量的过程中，通过能量耗散过程和内部的非线性动力学机制来形成和维持时空有序结构。这一理论对于理解系统的动态演化、有序与无序、暂态与稳定态等问题提供了理论和研究方法，为混沌研究奠定了重要的理论基础。

9.1.3.3 分形理论

分形可谓是混沌的姊妹理论。分形和混沌分别从空间和时间上揭示了系统演化的规律。

9.1.4 混沌理论的要点

混沌运动具有确定性、非线性、蝴蝶效应和非周期性，混沌的这些特征给我们研究系统的演化特征提供了诸多良好的视角。

第一，从长期的演化过程看，系统对初始条件具有敏感的依赖性。巴西的一只蝴蝶扇动翅膀，能够导致德克萨斯州的一场飓风，这就是所谓的"蝴蝶效应"。在规则运动中，系统中各因素的微小涨落导致的初始条件的微小变化一般只引起运动状态的微小改变。混沌系统则不然，初始条件的微小变化能够导致系统未来长期运动轨迹之间的巨大差异，导致系统演化状态的不可预测性，即小的因素导致巨大的结果。由此可见，混沌运动虽然服从确定的规律，但由于人无法测到最精确的初始条件，长期的运动状态就无法预言。

第二，简单的系统可以产生复杂的现象，即复杂的结果可能是由简单的行为产生的，而复杂现象的背后隐藏着同样是有序的行为。一个系统貌似随机的输出并不一定是由于随机输入造成的，一个确定性的简单系统除了能够产生稳定平衡的、周期性的和不稳定发散的行为之外，还能产生貌似随机的混沌行为。

人们通常认为复杂的原因导致复杂的行为，简单的原因只能引起简单的行为，但混沌理论说明，简单的系统具有少量的自由度，却可能出现复杂的局面。反言之，复杂现象背后可能是由简单的动力系统支配的。混沌理论使我们认识到简单与复杂的统一。混乱的混沌表面下隐藏着有序的结构，这种结构具有自相似性，可以用分形来表示，分形的存在说明了混沌运动的规律性（确定性）。

第三，一个系统可以通过倍周期分岔、拟周期运动、间歇变换三条途径走向混沌。

第四，系统的整体行为与系统内部不同子系统的行为之间可能存在着巨大的差异性。从宏观层次讲，系统的整体行为呈现出规律性、有序性，但从微观层次看，各系统的行为有些是有序的，有些却可能是无序的。反过来，极其有序的各子系统的活动，导致的则可能是无序的宏观系统的行为。

第五，系统行为在不同状态之间的转换可能是渐进的，也可能是突然的，存在着突变、分岔等行为特征。因此，根据系统状态变化的历史趋势来推测其未来的行为和特性是需要引起特别注意的，也就是说混沌系统的行为特征表现为测不准性。

9.2 分形理论及其基本思想

如果说混沌是在时间尺度上反映了世界的复杂性态，那么与之密切相关的姊妹理论——分形理论则是在空间尺度上反映了世界的复杂性态。因此，学习混沌理论也就必然要对分形理论作一番详细了解，这一节就是对分形理论的基本介绍。

9.2.1 什么是分形

在阐述分形的定义之前，我们先来看一些分形现象。平常我们描述事物空间形状和结构，都是以几何学的手段来实现的，如欧氏几何、黎曼几何、微分几何等。传统的几何学研究的都是规则的形状，其维度是整数，因此又把它称为规则整形几何。然而，客观世界存在着许许多多的事物，它们不仅不具有规则的形状和规则的结构，而且其外部和内部还具有极其复杂的、互相嵌套的形状和结构，如弯曲的海岸线、起伏的山峦、流淌的河流、交错的血管、思想的创造性分化、科学革命的结构等。这样不规则和不光滑的事物一直存在着，但用传统的几何学方法都无法对其精细的结构和几何特征进行研究。这时，我们就必须求助于另一门新兴的学科——分形几何学，又简称为分形。

1975 年，美籍法国数学家曼德布罗特（Mandelbrot）以其独特的思想，在系统、深入、创造性地研究了海岸结构、月球表面、地貌生成的几何性质等典型的自然界中的分形现象的基础上，出版了名为《分形：形状、机遇和维数》的专著，第一次系统地阐述了分形几何的思想、内容、意义和方法，并自创了一个英文单词 fractal，意为不规则，破碎，我国把它译为"分形"。在分形几何学下面，云彩、山峦、小河都是非整数的几何体，英国的海岸线也变成了无穷长。显然，比起规则的正方形、球形，分形对应的那些对象在传统的数学看来就是怪物，是传统数学不可描述的。但是，分形比较真实地反映了客观事物。

对于什么是分形，目前并没有一个统一的定义。1982 年曼德布罗特曾给予分形如下定义：A fractal is by definition a set for which the Hausdorff-Besi-covitchstrictly exceed the topological dimension. （分形是这样一个集合，其豪斯多夫维数严格大于拓扑维数）

这个定义虽然把具有分数维的一大类分形集都包括进去了，但把某些维数为整数的分形集排斥在外。

1986 年曼德布罗特又给出了分形的另一个定义：A fractal is a shape made of parts similar to the whole in some way. （分形是其组成部分以某种方式与整体相似的一种形体）

在这个定义里，突出了分形的典型特征：自相似性，即部分与整体具有某种程度的自相似性，而分形体的维数又不必为整数。

1989 年，英国数学家法尔科尔（Falconer）在他的专著《分形几何、数学函数及应用》中认为分形的定义虽然比较困难，但可以将分形集的一些特征罗列出来予以说明，就好像"生命"一词也无精确的定义，但生命这个概念是通过生命体的一系列特征来表征的，他认为分形集具有以下 6 个方面的特征。

- 分形具有精细结构，即有任意小比例的不规则的细节，具有无标度性。
- 分形具有高度的不规则性，以至于无论它的局部还是它的整体都无法用传统的微积分或几何语言来描述。
- 分形具有某种统计意义或近似意义的自相似性。
- 分形的分数维数严格大于它的拓扑维数。
- 分形的生成方式很简单，比如可以用递归方式生成。
- 分形通常有"自然"的外貌。

概括起来就是具有无限精细的结构，无标度性，比例自相似性，一般分数维大于它的拓扑维数，可以用非常简单的方法定义，并由迭代产生等。这些特征是我们判断一个事物是否具有分形的重要依据。

9.2.2　分形维

维数是空间和客体的重要几何参量，例如在状态空间中，维数反映了描述该空间中运动所需的不多不少的变量个数。线条是一维的，平面是二维的，空间是三维的。一个毛线团是几维的呢？从远处看，可以认为它是一个点，从近处看，毛线团被认为是一个球，毛线团是毛线绕成的，又可认为它是空间曲线，毛线本身又是弯弯曲曲的柱体，这就涉及了分形，分形的显著特征之一，就是具有分数维。曼德布罗特指出，一个分形集一般具有三个要素：形、机遇和维数。因此，谈分形不能不谈分形维。

分形维的定义有很多种，基本上都是基于"变尺度 σ——覆盖"的思想，每次测量均忽略尺度小于 σ 时集合的不规则性，但是考察当 $\sigma \to 0$ 时测量值变化的状况。这里，我们介绍几种在分形研究中经常用到的分维定义。

9.2.2.1　自相似维

令 $A \subset R^n$ 为一个有界集合，若它可以分成 a 个大小为 $\frac{1}{b}$ 的与原集相似的子集，则 A 的自相似维数为：

$$D_s = \frac{\ln a}{\ln b}$$

9.2.2.2 Hansdorff 维

设 A 为欧氏空间 R^n 中一个子集，S 为一非负数，对任何 $\sigma > 0$，定义：

$$H_{\sigma}^s (A) = \inf \sum_{i=1}^{\infty} | U_i |^s$$

式中：U_i 为 R^n 中集合，并有 $A \subset \sum_{i=1}^{\infty} U_i$，$| U_i |$ 表示 U_i 的直径，即：$| U_i | = \sup$ $\{ | x - y | ; x, y \in U_i \}$，且 $0 < | U_i | \leq \sigma$，$| U_i |$ 称为 σ - 覆盖。令 $\sigma \to 0$，则 $H_{\sigma}^s (A)$ 的极限值 $H^s (A)$ 称为集合 A 的 S 维测度。可以证明，对于集合 A 存在惟一的非负实数，记为 $D_n (A)$，它满足：

若 $0 < S < D_n (A)$，则 $H^s (A) = \infty$

式中：$D_n (A)$ 就称为集合 A 的 Hansdorff 维。

9.2.2.3 盒子维

设 $A \subset R^n$，在欧氏距离下，用边长为 $\frac{1}{2^n}$ 的小盒子紧邻地去包含 A，设 $N_n (A)$ 表示包含 A 所需的最小盒子数，则有：

$$D = \lim_{n \to \infty} \frac{\ln N_n (A)}{\ln 2^n}$$

式中：D 称为集合 A 的盒子维。

9.2.2.4 关联维数

设 $x_1, x_2, \cdots, x_n$ 是系统的一个解序列，令

$$\theta (\varepsilon - | x_i - x_j |) = \begin{cases} 1, & \varepsilon - | x_i - x_j | \geq 0 \\ 0, & \varepsilon - | x_i - x_j | < 0 \end{cases}$$

$$C (\varepsilon) = \frac{1}{N^2} \sum_{i,j} \theta (\varepsilon - | x_i - x_j |)$$

如果有限极限：

$$D_2 = \lim_{g \to 0} \frac{\ln C (\varepsilon)}{\ln \varepsilon}$$

存在，则称 D_2 为系统的关联维。

关联维可以在不知背景相空间的情况下，只依靠实验测量的少数数据计算维数，因此在计算分形维数时得到大量采用。

9.2.3 分形与混沌的关系

分形与混沌是紧密联系在一起的一对概念。混沌主要研究的是非线性动力系统不稳、发散的过程，研究的是无序中的有序。在一个动态系统中同时存在着平庸吸引子和混沌吸引子。平庸吸引子使系统产生稳定的平衡态，混沌吸引子使系统产生混沌态。混沌态表现为有序中存在着无序，无序中蕴含着有序。混沌态之所以具有如此特性，是因为混沌吸引子内部存在着精细的结构，具有自相似等特征，这就是分形。

混沌与分形是同一种规律的不同表现，这种统一的规律表现为混沌是在时间尺度上反映了世界的复杂性，分形则是在空间尺度上反映了世界的复杂性。

当非线性动力系统进入混沌区域后，在混沌区域存在着几何上精细的结构和自相似嵌套的特征，具有分数维数，运动具有高度的不规则性。系统通过简单的方式如递归（迭代）即可出现混沌，这些特点恰是分形所具有的特征。

这种统一的规律反映在空间分布上即为分形，出现在时间分布上则表现为混沌。

9.2.4 分形理论的价值

分形理论的诞生为我们认识自然界和人类社会，提供了诸如递归、嵌套、自相似等新的语言和新的研究工具，具有极其重要的价值，以至于美国著名的物理学家杰勒说："可以相信，明天谁不熟悉分形，谁就不被认为是科学上的"文化人"。"

概括起来，分形理论的价值至少表现为以下几个方面。

9.2.4.1 分形为研究复杂性提供了重要的思想和方法

分形最重要的思想是自相似性，自相似性是跨越不同尺度的对称性，意味着递归、嵌套，意味着嵌套在不同层次的演化、出现和交替。

在没有看到分形前，我们看到或理解的复杂性表现为一种对称性破缺、一种非线性过程的对称性破缺，但是在分形中，复杂性则表现为某种新意义上的对称性的无限或有限的自我嵌套。复杂性于是在非自相似性与自相似性的不同层次的统一中呈现出规律性，而不是无规律性。这种自相似性无论是大尺度还是小尺度，都良好地反映了事物结构内在的统一性。借助分形的自相似语言，我们也就为从整体上把握系统的复杂性行为找到了有力的工具。

同时，分形的分数维是度量分形集的"不规则"程度和"复杂"程度的客观工具。通过分形维，可以描述一个动态演化系统的复杂性的表现程度。

此外，分形也是理解各个学科内复杂性程度的新的、重要的工具。例如在自然科学中，天文学中的星星和银河系的分级成团现象、地理学中河流与列岛、植物学中的树根与叶脉、生理学中的血管等，都可能是分形体。在技术科学中，随机游走、地震波、岩石的纹理、湍流、闪电等也被证明是一种分形进程。在社会科学中，制度的结构、市场的结构、组织的结构等也都存在分形。科学的演化特别是它的分化和综合，也可以运用分形概念加以说明。因此，分形和分维已经成为科学家观察、描述和解释世界的理论工具。

9.2.4.2 分形为我们认识简单与复杂、部分与整体提供了崭新的视角

在分形的特征中，我们已经知道了分形在数学上可以通过极其简单的规则生成，这表明简单与复杂从来就不是截然分开的。虽然从本源上讲，我们还不知道自然界或其他事物的复杂性是否也是从极其简单的规则生成的，但是从混沌和分形理论得知，有序通过无序产生，世界的复杂性可能就来源于简单性。简单的线性叠加所产生的仍然是简单，但简单的非线性叠加或迭代所产生的结果就是复杂。非线性的相互作用可以产生复杂的混沌系统，而混沌动力学系统中的混沌的复杂性增长则可以进一步通过递归、迭代等行为产生，而这就是分形。

除了简单与复杂的关系外，人们思考的还有部分与整体的关系问题。在经典物理学占统治地位的时期，人们认为部分之和就等于整体。系统学产生之后，人们发现整体大于部分之和。分形理论出现后，人们又发现部分与整体之间有某种意义上的自相似性，这一命题远远超越了前面两个命题的内涵。因为分形理论所讲的自相似性，指的是任意小的分形元和任意一部分的分形元与整体的自相似，它可以表现为结构的自相似、功能的自相似、信息的自相

似、外观的自相似等，而不是简单地功能相等与不相等的关系。

此外，作为系统科学的新发展，分形不是从部分出发，而是从整体出发来研究问题，但又不抛开局部的细节，联系整体与局部层次的纽带就是自相似性。

9.2.4.3 分形是理解有序与无序、规则与非规则的新的理论

一个分形体，从其整体性的外观结构上讲，都表现为非规则的、杂乱无章的特征，但是在其内部却都存在内在的几何规律性，即局部与整体的自相似，而且这种自相似性在一定的标度范围内是不变的，满足无标度性。在这个范围内不断地放大任何部分，其不规则程度都是一样的。按照统计的观点，几乎所有的分形都是置换不变的，即它的每一个部分移位、旋转、缩放等在统计意义下与其他任意部分都相似。这些性质表明，分形绝不是完全的无序或混乱，在它的不规则性中存在着一定的规则性，由此，我们可以推断自然界中一切形状及其现象都能够以较小或部分的细节反映出系统整体的不规则性。

总之，分形理论方法为我们认识复杂性、非线性和系统演化提供了重要的思考途径和方法。把分形纳入管理科学的视野，必定会对管理科学的发展产生巨大的影响。

9.3 混沌理论及其在管理中的应用

混沌理论自产生以来，其应用和发展已经扩展到了自然科学和社会科学的诸多领域，作为自然科学与社会科学交叉的管理科学，混沌理论的引入是自然而然的趋势，也是管理科学发展的迫切需要。

9.3.1 管理系统中的非线性机制及传统战略研究所面临的问题

自20世纪90年代以来，战略管理的研究与实践进入了艰难的岁月。由于所面临的管理系统日趋多样化、复杂化，组成管理系统各要素间及其与外部环境的相互关系已经部分或大部分演化成非线性机制，已有的战略模式已不再适用，需要寻求能给处于动荡不安环境下的组织生存与发展以指导的新的理论模式。在这种情况下，混沌战略管理的出现为新的战略研究理论框架的形成奠定了重要的基础。

传统的战略管理理论认为，战略就是给一个经营单位在一个行为中进行定位，并假定整个工业结构是稳定的、可识别的，未来是可以预测与识别的。战略分析的重点是要人们关注业已存在的稳定的工业组织。传统的战略管理忽视了企业与企业之间，企业与政府之间，企业与消费者之间，企业与内部员工之间，以及企业与其他外部因素如金融、政治、社会、技术、法律等之间相互作用构成的复杂关系。全球经济、技术交流的日益增强、产业结构的调整、新技术产业的不断涌现，使得战略研究的对象系统发生了很大的变化。管理程式的多样化、管理内涵的扩大化、管理要素的复杂化、管理目标的市场化和管理层次的立体化成为当今管理系统的重要标志。面对日益变化的复杂的环境，现有的战略研究理论却仍然假定外部环境与管理系统，以及管理系统各要素之间的关系为结构稳定的、均衡的、没有反馈联系的简单线性关系，进而依据时域连续性和历史继承性总结战略实施的历史，并仍然采用建立和谐机制的原理和相容原理来预测系统的未来，显然，现有的理论忽视了组成管理系统的要素之间以及与环境之间的复杂的非线性关系。而且管理中的和谐机制本质上就是复杂系统的自

组织结构，也必须依据非线性科学的理论加以拓展和深化，这样才能更准确地反映管理系统的本质特征。

从战略研究的实践来看，在当今市场经济条件下战略研究成果的有效性和实用性也不尽如人意。在计划经济条件下，如果说企业只是进行生产管理，原料供应和产品销售由计划来完成，企业外部环境变化不显著，企业行为相对简单，那么在这种情况下，企业的短期、中期、长期战略和计划必然是有效的。但是，当企业在市场条件下由生产型向生产经营型转变，进而转向异常复杂的资本运营型管理（如并购、联合，企业由大规模生产模式转变为大规模定制模式）时，企业的内外环境、决定企业未来的各种因素及其相互间的关系就大为复杂了。这时由于企业缺乏对环境变化的适应能力，企业组织在某些方面甚至失去了对企业内在机制的把握能力和调控能力，以至于许多企业不得不将花费大量人力、物力、财力制订的企业战略束之高阁，对战略不再感兴趣，转而关注如何"实施"与应变，投身于诸如全面质量管理、流程再造、形象设计等管理技术，并将它们视为企业生存的途径。

战略理论与战略实践的问题使我们有理由重新审视对管理系统特征的把握。管理系统首先是一个开放的系统，它与外界环境之间不断地进行着信息、物质、能量的交换；其次管理系统是一个不可逆的系统，系统不会在不引起外界变化的条件下使其行为重演。因此，现代管理系统由于受外界因素的动态影响，而且对环境的变化又特别敏感，加之系统内部子系统多，结构层次复杂，管理系统的各个环节、各个方面，以至管理系统的整体运动都表现为一种多因素交错综合的非线性运动，这时若把复杂性理论中的混沌理论纳入到战略理论的分析和研究中来，就显得十分必要和有效了。

9.3.2 混沌理论对战略研究的启示

9.3.2.1 混沌理论与管理系统本质特征的界定

现代战略研究已广泛采用了一般系统论的观点。通过对系统要素之间、要素与环境之间的相互关系及系统的目的、结构、功能的分析，充分利用环境中存在的各种机会确定系统同环境的关系，规定系统的行为范围、成长方向和竞争对策，确定战略框架，从而赢得某种竞争优势。

上述研究思路基于把管理系统看做是开放的、非平衡的，但是近似线性的系统。但依据混沌理论，绝大多数管理系统是一个开放、非平衡、有较强非线性作用的复杂系统。因此，在战略管理中，首先应考虑系统中非线性机制的强弱，即系统混沌程度的强弱。

在混沌程度较弱的地方可以用近似线性的处理方法或附加非线性参量的方法加以解决，对于混沌度较强的系统，则应采用混沌理论的方法加以处理。

9.3.2.2 混沌理论与管理系统的长期行为刻画

混沌系统最显著的特征是对初始条件的敏感依赖性。如果系统已经演化为混沌态，此时，系统对初始条件的敏感依赖性是必然的，这意味着，系统初始的不确定性误差会呈指数地放大，此时长期预测没有意义。这就是混沌系统的测不准原理。对于战略管理来说，只要系统处于混沌程度较大的状态，长期战略计划的制订和战略管理的实施是非常困难的。因为战略计划或战略管理的基础工作是预测，而预测的期限越长远，不确定性就越强。传统上我们认为只要有一个非常好的预测模型和对初始条件更为准确的刻画，就会得到一个更为确定的预测结构。混沌理论的"蝴蝶效应"说明，为了获得更为准确的预测结果而建立更为复杂、精确的模型，所耗"成本"远远大于所获"收益"。所以组织机构在作对未来的计划或战略时，不需要花费大量的资源来作长期预测，而是要注重对未来可能出现的各种情形的分析。

9.3.2.3 混沌理论与管理系统的短期行为刻画

虽然混沌系统是不稳定系统，长期行为具有测不准特性，但混沌系统具有的内在确定性规律，使得系统的短期预测成为可能。对于一个复杂的管理系统，如果精确地定义了起始条件并详尽地构造了系统的模型，那么就可以作出系统的有价值的中短期预测。例如在经济管理中，可以通过对现实经济系统各种信息的收集、分析来前瞻近期内经济形势的发展，从而采取相应的应对措施，制定企业或国民经济的发展战略，使得企业的生产和国民经济在长期的发展中保持持续、良好的发展态势。这一方面说明人们在混沌的经济系统面前并不是无所作为的，另一方面也说明实施战略管理仍然是必要的、可行的。

不过，这种预测是建立在对系统混沌程度的认识及其所依据的混沌理论的基础上的，而不是像传统战略研究那样，对未来的把握是以"惯性原理"、"局部推断整体原理"、"相容原理"为基础的。

9.3.2.4 混沌理论与战略研究中的和谐机制

在战略研究中，往往把系统形成和谐机制作为贯穿管理系统战略研究的主线。和谐机制是维持管理系统全面、长期稳定发展的目标机制的准确概括。但是，根据混沌理论，在非线性的复杂管理系统中，这种和谐机制实质上就是一定条件下的组织结构。所谓自组织，是指一个系统在没有外界特定干扰的情况下，仅仅依靠系统内部要素之间的相干性、协同性或某种默契形成新的特定的空间、时间或功能的结构的过程。系统在演化的过程中，通过自协同、自复制、自催化和自反馈，系统内部各要素之间以及与外部之间的相互作用方式，最终达到自适应、自稳定的状态。但系统最终能否在自适应、自稳定的基础上实现演化的目的，取决于系统的自组织能力以及与外部环境的协同能力。而一个系统在演化过程中趋向自组织的基本条件则是系统的非平衡性、开放性，系统要素间及系统与环境间的关系非线性，系统的正反馈机制及其涨落性。

因此，为了使管理系统形成和谐机制，首先必须使系统成为一个开放的系统，保持与外界物质、能量和信息的充分交流，这样就能够使系统各子系统间存在着差异性、竞争性和排斥性，使系统远离平衡态；同时必须使系统内各子系统间、各子系统内部相互协调，这是使系统走向自组织的重要条件。

9.3.3 混沌理论与管理的自组织

混沌理论表明，混沌吸引子在宏观整体上是稳定有序的，但在微观上，吸引子内的轨道可无限地相互接近，但又呈指数分离的状态，存在着无穷的随机性，具有相当大的自由度和灵活性。对于整个混沌系统来说，整体上的有序和稳定正是来自微观上的无序和不稳定，反之亦然。混沌吸引子的这一特征充满着深刻的辩证法，在管理理论中有着丰富的体现。因为管理系统正是这样一个混沌吸引子，对企业组织特别是对创造性要求高的高新技术企业来说，这一特征尤其明显。整个企业系统作为一个管理系统，一个混沌吸引子，在客观上是一个有序的整体，要在复杂的市场环境中稳定发展，形成对外部环境的抗干扰能力和适应能力，就必须把作为微观要素的职工的积极性、自主性充分调动起来。此时从企业组织个体上看，它们都是具有相当自由度的，充满朝气、活力和创造欲望、似乎杂乱无章的行为个体，然而这种状态下的企业组织已经形成了良好的和谐机制，能够自组织地产生整体层次的有序态，而采取自组织的管理方式正是混沌理论中关于系统自组织地从一种混沌吸引子发展至高级有序态的混沌吸引子原理的重要体现。自组织管理方式在企业管理实践中，具体表现为企业应主要致力于组织文化、组织环境、组织理念的建设，使每一个个体都能感受到组织内部相当宽松和谐的心理环境和文化氛围，能把整个企业的价值观融入到自己个人的价值观中去；同时尽可能地以人力、物力、财力和信息等方面的资源支持员工的工作，而对其工作方式、方法、手段和程序等不作具体硬性的规定，尽可能地给员工以自主性，这样才能发挥他们的聪明才智和创造力，使他们满腔热情、最大限度地为组织创造价值。这也就是我们在上一章所说的"悖论式管理"。

目前，西方企业界出现了员工自由度更大的岗位分担制、部分工作制、弹性工作制和非连续工作制度等，能使员工有更多时间自行处理个人事务、发展个人兴趣爱好以及进修学习等组织性越来越强的管理方式。事实证明这些方法比想像的更有效。由此可见，符合管理系统混沌本性的自组织管理方向的发展是不可阻挡的趋势。

9.3.4 混沌理论与管理激励制度

混沌行为既可以产生于确定性系统，也可以产生于开放式的耗散系统，即随机性可以来自系统内部。系统一旦进入混沌态，系统的行为就会产生不同于传统理论的某种奇特性状，在没有任何外部扰动的条件下，随机性可能突然发生。而且，即使是外界的扰动很微小，也会引起系统难以预料的较大形式的波动，这便是混沌理论中的"蝴蝶效应"。混沌的这一特性对拓展管理制度理论也具有颇为深远的启发意义。

在管理系统中，系统内部一个微小的参数改变，一项决策、一桩小事故的出现，往往会正反馈放大，从而使整个系统陷入崩溃。同样企业在市场中的竞争也是如此，一个微不足道的技术改造或技术发明的应用，可能会大幅度提高企业的竞争力，甚至进而影响整个企业界的行为，改变企业全部的经营模式。此外，在管理制度中，我们更是不能忽视系统内部单一个体的非一般或非正常行为所能够导致的整个系统行为巨大的、不可预知的变化。

对于一个管理系统，我们要注重制定各种各样的激励制度，如年薪制、期权制和职工持股计划等，对领导者及员工进行有效激励，充分调动每一个人的积极性、创造性、主动性和主人翁精神，形成良好的团队意识和企业文化，这样才能产生出高效的管理绩效，也才能从整体上优化整个系统的行为。还比如在干部任用制度上，一定要注重选拔那些德才兼备的人到领导岗位，否则就会给党和人民的事业带来重大损失。

混沌理论在管理中的应用非常广泛，除上面介绍的内容之外，混沌理论在金融、投资、市场营销等方面都有广泛的应用，限于篇幅，这里就不再一一介绍了。

9.4 分形理论与管理

分形理论自创立以来，至今已在诸如数学、物理学、化学、材料科学、信息科学、计算机、生物、医学、天文、气象、地质、经济、语言和情报等许多领域得到了应用。分形的结构、特性和潜力也为我们改造和完善管理模式提供了新的思想和方法。

9.4.1 分形企业与分形管理

在知识经济、信息经济时代，企业所面对的外部环境是复杂多变的，企业只有适应外部环境的状况及其变化，才有可能在激烈的市场竞争中生存和发展。根据分形理论，若把企业演变成一个分形企业，对企业实施分形管理，就能够较好地应对经营环境变迁所带来的各种问题。

所谓分形企业（Fractal Enterprise），是指借用分形几何中的自相似性（Self-similarity）概念描述的一种新的企业组织结构和生产方式。分形企业的自相似包括：

- 企业结构的自相似，即以过程为中心建立企业的组织；
- 目标自相似，即单位的目标与企业的目标一致，组织结构的自律和自主的统一，实现提高企业的效率和柔性的统一。

一个分形企业是由若干相对独立的单元组成的，这种单元称为"分形单元"，分形单元中还可包含若干分形单元，一个分形企业也可以看成是一个大的分形单元。每个分形单元在企业中是可以独立运转的，并具有明确的目标和功能。分形单元具有自相似、自组织、自我调整、自我优化、目标导向、动态、结构简单、内部有序和高效的信息交流等特性。而分形企业的结构是动态和开放的，具有很强的适应环境和自我发展的能力。

第一，分形单元是自相似的。

这种自相似性包括组织结构特性、创造价值的方法和方式、目标形成和实现等方面，甚至要求企业各个方面直至每个员工在理想、思维及行为方式方面具有相似性。这样，每个分形单元从自身的角度来看就是一个小的"分形企业"。自相似的概念还体现在目标方面，分形企业的目标和它的分形单元的目标是相似的，有意义的总体目标是共同制定的，所有的分形单元保持"一致"，并正确对待各自的目标。这里所说的自相似不是绝对的，就是在分形几何中，这种相似也是有误差的，而不是完全一样的结构。

第二，分形单元具有自组织的特性。

分形单元能自我形成符合并有利于企业总体目标的战略和战术。分形单元小的组织结构能进行自我调整和优化，其生产和经营过程易于实现直接和快捷的改良，优秀的思想和方案易于付诸实施。它在动态过程中认识和形成其目标、内部关系及对外关系，可以改变自己，从而达到破旧立新的目的。

在分形单元中，员工的工作和生产作业也是自组织的，其组织体系简单，工作人员相互之间可自由交流和协同工作，而无须上级的批准。工作中出现的问题通常在现场进行决策和处理，小组中的成员实行自我规划、自我决策和自我管理。企业为员工提供一定的自我支配资源的余地，有利于充分发挥他们的主动性和能动性。

第三，分形单元具有动态特性并充满活力。

与常规企业中的部门、加工车间等企业基本构件相比，分形单元具有一种关键的特性：活力。活力是指对变化万千的环境作出迅速、有效反应的能力，同时反应速度也是至关重要的。企业缺乏活力总是与其利润停止增长或下降、市场份额的减少及竞争能力的下降相联系的。一个企业及结构的中心任务是能持续不断地适应环境对它的要求。影响企业活力的内部因素主要有成本状况、生产效率、研究和开发、管理的有效性、采购和销售效率、有效的财务和资本运行、后勤保障、人事、生产以及销售程序等；外部因素主要有销售市场、供应市场、竞争环境以及法律环境等。

第四，简洁有序、信息保障和扁平化结构。

企业所面对的任务和环境是错综复杂的，要完成这些复杂的任务，分形企业本身必须保持简洁和有序。满足生产经营任务的信息应压缩和简化到最低的程度。简单化的原则应贯穿于整个企业范围。它也是一个动态的过程，系统运行一段时间后其复杂程度可能又会增加，这时就需要进行再简化。

高效的信息交流网络是分形企业存在的必要前提，分形的内部之间及与外部环境之间都要求有效的信息保障。信息网络使分形单元有可能从其母体中独立出去，而仍然保持相互间原有的动态业务合作关系。

分形企业管理和控制是灵活的，能及时、迅速地检查其运行状态是否满足目标要求．并进行及时有效的修正，它改变了"金字塔"型企业繁琐的信息结构、复杂的计划方式和缺乏自主性的缺点。

德国学者瓦奈克（H. J. Warnecke）教授通过对分形企业的分析认为，分形企业可以从内部结构、企业环境、员工、知识、数据和方法等方面采取适当的措施，以收到高效率、快速的反应能力、强大的活力及快速的创新能力等效果，具体情况如表 9-2 所示。

表 9-2　分形企业中有关措施及对应效果

项目　　　效果	高效	反应能力及活力	快速创新
内部结构	面向目标、自优化	透明、竞争、动态结构	自组织、动态结构
企业环境	合作	透明	合作、市场意识
员工	能力培养、团队精神、激励	能力培养、全局思维	激励系统、全局思维
知识	能力、激励、信息系统	透明	动态结构、开放性
数据	信息系统、网络系统	信息系统	
方法	能力、团队	动态结构	动态结构

从以上分析中我们也可以发现，分形企业与传统企业在组织管理方面存在着许多方面的差别，具体如表 9-3 所示。

表9-3 分形企业与传统企业的比较

传统企业	分形企业
企业是集中式、层次式直线结构	非集中式、内相关、扁平、分形的网络结构
按功能分解组织结构	按任务或产品分解组织结构
员工间相互不信任	员工间相互信任
强调外界控制，决策权集中	强调自我监控，将决策权分散，下放到可能出现问题并需要作出决策的地方
企业以线性、稳定、可预测和可控的方式发展	企业跳跃式发展，按照概率的规律进行变化，这是可控的但不确定的发展
工作内容细化、单调	工作内容丰富，包含高深的知识内容，以便于工作人员有机会不断提高自己的知识水平，增加工作的趣味
供货者、顾客和竞争者之间是"零和"对策	竞争各方是"非零和"对策
公司内、公司和环境间有很清楚的边界	公司内、公司和环境间的界限是模糊的
强调个人表现	强调团队表现
强调控制	强调通信和相互协调
对计划的一定程度的偏差通过修改计划来纠正，通过库存进行补偿	目标及实现，不是详细地进行规划，而是由自组织和自作用单元确保动态的结果

分形企业的组织管理模式是一个新的概念，还需要人们对此进行深入的研究。分形企业的管理模式也受到混沌及分形理论的启发，它是从事物分形特性的角度对企业管理和组织模式进行有益的考察和研究而形成的初步思想体系。分形企业和分形管理两者并没有一成不变的固定模式，企业应根据各自的实际情况和条件领会分形管理思想和方法的精髓，借鉴其他成功的分形企业的有益经验，建立适合自己具体条件的管理和组织模式。

9.4.2 分形理论与经济系统的分形

经济系统和许多其他类型的系统一样是一个内部存在不确定性和非线性相互作用机制演化着的复杂系统，分形是这种复杂性的一种刻画，而非均衡就是复杂经济系统一种重要的分形特征。在现实的经济生活中，非均衡分形存在于各个方面：商品供需非均衡、市场结构非均衡、产业结构非均衡、区域发展非均衡和制度非均衡等。经济系统是一个典型的非均衡系统：从空间角度看，产业与产业之间、部门与部门之间、地区与地区之间，从来都是非均衡的；从时间序列来看，经济发展的速度也是非均衡的。

按照分形理论，一个分形体内的任何一个相对独立的部分在一定程度上都是整体的再现和缩影，局部与整体之间存在某种程度的相似性，这种特性在经济系统中普遍存在。经济系统的分形体现在系统的结构、状态和变化过程等方面，表现为结构分形、状态分形和过程分形。结构分形是指经济系统的整体结构与部分结构在某些方面具有相似性，如宏观经济部门在结构上与中观、微观部分之间具有某种相似性；状态分形是指经济系统状态行为在不同时间尺度上具有相似性，如经济周期中长周期与短周期之间的相似性；过程分形是指一个演化过程完全结束才能进入下一个新的演化阶段。经济系统选择非均衡作为分形，既是其结构分形的体现，又是其状态和功能及过程分形的表现，而商品生产的非均衡就是这个分形体的分形生成元。

第一，经济系统作为一个复杂的整体系统呈现非均衡结构分形，作为其结构层次的各（子）系统也大多呈现非均衡分形特征，表现出极其显著的局部与整体的相似性。这种非均衡的分形特征，从本质上讲就是经济系统非线性特征的具体体现。在经济总体呈现非均衡态势的时候，经济系统中的产业系统、技术系统、制度系统和市场结构都呈现出非均衡的状态。也就是说非均衡经济系统是由若干非均衡的子系统层层组合、嵌镶而成的，具有分形所特有的层次性和相似性，而且在不同的层次之间存在着不同的分形元，市场结构的分形元为市场信息，市场信息的非均衡导致市场结构的非均衡。整体与各层次之间存在着相似结构——非均衡，这一自相似性乃是分形的根本特征。

第二，经济系统的非均衡特征来自最简单的结构——商品生产的非均衡，其构成了经济系统非均衡的生成元。商品作为经济系统一个很小的相对独立的部分，包含着整个经济社会的信息，体现着经济系统的性质及商品的内在矛盾，蕴含着整个经济系统一切矛盾的萌芽，是典型的分形元。经济系统的非均衡特征从数量关系上讲表现为商品供需的非均衡。商品供需的非均衡反映着商品生产、销售、消费过程中的产业结构、市场结构、资源配置、投资和制度安排的非均衡。我们知道，经济系统的一切活动都是围绕着商品生产而展开的。商品的生产以及对不同商品生产的要求导致了不同产业的出现，从而形成了非均衡的产业系统；商品生产出来后，围绕着其销售和消费出现了不同类型的销售市场和消费市场，这些活动又涉及大量资本的运动，需要大量的人力，从而出现了金融市场、人才市场、技术市场和商品市场，这些市场组成一个庞大的相互作用的非均衡的市场体系；此外，商品生产是由大量人的参与完成的，体现了人与人之间的关系，为了规范人与人之间，以及商品生产、销售、分配中的其他各种关系、制度系统应运而生。商品是经济系统中最简单、最普通、最常见的"细胞"，商品的简单结构生成了复杂的经济系统，这就是"分形可由简单的方式生成"这一分形特性的反映，也是经济系统非均衡功能分形的体现。马克思当年就是从对资本主义社会这个基本"细胞"，即"分形元"商品的分析中，揭示了资本主义社会的一切矛盾，进而揭示出资本主义乃至整个人类社会的发展规律。可以这样说，分形理论"无意中"捍卫了马克思主义政治经济学的科学性。而商品生产的非均衡从本源上讲，又源自人的创新能力及创新活动的非均衡，正是这种非均衡的创新活动，使得商品生产呈现出非均衡变动的状态。

经济系统之所以在微观层次与宏观层次之间存在着非均衡的相似性特征，是由于力的相似性使得物质处于稳态时结构上的相似性，而结构的相似性进一步呈现出功能的相似性。

第三，经济系统的非均衡分形满足无标度性，即无论研究的尺度或单位如何改变，研究客体的性质都不发生变化。对于非均衡经济系统，无论其范围是一个国家，还是一个大区域，乃至全球经济；也无论研究的经济系统在过去，今天乃至将来的表现，它们都具有经济系统所共同的特征——非均衡性，只不过这种非均衡在不同的区域、国家，或不同的时期表现的程度不同而已，满足研究尺度的无标度性，而这种差异性本身就是非均衡的表现。我们所说的一国经济发展的非均衡状态与全球贸易及全球经济发展的非均衡状态，就是这种分形无标度性特征的现实反映。

以上分析表明，经济系统具有结构上、功能上、过程上、状态上的非均衡分形特征，具有分形的一切特征。我们从分形理论中看到了瓦尔拉斯的均衡论是不成立的，而且借助非均衡分形，我们常常所说的微观经济与宏观经济之间的悖论就可以立刻冰释，因为无论是微观经济系统还是宏观经济系统，本质上都是非均衡的。

经济系统是一个演化着的复杂系统，非均衡分形是其复杂性特征的重要反映，"稳定的均衡模式"是根本不可能的。这一复杂性特征源于经济系统结构，演化的环境，演化过程的不可逆、不可积，以及系统的主动性、能动性。认识经济系统的非均衡分形特征，为我们理解非均衡作为经济系统的常态，从非均衡角度来研究经济系统的结构、功能、演化、状态，系统整体与局部的关系，卓有成效地管理经济系统，提供了理论方法和研究思路。

思考题

1. 什么叫混沌？混沌的主要特征和判断方法有哪些？
2. 什么叫分形？分形的主要特征和判断依据是什么？
3. 阐述混沌与分形的管理理论主要价值是什么？

参考文献

1. 钱学森等．论系统工程（增订本）．长沙：湖南科学技术出版社，1988

2. 钱学森，宋健．工程控制论（修订版）．北京：科学出版社，1983

3. 王寿云，于景元，戴汝为，汪成为，钱学敏，涂元季．开放的复杂巨系统．杭州：浙江科学技术出版社，1996

4. 沃德罗普．复杂——走在秩序与混沌边缘．北京：三联书店，1997

5. ［美］杰里米·里夫金，特德·霍华德．熵：一种新的世界观．上海：上海译文出版社，1987

6. 苗东升．系统科学精要．北京：中国人民大学出版社，1998

7. 黄本笑，范如国．管理科学理论与方法．武汉：武汉大学出版社，2005

8. H. 哈肯．高等协同学．北京：科学出版社，1989

9. 刘式达，刘式适．非线性动力学和复杂现象．北京：高等教育出版社．1989

10. 普利高津，斯唐热．从混沌到有序．上海：上海译文出版社．1987

11. 汪应洛．系统工程导论．北京：机械工业出版社，1982

12. 李国纲．管理系统工程．北京：中国人民大学出版社，2001

13. 王佩玲．系统动力学——社会系统的计算机仿真方法．北京：冶金工业出版社．1994

14. 刘慧生．管理系统工程教程．北京：企业管理出版社，1991

15. 谭跃进等．系统工程原理．长沙：国防科技大学出版社，1999

16. 杜瑞成，闫秀霞．系统工程．北京：机械工业出版社，1999

17. 李宝山．管理系统工程．北京：中国人民大学出版社，2005

18. 黄克安．管理系统工程概论．北京：中国经济出版社，1990

19. 张延欣等．系统工程学．北京：气象出版社，1997

20. 翟立林，周士富．管理决策理论与方法．北京：建筑工业出版社，1987

21. 张维迎．博弈论与信息经济学．上海：上海人民出版社，1996

22. 姚海鑫．经济政策的博弈论分析．北京：经济管理出版社，2001

23. ［美］纳什（Nash. J. F）．张良桥，王晓刚译．纳什博弈论论文集．北京：首都经济贸易大学出版社，2000

24. 杜栋．管理控制论．徐州：中国矿业大学出版社，2000

25. ［美］卡利斯·Y·鲍德温，金·B·克拉克等．价值链管理．北京：中国人民大学出版社，2001

26. ［美］杰克·吉多，詹姆斯·P·克莱门斯．成功的项目管理．北京：机械工业出版社，1999

27. ［美］迈克尔·波特．竞争优势．北京：中国财政经济出版社，1998

28. 陈荣秋，马士华．生产与运作管理．北京：高等教育出版社，2004

29. 刘丽文．生产与运作管理（第二版）．北京：清华大学出版社，2004

30. 胡运权．运筹学教程（第二版）．北京：清华大学出版社，2002

31. 吴育华，杜纲．管理科学基础．天津：天津大学出版社，2001

32. 《运筹学》试用教材编写组．运筹学．北京：清华大学出版社，2000

33. 成思危．复杂性科学探索．北京：民主与建设出版社，1999

34. ［美］霍兰．涌现．上海：上海科技大学出版社，2001

35. 李必强．论现代企业系统及其组织管理的复杂性．中国管理科学，2000（11）

36. 陈国权．并行工程管理方法与应用．北京：清华大学出版社，1998

37. 金吾伦．复杂性组织管理的涵义、特点和形式．管理科学，2001（5）

38. 陈利，张鸿．企业管理复杂性的成因分析．软科学，2002（2）

39. 陈卫东，顾培亮．管理系统中的复杂性特征及其控制探讨．中国软科学，2001（12）

40. ［美］理查德·H．戴．混沌经济学．上海：上海译文出版社，1996

41. 王东生，曹磊．混沌、分形及其应用．北京：中国科学技术大学出版社，1995

42. 刘洪．经济混沌管理——理论、方法、应用．北京：中国发展出版社，2001

43. 吴彤．自组织方法论研究．北京：清华大学出版社，2001

44. ［英］斯蒂文·库克，尼格尔·斯莱克．邸乐辉等译．制定管理决策教程．北京：华夏出版社，2000

45. ［加］唐纳德·沃特斯．张志强，臧明云，王春香译．管理科学实务教程（第二版）．北京：华夏出版社，2000

《管理系统工程》
编读互动信息卡

亲爱的读者：

感谢您购买本书。只要您以以下三种方式之一成为普华公司的会员，即可免费获得普华每月新书信息快递，在线订购图书或向我们邮购图书时可获得免付图书邮寄费的优惠：①详细填写本卡并以**传真（复印有效）**或邮寄返回给我们；②登录普华公司官网注册成为普华会员；③关注微博：@普华文化（新浪微博）。会员单笔订购金额满 300 元，可免费获赠普华当月新书一本。

您获得本书的途径

○书店（　　　　　省/区　　　　　市　　　　　县　　　　　　　　　　　　书店）

○商场（　　　　　省/区　　　　　市　　　　　县　　　　　　　　　　　　商场）

○网站（网址是　　　　　　　　　　　　　　　　　　　　　　　　　　　　　　）

○邮购（我是向　　　　　　　　　　　　　　　　　　　　　　　　　邮购的）

○其他（请注明方式：　　　　　　　　　　　　　　　　　　　　　　　　　　　）

哪些因素促使您购买本书（可多选）

○本书摆放在书店显著位置　　　○封面推荐　　　　　　　○书名

○作者及出版社　　　　　　　　○封面设计及版式　　　　○媒体书评

○前言　　　　　　　　　　　　○内容　　　　　　　　　○价格

○其他（　　　　　　　　　　　　　　　　　　　　　　　　　　　　　　　　　）

您最近三个月购买的其他经济管理类图书有

1.《　　　　　　　》　　　2.《　　　　　　　》

3.《　　　　　　　》　　　4.《　　　　　　　》

请附阁下资料，便于我们向您提供图书信息

姓名　　　　　　　　出生年月　　　　　　　文化程度

单位　　　　　　　　职　　务　　　　　　　联系电话

地址

地　　　址：北京市丰台区成寿寺路 11 号邮电出版大厦 1108 室

　　　　　　北京普华文化发展有限公司（100164）

传　　　真：010 – 81055644

读者热线：010 – 81055656

编辑邮箱：chengzhenzhen@ puhuabook.com

投稿邮箱：puhua111@ 126.com，或请登录普华官网"作者投稿专区"。

投稿热线：010 – 81055633

购书电话：010 – 81055656

媒体及活动联系电话：010 – 81055656　　　　　　　　邮件地址：hanjuan@ puhuabook.com

普华官网：http://www.puhuabook.com.cn

博　　　客：http://blog.sina.com.cn/u/1812635437

新浪微博：@普华文化（关注微博，免费订阅普华每月新书信息速递）